MANUEL

DU

DIRECTEUR DU JURY D'EXPROPRIATION

POUR CAUSE D'UTILITÉ PUBLIQUE

PAR

CAMILLE ARNAUD

Juge au Tribunal civil de Marseille, chevalier de la Légion d'Honneur.

In obscuris inspici solere quod verisimilius est,
aut quod plerumque fieri solet.
L. 114. — ff *De regulis juris.*

MARSEILLE

CAMOIN, LIBRAIRE

RUE CANNEBIÈRE, 1.

PARIS

COSSE, MARCHAL ET Cie, LIBRAIRES DE LA COUR DE CASSATION

PLACE DAUPHINE, 27.

1865

MANUEL

DU

DIRECTEUR DU JURY D'EXPROPRIATION

POUR CAUSE D'UTILITÉ PUBLIQUE

TYPOGRAPHIE ET LITHOGRAPHIE ARNAUD ET C°, CANNEBIÈRE, 10.

MANUEL

DU

DIRECTEUR DU JURY D'EXPROPRIATION

POUR CAUSE D'UTILITÉ PUBLIQUE

PAR

CAMILLE ARNAUD

Juge au Tribunal civil de Marseille , chevalier de la Légion d'Honneur.

In obscuris inspici solere quod verisimilius est,
aut quod plerumque fieri solet.

L. 114. — ff *De regulis Juris.*

MARSEILLE

CHEZ CAMOIN, LIBRAIRE

1864

AU TRIBUNAL CIVIL DE MARSEILLE

Mes chers Collègues,

Je prends la liberté de vous dédier et de mettre sous votre protection un commentaire de la loi du 3 mai 1841, relative à l'expropriation pour cause d'utilité publique. Magistrats éclairés, instruits par une longue expérience dans l'exercice de notre délicate et noble profession, vous êtes les premiers juges auxquels je désire soumettre mon ouvrage, persuadé que, s'il a le bonheur d'obtenir votre approbation, celle du public ne se fera pas attendre.

Cet ouvrage, composé d'abord pour ma propre instruction, date de loin. Je le commençai alors que, abandonnant les fonctions du Ministère public, la nécessité me força à approfondir les mystères de la procédure en expropriation pour cause d'utilité publique; mais, tenu au courant de la jurisprudence, il a été remanié et grandement amélioré. J'y ai mis tous mes soins; car, de même qu'on se pare de son mieux pour paraître devant une société d'élite, de même celui qui s'adresse au public et qui ose s'exposer à la critique, ordinairement peu miséricordieuse, doit s'efforcer d'intéresser ses lecteurs, soit en se proposant de les amuser, soit en tâchant de les instruire. Toute œuvre, quelle qu'elle soit, ne peut avoir un autre but. Je n'ai pas la prétention d'arriver à ce double résultat. Amuser, n'est guère possible en traitant des questions de procédure; passe, pour instruire: pardonnez-moi ce mot présomptueux, que je n'emploie qu'à regret, mais qui rend ma pensée. Tel a été mon dessein; si j'échoue, je vous assure que ce ne sera pas faute de bonne volonté.

Il ne faut pas vous attendre à trouver ici quelque chose d'original, par la raison que le sujet ne s'y prêtait nullement. Sauf le principe qui subordonne l'intérêt particulier à l'intérêt général, la loi du 3 mai 1841 n'est rien autre chose qu'une loi de procédure. Or, le commentaire d'une pareille loi, emprisonnant l'esprit dans un cercle étroit et tracé d'avance, exclut nécessairement toute spontanéité chez l'écrivain. Se défiant de l'originalité, qualité fort dangereuse quand on écrit sur le droit; mettant de côté le désir de briller; rejetant tout aperçu qui n'est pas appuyé sur des bases solides, il doit, s'il est homme de sens, s'attacher exclusivement à son sujet, l'étudier, l'envisager sous toutes ses faces, l'exposer clairement, ensuite expliquer ce qui est susceptible de doutes au moyen des commentateurs et de la jurisprudence.

Je me suis servi modérement des premiers, parce que j'écrivais dans un but différent du leur. Ils ont entendu parler à tout le monde, et moi j'ai voulu principalement m'adresser à la magistrature; car, en ce qui concerne les magistrats directeurs de Jury, il m'a semblé que tout ce qui a été écrit jusqu'à ce jour, sur la loi du 3 mai 1841, laissait beaucoup à désirer; par conséquent, le but n'étant pas le même, l'ouvrage que je vous adresse ne devait avoir qu'une ressemblance éloignée avec les ouvrages qui sont venus avant lui. Cette seule réflexion vous apprendra pourquoi je n'ai pas commenté la loi toute entière. Le plan que je m'étais tracé ne le comportait pas. Dans mon système, tout ce qui ne s'appliquait pas immédiatement au magistrat directeur du jury sortait de mon sujet. D'ailleurs, il ne manque pas de commentaires traitant des articles que j'ai laissés de côté.

Mais la jurisprudence de la Cour suprême m'a puissamment aidé dans mon travail; sans elle, je n'en serais jamais venu à bout. Je la cite à tout propos et, à côté du précepte, je donne l'exemple; souvent même l'exemple a fait naître le précepte.

Après y avoir refléchi, il me semble que je ne pouvais faire autrement. En effet, sans entendre manquer de respect au législateur, il me sera permis de dire que la loi du 3 mai 1841 aurait pu être plus explicite; dédaignant certains détails et se tenant dans une sphère un peu trop élevée, elle s'est contentée de poser les principes, laissant à la Cour régulatrice le soin d'en tirer les conséquences et de compléter une œuvre qui était loin d'être parfaite.

La Cour suprême a rempli sa mission. Aujourd'hui, après quelques hésitations inévitables, le sens de la loi du 3 mai 1841 est à peu près fixé; mais il a fallu auparavant raisonner, commenter et innover. Je n'en veux donner pour exemple que le chapitre des nullités dont il est question à l'art. 42 de cette loi. Restreintes, à leur origine, aux cas y spécifiés, elles se sont étendues, si bien que, d'envahissement en envahissement, elles sont arrivées à se faire une place plus large que celle qu'on avait entendu leur donner. En considérant la loi du 3 mai 1841 sous ce point de vue, je ne puis mieux la comparer qu'à l'enfant malingre qu'un régime fortifiant a transformé en adolescent vigoureux et qu'on a peine à reconnaître.

Au reste, pour justifier ma manière de voir au sujet de cette loi, je n'ai qu'à citer le nombre, ainsi que l'importance des commentaires qu'elle a fait naître. On a composé des traités en plusieurs volumes sur une loi contenant un peu moins de quatre-vingts articles, et, moi-même, j'écris un volume in-8° rien que pour en commenter quelques-uns. Peut-être, me citant l'exemple du Code Napoléon, et croyant m'embarrasser, dira-t-on que cette abondance de matériaux atteste la richesse de la mine dans laquelle puisent les écrivains : peut-être, d'autres, plus près de la vérité, sans exalter la loi outre mesure, attribueront-ils la prodigieuse fécondité dont elle a déjà donné tant de preuves à un état, de faiblesse chronique, qui la livre, sans défense, aux attaques du premier venu. Cela m'importe peu ; mais, quelle que soit l'opinion qu'on s'en fasse, il n'en est pas moins vrai qu'on a beaucoup écrit et que probablement on écrira beaucoup encore sur ce sujet. Quant à moi, je tiens cela pour grandement licite et pour parfaitement raisonnable, par le motif excellent que je viens le dernier de tous. En fait de sciences, la lisse doit rester toujours ouverte parce que, à chaque instant, il s'y présente de nouveaux combattants et que le victorieux de la veille peut devenir le vaincu du lendemain. Leurs luttes pacifiques produisent un glorieux résultat ; vainqueurs et vaincus marchent ensemble à la conquête de la vérité.

Je ne sais si j'aurai été bien inspiré en choisissant, pour mes débuts, un sujet délicat, hérissé de difficultés, partant, fort ingrat à traiter. Ici, je ne puis m'appuyer sur aucun de ces grands principes d'éternelle justice qui éclairent une question et guident sûrement l'écrivain. Il ne s'agit que de la forme ; or, la forme est de pure convention ; elle n'a de raison d'être que dans les habitudes, les précédents, et, pourvu qu'elle mène au but, la route suivie est indifférente. Je suis, par conséquent, fort inquiet sur l'accueil que le public réserve à cet ouvrage, que je ne lui offre qu'en tremblant. Néanmoins, je dirai, sans crainte d'être taxé d'outrecuidance, qu'il contient d'utiles enseignements, recueillis avec soin et classés le plus méthodiquement que j'ai pu. Je fais bon marché de la forme ; j'espère qu'on ne me reprochera pas trop les redites, les erreurs et les omissions qu'il contient, en considération des services qu'il est appelé à rendre, en supposant qu'il aura été convenablement exécuté. Je me suis appliqué à prévoir toutes les situations dans lesquelles les magistrats directeurs pourront se trouver placés, et je leur donne des règles de conduite, prises en bon lieu, se rapportant, d'une manière topique, à la question traitée, ou fournissant une solution, par voie d'analogie. A dire vrai, ce n'est guère mieux qu'une compilation; mais une compilation, faite avec méthode, est quelque fois utile. Pour mon compte, j'ai expérimenté qu'un guide, rédigé dans un pareil esprit, m'aurait été d'un grand secours à de certains moments.

Voilà tout ce que j'avais à vous dire, mes chers Collègues. Avant d'entrer en matière, je tenais à m'expliquer avec vous et à vous faire connaître le but que je me proposais d'atteindre; je tenais surtout à vous prévenir en ma faveur. Maintenant que ces préliminaires indispensables sont remplis, je n'ai plus qu'à vous recommander mon ouvrage; traitez-le avec indulgence, je vous prie, et n'oubliez jamais, en le lisant, que l'homme qui fait ce qu'il peut, fait ce qu'il doit.

CAMILLE ARNAUD.

MANUEL

DU

DIRECTEUR DU JURY D'EXPROPRIATION

POUR CAUSE D'UTILITÉ PUBLIQUE

————⟨≫◇≪⟩————

Art. 14.

LOI DU 3 MAI 1841.

§ 2. Le même jugement commet un des membres du Tribunal pour remplir les fonctions attribuées par le titre IV, chapitre II, au magistrat directeur du jury chargé de fixer l'indemnité, et désigne un autre membre pour le remplacer au besoin.

§ 3. En cas d'absence ou d'empêchement de ces deux magistrats, il sera pourvu à leur remplacement par une ordonnance, sur requête, du président du Tribunal civil.

————

SOMMAIRE

1. La direction du Jury est confiée à un magistrat.
2. Mais ce magistrat n'a pas voix délibérative. Inconvénients qui en résultent.
3. Communication des pièces au directeur du Jury. Omission fréquente de cette mesure.
4. Intervention du magistrat directeur dans les débats. Conséquences qu'elle peut avoir.

ART. 14.

5. Un suppléant est adjoint au directeur du Jury. Manière de remplacer ces deux magistrats, dans le cas où ils sont absents ou empêchés.

6. Difficultés auxquelles peuvent donner lieu le remplacement du directeur du Jury.

7. Lorsque l'empêchement survient pendant les débats, le suppléant doit les faire recommencer. Assimilation du Jury spécial au Jury criminel.

8. Le directeur du Jury peut s'abstenir, mais il faut que l'abstention soit fondée. Cependant, il n'est pas exigé, à peine de nullité, que les motifs de l'abstention soient énoncés au procès-verbal.

9. Récusation du directeur du Jury. Ses formes.

10. Importance des fonctions attribuées au directeur du Jury.

11. Indemnités de transport qui lui sont allouées, en certains cas, ainsi qu'à son greffier.

12. Les juges-suppléants ont qualité pour remplir les fonctions de directeur du Jury.

13. Lorsque l'empêchement du directeur du Jury a lieu pendant les vacances, le président de la Chambre des vacations doit pourvoir à son remplacement.

14. Le président du Tribunal, chargé de la direction du Jury et qui se trouve empêché, peut pourvoir lui-même à son remplacement.

15. En cas de cassation du jugement d'expropriation et de renvoi devant un autre Tribunal, le directeur du Jury doit être désigné par ce dernier Tribunal.

16. Le Tribunal qui prononce l'expropriation a pour unique mission de vérifier si les formalités prescrites par l'art. 2 de la loi du 3 mai 1841 ont été remplies. Ses pouvoirs ne vont pas au-delà.

17. Les servitudes militaires ne constituent pas une expropriation dans le sens de la loi.

18. Il n'y a pas lieu à expropriation quand une loi ordonne le prolongement d'une rue.

19. Compétence du Conseil d'Etat, en certains cas, pour le règlement de l'indemnité.

19 bis. Pouvoir des Tribunaux pour exiger l'accomplissement des formalités. Cas où leur jugement est appellable.

COMMENTAIRE

1. Lorsque, il y a trente ans, on se proposa de changer la législation existante en matière d'expropriation pour cause d'utilité publique, et qu'on se fut déterminé à faire fixer, par

un Jury spécial, le montant des indemnités auxquelles l'exécution des travaux publics pourrait donner lieu, on comprit qu'il
y aurait de graves inconvénients à confier au Jury lui-même
le soin de sa propre direction, et de veiller à l'accomplissement
des formalités exigées par la loi. En effet, on ne pouvait raisonnablement charger le Jury de procéder à sa constitution ; de
prononcer sur les excuses, exclusions et incompatibilités proposées par quelques-uns de ses membres, ou qui viendraient à
se révéler lors de la formation du Jury de jugement, ainsi que
d'une foule d'autres détails dont il ne doit pas connaître, parce
qu'ils ne feraient que retarder ses opérations. On sentit la nécessité de le dégager de toute préoccupation étrangère à l'objet
de sa convocation, afin qu'il pût librement vaquer à sa mission,
sans nul autre souci ; mais on comprit, en même temps, que
la direction du Jury, que l'on voulait enlever aux chances du
hasard ou de l'incapacité, n'aurait peut-être rien gagné si on
ne l'avait remise aux mains d'hommes habitués aux affaires,
versés dans la connaissance des lois, et stricts observateurs des
formes qu'elles ont établies. Or, ces hommes, on ne pouvait guère
les trouver que parmi les membres de l'ordre judiciaire, et
c'est à eux, exclusivement, que la loi du 3 mai 1841 a, par son
article 14, confié la direction du Jury d'expropriation pour
cause d'utilité publique. C'est en ce sens que s'exprime Martin
(du Nord), rapporteur de la loi du 7 juillet 1833, remplacée
aujourd'hui par celle du 3 mai 1841.

« La commission vous propose, dit Martin (du Nord), de placer auprès du Jury un magistrat qui en surveille et dirige les
opérations, et cette modification contribuera indubitablement
à les abréger. Ce magistrat, qui pourra être appelé directeur du
Jury, est nécessaire, à nos yeux, pour que les décisions soient
convenablement préparées et rendues. C'est lui qui, avant la
session, vérifiera si tous les documents propres à éclairer le
Jury, sont réunis ; c'est lui qui, au jour fixé pour la réunion,
surveillera l'instruction, écartera les difficultés de procédure et
imprimera aux débats une marche plus prompte. Cette innovation n'a pas besoin d'être autrement justifiée. Une raison d'ana-

ART. 14.   logie qui frappe tous les esprits, doit faire placer près du Jury
que nous créons, un guide sûr et expérimenté : c'est à la magistrature que nous devons le demander (1). »

2. Les intentions de la commission de la Chambre des Députés prévalurent. La direction du Jury fut confiée à un magistrat ;
mais malheureusement, par suite de la prévention qui existait
alors contre l'autorité, quelle qu'elle fût, — prévention dont
on est bien revenu, depuis, — et malgré le précédent fourni
par l'art. 16 de la loi du 21 mai 1836, sur les chemins vicinaux,
on refusa de donner voie délibérative au directeur du Jury; on
lui interdit de participer à la fixation de l'indemnité, et on le
réduisit au rôle, très modeste, de conservateur des formes ; car
sauf l'envoi en possession et la condamnation aux frais, il a
fort peu de contentieux dans ses attributions.

Cette omission, involontaire ou calculée, est profondément
regrettable. Ce n'est pas d'aujourd'hui que l'administration en
éprouve les inconvénients. En effet, si le directeur du Jury prenait part aux délibérations, il empêcherait peut-être les écarts
prodigieux que l'on rencontre entre les décisions rendues dans
le cours de la même session, et, ramenant le Jury à une plus
saine appréciation des éléments qui servent à fixer la valeur de l'immeuble exproprié, il rendrait plus rares les évaluations exagérées et plus légères les charges que l'exécution des
travaux publics fait supporter au pays. En outre, l'intervention
du magistrat-directeur imprimerait une sorte d'unité aux décisions du Jury; elle établirait une espèce de jurisprudence relativement à la valeur des terrains : ce qui serait un avantage
immense dans les longues sessions. Par exemple, croit-on que la
présence du magistrat-directeur aux délibérations du Jury,
n'eût pas été d'une fort grande utilité lors du percement de la
rue Impériale à Marseille? La session, pendant laquelle le Jury
se renouvela quatre ou cinq fois, a duré six mois. Ne pense-
t-on pas que la participation du magistrat-directeur aux délibé-

(1) Delaleau, *Traité de l'Expropriation pour cause d'utilité publique*,
p. 359, n° 541.

rations du Jury eût empêché une foule de variations, d'appré-
ciations plus ou moins justes, contre lesquelles le public a protesté? Nous le répétons : l'omission faite par le législateur est
regrettable; peut-être un jour y reviendra-t-on.

3. Dans l'exécution de la loi, on ne s'est pas toujours conformé
aux intentions de la commission de la Chambre des Députés.
Ainsi, le rapporteur dit expressément que, avant la session, le
directeur du Jury vérifiera si tous les documents propres à
éclairer le Jury sont réunis. Cela devrait se faire, mais cela ne
se fait pas, par la faute de l'administration. Jamais on ne communique, à l'avance, les pièces au magistrat-directeur. Il nous
est arrivé plusieurs fois d'être chargé de diriger le Jury; eh
bien ! malgré nos réclamations, nous n'avons pu obtenir la communication préalable, et nous n'avons pu prendre connaissance des dossiers qu'à l'audience. Les avocats de l'administration les gardent par devers eux. De guerre lasse, nous avons
dû y renoncer.

4. La commission de la Chambre des Députés a voulu que le
magistrat-directeur surveillât et dirigeât les opérations du Jury;
l'art. 14 de la loi du 3 mai 1841, rien que par la dénomination
qu'il lui impose, lui donne la même mission. Mais nous conseillons aux magistrats appelés à remplir cette fonction, d'être
extrêmement circonspects dans l'exercice de leur pouvoir. Qu'ils
régentent le Jury, à la bonne heure ! mais qu'ils se gardent
bien de toucher aux avocats ! Nous savons personnellement ce
qu'il en coûte, et nous allons raconter un événement dont nous
pouvons dire, *pars magna fui !*

En 1861, on nous fit l'honneur de nous désigner pour diriger
le Jury assemblé à l'effet d'apprécier les terrains sur lesquels on
devait construire le nouvel hôtel de la préfecture des Bouches-
du-Rhône. Nous y procédâmes de notre mieux, et nous eûmes
la satisfaction de voir que tous les pourvois dirigés contre les
décisions du Jury furent rejetés, à l'exception d'un seul, à la
suite duquel la Cour suprême (1) cassa notre ordonnance, ainsi

(1) Arrêt. 18 décembre 1861. — Dalloz 1862. 1.303.

ART. 14. que la décision du Jury, pour *ingérance*, de notre part, dans les débats, ce qui constituait un excès de pouvoir et la violation de cinq ou six articles de la loi du 3 mai 1841. Il ne s'en manqua de rien que nous n'eussions violé la loi toute entière; énormité dont nous sommes parfaitement incapable.

Nous nous inclinons, d'habitude, devant les arrêts de la Cour de cassation, car, à notre avis, il n'est rien de plus respectable que ses opinions. Néanmoins, il nous sera permis, sans entendre nous écarter du respect que nous professons hautement pour la Cour régulatrice, de faire quelques observations sur son arrêt, auquel nous nous garderons bien de contrevenir, semblable cas échéant. Nous y sommes autorisé, parce que nous y avons été en quelque sorte partie, et surtout, parce que nous eûmes pour nous les conclusions de M. de Marnas, premier avocat général.

C'était à l'occasion d'une affaire très importante, dans laquelle l'exproprié demandait plusieurs millions, et où le Jury alloua un million et cinquante mille francs. Il s'agissait de terrains, partie bâtis, partie vacants.

L'avocat de l'exproprié avait parlé pendant une heure et demie, au moins. Il s'était évertué à démontrer au Jury la justice des énormes prétentions de son client, en soutenant que celui-ci avait l'intention de bâtir, et que, si on lui avait laissé le temps de couvrir de constructions lesdits terrains, il en aurait immanquablement tiré un revenu annuel de cent dix mille francs, et même davantage. — Notez que, en l'état, ils ne rendaient que vingt-huit mille francs. — Si l'avocat avait voulu être conséquent dans son argumentation, il ne se serait pas reporté à dix ans de là pour apprécier le terrain dont s'agit; il serait allé jusques à mille ans, deux mille ans, et même, jusqu'à la veille du jugement dernier, époques auxquelles, en supposant que la valeur des métaux précieux continuera à diminuer, ainsi qu'elle fait depuis plus de dix ans, on est fondé à dire que la valeur d'un terrain aura plus que centuplé. Entrant dans cette voie, l'exproprié pouvait aussi bien demander un milliard que trois millions.

Ce raisonnement hyperbolique, auquel trente-six ans de service nous ont habitué, nous avait laissé calme et grave. Le Jury, plus impressionnable, commençait à s'impatienter. Cependant, il fit bonne contenance et, ne pouvant mieux faire, il écoutait l'argumentation de l'avocat.

Mais, à la réplique, magistrat directeur et jurés finirent par trouver qu'on abusait un peu de l'avenir, attendu que, sauf la mort, qui est inévitable, il ne donne que des probabilités, mais pas de certitude, et que, raisonner sur un futur contingent et le prendre comme s'il devait se réaliser dès maintenant, c'était s'exposer à de terribles mécomptes. Ce fut alors que le magistrat directeur, interprète des sentiments du Jury, qu'il eut le tort de ne pas consulter, et désirant mettre un terme à une controverse n'aboutissant à rien, parce qu'elle s'agitait dans le vide, interrompit l'avocat et lui dit : — Maître un tel.... *Ces maisons ne sont pas bâties: vous plaidez depuis une demi-heure sur des suppositions ; permettez-moi de vous dire que cela n'est pas sérieux.* — Là dessus l'avocat se plaignit que le magistrat directeur manifestait une opinion personnelle sur l'affaire, en demanda acte, se pourvut en cassation, et fit casser la déclaration du Jury ainsi que l'ordonnance d'envoi en possession. L'affaire fut renvoyée à une autre session, et l'exproprié obtint cent dix mille francs de plus. Tout cela arriva parce que le directeur du Jury eut la mauvaise inspiration de vouloir circonscrire la discussion, à laquelle se livrait un avocat, dans les bornes que la raison et la loi lui indiquaient. Car, dire qu'un magistrat dirigera des débats, c'est lui donner le droit de ramener à la question l'avocat qui s'en écarte. La Cour suprême en a pensé autrement, nous n'avons qu'à nous incliner; mais il nous sera bien permis de signaler l'écueil afin d'empêcher que d'autres viennent s'y briser.

5. La direction du Jury fut donc confiée à un magistrat. Tel est, en partie, l'objet de l'art. 14 de la loi du 3 mai 1841; il porte que, le Tribunal de première instance, en prononçant, sur la réquisition du Ministère public, l'expropriation pour cause d'utilité publique, commet un de ses membres pour remplir les

ART. 14. fonctions de directeur du jury, et veut, en même temps, qu'il désigne un autre magistrat, toujours pris dans le Tribunal, afin de le remplacer au besoin. Enfin, cet article, prévoyant le cas d'absence ou d'empêchement de ces deux magistrats, dit qu'il sera pourvu à leur remplacement par ordonnance, sur requête, rendue par le président du Tribunal civil.

6. La loi a fait ainsi tout ce qui dépendait d'elle pour préserver les opérations du Jury des embarras que l'absence ou l'empêchement du magistrat directeur pourrait susciter; mais je ne serais pas surpris qu'il s'élevât des difficultés sur la manière d'écarter ces embarras lorsqu'ils viendront à se présenter.

Il n'y aura pas de doute quand l'empêchement du directeur du Jury se manifestera au commencement de la session ou pendant la session et dans l'intervalle de deux affaires, on recourra alors au moyen indiqué par l'art. 14, c'est-à-dire, qu'on appellera le suppléant et, qu'à son défaut, on se pourvoira, par requête devant le président du Tribunal civil. Tout cela est fort simple. Mais que décider, si le directeur du Jury, soit pour cause de maladie, soit pour tout autre motif, est forcé de s'absenter pendant qu'une affaire est commencée? Sans doute, il sera remplacé par le suppléant ou par le magistrat délégué; mais en quel état celui-ci prendra-t-il l'affaire alors entamée? Fera-t-il continuer les débats, en les prenant au point où il les trouve, ou bien devra-t-il les recommencer, en tenant pour non avenu tout ce qui aura déjà été fait?

On pourrait soutenir, avec quelque apparence de raison, qu'il n'aurait qu'à se mettre purement et simplement à la place du magistrat empêché, parce qu'il importe fort peu qu'il ait eu, ou non, connaissance de ce qui s'est passé avant d'avoir été appelé. En effet, le magistrat directeur ne prend par lui-même, aucune part à la délibération du Jury, il se borne à le diriger. Son opinion personnelle sur le mérite de cette délibération est tout-à-fait indifférente. Tout ce qu'il a à faire, c'est de constituer le Jury, de veiller à l'observation de la loi et, après que le verdict a été rendu, d'ordonner l'envoi en possession, en statuant sur les frais. Or, tout cela peut être fait par le nouveau directeur du

Jury, sans qu'il soit nécessaire de recommencer les opérations qu'il trouve entamées. S'il n'en est pas ainsi devant les Cours d'assises, c'est par l'excellente raison que le président prend une part très active aux débats. Il interroge les accusés, les témoins, use de son pouvoir discrétionnaire, et, par dessus tout, clôture la discussion par son résumé. Or, il ne peut s'acquitter de ce devoir qu'autant qu'il y a assisté. Mais il n'en est pas de même du directeur du Jury qui n'a ni les droits ni les obligations d'un président de Cour d'assises.

Cependant, il serait contraire à tous les principes que le directeur du Jury, prenant la discussion au point où son prédécesseur l'a laissée, puisse la conduire valablement à sa fin. Cela paraît peu régulier ; car, enfin, il est des cas où son intervention est nécessaire. Par exemple, il doit donner acte aux parties de leurs réquisitions, des modifications qu'elles font, pendant les débats, soit à leurs offres, soit à leurs demandes. Or, s'il n'assistait pas aux débats lorsque ces réquisitions furent faites ou que ces modifications furent proposées, comment pourra-t-il les certifier par son procès-verbal ? Il est vrai que le greffier doit en tenir note ; mais toujours est-il que le directeur du Jury, en signant cette pièce, attestera un fait qui n'est point parvenu à sa connaissance personnelle. Ainsi, de toutes les circonstances qui ont eu lieu avant son arrivée et qui sont constatées par le procès-verbal : on le placerait, de cette manière, dans une position infiniment délicate, non seulement en le forçant à prendre sous sa responsabilité les actes de son prédécesseur, mais encore en l'obligeant à certifier des faits sur ouï-dire. Ainsi encore, il devra quelquefois poser au Jury les questions à résoudre, indiquer la manière dont elles doivent être tranchées, sans pourtant s'occuper de la quotité de l'indemnité ; ce qu'il ne lui sera pas facile de faire s'il n'a assisté qu'à une partie des débats.

Mais ce n'est pas tout. Jusqu'ici nous avons raisonné dans l'hypothèse du grand Jury, c'est-à-dire de celui qui est assemblé à la requête de l'Etat, des communes ou des établissements publics, et qui a pour objet de fixer la valeur des ter-

ART. 14. rains sur lesquels on se propose d'exécuter des travaux d'utilité
publique. Ce Jury se compose de douze membres, et on sait
déjà que le magistrat-directeur, qui ne peut prendre part aux
délibérations, n'y joue qu'un rôle fort secondaire. Mais il en
est autrement du petit Jury, assemblé en vertu de la loi du
21 mai 1836, sur les chemins vicinaux : il est formé de six membres. Pour celui-là, le magistrat-directeur n'est plus une espèce
d'agent certificateur chargé de veiller uniquement à l'observation de la forme : il rentre presque dans la plénitude de ses
attributions, qu'on n'aurait jamais dû lui ravir. Non-seulement il procède à la formation du Jury, il le dirige dans ses
opérations, mais il le préside, avec voix délibérative, en cas de
partage, quand, après la clôture des débats, il passe dans la
chambre du conseil. Or, dans cette hypothèse, il y a obstacle
évident à ce que le nouveau directeur du Jury, appelé à remplacer l'ancien directeur empêché, prenne l'affaire en l'état où
elle se trouve, pour la conduire à son résultat final.

7. Ainsi, dans ce système, il faudra tout recommencer. Le
nouveau directeur du Jury annulera tout ce qui aura été fait
avant son arrivée. Il devra, derechef, entendre les témoins,
s'il en a été produit, donner la parole aux parties ou à leurs
défenseurs ; en un mot, agir comme si l'affaire n'avait pas déjà
été à moitié instruite ; mais il s'arrêtera là, et se gardera bien
de remonter plus haut. Par exemple, il ne pourrait reconstituer
le Jury, car il priverait les parties des juges que la loi leur a
donnés. Il est de principe que le Jury, étant légalement formé,
doit mener à fin sa mission. Au demeurant, cela se pratique
ainsi devant les cours d'assises, où des intérêts bien plus précieux sont engagés. Je ne vois pas pourquoi on ne pourrait agir
de même à propos de quelques mètres de terrain. On peut se
convaincre, en outre, par la lecture des discussions qui eurent
lieu aux Chambres, lors de la présentation de la loi du 7 juillet 1833, que leur intention fut d'assimiler, autant que faire se
pourrait, l'instruction faite devant le Jury d'expropriation à
celle qui est pratiquée auprès des cours d'assises. Il y fut dit
que, dans tous les cas analogues, les règles de cette der-

nière procédure seraient applicables à la première. Cela fut ART. 14. posé en principe par le rapporteur de la commission de la Chambre des députés, et ne fut nullement contredit dans le cours de la discussion. Le rapporteur déclara que « toutes les formalités relatives au Jury, et qui ne sont pas abrogées par la loi nouvelle, devaient être appliquées au Jury spécial (1). » Cette règle générale est encore de mise aujourd'hui, car la loi du 3 mai 1841 n'a rien changé à l'esprit de celle du 7 juillet 1833. Elle lui a seulement fait subir quelques modifications, portant sur la forme, sans en altérer la substance.

8. Il est incontestable que le directeur du Jury peut s'abstenir de remplir la mission à lui confiée par le Tribunal ; mais cela doit s'entendre avec une restriction : il faut que les motifs de l'abstention soient valables et qu'il en conste. Le magistrat qui refuse de remplir un devoir doit au moins faire connaître les motifs de ce refus. En pareil cas, le suppléant aura soin de faire mentionner au procès-verbal qu'il a agi en remplacement de tel juge empêché ou qui s'est abstenu, et de relater les causes de l'empêchement ou les motifs de l'abstention.

Cependant, lors même que la cause de l'empêchement ne serait pas inscrite au procès-verbal, je ne crois pas qu'il en résultât ouverture à cassation. L'art. 42 de la loi du 3 mai 1841 ne prévoit pas ce cas, et la Cour suprême a souvent jugé que le concours du suppléant, même non motivé, fait présumer que le titulaire a été valablement empêché (2). Malgré cela, je crois qu'il sera prudent, lorsque le fait viendra à se réaliser, de ne pas négliger de prendre la précaution que j'indique.

9. Le directeur du Jury pourra être récusé dans les cas et selon les formes tracées au Code de procédure civile, au titre des récusations ; il ne peut s'élever de doute à ce sujet. Il serait inconvenant de faire diriger le Jury par un magistrat parent ou allié des propriétaires dépossédés ou des concessionnaires, et il n'est guère à redouter que ce cas se présente. Quant aux

(1) Delaleau, p. 356, n. 534.

(2) Arrêt. C. cassation. 24 juillet 1845. — Jurisp. crim., art. 3796. vol XVII. Arrêts. 4 mars 1861. — Dalloz. 1861. 1. 183.

ART. 14. formes, on suivra celles du Code de procédure civile, par la raison que ce Code est le seul qui s'occupe de pareille matière. D'ailleurs, la juridiction nouvelle, établie par la loi du 7 juillet 1833, participe de la justice civile par la nature des affaires dont elle s'occupe, et des actes de sa procédure (1). Il s'ensuit que les récusations doivent être suivies et jugées suivant les formes particulières à l'administration de la justice civile.

10. Je ne puis m'empêcher de faire une réflexion au sujet des fonctions attribuées au directeur du Jury : c'est que le rôle que la loi lui assigne est plus délicat qu'il ne paraît être au premier aperçu. Lorsqu'une difficulté se présente en Cour d'assises, le président peut la résoudre, sans beaucoup de peine. Il a de nombreux précédents à invoquer, des ouvrages qui lui fournissent des règles de conduite; et, sauf ce qui regarde l'exercice du pouvoir discrétionnaire, il est tenu de consulter la Cour, dont les lumières lui sont d'un puissant secours et allégent son fardeau. Mais le directeur du Jury n'a personne pour l'aider : il faut qu'il porte tout seul la responsabilité de ses actes, ce qui exige de sa part une grande présence d'esprit, jointe à une étude sérieuse de la loi. Ne nous le dissimulons pas, on dirait que la loi du 3 mai 1841 a été faite à dessein, afin d'embrouiller le magistrat directeur et le faire donner de travers; elle est pleine de piéges, de chausses-trappes, dans lesquels il est difficile de ne pas tomber. Ceux qui ont présidé quelquefois le Jury d'expropriation seront facilement convaincus de la vérité de ce que j'avance. La moindre inadvertance, la plus légère hésitation peuvent tout compromettre, et on a l'agrément de voir casser des opérations que l'on croyait inattaquables.

11. Des indemnités de transport sont allouées au directeur du Jury et au greffier lorsque les assises spéciales se tiennent ailleurs que dans la ville où siége le Tribunal. Cette indemnité varie selon la distance ; mais il n'est rien dû quand le transport

(1) Rapport au Roi, par M. Barthe, ministre de la justice, en présentant l'ordonnance du 18 septembre 1833.

s'effectue à moins de cinq kilomètres de la résidence du magis- ART. 14.
trat directeur (1).

12. Tous les membres du Tribunal, et par conséquent les
juges-suppléants, ont qualité pour remplir les fonctions de
magistrat directeur. Cela a été jugé, en termes exprès, par
arrêt de la Cour suprême, en date du 25 janvier 1853 (2). Au
reste, cette aptitude ne pouvait faire la matière d'un doute sérieux, car, au traitement près, les juges-suppléants sont de
véritables magistrats. Lorsque, en cas d'absence ou d'empêchement du magistrat directeur et de son suppléant, ils sont nommés par ordonnance du président du Tribunal, leur nomination
fait présumer légalement l'empêchement du magistrat d'abord
désigné pour présider le Jury, ainsi que des juges plus anciens,
et cela en vertu de l'art. 29 du décret du 30 mars 1808. Ainsi
jugé, par arrêt de la Cour de cassation, en date du 16 mars
1863 (3).

De même, en cas de nomination par un vice-président du
magistrat directeur, ce vice-président est réputé n'avoir procédé que par suite de l'empêchement du président et du vice-
président plus ancien, sans que la constatation de la cause de
l'empêchement soit nécessaire. Ainsi jugé, par arrêt du 18 février 1863 (4).

13. Le même arrêt, du 25 janvier 1853, a encore décidé que
le président de la Chambre de vacation a compétence, durant
les vacances, pour procéder au remplacement du directeur du
Jury. Cette décision est inattaquable. Nous ne la rapportons
que pour faire voir à quelles circonstances insignifiantes s'arrête l'esprit de chicane. Il forge des griefs pour arriver à la
cassation des verdicts du Jury : gare à ceux qui en contiennent
de sérieux !

14. Le droit du président du Tribunal civil, que la loi charge
de procéder au remplacement du magistrat directeur, est ab-

(1) Art. 16 et 17. Ordonn. 18 septembre 1833.
(2) Dalloz, 1853. 1.27.
(3) Ibid., 1863. 1.134.
(4) Ibid., 1863. 1.253.

ART. 14. solu. Ainsi, le cas s'étant présenté d'un président délégué par le Tribunal afin de diriger le Jury d'expropriation, et ce magistrat s'étant, par la suite, trouvé empêché, et ayant pourvu lui-même à son remplacement, la Cour de cassation jugea qu'il avait agi dans la limite de ses attributions, en rejetant le pourvoi qu'on avait dirigé, de ce chef, contre la décision du Jury. L'arrêt est à la date du 20 mars 1855 (1).

15. En cas de cassation du jugement d'expropriation et de renvoi devant un autre Tribunal, la nomination du directeur du Jury appartient à ce dernier Tribunal. Jugé en ce sens, par arrêt de la Cour suprême, en date du 17 décembre 1860 (2).

16. Avant de passer à un autre article, je suis bien aise de rapporter quelques arrêts de la Cour de cassation qui fixent, d'une manière précise, en quels cas il y a lieu d'appliquer le premier paragraphe de l'art. 14 de la loi du 3 mai 1841. Cela sort un peu de mon sujet, mais l'utilité de ces renseignements sera mon excuse.

En premier lieu : jugé que le Tribunal qui prononce l'expropriation a pour unique mission de vérifier si les formalités prescrites par l'art. 2 de la loi du 3 mai 1841 ont été remplies; mais qu'il n'a pas compétence pour statuer, soit sur le caractère d'utilité publique des travaux, soit sur leur emplacement. Ainsi jugé le 14 juillet 1857 (3). Je n'ai rien à dire sur cet arrêt, si ce n'est qu'il se soit trouvé un Tribunal, assez oublieux de ses propres attributions, pour empiéter ainsi sur les pouvoirs de l'autorité administrative.

17. En second lieu : les servitudes militaires ne constituent pas une expropriation dans le sens de la loi du 3 mai 1841, les propriétaires n'étant pas dépossédés. En conséquence, il est inutile de convoquer le Jury. C'est ce qu'a jugé le conseil d'Etat, par arrêt du 24 juillet 1856 (4).

(1) Dalloz, 1855. 1.61.

(2) Ibid., 1861. 1.133.

(3) Dalloz, 1857. 1.292. — V. n. 121. — V. arrêt 9 février 1863. — Dalloz, 1863. 1.255.

(4) Dalloz, 1856. 3.9.

18. En troisième lieu : il y a déclaration suffisante d'utilité ART. 14. publique et, dès lors, il n'y a pas d'expropriation à prononcer, lorsqu'une loi ordonne le prolongement d'une rue. Il en est de même pour les locataires, sauf leur droit à faire fixer leur indemnité par le Jury. — Arrêt du 15 mars 1853 (1).

19. En quatrième lieu, lorsqu'une indemnité est réclamée pour dommage causé à des bâtiments par suite de l'expropriation de terrains voisins, et que cette indemnité est contestée, c'est au conseil d'État à prononcer sur le droit à l'indemnité et à en fixer le montant. — De même, le Jury est sans pouvoir lorsque, s'agissant même du terrain objet de l'expropriation, il est soutenu que ce terrain a été compris dans une vente antérieure et que le propriétaire en a touché le prix. — Est nul, en conséquence, pour incompétence et excès de pouvoir, le jugement d'un Tribunal civil qui, dans un tel état de cause, ordonne la formation d'un Jury d'expropriation. — Arrêt du 14 août 1854 (2).

19 *bis*. Mais le Tribunal peut vérifier si l'avertissement prescrit par l'art. 6 de la loi du 3 mai 1841, a été donné conformément aux prescriptions de cet article, et refuser de prononcer l'expropriation si l'avertissement n'a pas été régulier. Ainsi jugé par la Cour suprême, le 4 mai 1863 (3). Dans l'espèce, l'avertissement avait été inséré dans le journal du département, alors qu'il existait un journal dans l'arrondissement des biens expropriés.

Cette question avait été jugée en sens contraire peu de temps auparavant par la Cour de Metz ; son arrêt, qui est à la date du 15 janvier 1863 (4) porte que : est susceptible d'appel le jugement qui refuse de prononcer une expropriation à raison de l'irrégularité des publications prescrites par l'art. 6 de la loi spéciale, en ce que ces publications auraient été faites dans un journal que le préfet n'avait pas le droit de désigner. L'arrêt

---

(1) Dalloz, 1853. 1.86.
(2) Ibid., 1854. 1.344.
(3) Ibid., 1863. 1.318.
(4) Ibid., 1863. 2.171.

ART. 14. reconnaît à ce fonctionnaire le droit de désigner un journal du département, bien qu'il existe un journal dans l'arrondissement où s'opère l'expropriation. Mais, en présence de la décision subséquente de la cour suprême, cet arrêt ne peut être suivi. Il en ressort néanmoins un enseignement utile, c'est que les jugements prononçant l'expropriation sont soumis à l'appel.

Art. 21.

Dans la huitaine qui suit la notification prescrite par l'art. 15, le propriétaire est tenu d'appeler et de faire connaître à l'administration les fermiers, locataires, ceux qui ont des droits d'usufruit, d'habitation ou d'usage, tels qu'ils sont réglés par le Code civil, et ceux qui peuvent réclamer des servitudes résultant des titres même du propriétaire ou d'autres actes dans lesquels il serait intervenu ; sinon il restera seul chargé envers eux des indemnités que ces derniers pourront réclamer.

Les autres intéressés seront en demeure de faire valoir leurs droits par l'avertissement énoncé en l'art. 6, et tenus de se faire connaître à l'administration dans le même délai de huitaine, à défaut de quoi ils seront déchus de tous droits à l'indemnité.

SOMMAIRE

ART. 21.
25. Il ne suffit pas que le propriétaire appelle les ayant-droit; il faut qu'il les fasse connaître à l'administration.

26. La désignation des ayant-droit n'est pas obligatoire pour le propriétaire quand l'administration les connaît déjà.

27. Responsabilité du propriétaire au cas où il n'appelle pas les ayant-droit à indemnité.

28. Les ayant-droit, non appelés et non désignés, qui se trouvent hors du délai de huitaine, ne sont point recevables à demander des indemnités au Jury. Le magistrat directeur doit repousser leurs conclusions.

29. Cas où le propriétaire peut demander des indemnités pour son locataire ou fermier. Doutes.

30. La responsabilité du propriétaire peut aller jusqu'à la contrainte par corps.

31. Le propriétaire n'est pas tenu de faire connaître les sous-locataires. Le locataire principal est dans le même cas. Doutes quant au locataire principal.

32. Les sous-locataires qui se sont fait connaître dans le délai de huitaine peuvent intervenir devant le Jury.

33. Le bail non enregistré peut, selon les circonstances, donner droit à indemnité.

34. Les locataires, fermiers et autres ont la faculté d'intervenir, bien qu'il n'aient reçu aucune notification. Délai qui leur est assigné.

35. Le locataire appelé, ou qui s'est fait connaître, peut seul intervenir devant le Jury. De même pour le fermier.

36. L'indemnité accordée au locataire laisse entiers les droits qu'il peut avoir contre son bailleur, par suite de sa dépossesion. Argument contraire tiré de l'art. 1722. C. N.

37. Les vices de forme, pouvant être couverts, doivent être proposés *in limine litis*. Il faut y conclure formellement.

38. Le directeur du Jury a qualité pour prononcer sur les nullités de procédure proposées.

39. Appel et désignation de ceux qui possèdent des servitudes sur l'immeuble exproprié.

40. Servitudes auxquelles s'applique cette disposition de l'art. 21.

41. L'ignorance où se trouve le propriétaire sur l'existence de la servitude, l'exonère de tout recours. Discussion aux Chambres. Il n'est pas nécessaire que le jugement d'expropriation mentionne la servitude. Faculté de poursuivre le règlement de l'indemnité due pour la servitude, avant de poursuivre celui de l'indemnité due au propriétaire du fonds asservi.

42. Il en est de même pour les droits d'usage sur les bois et forêts.

43. Ce qu'on doit entendre par ces mots : *les autres intéressés*. Ils ne doivent être ni appelés ni désignés; mais ils ont droit d'intervenir devant

le Jury quand ils se sont fait connaître dans le délai. On leur notifiera ART. 21. des offres.

44. Déchéance des *intéressés*, faute d'être intervenu dans le délai. Ils conservent leur action contre leur débiteur.

45. Les créanciers chirographaires pourront intervenir devant le Jury lorsqu'ils se seront fait connaître dans le délai ; mais l'administration ne sera pas tenue de leur faire des offres.

46. Les ayant-droit à indemnité, à cette phase de la procédure, n'ont pas besoin de préciser leurs prétentions ; ils n'ont qu'à se faire connaître de l'administration. De même pour le propriétaire.

47. Le propriétaire appellera les ayant-droit par acte d'huissier. C'est par acte semblable qu'il notifiera leurs noms à l'administration.

48. L'exproprié peut, valablement, faire connaître ses droits à l'administration avant le jugement d'expropriation. Dans ce cas, il n'est pas tenu de renouveler ses prétentions dans le délai de huitaine.

COMMENTAIRE.

20. Cet article, en exigeant que le propriétaire appelât et fît connaître à l'administration, dans le délai de huitaine qui suit la notification prescrite par l'art. 15, tous ceux qui possédaient sur la propriété des droits que l'expropriation devait amoindrir ou faire disparaître, a eu pour objet de mettre les possesseurs de ces droits en mesure de les défendre devant le Jury, et d'obliger l'administration ou le concessionnaire à remplir envers eux les formalités que la loi leur impose à l'encontre du propriétaire. Ainsi, bien que la partie poursuivante ne puisse demander directement contre eux l'expropriation, elle devra néanmoins les considérer comme parties principales, leur notifier les jugements qu'elle aura obtenus, leur faire des offres, et, si elles ne sont pas acceptées, les assigner devant le Jury. C'est alors que leurs demandes en indemnité seront séparément appréciées.

21. Je dis que l'administration ne peut demander directement l'expropriation contre les personnes énumérées en l'art. 21, par la raison qu'on ne peut comprendre la dépossession du locataire, sans la faire précéder de l'expropriation du

ART. 21. propriétaire. C'est une trivialité sur laquelle nous n'aurions pas insisté, si elle n'aboutissait à ce résultat remarquable de priver le locataire du droit de se pourvoir contre le jugement d'expropriation. La cour suprême l'a jugé ainsi par arrêt du 7 août 1854 (1). En effet, le locataire n'ayant pas été partie au jugement d'expropriation, n'est pas admissible à l'attaquer. Il doit en être de même du fermier,

22. Par conséquent, le propriétaire contre lequel un jugement d'expropriation a été rendu, appellera et fera connaître à l'administration, les fermiers, locataires, ceux qui ont des droits d'usufruit, d'habitation ou d'usage, ainsi que ceux qui peuvent réclamer des servitudes sur le fonds exproprié.

23. L'art. 21 dit, entre autres, que le propriétaire appellera et fera connaître ceux qui ont des droits d'usage, tels qu'ils sont réglés par le Code civil, expression excluant positivement les droits d'usage établis par d'autres lois. Tel paraît être le sens de cet article. En effet, lors de la discussion de la loi du 7 juillet 1833, il fut reconnu que ceux qui ont des droits d'usage, plus ou moins étendus, dans les forêts, droits réglés par des lois spéciales en dehors du Code civil, seront tenus de se faire connaître eux-mêmes à l'administration, par le motif, disait Martin (du Nord) rapporteur à la Chambre des Députés, « qu'on n'aurait pu, sans beaucoup de frais et de lenteurs, obliger le propriétaire à les appeler devant l'administration : que, résidant dans la situation des biens, les usagers ne pouvaient ignorer l'expropriation ; et que la réclamation de l'un d'eux suffisait pour instruire le magistrat de l'existence du droit (2). » Ces motifs sont encore applicables aujourd'hui aux usagers dont parle l'art. 21 de la nouvelle loi.

24. Le propriétaire doit désigner à l'administration les locataires, fermiers et autres, de manière à ce qu'elle puisse les connaître et leur faire des offres. L'objet de la loi étant de

(1) Dalloz, 1854. 1.277.
(2) Dalloz, d. G. sup. v°, *Expropriation pour cause d'utilité publique*, N. 269, p. 476. — V. ci-après n. 42.

mettre les parties à même de traiter à l'amiable, il faut que l'on sache à qui s'adresser. Or, il sera impossible à l'administration de se conformer au vœu de la loi, si le propriétaire ne lui désigne pas avec exactitude toutes les personnes intéressées à l'expropriation.

25. On a prétendu que le propriétaire, après avoir appelé les ayant-droit, n'est plus obligé de les faire connaître à l'administration, par le motif qu'ils sont mis en demeure de faire valoir leurs droits. Telle est l'opinion de Dalloz (1). Je ne puis l'approuver, car si l'administration ne connaît pas quels sont les intéressés, elle ne pourra leur faire des offres. Il est vrai que ce cas se présentera rarement, par la raison que les intéressés, mis en éveil par le propriétaire, se hâteront d'intervenir. A l'appui de son opinion, Dalloz cite Delalleau (2). Mais cet auteur ne s'explique pas sur ce point. Il dit que, dès que le propriétaire a fait connaître les noms des locataires, fermiers, etc., l'administration est tenue, en vertu de l'art. 23, de leur notifier les sommes qu'elle offre pour indemnité, et il ajoute que ceux-ci paraissent ne devoir éprouver aucun préjudice de ce que le propriétaire ne les a pas appelés.

On voit que la question n'est plus la même. Il y a, en effet, une grande différence, quant aux résultats, entre l'appel de l'ayant-droit fait par le propriétaire et la désignation qui en est donnée à l'administration. Dans le second cas, l'administration sera mise en demeure de lui faire des offres ; dans le premier, cela lui devient impossible, en supposant qu'il ne se sera pas fait connaître, puisqu'elle ignore son existence. Cependant, le but de l'art. 21, ainsi que je l'ai déjà fait remarquer, est de mettre toutes les parties intéressées en demeure de traiter avec l'administration. Or, le but est manqué, si on laisse ignorer à celle-ci quels sont les ayant-droit. Je conclus, par conséquent, que l'appel de tous les intéressés, fait par le propriétaire, n'est pas suffisant, et qu'il doit, en outre, les désigner de manière à

(1) Dalloz, ibid. N. 274.
(2) Delalleau, n. 368, p. 232.

ART. 21. ce que l'administration puisse les reconnaître. Au reste, à l'appui de mon opinion, il est une raison de texte fournissant un argument irréfutable. L'art. 21 dit que le propriétaire *appellera et fera connaître*, et non point, *appellera ou fera connaître*, ce qui est bien différent et prouve que les deux obligations sont imposées simultanément.

26. Mais la désignation des ayant-droit n'est point obligatoire pour le propriétaire quand l'administration les connaît déjà : par exemple, lorsque, en vertu de l'art. 15 de la loi du 3 mai 1841, l'administration aura remis les notifications destinées au propriétaire au domicile du fermier ou locataire, elle ne pourra prétendre avoir ignoré qu'il y eût un fermier ou locataire, et se dispenser de lui faire des offres. De son côté, le locataire ou fermier ne pourra se plaindre de ce que le propriétaire ne l'aura pas appelé, si l'administration lui a notifié des offres (1). Dans ces deux cas, le propriétaire ne sera tenu de faire des notifications, ni au locataire ou fermier, ni à l'administration, par l'excellente raison que les premiers ont connaissance de l'expropriation et de ce qui doit s'ensuivre et que l'administration est instruite de ce qu'elle doit savoir. Nous conseillerons néanmoins au propriétaire de s'en tenir à la stricte observation de la loi.

27. La négligence du propriétaire à appeler les ayant-droit et à les faire connaître à l'administration aurait pour lui le fâcheux résultat de le rendre responsable, envers eux, des indemnités qu'ils auraient pu réclamer ; il en demeurera seul chargé, dit l'art. 21 (2). Dès lors, ils ne doivent recevoir aucune notification d'offres de la part de l'administration, et ils sont définitivement déchus du droit de se faire comprendre au nombre des indemnitaires. Par suite, la décision du Jury qui statue sur leurs conclusions est nulle (3). A mon avis, cela ne doit s'entendre que du cas où les ayant-droit, non appelés et non désignés, ne sont pas intervenus dans les délais, ainsi

(1) Delalleau, n. 378, p. 239.
(2) Arrêt. C. cass., 12 janvier 1842. — Dalloz, 1842. 1.145. — V. Delalleau. N. 367, p. 231.
(3) Arrêt. C. cass., 10 août 1841. — Dalloz, d. G. loc. cit., n. 284.

qu'ils en ont la facilité. Il y aurait une rigueur excessive à les ART. 21. repousser parce que le propriétaire aurait négligé de remplir une formalité toute à leur profit.

28. En conséquence, si les ayant-droit, non appelés et non désignés, qui se trouvent hors des délais établis par l'art. 21, ne sont point recevables à demander des indemnités au Jury ; s'il ne leur reste qu'à se pourvoir contre le propriétaire, il en résulte que le magistrat directeur doit repousser leurs conclusions et ne pas les soumettre au Jury. Cela ressort forcément, et de l'art. 21 et de l'arrêt du 10 août 1841 ci-dessus cité.

29. Cependant, il a été jugé que le propriétaire était recevable à demander une indemnité générale, non seulement pour lui personnellement, mais encore des indemnités partielles pour ses fermiers, afin d'être à couvert de la responsabilité dont il est tenu à leur égard... et cela lors même que les fermiers ne seraient pas en cause (1).

Cet arrêt n'est contraire qu'en apparence à celui du 10 août 1841, et l'on peut très-bien les concilier tous les deux en disant que, si le premier repousse la réclamation du locataire ou fermier non appelé et non désigné, il ne s'oppose pas à ce que le propriétaire obtienne des indemnités partielles pour eux et en leur nom. Or, c'est ce qu'a décidé le second arrêt. Le propriétaire a un intérêt évident à faire valoir les droits de son fermier, afin d'échapper à la responsabilité qui pèse sur lui.

Mais cela est subordonné à cette circonstance que le propriétaire se trouvera dans le délai de huitaine prescrit par l'art. 21. La Cour suprême a jugé, en effet, par arrêt du 17 juillet 1844 (2), que, dans ce cas, il était recevable à faire régler l'indemnité de son fermier.

Néanmoins, nous conseillerons au propriétaire de se mettre en mesure de faire intervenir son fermier, en l'appelant et le désignant, car, au milieu des incertitudes et des fluctuations de la jurisprudence, il pourrait fort bien voir sa demande rejetée.

---

(1) Arrêt. C. cass., 23 novembre 1836. — Dalloz, d. G. loc. cit., n. 269.
(2) Dalloz, 1844. 1. 371.

ART. 21. Ainsi, un arrêt de la Cour de Cassation, en date du 26 avril 1843 (1), a décidé que l'indemnité devra être expressément réclamée par les ayant-droit, et qu'il ne suffirait pas que leur existence eût été dénoncée à l'administration. Or, cet arrêt juge, *a contrario*, que le propriétaire ne peut agir au nom de son fermier. D'ailleurs, on n'a qu'à lire l'art. 21 pour être convaincu que le droit d'ester en justice, au nom d'un tiers, n'a nullement été accordé au propriétaire. Devant quelque juridiction que ce soit, on ne peut conclure et plaider que par soi-même ou par un fondé de pouvoir.

30. La responsabilité du propriétaire qui a négligé d'appeler et de désigner les ayant-droit à indemnités, peut aller jusqu'à la contrainte par corps. Un arrêt de la Cour de Lyon, du 1er mai 1857 (2), a jugé que l'emploi de cette mesure de rigueur était facultative, en matière d'indemnités réclamées par les locataires et fermiers envers leur propriétaire, conformément aux dispositions de l'art. 126 C. proc. civile. Ainsi, le propriétaire qui aurait, intentionnellement, célé l'existence du bail grevant l'immeuble exproprié, pourrait être contraint par corps, sur les poursuites de son fermier.

31. Le propriétaire est obligé de faire connaître les intéressés, mais non pas tous ; car il en est dont l'existence ne lui aura peut-être jamais été révélée ; les sous-locataires, par exemple. Il aura satisfait aux prescriptions de la loi et rempli rigoureusement son devoir en signalant son locataire principal. Ainsi jugé, par la Cour suprême, le 20 avril 1859 (3). Le même arrêt décide aussi que le locataire principal n'est pas tenu de faire connaître ses sous-locataires. Cette dernière solution me paraît sujette à difficulté. Il peut arriver, surtout dans un grand centre industriel, que le sous-locataire ait fait à l'immeuble des aménagements importants, dont il aura intérêt à être indemnisé. Or, en supposant qu'on ne l'appelle pas, il ne pourra agir

---

(1) Dalloz, 1843. 1.266. — V. ibid. 1.189.
(2) Ibid., 1857. 2.170.
(3) Ibid., 1859. 1.166.

en son nom, et n'obtiendra d'indemnité qu'en s'adressant au locataire principal, ce qui peut avoir pour lui des conséquences fâcheuses. Il est évident que, dans ce cas, la solvabilité du locataire principal sera sa seule garantie.

32. L'art. 21, il est vrai, ne parle pas des sous-locataires. C'est peut-être une lacune, car la sous-location étant de droit commun, on aurait dû la prévoir. Mais on a paré à cet oubli en leur reconnaissant le droit d'intervention, qui suffit à la conservation de leurs droits. Ainsi, la Cour de Paris a jugé, le 11 août 1862 (1), que l'expropriant n'est tenu d'appeler devant le Jury que les locataires qui lui ont été signalés par le propriétaire et les sous-locataires qui se sont fait connaître dans le délai de l'art 21. Par conséquent, même en l'état de la jurisprudence, le sous-locataire qui n'aura pas informé l'administration de ses prétentions ne devra s'en prendre qu'à lui-même.

33. Depuis longtemps, on s'est demandé si le bail, n'ayant pas de date certaine, peut donner droit à une indemnité. La question a été résolue en sens divers, ce qui ne doit pas surprendre, par la raison qu'il est impossible d'établir une jurisprudence uniforme sur un point de droit que la question de fait domine. C'est affaire de bonne foi, voilà tout. Par conséquent, les arrêts les plus diamétralement opposés seront également bien rendus. Les exemples de pareille divergence d'opinion abondent. Par exemple, un arrêt de la Cour de Paris, du 16 mai 1854 (2) ; un autre de la Cour de Lyon, du 16 mars 1855 (3), ont jugé la négative; tandis qu'un arrêt de la Cour de Lyon, du 7 août 1855 (4), et la Cour de Grenoble, par arrêt du 30 août 1856 (5), se sont prononcés pour l'affirmative. Enfin, la Cour suprême a été également appelée à statuer : elle a décidé, par arrêt du 17 avril 1861 (6), que le bail non enregistré et passé

(1) Dalloz, 1862. 2.135.
(2) Ibid., 1855. 2.54.
(3) Ibid., 1855. 2.297.
(4) Ibid., 1856. 2.102.
(5) Ibid., 1858. 2.83.
(6) Ibid., 1861. 1.145.

ART. 21. de bonne foi soumet l'expropriant à indemniser le fermier. Au demeurant, de quelque manière qu'on statue, il s'agit d'une question de fait qui échappe à la censure de la Cour suprême.

34. Les locataires, fermiers et autres ont la faculté d'intervenir, bien qu'ils n'aient reçu aucune notification. Ce droit leur est réservé par l'art. 23 ; mais ils devront intervenir dans le délai de huitaine, aux termes de l'art. 21. Passé ce délai, ils ne sont plus recevables (1). Cependant, cela doit s'entendre avec restriction. Il est évident que le locataire non appelé, non désigné, et qui ne s'est pas fait connaître, a perdu tous ses droits contre l'administration, et qu'il ne lui reste qu'à recourir contre son propriétaire. Mais si, après s'être fait connaître, après avoir adressé sa demande en indemnité à l'administration, celle-ci néglige de l'appeler devant le Jury, il sera recevable à intervenir et à requérir le règlement de son indemnité, car on ne pourait lui opposer une fin de non-recevoir à laquelle il a fait tous ses efforts pour échapper. Ainsi jugé par arrêt de la Cour de cassation, du 16 août 1852 (2).

35. Notez que, pour que le locataire puisse requérir une indemnité devant le Jury, il faut qu'il ait été appelé par le propriétaire, dans le délai de huitaine de la notification du jugement d'expropriation, ou bien qu'il se soit fait connaître de l'administration, dans le même délai; de sorte que, s'il a ignoré l'expropriation, il portera la peine de la négligence de son propriétaire. Cela parait extrêmement rigoureux, et cependant c'est ce qui résulte d'un arrêt de la Cour suprême. Il a été jugé que la demande à fin d'indemnité, formée par un locataire qui n'a pas été déclaré par le propriétaire, dans la huitaine de la notification du jugement d'expropriation, est non recevable, et qu'il n'a plus de recours que contre le propriétaire (3). Il y a même raison de décider pour le fermier.

36. L'indemnité accordée au locataire d'une maison expro-

(1) Arrêt. C. cass., 12 janvier 1842. — Dalloz, 1842. 1.145.

(2) Dalloz, 1852. 1.295. — V. n. 478.

(3) Arrêt. C. cass., 19 août 1856. — Dalloz, 1856. 1.367.

priée laisse entiers les droits que ce locataire peut avoir contre son bailleur, par suite de sa dépossession. L'allocation de cette indemnité est, à l'encontre du bailleur, *res inter alios acta*. Ainsi jugé par la Cour suprême, le 7 juillet 1847 (1). Nous ne savons si cet arrêt doit faire jurisprudence, car il est difficilement conciliable avec l'art. 1722 C. N. En effet, l'expropriation doit être assimilée au cas fortuit, lequel dissout le bail, de plein droit, sans indemnité de part ou d'autre. En outre, notre expérience nous a prouvé que, en matière d'expropriation, le locataire était ordinairement beaucoup mieux traité que le propriétaire. Rarement le premier sera-t-il fondé à réclamer quelque chose en sus de l'indemnité qui lui est accordée. Ceci doit s'appliquer au fermier.

37. En général, la comparution de la partie devant une juridiction quelconque, sans protestation, entraîne déchéance de la faculté de proposer des nullités qui ne sont pas d'ordre public, et qui sont couvertes par le consentement de la partie ayant intérêt à les faire valoir. C'est ce qui a lieu en matière d'expropriation pour cause d'utilité publique. Par conséquent, les vices de forme doivent être proposés *in limine litis*, c'est-à-dire dès que le Jury de jugement est constitué. Par exemple, la Cour de cassation a jugé, par arrêt du 22 juillet 1850 (2), que la comparution de l'exproprié devant le Jury le rend non recevable à exciper des vices de forme que renferme une notification à laquelle il a obtempéré.

Il ne suffirait pas que l'exproprié présentât son exception d'une manière vague, plutôt comme une plainte que comme l'exercice d'un droit. Il faut qu'il y conclue formellement. Ainsi, lorsque l'exproprié s'est borné à demander acte devant le Jury de ce que l'administration a négligé d'appeler en cause ses fermiers, bien qu'il les lui ait désignés, et n'a pas conclu à la nullité de la procédure, le magistrat directeur n'est pas tenu

(1) Dalloz, 1847. 1. 250.
(2) Ibid., 1850. 1. 280.

ART. 21. de prononcer d'office cette nullité. Jugé, en termes exprès, par la Cour suprême, le 22 juillet 1850 (1).

Cet arrêt est du petit nombre de ceux auxquels il n'est pas aisé de souscrire sans réserve. Que le directeur du Jury, qui n'était pas mis en demeure de prononcer sur la nullité, n'y ait pas statué, je le comprends, car il n'avait pas qualité pour la relever d'office; mais que l'acte demandé, en supposant qu'il s'appliquât à un fait vrai, fût sans influence sur le sort futur des opérations du jury, c'est ce que je nie. Demander acte d'un fait qui se manifeste pendant les débats annonce, de la part de celui qui l'obtient, l'intention de s'en servir plus tard, afin de faire tomber la décision du Jury, et de soumettre de nouveau l'affaire à un autre Jury différemment composé. Il me semble que cela est évident, au point de n'avoir pas besoin de preuves.

38. Mais si nous considérons l'arrêt du 22 juillet 1850 sous un autre point de vue, nous y trouverons un enseignement important, tellement important, qu'il confère au directeur du Jury un droit qui peut bien dériver de la nature de ses fonctions, mais que la loi spéciale ne lui attribue nulle part d'une manière précise et catégorique. Je veux parler du droit de prononcer la nullité des opérations ou de la procédure précédant la réunion du Jury. Il résulte de cet arrêt, par l'argument *a contrario*, que si, dans le cas qui y est spécifié, le directeur du Jury n'était pas tenu de prononcer d'office une nullité qui lui était seulement dévoilée, il aurait dû l'accueillir et y faire droit si on y avait formellement conclu. Cette conséquence est forcée (2).

Ainsi, laissant de côté toutes les questions qui peuvent s'attacher, soit au mérite, soit à l'opportunité de l'expropriation, questions auxquelles les Tribunaux, et encore moins le directeur du Jury, ne peuvent toucher (3), il faudrait dire, en raisonnant

(1) Dalloz, 1850. 1.280.
(2) V. n, 63, 158.
(3) V. arrêt, 14 février 1855. — Dalloz, 1855. 1.178. — Arrêt, 27 juillet, 26 août 1857. — Dalloz, 1857. 1.287-353.

d'après l'arrêt du 22 juillet 1850, que le magistrat directeur ART. 21. peut et doit connaître de toutes les nullités de procédure sur lesquelles les parties auront expressément conclu. Par exemple, s'enquérir si les dispositions des art. 15, 16, 21 et 23 de la loi du 3 mai 1841 ont été observées, et annuler la procédure, dans le cas où on ne s'y serait pas conformé. Cela était bon à noter, car le directeur du Jury fait si rarement acte de juridiction, que l'on doit signaler les cas où, sortant du rôle presque passif que la loi lui assigne, il prend la haute main aux débats.

Au surplus, l'extension de pouvoir que nous prenons dans l'arrêt du 20 juillet 1850 est très fondée. Il serait déraisonnable, en même temps que très préjudiciable aux intérêts, tant de l'administration que de l'exproprié, de forcer le directeur du Jury à passer outre aux débats d'une affaire qu'il saurait être entachée du vice de nullité, et avec la certitude d'aboutir à une cassation inévitable. Il vaudra beaucoup mieux, lorsque le cas se présentera, déclarer la nullité et renvoyer l'affaire à une autre session, afin qu'elle soit soumise à un nouveau Jury, purgée des nullités qui la viciaient.

39. L'art. 21 veut encore que le propriétaire mette en cause et désigne à l'administration ceux qui possèdent des servitudes sur l'immeuble exproprié. S'il ne se conforme pas à ce qui lui est prescrit, il demeure chargé de l'indemnité qu'ils auraient pu réclamer.

40. Il est évident que les termes de cet article contiennent une restriction, car il ne parle que des servitudes résultant des titres même du propriétaire, ou d'autres actes dans lesquels il serait intervenu. Quant aux servitudes résultant d'autres causes, le propriétaire n'a pas de notification à faire à ceux qui en jouissent. Il ne serait pas juste de le contraindre à faire connaître l'existence de droits qu'il peut fort bien ignorer. C'est au tiers intéressé à se précautionner sur ce point, en intervenant devant l'administration. Au reste, la cour suprême a donné la sanction de son autorité à cette partie de l'art 21, en jugeant que le propriétaire n'est pas tenu d'appeler les personnes qui possèdent

ART. 21. des servitudes, à moins qu'elles résultent de ses titres ou d'actes dans lesquels il serait intervenu (1).

41. Mais est-il bien vrai, ainsi que le prétend Dalloz, que l'ignorance où se trouve le propriétaire sur l'existence de la servitude l'exonère de tout recours (2)?

Il y a beaucoup à dire contre cette décision, qui résulte, non pas de l'art. 21, sinon d'une manière détournée, mais de la discussion de la loi du 7 juillet 1833, discussion dont les principes n'ont pas cessé d'être applicables, parce que, sauf en ce qui touche la substitution de l'administration au directeur du Jury, l'ancien article et le nouveau sont identiquement semblables. L'inconvénient unique mais grave de cette conséquence de l'art. 21, ainsi interprété, est que le possesseur de la servitude inconnue du propriétaire, ne sachant pas très bien sur quel lieu elle s'exerce, — une servitude d'aqueduc, par exemple, — ignorant peut-être l'expropriation, perdra sa servitude sans en retirer aucune indemnité, puisque, dans ce cas l'expropriation aura lieu à son insu, qu'il ne pourra réclamer, et qu'il aura perdu tout recours contre le propriétaire. Il semble que toutes les fois qu'une servitude existe sur l'immeuble exproprié, soit que le propriétaire l'ignore, soit qu'il en ait connaissance, la justice exige qu'il soit tenu d'en indemniser le possesseur qui s'est trouvé dans l'impossibilité absolue de porter ses réclamations devant le Jury. Dire le contraire, c'est faciliter la mauvaise foi, car j'admets difficilement qu'un propriétaire puisse ignorer l'existence d'une servitude grévant son immeuble. L'exercice de cette sorte de droit se manifestant presque toujours par des faits plus ou moins gênants, plus ou moins ostensibles. D'ailleurs, comme la servitude n'a pu être constituée que par les propriétaires antérieurs, le propriétaire postérieur est tenu de la respecter parce qu'elle émane de ses auteurs, et il est juste que si la propriété grevée de servitude lui est enlevée par l'expropriation, il indemnise le possesseur de cette servitude de la perte qu'il subit.

(1) Arrêt, 25 janvier 1859. — Dalloz, 1859. 1.407.
(2) *Dict. gén.* Sup. loc. cit., n. 270.

Cependant, en présence des discussions qui eurent lieu aux chambres, il faut passer outre et dire que l'art. 21 doit être entendu dans ce sens, que le possesseur d'une servitude légalement ignorée du propriétaire, perd tout recours contre celui-ci, s'il a négligé d'intervenir devant le Jury afin d'obtenir une indemnité. Cela résulte expressément des expressions dont se servit le commissaire du roi devant la Chambre des Pairs, dans la séance du 9 mai 1833. « En imposant aux propriétaires une sanction pénale, dit M. Legrand, nous avons voulu en limiter l'effet, et nous avons pensé qu'il serait injuste d'astreindre le propriétaire à dénoncer des droits de servitude qui ne seraient point écrits dans ses titres même de propriété, et dont par conséquent, il pourrait ignorer l'existence. » — Répondant un peu plus tard, au duc Decaze, qui demandait qu'on ajoutât à l'article ces mots, *ou autres actes dans lesquels le propriétaire serait intervenu*, il dit : « Cette addition rentre parfaitement dans les vues que j'ai eu l'honneur d'exprimer. Tout ce que nous demandons, c'est qu'un propriétaire ne soit pas astreint à faire connaître des droits de servitude dont il peut ignorer l'existence, et que l'ignorance où il se trouve ne puisse pas devenir contre lui l'occasion d'un recours (1). ». Voilà, par conséquent, le procès jugé.

Un arrêt de la Cour de cassation, en date du 9 février 1863, auquel on peut joindre un autre arrêt du 12 mai de la même année, a jugé que l'expropriation d'un immeuble entraîne l'expropriation des droits réels, et notamment des servitudes qui grèvent cet immeuble, sans que le jugement d'expropriation en fasse mention expresse ; qu'il suffit qu'il désigne les noms des propriétaires inscrits sur la matrice cadastrale. Le deuxième arrêt décide, en outre, que l'expropriant n'est pas tenu de poursuivre simultanément le règlement de l'indemnité à l'égard du propriétaire du fonds et de ceux qui sont investis, sur ce fonds, de droits réels, tels que servitudes ; qu'il peut agir contre ces

ART. 21.

—————

(1) Delalleau , n. 366, p. 230.

ART. 21. derniers sans provoquer contre les premiers la fixation de l'indemnité (1).

42. Les mêmes principes et la même solution s'appliquent aux usagers, mais pas à tous. Ceux dont les droits sont réglés par le Code civil doivent être appelés par le propriétaire, ainsi le veut l'art. 21. Quant aux autres, c'est-à-dire, ceux qui ont des droits d'usage sur les bois et forêts, le propriétaire, quel qu'il soit, n'est pas tenu de les appeler, et s'ils laissent l'expropriation se consommer sans intervenir, ils ne pourront recourir contre le propriétaire. Tel est le sens que l'on doit attacher à l'art. 21, aux termes du rapport de Martin (du Nord) ; établissant que l'expropriation se fait toujours au vu et su de l'usager, lequel peut intervenir, il ajoute : — « On peut donc déclarer que ceux qui jouissent des droits d'usage que nous venons d'indiquer, devront faire valoir leurs prétentions directement et sans provocation, et qu'à défaut par eux de se présenter, non-seulement la propriété sera affranchie du droit, mais le propriétaire sera à l'abri de toute réclamation ultérieure (2). »

43. Par ces mots, *les autres intéressés*, l'art. 21 ne peut entendre que les créanciers hypothécaires, ayant inscription sur l'immeuble exproprié, car cet article a auparavant désigné particulièrement tous les autres ayant droit à indemnité. On doit y comprendre aussi ceux qui ont une hypothèque légale, quoique non inscrite, lors même que l'effet de l'hypothèque ne se produirait pas au jour de l'expropriation. Les uns et les autres ne doivent point être appelés par le propriétaire ; il n'est pas nécessaire que leurs noms soient notifiés à l'administration, parce qu'elle ne peut ignorer les noms des créanciers inscrits, et que, en ce qui touche les hypothèques légales, elle a qualité pour les purger. D'ailleurs, la loi du 3 mai 1841 a prescrit des mesures particulières de nature à porter l'expropriation à la connaissance de toutes les parties intéressées. L'art. 6 les avertit du dépôt du plan à la commune, en les invitant à en prendre communica-

(1) Dalloz, 1863. 1.254.
(2) Ibid., n. 365, p. 230. — V. ci-dessus, n. 23.

tion, et l'art. 15 ordonne la publication et affiche du jugement ART. 21.
d'expropriation. Cela suffit à donner l'éveil aux créanciers.

Il résulte de là que l'administration n'est pas tenue de faire des notifications aux créanciers inscrits, à moins qu'ils soient intervenus et se soient fait connaître dans le délai de huitaine. Dans ce dernier cas, ils ont droit à la notification des offres (art. 23) aussi bien que les autres intéressés, quoique à un titre différent, et peuvent comparaître devant le Jury pour y soutenir leurs prétentions. On comprend que les créanciers inscrits peuvent avoir et ont souvent, en effet, un intérêt majeur à faire élever le prix de l'immeuble exproprié.(1). Ils sont également recevables à exiger que l'indemnité soit réglée par le Jury, lorsque l'exproprié a traité amiablement de la cession du terrain avec l'administration (2).

Jugé, par arrêt de la cour suprême du 16 décembre 1862, que la demande d'indemnité formée, en son propre nom et dans son intérêt exclusif, par l'un des membres d'une société expropriée, doit être exercée séparément de celle de la Société, dans le délai de l'art. 21. (3).

44. Aux termes de l'art. 21, les *autres intéressés* doivent intervenir dans le délai de huitaine, faute de quoi ils sont définitivement déchus du droit de réclamer une indemnité auprès du Jury. En ce sens, cette déchéance est absolue, mais elle ne l'est pas à l'encontre du propriétaire. Ils auront toujours leur action, soit personnelle envers leur débiteur, soit réelle sur le prix des biens expropriés. Ils auront seulement perdu le droit d'intervenir devant le Jury et de faire régler l'indemnité concurremment avec le propriétaire. Ils devront s'imputer de n'avoir pas profité des avertissements donnés au public en vertu des dispositions de la loi du 3 mai 1841.

45. Le propriétaire n'est pas tenu d'appeler et de faire connaître ses créanciers chirographaires, par la raison que ceux-ci

(1) V. n. 443, 497.
(2) Art. 17, loi 3 mai 1841.
(3) Dalloz, 1863. 1. 254.

ART. 21. n'ayant aucun droit de suite sur l'immeuble exproprié, il importe fort peu à l'administration de connaître ou d'ignorer leur existence. Cependant, en leur qualité de créanciers, je crois qu'ils doivent être compris au nombre des *intéressés* dont parle l'art. 21; non pas que l'administration soit tenue, en aucun cas, de leur faire des offres, mais en ce sens que leur intervention serait recevable devant le Jury. Ainsi, j'admets que si un créancier chirographaire s'était fait connaître de l'administration dans le délai légal, il interviendrait régulièrement auprès du Jury et devrait y être admis à discuter le montant de l'indemnité, car il serait intéressé à ce que les biens de son débiteur fussent portés au plus haut prix. D'ailleurs, l'art. 22 ne distingue pas entre les créanciers hypothécaires et ceux qui sont porteurs de titres sous seing privé, à condition, toutefois, que ce titre ne sera point contesté. Il en sera de même de tout titre authentique non inscrit.

Nous irons plus loin, nous soutenons que la contestation du seing privé, la dénégation de la signature, par exemple, ne ferait pas absolument obstacle à ce que le porteur de ce titre fût entendu. Qu'on n'oublie pas que le Jury se borne à fixer le montant de l'indemnité, qu'il ne doit jamais toucher au fond du droit, lequel demeure réservé à une autre juridiction, et que, par conséquent, l'intervention d'un créancier chirographaire, quelque mal fondée qu'on la suppose, ne peut porter préjudice à personne. L'administration est obligée d'être juste, et le propriétaire exproprié serait mal reçu à s'en plaindre, puisqu'il lui arrive un auxiliaire, dont il peut admettre le concours, tout en protestant contre ses prétentions.

46. L'intervention de tous les *autres intéressés* se borne, à cette phase de la procédure, à se signaler à l'administration, à lui donner signe de vie. Pas plus que le propriétaire, ils n'ont besoin de préciser leurs prétentions. Ils devront attendre, pour les faire connaître, que l'administration leur ait fait la notification prescrite par l'art. 23, après quoi ils se conformeront à ce que l'art. 24 exige d'eux.

47. Le propriétaire appellera les ayant-droit par acte d'huis-

sier. C'est par acte semblable qu'il notifiera leurs noms à l'ad- ART. 21.
ministration. La forme de ces actes n'est point déterminée par
la loi du 3 mai 1841; mais on suivra celle qui est indiquée par
le Code de procédure civile. Il s'agit ici, en effet, d'un acte de
juridiction civile (1).

48. L'exproprié peut valablement faire connaître ses droits
à l'administration avant le jugement d'expropriation ; il n'encourt pas la déchéance prononcée par l'art. 21, pour ne point
avoir renouvelé ses prétentions dans la huitaine du jugement
d'expropriation ; la loi n'ayant point interdit aux intéressés
d'anticiper ce délai. Ainsi jugé par la cour suprême, le 6 décembre 1842 (2).

(1) V. n. 9. — V. encore, ordonnance du 18 septembre 1833, sur le tarif.
(2) Dalloz, 1843. 1.33.

Art. 22.

Les dispositions de la présente loi, relatives aux propriétaires et à leurs créanciers, sont applicables à l'usufruitier et à ses créanciers.

COMMENTAIRE.

49. Toutes les obligations que l'art. 21 impose au propriétaire vis-à-vis de ses locataires, fermiers et autres, sont communes à l'usufruitier. Ainsi, lorsque la maison ou le domaine rural, donné à bail par l'usufruitier, sera exproprié, celui-ci devra appeler le fermier ou locataire et le faire connaître à l'administration, toujours dans le délai de huitaine. En effet, il ne serait pas juste de contraindre le propriétaire à faire des notifications à des gens avec lesquels il n'a aucun rapport et envers lesquels il n'est pas obligé. Ce soin doit concerner l'usufruitier qui a

contracté avec eux. S'il y manque, il demeurera seul chargé ᴀʀᴛ. 22.
envers ses locataires ou fermiers des indemnités qu'ils auraient
pu réclamer.

50. Les créanciers de l'usufruitier sont recevables, de même
que ceux du propriétaire, à intervenir, soit devant l'administration, soit devant le Jury, en se conformant au second paragraphe de l'art. 21. On avait pu en douter quoique à tort; car
les créanciers de l'usufruitier ont action sur les biens soumis à
l'usufruit, comme sur ceux dont il a la pleine propriété. Mais
la loi du 3 mai 1841 s'en est formellement expliquée dans son
art. 22. Ce point est donc au-dessus de toute discussion.

51. En tout ce qui concerne l'usufruitier, je n'ai donc rien
de mieux à faire que de renvoyer à ce que j'ai dit ci-dessus,
sous l'art. 21.

Art. 23.

L'administration notifie aux propriétaires et à tous autres intéressés qui auront été désignés ou qui seront intervenus dans le délai fixé par l'art. 21, les sommes qu'elle offre pour indemnités.

Ces offres sont, en outre affichées et publiées, conformément à l'art. 6 de la présente loi.

SOMMAIRE

COMMENTAIRE.

52. Après le jugement d'expropriation rendu contre le propriétaire, et l'appel, par celui-ci, des parties intéressées, ou leur
intervention spontanée, l'administration notifie à chacun, individuellement, la somme qu'elle offre pour indemnité; cet acte

ART. 23. est l'un des plus importants de la procédure. Il conduit à un traité à l'amiable, ou aboutit à la comparution des parties devant le Jury. Mais la loi n'a fixé aucune limite au chiffre des offres. Leur insuffisance n'en entraînerait pas nullité. Ainsi jugé par arrêt de la Cour de cassation du 23 août 1854 (1).

53. L'art. 23 dit que les offres seront notifiées par l'administration, parce que c'est elle qui agit dans la plupart des cas. Mais il faut distinguer entre ses divers agents. Par exemple, s'il s'agit de travaux faits par l'Etat ou par un département, la notification sera faite à la requête du préfet (2). Au contraire, si les travaux entrepris intéressent une commune, le maire de cette commune a seul qualité, à l'exclusion du préfet, pour procéder sur l'expropriation, comme représentant la partie expropriante, et, dès lors, les offres faites, en ce cas, aux expropriés par le préfet, sont nulles, ainsi que la décision du Jury. C'est ce qui a été jugé, en termes exprès, par arrêt de la Cour suprême, en date du 12 mai 1858 (3).

Mais, en cas de travaux intéressant l'Etat et une ville, les offres de la ville, signifiées par le préfet en même temps que celles de l'Etat, sont valables. Cette proposition résulte d'un arrêt de la même Cour, rendu le 23 décembre 1861 (4). Il paraît que l'espèce d'indivisibilité existant dans les travaux fit fléchir la règle posée par l'arrêt du 12 mai 1858.

Un autre arrêt de la Cour de cassation est venu confirmer le principe en y faisant une exception justifiée par une circonstance qui se présente rarement. Il a jugé que, en matière d'expropriation pour travaux communaux, les notifications d'offres signifiées à l'exproprié, à la requête du préfet, sont valables malgré le défaut de qualité de ce fonctionnaire, si elles l'ont été en conformité d'une délibération du conseil municipal visé dans l'acte de notification, et s'il résulte des circonstances du procès que c'est d'accord avec l'administration communale que

(1) Dalloz, 1854. 1.319.
(2) Art. 57, loi 3 mai 1841.
(3) Dalloz, 1858. 1.323.
(4) Ibid., 1862. 1.272.

les offres ont été faites et discutées devant le Jury où la com- ART. 23.
mune a été régulièrement représentée (1). Il paraît que la décision ne passa pas sans difficulté, car elle ne fut rendue qu'après
délibération en chambre du Conseil. Néanmoins, il me semble
qu'elle est au-dessus de la critique, par la raison que rien n'empêchait le conseil municipal de déléguer au préfet le soin de notifier ses offres, et, surtout, parce que, en définitive, il n'en résultait aucun préjudice pour l'exproprié.

54. Les offres sont notifiées par les concessionnaires dans le
cas où les travaux ont été concédés à des particuliers. Ceux-ci
sont alors subrogés aux droits de l'administration, et ils ont
qualité pour faire tous les actes auxquels elle pouvait se livrer (2).

55. L'art. 23 veut que les offres soient notifiées aux propriétaires et à tous autres intéressés, ce qui comprend fermiers, locataires, ceux qui ont des droits d'usufruit, d'usage, d'habitation, les possesseurs de servitudes, ainsi que les créanciers
hypothécaires, intervenus dans le délai de l'art. 21. La décision
du Jury rendue sans qu'aucunes notifications aient été adressées
à ces derniers, est nulle, car l'art. 23 ne s'applique pas seulement à l'exproprié et aux intéressés qu'il a désignés. Ainsi jugé
par la Cour de cassation, le 15 juin 1858 (3).

56. Les offres sont valablement signifiées à ceux qui sont indiqués sur la matrice cadastrale comme propriétaires. Les
ventes non légalement connues de l'expropriant ne peuvent lui
être opposées. Jugé, par la même Cour, le 4 juillet 1860 (4).

57. Il a été aussi jugé, le 2 juillet 1861, que, lorsqu'une propriété indivise est expropriée, les offres doivent être notifiées
aux propriétaires par indivis (5). Cela ne pouvait faire la matière d'aucune difficulté.

58. L'administration n'est pas tenue de faire des offres à
ceux qui ne lui ont pas été désignés ou qui ne sont pas inter-

---

(1) Arrêt, 31 juillet 1860. — Dalloz, 1860. 1.407.
(2) Art. 63, loi 3 mai 1841.
(3) Dalloz, 1858. 1.324.
(4) Ibid., 1860. 1.411.
(5) Ibid., 1861. 1.283.

ART. 23. venus dans le délai à eux accordé. Quant à ceux-là, elle est censée ignorer leurs droits, à moins cependant qu'elle en eût connaissance de quelque autre manière. J'en ai donné un exemple sous l'art. 21 (1). Ces individus ne sont plus compris au nombre des indemnitaires ; ils sont déchus du droit de réclamer une indemnité du Jury, et il ne leur reste que le recours contre le propriétaire. Il en sera de même pour le concessionnaire.

59. Il en est de même pour les créanciers. On ne doit leur notifier des offres qu'autant qu'ils se sont fait connaître de l'administration, et l'ont mise à même de remplir envers eux cette formalité indispensable. Le silence leur fait encourir déchéance, et les droits qui leur compètent s'exercent seulement sur le prix de l'immeuble exproprié.

60. J'ai dit, sous l'art. 21 (2), que les créanciers ne devaient être ni appelés, ni désignés. Cela résulte, en effet, des termes du même article, qui établit une différence réelle et non imaginaire entre les divers ayant-droit qu'il énumère. Par son premier paragraphe, il oblige le propriétaire à appeler et à désigner les fermiers, locataires, ceux qui ont des droits d'usufruit, d'habitation ou d'usage, et ceux qui peuvent réclamer des servitudes, tandis que, dans le second, il dit que les autres intéressés sont en demeure de faire valoir leurs droits par l'avertissement énoncé en l'art. 6, et tenus de se faire connaître à l'administration dans le délai de huitaine, faute de quoi déchus de tous droits à indemnité. Cette dernière disposition est radicale. On aura beau interpréter l'art. 21, le torturer de toutes les façons, on n'en fera jamais ressortir l'obligation, pour le propriétaire, d'appeler et de désigner les *autres* intéressés. Il y a en a une raison évidente : c'est que les créanciers inscrits sont connus ; quant aux autres, rien ne les empêche de manifester leur existence. Dès lors, on n'a pas d'offres à leur faire.

Mais l'obligation de notifier des offres naît quand l'exproprié

(1) V. n. 26.
(2) V. n. 43.

a désigné ses créanciers à l'administration, ou qu'ils sont intervenus, dans le délai de huitaine. L'art. 23 s'en explique d'une manière précise en parlant des *autres intéressés* qui auront été désignés ou qui seront intervenus dans le délai; par conséquent, la notification des offres aux créanciers est due dans deux cas : le premier, lorsque le propriétaire les a désignés à l'administration; peu importe qu'ils soient demeurés impassibles; la notification est obligatoire, parce que l'administration connaît leur existence. Elle est indispensable, dans le second cas, à plus forte raison, puisque le créancier a donné signe de vie et indiqué ses prétentions. Il résulte de là que, dans la rigueur du droit, le créancier désigné, mais non intervenu pendant le délai de huitaine, a droit à la notification des offres, et pourra se présenter devant le Jury pour y discuter le chiffre de l'indemnité offerte à son débiteur. Il vaudra mieux cependant qu'il intervienne dans le délai, afin d'ôter tout prétexte à discussion.

61. Lorsque l'immeuble exproprié est grevé d'usufruit, les offres doivent être notifiées au propriétaire, ainsi qu'à l'usufruitier. Si l'un d'eux refuse, l'indemnité sera fixée par le Jury, car l'acceptation des offres ne peut être faite que d'un consentement unanime. Le propriétaire n'a pas qualité pour obliger l'usufruitier, et réciproquement. La nécessité d'obtenir le consentement du propriétaire et de l'usufruitier, ainsi que l'obligation de leur notifier des offres, en cas de refus de traiter à l'amiable, résultent de la disposition du deuxième paragraphe de l'art. 39, portant que, dans le cas d'usufruit, une seule indemnité est fixée par le Jury, sur laquelle le propriétaire et l'usufruitier exercent leurs droits. Il s'ensuit que, l'indemnité étant commune à tous les deux, l'administration a besoin de leur consentement pour être mise en possession de la propriété, et qu'elle est tenue de leur notifier des offres.

62. Le propriétaire, ainsi que ses fermiers, locataires et autres ayant-droit mentionnés dans le premier paragraphe de l'art. 21, se trouvent dans une position différente. Ils ont chacun des droits déterminés et qui sont nettement séparés, de manière

ART. 23. que le Jury puisse les apprécier à part. Dès lors, en cas de refus de l'un d'eux, on se bornera à soumettre au Jury la fixation de l'indemnité le concernant. Quant aux offres, elles ne doivent être notifiées qu'à celui d'entre eux avec lequel l'administration n'a pu traiter à l'amiable.

63. Aucun délai n'est taxativement imposé pour la notification des offres ; mais il résulte des dispositions des art. 23, 24 et 37 de la loi du 3 mai 1841 combinés, que cette notification doit être faite quinzaine au moins avant la réunion du Jury. En effet, l'art. 24 dit que, dans la quinzaine à partir de la notification des offres, les propriétaires sont tenus de déclarer leur acceptation ou leur refus, et l'art. 37 veut que le tableau des offres notifiées, en exécution des art. 23 et 24, soit mis sous les yeux du Jury. Or, si les offres n'ont pas été notifiées quinzaine avant la réunion du Jury, il s'ensuivra que le propriétaire aura été privé du délai que l'art. 24 lui accorde pour délibérer sur leur mérite, et que la procédure sera irrégulière. La question a été jugée en ce sens par arrêt de la Cour de cassation, rendu sous l'empire de la loi du 7 juillet 1833. La loi nouvelle n'ayant rien changé sur ce point, il en résulte que la jurisprudence établie par cet arrêt est encore applicable. En voici le texte, auquel bien d'autres plus récents pourraient être ajoutés :

« Attendu que la notification exigée de l'administration par l'art. 23, à l'effet de faire connaître aux indemnitaires les sommes offertes pour indemnité, est une formalité substantielle à laquelle il ne saurait être suppléé par aucun équivalent ; — attendu que c'est à partir de cette notification qu'un délai de quinzaine, dont le point de départ doit être certain, est accordé par l'art. 23 aux indemnitaires, à l'effet de déclarer leur acceptation ou d'indiquer le montant de leurs prétentions ; — attendu que l'art. 37 impose au magistrat directeur l'obligation de mettre sous les yeux du Jury le tableau des offres et demandes notifiées en exécution des art. 23 et 24 ; — que cette obligation légale ne pourrait pas être remplie si la notification prescrite par l'art. 23 n'était pas faite par acte dûment signifié, et si l'indemnitaire n'avait pas été mis à portée de jouir de toute l'étendue du délai que l'art. 24 lui accorde ; — attendu, en fait, que, dans l'espèce, la seule notification d'offres dont il ait été justifié n'a eu lieu que le jour même de la séance du Jury ; d'où il suit que c'est en violation formelle des art. 23, 24 et 37 qu'ont été rendues, tant la décision du Jury que l'ordonnance du magistrat directeur : Casse (1). »

Un arrêt postérieur, en date du 30 janvier 1861, a jugé qu'il doit s'écouler un délai de quinzaine entre les offres et la constitution du Jury ; et que la comparution de l'exproprié ne couvrirait pas la nullité, à moins qu'il y eût renoncé (2).

La question de délai se trouve tranchée par ces arrêts ; mais il en découle encore un enseignement important : c'est que la notification des offres est une formalité substantielle, et que, par conséquent, l'observation des art. 23 et 24 est prescrite, à peine de nullité. On va voir quels sont les résultats de cette règle fondamentale.

C'est ici que doit s'appliquer ce que je disais naguères sur les pouvoirs du directeur du Jury, en matière de contentieux. J'ai établi, en m'appuyant sur un autre arrêt de la Cour suprême, que ce magistrat avait qualité pour déclarer une nullité de procédure sur laquelle la partie intéressée avait formellement conclu (3). Or, il me semble que ce principe, que je tire de bon lieu, aurait pu recevoir application dans l'hypothèse de l'arrêt dont je viens de rapporter les termes, et que si la nullité dont s'agit avait été expressément proposée, le directeur du Jury aurait dû l'accueillir, annuler la procédure et renvoyer à une autre session. Je soutiens, en outre, qu'il aurait pu la relever d'office, par la raison que la nullité, portant sur l'inobservation d'une formalité substantielle, ne peut être couverte que par la renonciation formelle, de la partie intéressée, à la faire valoir. Je citerai, dans l'instant, des preuves irrécusables de la solidité de ce principe (4). Mais, laissant de côté la question de droit

(1) Arrêt. 26 mai 1840. — Dalloz, 1840. 1.233. — V. n. 66.
(2) Dalloz, 1861. 1.135.
(3) V. n. 38, 158.
(4) N. 64, 65.

ART. 23. pour m'en tenir à des considérations de convenance et de bonne administration de la justice, je demanderai s'il n'est pas préférable voir annuler, par le directeur du Jury, une procédure infectée de vices de forme, que de s'exposer à ce qu'elle soit cassée par la Cour suprême, et subir les longueurs que nécessite inévitablement un recours en cassation? Il me semble que la réponse ne saurait être douteuse, surtout quand la solution proposée est légale et que, au lieu d'inconvénients, elle n'offre que des avantages.

64. Les exemples d'offres tardives, annulées par la Cour suprême, ne sont pas rares. Ainsi, un arrêt du 5 février 1855 a jugé que les offres faites seulement devant le Jury sont tardives. Par suite — en vertu du principe que j'ai posé ci-dessus — la décision intervenue sur de telles offres est nulle, quoique la tardiveté de l'offre n'ait pas été relevée devant le Jury (1). Cet arrêt confirme la règle voulant que la nullité substantielle ne puisse être couverte que par la renonciation formelle de la partie intéressée à la proposer. A cet arrêt, on peut en joindre un autre, qui est à la date du 4 juillet 1860 (2).

65. Les offres portant sur un objet nouveau ou, ce qui est la même chose, faites pour la première fois, sont défendues. Jugé en ce sens par la Cour suprême, le 12 mars 1856 (3). Par exemple, en cas de réquisition, par l'exproprié, de l'acquisition intégrale du terrain partiellement exproprié, l'acquiescement donné à cette demande, par l'expropriant, devant le Jury seulement, avec offres d'indemnité quant à ce chef, est tardif, l'exproprié se trouvant privé du délai qui lui est accordé par les art. 24 et 27. La tardiveté de l'acquiescement et de l'offre peut être proposée pour la première fois devant la Cour de cassation. Tels sont les termes formels d'un arrêt du 11 février 1857 (4). Dans pareils cas, le directeur du Jury fera bien, pour sa propre responsabilité, d'obtenir de l'exproprié à ce qu'on procède au

(1) Dalloz, 1855. 1.61.
(2) Ibid., 1860. 1.411.
(3) Ibid., 1856. 1.169.
(4) Ibid., 1857. 1.271. — V. n. 82.

règlement de son indemnité, sur le pied des nouvelles offres, et ART. 23. de consigner le fait et le consentement sur son procès-verbal. Ce consentement couvre tout, ainsi que nous le verrons tout à l'heure, en citant un arrêt du 24 juin 1857 (1).

66. Il en sera de même en ce qui concerne les offres rectificatives, par exemple, s'il s'agit d'une parcelle oubliée dans les offres primitives. Dans ce cas, il a été jugé, par arrêt de la Cour suprême, du 18 août 1857, qu'on doit suivre les formes et les délais des art. 23 et 24, les formalités de ces articles étant substantielles (2).

67. Mais les offres et demandes ne sont pas nécessaires à l'égard des terrains ajoutés à l'expropriation, du consentement des parties, et sauf règlement du prix par le Jury. C'est ce qui résulte d'un arrêt du 24 juin 1857 (3). En effet, il intervient, dans ce cas, une convention qui dispense les parties de toutes formalités préalables, puisqu'elles ont décidé de s'en rapporter au Jury pour le règlement de l'indemnité. Par conséquent, l'administration n'a pas besoin de faire des offres, et il est inutile que l'exproprié lui notifie ses prétentions. Il devient certain qu'elles n'ont pu s'accorder entre elles.

68. Malgré la notification des offres, l'administration peut acquiescer, plus tard, aux demandes des parties. C'est un droit qu'on ne saurait lui contester, puisqu'elle est libre dans ses actions. Son acquiescement terminera toute contestation, en la soumettant, comme de raison, au payement des frais (4). Elle peut encore augmenter ses offres, sans les élever néanmoins à la somme réclamée par l'exproprié.

Mais, dans ce dernier cas, elle n'a pas besoin de faire de nouvelles notifications, par la raison que, au lieu de leur porter préjudice, elle rend la position des intéressés plus avantageuse. Ceux-ci restent libres d'accepter ou de refuser. Ainsi, divers arrêts de la Cour suprême ont jugé que les offres notifiées

(1) V. n. 67.
(2) Dalloz, 1857. 1. 330.
(3) Ibid., 1857. 1. 292. — V. n. 119
(4) Delalleau, n. 508, p. 341.

ART. 23. à l'exproprié peuvent être augmentées devant le Jury (1), et que leur augmentation n'est pas assujétie au délai de quinzaine (2).

69. La spécification des offres n'est point contraire au vœu de l'art. 23, par la raison qu'elles n'en reçoivent aucun changement. En conséquence, la Cour suprême a jugé, par arrêt du 20 août 1862, que la déclaration faite par l'expropriant que ses offres s'appliquent à l'immeuble exproprié et au fonds industriel y exploité, avec détermination des offres afférentes à ce second chef, ne constitue pas une offre nouvelle, soumise au délai de quinzaine (3).

70. Les offres n'ont pas besoin d'être réelles, c'est-à-dire que l'huissier ou l'agent chargé de les notifier n'est pas obligé d'être porteur des deniers. La notification doit seulement énoncer la somme que l'administration se propose de donner aux indemnitaires pour prix de l'immeuble exproprié. Les offres dont il s'agit n'ont aucun rapport avec celles dont il est parlé aux art. 812 et suivants du Code de procédure civile, au titre des offres de payement et de consignation. En effet, il ne faut pas perdre de vue que, jusqu'à ce moment, il n'y a de définitif que le jugement d'expropriation, et que la question d'indemnité reste intacte. Les offres et les demandes que les parties doivent se signifier mutuellement ne l'empêchent pas de demeurer à l'état de projet.

Cependant, il n'y aurait pas nullité si les offres avaient été réelles, ainsi qu'il a été jugé, en termes exprès, par la Cour de cassation (4). L'exproprié était réellement mal venu à se plaindre de ce que l'administration avait bien voulu rendre sa position meilleure, en lui offrant le prix de son immeuble, même avant qu'il en eût été dépossédé.

71. L'exploit d'offre doit distinguer les diverses causes d'in-

(1) Arrêts. 12 mars 1856. — Dalloz, 1856. 1.169. — 18 décembre 1861. — Dalloz, 1862. 1.376.
(2) Arrêt. 5 juin 1861. — Dalloz, 1861. 1.287. — V. n. 300.
(3) Dalloz, 1862. 1.383.
(4) Arrêt. 6 avril 1859. — Dalloz, 1859. 1.164.

demnité afférente à chaque exproprié, et donner une évaluation ART. 23.
à chacune de ces causes. Ainsi, on distinguera dans l'exploit :
1° la valeur du terrain pris pour les travaux; 2° la moins-value
soufferte par la propriété ; 3° la perte de récoltes ; 4° le remboursement des déboursés faits ou à faire, qui sont la suite immédiate de l'expropriation, et l'on appréciera l'un après l'autre
chacun de ces chefs d'indemnité. Il est vrai que la loi n'en fait
pas une obligation expresse, que le Jury ne serait pas tenu de
s'en expliquer séparément (1), et que l'on peut s'en dispenser
sans danger. Mais cette distinction étant dans l'intérêt de toutes
les parties, l'expropriant fera bien de ne pas l'omettre dans
l'exploit de notification (2).

72. Les offres seront notifiées par huissier ou par un agent
de l'administration, dont les procès-verbaux font foi en justice (3). Le concessionnaire pourrait même, ainsi qu'on verra
plus loin, employer le ministère des agents de l'administration (4).

73. Pour l'exploit de notification, on suivra les formes tracées par le code de procédure civile. Ici, malgré l'assimilation
que le législateur a entendu faire entre le Jury d'expropriation et le Jury criminel, doit s'appliquer la maxime que la
juridiction établie par la loi du 3 mai 1841 participe de la justice civile, par la nature des affaires dont elle s'occupe et des
actes de sa procédure (5).

74. Les offres seront faites au domicile élu par les intéressés
dans l'arrondissement de la situation des biens, et, à défaut
d'élection de domicile, la notification aura lieu en double
copie, portées, l'une au maire et l'autre au fermier, locataire,
gardien ou régisseur des biens. Telle est la disposition de

(1) V. n. 380.
(2) Delalleau, n. 481, p. 322.
(3) Art. 57. Loi 3 mai 1841.
(4) Art. 63. Loi 3 mai 1841.
(5) V. n. 9.

ART. 23. l'art. 15 de la loi du 3 mai 1841. Le second paragraphe du même article ajoute que toutes les autres notifications prescrites par ladite loi seront faites en la forme qu'il indique.

75. Indépendamment de la notification à domicile, l'art. 23 exige, pour plus grande sûreté et afin que tous les intéressés en soient prévenus, que les offres soient affichées et publiées conformément à l'art. 6 de la loi du 3 mai 1841, c'est-à-dire qu'elles soient publiées à son de trompe ou de caisse dans la commune de la situation des biens, affichées à la principale porte de l'église du lieu et à celle de la maison commune. Elles seront, en outre, insérées dans l'un des journaux de l'arrondissement ou du département.

76. La notification des offres est une formalité de la plus haute importance ; tellement essentielle, que son omission entraîne nullité de la procédure. Cette nullité n'est pas prononcée expressément par l'art. 24, ni par aucun autre des articles subséquents, du chapitre Iᵉʳ, du titre, 4, de la loi du 3 mai 1841. Mais elle ressort de la combinaison des art. 37 et 42 de la même loi. En effet, l'art. 37 veut que le magistrat directeur mette sous les yeux du Jury le tableau des offres, et l'art. 42 prononce la nullité pour le cas de violation de toutes les dispositions du premier de ces articles. Or, pour que le directeur du Jury puisse s'acquitter de l'obligation qui lui est imposée, il faut absolument que des offres aient été faites et régulièrement notifiées. De plus, l'art. 28 de la même loi exige que la citation devant le Jury contienne l'énonciation des offres qui auront été refusées.

Il est encore un autre motif qui rend la notification des offres indispensable : c'est que, en conformité de l'art. 39 de la loi du 3 mai 1841, elles établissent un *minimum* et un *maximum* que le Jury ne peut franchir. En effet, aux termes de cet article, l'indemnité ne peut, en aucun cas, être inférieure aux offres de l'administration, ni supérieure à la demande de la partie intéressée. Cet article est encore prescrit, à peine de nullité, par l'art. 42. Ce point de droit, qui n'a pas besoin de corroboration, a été confirmé par arrêt de la Cour suprême, en ART. 23. date du 21 juillet 1857 (1).

Enfin, d'après l'art. 40 de la loi spéciale, l'offre sert au directeur du Jury de point de départ pour la condamnation aux frais. Je n'ai pas besoin de répéter ici les dispositions de cet article; on n'a qu'à le lire pour voir quelles sont, en matière de dépens, les conséquences de l'offre; nous savons déjà quelles sont celles de leur omission. Ajoutons que l'art. 40 est prescrit à peine de nullité.

77. Une proposition qui n'est ni valablement acceptée, ni régulièrement constatée, ne peut être opposée à l'administration, qui, par suite, demeure libre de porter l'indemnité offerte au chiffre qu'il lui plaira. Cela résulte d'un arrêt de la Cour de cassation, rendu dans les termes suivants, le 25 juillet 1855; en voici la rubrique : « Une convention passée avec le maire d'une commune, sur le prix d'un terrain qu'elle veut acquérir, n'empêche pas, lorsqu'elle n'est pas justifiée, l'administration de faire des offres inférieures. L'allégation d'un tel changement dans les offres ne peut prévaloir contre les énonciations du procès-verbal, qui constatent le chiffre des offres, sans parler de leur augmentation (2). » Il est bien évident qu'en pareil cas il n'y avait pas changement dans la quotité des offres, puisque la convention prétendue passée entre l'administration et le maire était demeurée à l'état de projet, et qu'on n'en justifiait pas. Dès lors, la commune ne pouvait se plaindre que l'administration eût varié dans ses offres, et fait allouer par le Jury une somme inférieure à celle précédemment offerte. Il s'agissait, dans l'espèce, de terrains expropriés sur la commune, circonstance qui ne ressort pas assez clairement de la rubrique de l'arrêt, attendu qu'elle est mal rédigée.

Au reste, puisque j'en suis sur ce point, je dirai que, sauf le cas d'une convention, en bonne et due forme, passée entre l'administration et l'exproprié, je ne vois pas pourquoi la pre-

(1) Dalloz, 1857. 1.305.
(2) Ibid., 1855. 1.374.

ART. 23. mière ne pourrait revenir sur ses offres, même pour les amoindrir, à condition d'agir dans le délai de quinzaine. Je le répète, tout ce qui, à l'exception d'un traité amiable, se fait entre les parties, jusqu'à la décision du Jury exclusivement, est essentiellement provisoire. Rien n'empêche les parties de varier, pourvu qu'elles se trouvent dans le délai.

78. L'expropriation est toujours précédée de l'évaluation des terrains qu'elle doit comprendre. Il conviendrait alors, bien que la loi ne l'exige pas, que l'administration donnât, en tête de l'exploit d'offres, un extrait du procès-verbal de cette évaluation, avec mention des modifications y apportées par l'expropriant. Cette précaution aurait pour résultat de mettre les intéressés à même d'apprécier la suffisance des offres. Tel est l'avis de deux auteurs qui ont écrit sur la matière (1). Evidemment, la chose serait désirable; mais, pour l'effectuer, il faudrait que toutes les parties agissent avec la plus entière bonne foi, et surtout que les expropriés n'élevassent pas des prétentions exagérées. L'action engendre la réaction. L'indemnitaire demande dix fois ce qui lui est dû; en retour, l'administration offre la moitié moins, et il devient impossible de s'entendre. Au reste, le souhait fait par les auteurs que je viens de citer n'est pas prêt à se réaliser. En présence de la facilité que le Jury met à accueillir les prétentions excessives des expropriés, l'administration garde pour elle ses procès-verbaux d'évaluation, et on ne saurait disconvenir qu'elle fait bien (2).

(1) Dalloz, d. G. sup. loc. cit. N 290. — Delalleau, n. 478, p. 321.
(2) V. n. 308.

Art. 24.

Dans la quinzaine suivante, les propriétaires et autres intéressés sont tenus de déclarer leur acceptation, ou, s'ils n'acceptent pas les offres qui leur sont faites, d'indiquer le montant de leurs prétentions.

SOMMAIRE

COMMENTAIRE.

79. Les propriétaires et autres intéressés sont tenus, dans le délai de quinzaine après la notification des offres à eux faites par l'administration, de déclarer leur accceptation ou leur refus. Ce délai est d'un mois, dans les cas prévus par les art. 25 et 26 de la loi du 3 mai 1841 (1). Mais cette disposition, bien que conçue en termes impératifs, n'est nullement obligatoire pour l'indemnitaire. Il lui est loisible d'y contrevenir, et son silence n'aboutira qu'à une condamnation aux dépens. Il en sera de même s'il néglige de faire connaître le montant de ses prétentions. Dans ce cas il a été jugé qu'il est toujours recevable à intervenir devant le Jury (2), et que la demande en indemnité peut être formulée pour la première fois à l'audience. C'est ce qui résulte d'un arrêt de la Cour de Cassation, du 28 décembre 1859 (3).

80. L'acceptation ou le refus des offres doit être notifié, par huissier, à l'administration; à moins que le propriétaire consente à lui passer acte de vente; auquel cas, tout est consommé. Mais cet acte sera plutôt une quittance qu'une vente, car la dépossession du propriétaire est déjà effectuée par le jugement

(1) Art. 27, loi 3 mai 1841.

(2) Art. 40, ibid. — Arrêt. C. c. 16 août 1854. — Dalloz, 1854. 1.343. — V. n. 504.

(3) Dalloz, 1860. 1.39. — V. n. 87.

d'expropriation, après lequel il ne reste plus qu'à traiter sur le ART. 24. montant de l'indemnité, ou à le faire fixer par le Jury (1).

Cependant, il n'est pas interdit d'employer une autre forme. Par exemple, la Cour suprême jugea, le 21 juin 1842, que l'exproprié peut légalement refuser les offres et faire connaître le montant de ses prétentions, par une simple lettre écrite au Préfet (2). En effet, cela suffisait pour mettre l'administration en demeure de faire assembler le Jury. Il en serait de même, à plus forte raison, s'il s'agissait d'une acceptation. La simple lettre écrite, après la notification des offres, formant un engagement aussi valable que celui consenti par exploit ou par acte notarié.

81. Les offres, pour être valables, doivent être régulières. Mais l'irrégularité est couverte par le refus d'acceptation de ces offres, et par la contradiction que l'exproprié y a opposée, au fond, devant le Jury. Ainsi jugé, par la Cour de Cassation, le 15 mai 1855 (3). J'avoue que si le fait, de la part du propriétaire, de procéder sans réclamation n'avait couvert la nullité, ce ne serait pas sans peine que je souscrirais à cet arrêt, car des offres irrégulières sont comme si elles n'existaient pas, et nous avons vu, en commentant l'art. 23, qu'elles sont prescrites, à peine de nullité (4).

82. La question de la validité des offres prend un tel intérêt sous l'empire de la législation qui nous régit, que je crois devoir citer encore plusieurs arrêts qui s'y rattachent. Je les prends dans la jurisprudence de la Cour suprême. On y verra que cette jurisprudence a besoin d'être étudiée de près.

Ainsi, un arrêt, du 29 mars 1858, a jugé que, le délai de quinzaine qui doit s'écouler, à peine de nullité, entre les offres d'indemnité faites par l'expropriant, et le jour de la réunion du jury, s'applique aussi bien aux offres supplétives faites à

---

(1) Delalleau, n. 489-490, p. 328.
(2) Dalloz, 1842. 1.272.
(3) Dalloz, 1855. 1.204.
(4) V. n. 63.

ART. 24. la partie qui demande l'acquisition intégrale d'une parcelle morcelée, qu'aux offres originaires (1).

D'un autre côté, dans une espèce où il s'agissait d'offres faites en vue d'une expropriation totale, tandis que l'expropriation ne devait être que partielle, il fut jugé que les modifications survenues dans le chiffre des offres de l'expropriant, par suite des errements de la procédure et des explications des parties, ne constituaient pas des offres nouvelles, soumises au délai de quinzaine (2).

Je comprends ce dernier arrêt. Il est probable que explications et modifications étaient intervenues devant le Jury, où l'on reconnut et l'on convint que l'expropriation, de totale qu'elle était au début, devait devenir partielle, auquel cas l'indemnité devait nécessairement être moindre. Dans cette hypothèse, il est incontestable que la modification survenue au chiffre des offres ne portait aucun préjudice à l'exproprié, par la raison que, les offres primitives étant régulières, plus considérables que les offres nouvelles, et la partie se trouvant contenue dans le tout, en réalité l'administration s'était conformée au vœu de la loi. Je vous offre dix mille francs de la totalité d'une parcelle. De votre consentement, je n'en prends que la moitié, et, en conséquence, je diminue mes offres d'autant. Vous seriez mal venu à dire que, dans l'origine, je ne vous ai pas offert suffisamment. Cela me semble clair.

Le premier arrêt est encore plus compréhensible. Cependant il ne faut le prendre à la rigueur que dans le cas où les choses sont encore entières et où l'exproprié se trouve dans les délais. Alors les offres supplétives doivent être notifiées dans la quinzaine. Mais si le propriétaire a comparu devant le Jury et que, changeant d'intention, il somme l'expropriant d'acquérir l'intégralité de la parcelle, — chose qui arrive assez souvent; — alors il est évident qu'il ne peut plus être question du délai de quinzaine; qu'à la demande de l'exproprié, l'administration, en

(1) Dalloz, 1858. 1.321.
(2) Arrêt, 27 avril 1859. — Dalloz, 1859. 1.207.

supposant qu'elle accepte la proposition (1), répondra *hic et*
nunc par de nouvelles offres, et que l'irrégularité sera couverte
par le consentement tacite et réciproque des parties.

Lors même qu'il s'élèverait des doutes sur le droit du propriétaire à requérir l'acquisition intégrale de son immeuble et
que l'administration repousserait cette prétention, elle n'en
devrait pas moins faire des offres. Cela fut jugé le 2 mai 1859.
Il fut dit dans cet arrêt que les offres doivent être faites au
moins quinze jours avant la comparution des parties devant le
Jury, alors même qu'elles seraient nécessitées par une demande
que l'administration a repoussée et qui soulèverait un litige
entre les parties, si d'ailleurs cette demande a été formée en
temps utile (2).

Au premier coup d'œil, cet arrêt paraît avoir placé l'administration dans une alternative fâcheuse, c'est-à-dire, entre la
nullité des opérations du Jury, si elle ne fait pas d'offres, et le
danger d'un acquiescement. Il semble que l'offre emporte avec
elle la reconnaissance et la consécration du droit prétendu. Cependant il n'en est rien, par la raison que ce droit était contesté, qu'il y avait litige, que le Jury ne pouvait en connaître,
et que la prétention de l'exproprié ayant été manifestée en
temps opportun, le Jury devait y statuer. C'était le cas de prononcer une indemnité alternative, c'est-à-dire, s'appliquant
aux deux questions qu'il devait répondre. J'en parlerai plus
tard.

Il a encore été jugé que, le nouveau délai de quinzaine qui
doit être observé, lorsque des offres sont ajoutées aux offres
primitives, n'est pas exigé en cas de simple changement dans
le chiffre de ces offres primitives. L'arrêt est du 6 mars 1861 (3);
mais, comme on le pense bien, il s'agissait d'augmentation
des offres pour le même terrain. Il ne pouvait y avoir nullité,
car rien n'empêchait l'administration de s'abstenir de ces nouvelles offres.

(1) V. art. 50, loi 3 mai 1841.
(2) Dalloz, 1859. 1.208.
(3) Ibid., 1861. 1.182.

83. Si les offres avaient été notifiées au propriétaire et au fermier à des jours différents, le délai de quinzaine courrait, envers chacun d'eux, du jour où la notification leur aurait été faite. Par exemple, si l'administration, après avoir fait signifier ses offres au fermier, les notifie au propriétaire par exploit d'une date postérieure, ce n'est qu'à partir de cette date que court, contre le propriétaire, le délai dans lequel il doit notifier son acceptation, ou son refus, et faire connaître ses prétentions. Ainsi jugé par la Cour de Cassation le 24 mars 1841 (1).

84. Aux termes de l'article 25 de la loi du 3 mai 1841, les personnes qui représentent les incapables, ont qualité pour accepter les offres, en se conformant aux prescriptions de l'article 13 de la même loi. En outre, ils ne sont pas tenus de faire connaître le montant de leurs prétentions, en ce sens, qu'ils ne peuvent encourir de condamnation aux dépens, faute d'avoir accompli cette formalité. L'article 40 s'en explique formellement. Ajoutons que, pour les incapables, le délai de quinzaine est porté à un mois, ainsi qu'il est dit à l'article 27.

Mais les tuteurs et autres administrateurs, qui sont d'avis de refuser les offres, n'ont pas besoin de soumettre leur intention au Tribunal, car la justice ne donne pas d'avis, même à des mineurs ; elle sanctionne seulement les actes faits dans leur intérêt (2).

85. Lorsque des offres sont notifiées à plusieurs propriétaires ou ayant-droit sur le même immeuble, ils ne sont pas obligés de s'entendre entre eux pour les accepter ou les refuser. L'un peut accepter les offres quand l'autre les refuse. Voici, en ce cas la règle de conduite tracée par Delalleau. S'il s'agit de copropriétaires ayant dans l'immeuble des droits distincts et déterminés, l'acceptation des offres faite par l'un d'eux fixe le montant de l'indemnité pour sa part, et le Jury n'aura qu'à régler l'indemnité revenant à ceux qui ont refusé, en proportion de leurs droits dans l'immeuble. Si les droits des co-pro-

(1) Dalloz, d. G. sup. loc. cit., n. 294, p. 477.
(2) Delalleau, n. 491, p. 330.

priétaires ne sont pas déterminés, l'acceptation de quelques- ART. 24.
uns n'empêche pas que l'on ne doive soumettre au Jury l'évaluation de l'indemnité totale (1). L'auteur raisonne ici dans
l'hypothèse où les droits du co-propriétaire acceptant sont contestés par les co-intéressés. Il est évident que, dans ce cas, y
ayant litige sur le fond du droit, l'acceptation de l'un des co-
propriétaires est insignifiante, et que, ce que l'on a de mieux
à faire, est de porter devant le Jury le règlement de l'indemnité
toute entière.

86. Les parties qui ont des droits différents sur un immeuble peuvent se réunir pour demander une indemnité unique :
elles ne sont pas tenues de former des demandes séparées, et le
Jury n'est pas astreint à leur accorder des indemnités distinctes. Cette proposition résulte d'un arrêt de la Cour suprême,
en date du 15 décembre 1856 (2). Mais cet arrêt résout, en
même temps, une question de droit fort importante et d'une
utilité pratique. Il ajoute que, la réclamation d'une indemnité
n'implique pas, de la part des ayant-droit, l'existence d'une
aliénation, et n'exige pas, de la part de chacun, la capacité
d'aliéner. Il est vrai que, aliénation et capacité d'aliéner sont
deux corrélatifs dont l'existence est inséparablement liée, mais
qu'on ne perde pas de vue que l'acceptation des offres n'entraîne
nullement avec elle l'idée d'une aliénation concomittante et
contemporaine. Il y a de cela une excellente raison, c'est que
déjà l'aliénation est consommée par le jugement d'expropriation, et que les intéressés n'ont plus à se débattre que sur le
prix. Il importe donc fort peu qu'ils acceptent, ou qu'ils refusent les offres. Leurs droits n'en seront pas moins sauvegardés, puisqu'ils seront admis à les faire valoir lors de la dis-
tribution du prix. Cette considération exercera une influence
décisive sur toutes les questions où des incapables seront intéressés.

87. Le propriétaire, ou tout autre intéressé, qui refuse les

(1) Delalleau, n. 488, p. 327. — Dalloz, dict. G. loc. cit., n. 296.
(2) Dalloz, 1857. 1. 44,

ART. 24. offres, doit, par le même exploit, faire connaître le montant de ses prétentions, si non, il sera condamné aux dépens, ainsi que le veut l'art. 40, § 4 de la loi du 3 mai 1841. Il le devrait encore, même, lorsque l'expropriant a, durant les débats, augmenté son offre primitive. Ainsi jugé par la Cour suprême, le 6 mars 1861 (1). Mais la condamnation aux dépens est la seule peine infligée à l'indemnitaire, qui, en refusant les offres, ne fait pas connaître ses prétentions. Il ne sera pas, pour cela, déchu du droit d'intervenir devant le jury. On devra, au contraire, l'y appeler, afin de faire régler l'indemnité à laquelle il a droit. Ainsi jugé par la Cour de cassation, le 21 juin 1842 (2). La même Cour a encore jugé, par arrêt du 28 décembre 1859, que la demande d'indemnité peut être formulée pour la première fois devant le jury; et que l'exproprié n'est pas tenu de la notifier dans le délai fixé par l'article 24 (3).

88. Mais l'obligation de faire connaître le montant de leurs prétentions ne concerne pas les maris, tuteurs et administrateurs, lorsqu'il s'agit de l'expropriation de biens appartenant à des femmes dotales, des pupilles et autres incapables; ils ne pourraient même, à moins d'y être dûment autorisés, sous prétexte de se conformer à l'article 24, indiquer le montant de leurs prétentions, parce qu'ils fixeraient eux-mêmes le prix de la cession, ce qu'il leur est interdit de faire. A ce sujet, Delalleau fait remarquer que l'article 24 ne les concerne pas, puisque la condamnation aux dépens est, d'après l'article 40, § 4, la peine appliquée à l'inexécution de l'article 24; et que l'article 40 décide expressément que cette disposition n'est pas applicable dans les cas prévus par les articles 25 et 26 de la même loi (4).

89. Si l'expropriant ignore la quotité des droits de chaque co-propriétaire, il peut leur faire une offre collective, sauf à la diviser devant le jury, si c'est à l'audience que les parties

(1) Dalloz, 1861. 1.182.
(2) Delalleau, n. 1144, p. 728.
(3) Dalloz, 1860. 1.39.
(4) V. n: 490, p. 329.

ont fait connaître la quotité de leurs droits. Jugé par la Cour ART. 24.
suprême, le 10 juillet 1861 (1).

90. Les créanciers ne sont pas tenus de faire connaître le montant de leurs prétentions. Cela résulte de la combinaison des articles 23 et 24. L'article 23 dit que l'administration notifie ses offres au propriétaire, aux créanciers inscrits et à tous autres intéressés. L'article 24 porte que le propriétaire et autres intéressés seront tenus, en cas de refus des offres, d'indiquer le montant de leurs prétentions. Mais, dit Delalleau, cet article ne parle pas des créanciers inscrits, mentionnés dans l'article précédent. On ne leur impose donc pas l'obligation d'indiquer le montant de leurs prétentions. Le silence du législateur, dans l'article 24, à l'égard des créanciers inscrits, s'explique facilement quand on se reporte à l'article 17, § 3, où il est dit que les créanciers inscrits n'auront, dans aucun cas, la faculté de surenchérir, mais qu'ils pourront exiger que l'indemnité soit fixée par le Jury. Ainsi, lorsque la notification de l'acceptation du propriétaire leur sera faite, ils n'auront qu'à déclarer qu'ils ne veulent pas se contenter de l'indemnité par lui acceptée. Cette déclaration devra être faite dans le délai de quinzaine de la notification à eux signifiée (2). C'est aussi l'opinion de Dalloz (3). Je crois qu'elle doit être suivie, car la loi du 3 mai 1841 n'a rien changé, sous ce rapport, à celle du 7 juillet 1833, sous l'empire de laquelle ont écrit les deux auteurs que j'ai cités. D'ailleurs, on peut bien admettre les créanciers à suivre, dans leur intérêt, les opérations du Jury, à débattre devant lui la valeur de l'immeuble exproprié, mais ils ne sont pas recevables à en fixer le prix, par la raison qu'un pareil droit n'appartient qu'au propriétaire.

A bien plus forte raison, les créanciers inscrits ne sont pas tenus de faire connaître le montant de leurs prétentions quand le propriétaire a refusé les offres. Cette formalité serait complè-

---

(1) Dalloz, 1861. 1. 284.
(2) V. n. 503, p. 338.
(3) *Dict. gén.*, loc. cit., n. 298.

ART. 24. tement inutile, l'indemnité devant alors être fixée par le Jury. Or, c'est tout ce que les créanciers peuvent exiger. Delalleau pense que, dans ce cas, l'administration est dispensée de leur notifier ses offres, sous prétexte que ce serait frustratoire (1). Mais, ici, il n'y a pas la même raison de décider, par le motif que l'article 23 comprend évidemment les créanciers parmi les *autres intéressés* dont il parle, et qu'il suppose être intervenus dans les délais. Cette dernière circonstance rend la notification aux créanciers obligatoire pour l'administration.

Ainsi, il est constant que, malgré l'acceptation des offres par le propriétaire, les créanciers inscrits peuvent exiger le règlement de l'indemnité par le Jury spécial. Cela résulte explicitement du 3ᵐᵉ § de l'art. 17. La loi n'a pas voulu qu'un débiteur pût léser ses créanciers par un traité frauduleux passé entre lui et le concessionnaire. Quant aux travaux exécutés par l'administration, pareil danger n'est pas à craindre (2).

91. Il semble résulter d'un passage du rapport de M. Daru que, les conventions faites entre le propriétaire et l'administration doivent être notifiées aux créanciers inscrits. Je trouve cela très raisonnable, car, si leurs droits sont garantis, ils se garderont bien d'exiger la fixation de l'indemnité par le Jury. Voici comment s'exprime M. Daru : — « Si le propriétaire traite à l'amiable postérieurement (à la notification des offres), les conventions seront portées à la connaissance des créanciers, et ceux-ci auront droit de s'opposer au règlement du prix qui ne leur convient pas, et d'entraîner les parties devant le Jury. Ce droit leur reste entier; il suffit pour que leurs intérêts soient complètement couverts (3). » — J'ajouterai à cela qu'il conviendrait aussi que la convention passée avant la notification des offres fut communiquée aux créanciers inscrits, désignés ou intervenus. Par là, l'administration les mettrait en demeure d'accepter la convention ou d'agir pour la sauvegarde de leurs intérêts.

(1) V. n. 505, p. 339.
(2) V. Dalloz, loc. cit., n. 285-287.
(3) Dalloz, loc. cit., n. 291.

92. Delalleau enseigne que l'indemnitaire qui a indiqué le ART. 24.
montant de ses prétentions ne peut plus les augmenter par la
suite (1). Je doute que cette opinion soit fondée. Que l'indemnitaire ne puisse plus varier lorsque l'Administration a acquiescé
à sa demande, soit avant la réunion du Jury, soit pendant les
débats, cela est certain. Mais je soutiens, et j'ai pour moi la
loi et la raison, qu'il peut augmenter le chiffre de son indemnité tant que sa proposition n'a pas été acceptée. En effet, un
engagement n'est valable qu'autant qu'il est précédé du consentement des parties contractantes. Or, peut-on dire qu'il y a
consentement tant que l'Administration ne s'est pas prononcée
en acceptant la proposition de l'exproprié ? Jusque-là, il n'y a
qu'un simple projet, sur lequel l'indemnitaire peut revenir,
parce qu'il ne constitue pas un lien de droit. Il me semble que
ce raisonnement est sans réplique ; sinon il faut effacer du Code
Civil l'article portant que les conventions se forment par le consentement réciproque des parties. Au reste, la faculté d'amplier
la demande a été implicitement reconnue par un arrêt de la
Cour de Cassation du 20 août 1862. Cet arrêt porte que le Jury
peut ne pas statuer sur un chef de demande qui, formulé dans
un exploit postérieur à celui renfermant la demande primitive,
n'a pas été mentionné dans le tableau des offres (2). On voit que,
aux termes de l'arrêt, il s'agit d'une faculté et non point d'une
obligation, et que si le Jury peut s'abstenir de statuer sur la
demande tardive, il ne lui est pas interdit de la prendre en
considération et d'y faire droit. Dans ce dernier cas, il suffit que
la demande nouvelle se rattache, d'une manière immédiate, à
la demande primitive.

93. Lorsque l'immeuble exproprié est grevé d'usufruit, le
propriétaire et l'usufruitier doivent s'accorder pour l'acceptation des offres. S'ils ne peuvent s'entendre, l'indemnité sera
fixée par le Jury. Par exemple, le propriétaire accepte les offres
et l'usufruitier refuse, *et vice versa*. Dans ce cas, au Jury seul

(1) V. n. 501, p. 337.
(2) Dalloz, 1862. 1.383.

ART. 24. à trancher la difficulté. Mais il n'est alloué qu'une seule indemnité (1).

94. Le délai de quinzaine prescrit par notre article, est de
rigueur. Ainsi, la Cour de Cassation a jugé, le 2 mai 1859,
qu'il devait être observé, encore que l'exproprié eût fixé, antérieurement aux offres, le chiffre de l'indemnité par lui réclamée (2). Ceci n'est pas du puritanisme : ce n'est que la stricte
observation de la loi. En tout état de cause, elle veut que l'Administration notifie ses offres dans le délai qu'elle a imparti.
Peu importe qu'elle sache, à n'en pouvoir douter, que cette formalité sera inutile.

(1) Art. 39, loi 3 mai 1841. — Delalleau, n 506, p. 339.
(2) Dalloz, 1859. 1. 208.

Art. 28.

Si les offres de l'administration ne sont pas acceptées dans les délais prescrits par les art. 24 et 27, l'administration citera devant le Jury, qui sera convoqué à cet effet, les propriétaires et tous autres intéressés qui auront été désignés ou qui seront intervenus, pour qu'il soit procédé au règlement des indemnités de la manière indiquée au chapitre suivant. La citation contiendra l'énonciation des offres qui auront été refusées.

SOMMAIRE

COMMENTAIRE.

95. Lorsque les offres de l'administration ont été refusées et qu'elle ne croit pas devoir accepter les prétentions des expro-

ART. 28. priés en acquiesçant à leurs demandes, elle les fait citer devant le Jury, afin qu'il soit précédé au règlement définitif des indemnités. La citation devra appeler, non seulement les propriétaires, mais encore tous les autres intéressés, à condition, toutefois, que ceux-ci auront été désignés, ou qu'ils seront intervenus ; nous avons même vu ci-dessus l'exemple d'un cas où, quoique l'indemnitaire n'eût été ni désigné ni appelé, il fut décidé que l'administration aurait dû lui faire des offres et, par conséquent, le citer devant le Jury, parce qu'elle avait eu connaissance de son existence d'une manière indirecte, il est vrai, mais positive (1),

96. Indépendamment des énonciations communes aux actes de cette espèce, la citation devant le Jury contiendra l'énonciation des offres qui auront été refusées. Mais je doute que cette mention, quoique formellement prescrite par l'art. 28, doive être observée à peine de nullité. Nulle part, en effet, la loi spéciale n'attache une pareille peine à l'inobservation de cet article, et je ne pense pas qu'on puisse regarder comme substantielle la disposition dont je parle. Je n'en vois pas l'utilité et, à mon avis, c'est une pure superfétation, car les expropriés savent à quoi s'en tenir sur la quotité des offres, puisqu'elles doivent leur être notifiées, à peine de voir tomber toute la procédure. Elle n'a pas même été imaginée dans l'intérêt des créanciers désignés ou intervenus, par la raison que ceux-ci ont eu également connaissance des offres. Quant aux autres, il n'est pas nécessaire de les appeler devant le Jury.

97. La loi ne détermine pas les formes de la citation. Par conséquent, il serait difficile de se faire un moyen de cassation de ce chef, à moins, toutefois, qu'on n'eût omis quelque formalité, de l'essence même de la citation et sans laquelle elle ne serait qu'un acte sans valeur ; car les nullités de ce genre peuvent être suppléées, quoiqu'elles ne soient pas formellement établies par la loi. Je pense, au reste, que les formes de la citation sont celles qui ont été tracées par le Code de procédure civile (2).

---

(1) V. n. 26.
(2) V. n. 9, 47.

98. Il est impossible de prévoir toutes les nullités qui peuvent ART. 28. provenir de l'inobservation de cet article. Voici un exemple d'une nullité de cette espèce qui fut couverte par le fait de l'exproprié. L'art. 24 veut que, à partir de la notification des offres, l'indemnitaire ait un délai de quinzaine, avant qu'on puisse le citer à comparaître devant le Jury. Ce délai n'ayant pas été observé, il y eut pourvoi en cassation; mais la Cour suprême, jugea, par arrêt du 15 mai 1855, que la nullité de la citation de l'exproprié, faite avant l'expiration du délai de quinzaine, avait été couverte par la déclaration de l'exproprié qu'il refusait les offres; cette déclaration permettant au directeur du Jury de satisfaire à l'art. 37 de la loi du 3 mai 1841, c'est-à-dire, de mettre sous les yeux du Jury le tableau des offres et demandes (1). En fait, c'est bien jugé, car le refus des offres rendait l'observation du délai inutile; mais il n'en est pas moins vrai que, en droit, dans l'espèce de cet arrêt, la loi avait été violée, car l'indemnitaire n'avait point eu le délai auquel elle lui donnait droit. Cet arrêt me paraît, en outre, assez difficilement conciliable avec d'autres arrêts que j'ai cités ci-dessus.

99. Il est à peine besoin de faire remarquer que l'administration, ainsi que les concessionnaires, ont la faculté de faire donner la citation, soit par huissier, soit par un agent de l'administration dont les procès-verbaux font foi en justice. Cela résulte expressément des dispositions des art. 57 et 63 de la loi du 3 mai 1841.

(1) Dalloz, 1855. 1.204.

Art. 29.

Dans sa session annuelle, le Conseil général du département désigne, pour chaque arrondissement de sous-préfecture, tant sur la liste des électeurs que sur la seconde partie de la liste du Jury, trente-six personnes au moins et soixante-douze au plus, qui ont leur domicile réel dans l'arrondissement, parmi lesquelles sont choisis, jusqu'à la session suivante ordinaire du Conseil général, les membres du Jury spécial appelé, le cas échéant, à régler les indemnités dues par suite d'expropriation pour cause d'utilité publique.

Le nombre des jurés désignés pour le département de la Seine sera de six cent.

SOMMAIRE

102. Nombre de personnes qui doivent être portées sur la liste générale. ART. 29.
Exception pour Paris et pour Lyon.

103. Les membres portés sur la liste générale doivent avoir capacité d'y figurer. La présence d'un juré incapable au Jury de jugement vicierait les opérations. Inscription d'individus non compris sur les listes électorales et du Jury : arrêt de la Cour de cassation..

104. Cas où le juré incapable ne fait pas partie du Jury du jugement; où il n'empêche pas l'exercice des récusations. Alors il n'y a pas nullité.

105. Les jurés doivent avoir leur domicile réel dans l'arrondissement des biens expropriés.

106. La liste générale du Jury dure jusqu'à la session suivante du Conseil général. Mais le Jury, constitué avant le renouvellement de la liste, expédie les affaires dont il est saisi.

107. Nombre des jurés formant la liste générale. Il ne doit être ni diminué, ni augmenté.

108. Nécessité de désigner les jurés d'une manière précise. Leur identité peut être contestée. Cas où ce moyen fut repoussé. Défaut d'âge.

COMMENTAIRE.

100. Le soin de désigner les membres du Jury et d'en former la liste sur laquelle doit être ensuite choisi le Jury spécial, est dévolu au Conseil Général du département. Cette opération est faite séparément, pendant la session, pour chaque arrondissement de sous-préfecture.

101. Je n'ai pas à rechercher ici jusqu'à quel point l'art. 29 de la loi du 3 mai 1841 continue à recevoir son exécution littérale, attendu que toutes les questions relatives à la composition de la liste générale du Jury, faite par le Conseil Général, ne sont pas de la compétence des Tribunaux et, encore moins, de celle du magistrat directeur. En effet, il a été jugé, par la Cour suprême, le 16 mai 1859, qu'il n'appartient ni au Tribunal, ni au magistrat directeur, de réviser la liste générale du Jury (1). La composition de la liste générale doit être faite par l'administration; et celle du Jury spécial, aux termes de l'art. 30 de la

---

(1) Dalloz, 1859. 1.206. — V. n. 181 et suivants.

ART. 29. même loi, rentre dans les attributions particulières, soit de la Cour Impériale, soit du Tribunal du chef-lieu du département. Le directeur du Jury est obligé d'accepter ces deux listes telles qu'elles sont, sauf à écarter de la dernière les Jurés atteints de quelque incompatibilité, ou qu'un empêchement momentané rend incapables de siéger (1).

Mais, je puis dire que la capacité des citoyens à être jurés, autrefois restreinte par le cens électoral, s'est agrandie au point de rendre tout homme, jouissant des droits civils et civiques, apte à faire partie de la liste générale du Jury. C'est dire, que la nation entière est appelée à y participer. Des considérations prises dans l'intérêt de la bonne administration de la justice — car le Jury exerce une véritable juridiction, — ont pu faire écarter quelques citoyens, mais le droit existe pour tous. Peut-être un jour, tous jouiront du même privilége.

Cependant, les changements politiques auxquels nous avons assisté, n'ont apporté aucune modification à l'art. 29 de la loi du 3 mai 1841; bien que quelques-unes de ses expressions se rapportent à un ordre de choses qui a cessé d'exister, il est encore tel que le législateur l'édicta, et je n'en veux pour preuve, que l'article unique de la loi du 22-26 juin 1854, relative à l'arrondissement de Lyon, lequel, visant l'art. du 29 de la loi du 3 mai 1841, dit que la liste générale, sur laquelle on choisit le Jury spécial, sera portée à deux cents noms. D'autres lois et décrets rendus en matière d'expropriation pour cause d'utilité publique ont également respecté le texte de l'ancienne loi (2).

102. Ainsi, sauf pour Paris et pour Lyon, le Conseil Général de chaque département choisit, sur la liste du Jury, trente-six personnes au moins, et soixante-et-douze au plus, qui devront faire le service du Jury spécial jusqu'à la session suivante du Conseil Général. C'est parmi les personnes qui sont inscrites sur cette seconde liste que l'on choisit les membres du Jury

(1) Art. 32, loi 3 mai 1841.
(2) Loi des 28 juillet-7 août 1860, relative au reboisement des montagnes. —Décrets des 26 mars 1852, 27 décembre 1858, relatifs aux rues de Paris; — du 6 juin 1863, relatif aux îles Saint-Pierre et Miquelon.

appelé, le cas échéant, à régler les indemnités dues par suite ART. 29. d'expropriation pour cause d'utilité publique.

103. Mais il faut remarquer que, en ce qui concerne le département de la Seine, la liste du Jury doit être dressée pour le département tout entier, et non point pour chacun de ses arrondissements en particulier. Cela résulte, tant du dernier § de l'art. 29, que d'un arrêt de la Cour suprême, en date du 16 mars 1863. — Attendu, porte cet arrêt, que l'art. 29 ordonne que le nombre des Jurés désignés par le Conseil Général, pour le département de la Seine, sera de 600; que, par exception à la règle posée pour les autres départements, cet article ne prescrit aucune subdivision de cette liste en autant de listes qu'il y a d'arrondissements dans le département de la Seine; que l'art. 30 ne contient aucune dérogation sous ce rapport, à l'art 29 (1).

D'après l'art. 29, la liste du Jury d'expropriation ne doit contenir que des personnes inscrites sur la liste des électeurs, ou sur la seconde partie de la liste du Jury. Ceci est important, car s'il se trouvait parmi les membres du Jury spécial un Juré qui ne dût pas y figurer, je ne doute pas que ses opérations ne fussent entachées de nullité. Il en doit être ici comme en matière de Jury ordinaire, où il suffit qu'un Juré, sans qualité, figure au nombre des trente Jurés, au moins, sur lequel doit être formé le Jury de jugement, pour qu'il y ait ouverture à cassation. La Cour suprême l'a ainsi jugé maintefois. Nous nous contenterons de citer, à l'appui du principe, son arrêt du 6 février 1854 (2). Un autre arrêt, beaucoup plus récent, rendu par la même Cour, le 23 janvier 1861, en matière d'expropriation, est venu confirmer la règle, en l'appliquant à la formation de la liste générale. Il a jugé que la désignation du Jury de jugement est nulle, si les Jurés ont été pris sur une liste manquant de l'une des conditions substantielles indiquées par l'art. 29 (3). Dans l'espèce, il s'agissait d'une liste spéciale formée sur une liste générale de cent onze noms, ce qui était une violation

(1) Dalloz, 1863. 1.134.
(2) *Bulletin criminel*, n. 42.
(3) Dalloz, 1861. 1.134.

ART. 29. formelle dudit article. La Cour cassa la décision du Jury, en se fondant sur ce que les formalités prescrites par l'art. 29 étaient substantielles, et que leur inobservation entraînait nullité. Il en serait, par conséquent, de même de toutes les autres infractions audit article. Jugé, par exemple, que la présence dans le Jury d'un individu non porté sur la liste, entraîne nullité. L'arrêt est à la date du 26 juin 1861 (1).

Cependant, il a été jugé qu'il suffisait que le Juré, auquel on reprochait un défaut de qualité, eût été inscrit sur la liste générale, pour qu'on ne pût attaquer, de ce chef, la décision du Jury. Par exemple, la désignation, comme membres du Jury d'expropriation, d'individus non compris sur les listes électorales et du Jury, est valable par cela seul que leurs noms figurent sur la liste dresssée par le Conseil Général, en vertu de l'art. 29. C'est ce qui résulte de deux arrêts de la Cour suprême, en date du 24 novembre 1846 (2) et du 18 août 1851 (3). Cela revient à dire que l'exproprié ne pourra se faire un moyen de cassation de ce que le Conseil Général, méconnaissant ses devoirs, aura inscrit sur la liste des Jurés qui n'auraient pas dû en faire partie. Je ne sais si ces arrêts doivent faire jurisprudence. Quant à moi, la chose me paraît douteuse.

104. Si la liste sur laquelle se trouve un Juré incapable était au complet, c'est-à-dire que les seize Jurés titulaires et les quatre Jurés supplémentaires répondissent à l'appel, il n'y aurait pas nullité, pourvu que le Juré incapable n'eût pas fait partie du Jury de jugement. Ainsi jugé, en matière criminelle, par la Cour de Cassation, le 30 septembre 1836 (4).

Il en sera de même tant que la présence du Juré incapable n'empêchera pas la formation du Jury de jugement; en d'autres termes, que plus de seize Jurés répondront à l'appel. Mais si la présence de ce Juré empêchait l'exercice des récusations, ou que, les récusations terminées, il ne restât plus que douze

(1) Dalloz, 1861. 1.284.
(2) Ibid., 1847. 1.208.
(3) Ibid., 1851. 1.220.
(4) Ibid., 1837. 1.166.

Jurés , y compris le Juré incapable , il y aurait nullité , parce ART. 29. que, en réalité , le Jury n'aurait pas été composé de douze membres , selon la prescription formelle de l'art. 35 de la loi du 3 mai 1841. En vain dirait-on que cet article autorisant le Jury à délibérer au nombre de neuf membres au moins , il importerait peu qu'un Juré incapable figurât parmi le Jury de jugement, et que, en l'écartant, il resterait toujours un nombre de Jurés suffisant pour délibérer.

Je répondrais à cela que l'on confondrait deux choses fort différentes , à savoir : la formation du Jury de jugement , et la manière dont ce Jury prend ses délibérations ; que , s'il est vrai que le Jury peut délibérer au nombre de neuf membres au moins, il est également certain que douze Jurés sont nécessaires pour le constituer. Or, on ne peut pas dire que le Jury existe aux yeux de la loi si , parmi les douze Jurés , il s'en trouve un qui soit incapable.

En ce cas , le Magistrat directeur usera des pouvoirs qui lui sont conférés par les art. 32 et 33. Il écartera le Juré incapable et le remplacera par un Juré supplémentaire ou complémentaire.

105. Les Jurés portés sur la liste générale doivent avoir leur domicile réel dans l'arrondissement où sont situés les biens qu'il s'agit d'exproprier. C'est la volonté expresse de l'art. 29. Il y aurait , sans aucun doute , nullité si un Juré domicilié hors de l'arrondissement faisait partie du Jury de jugement et prenait part à la délibération. Au demeurant , la délibération du Jury, dans cette hypothèse , sera nulle ou régulière, suivant les distinctions que j'ai établies ci-dessus, lesquelles sont applicables à ce cas particulier.

Mais on ne pourrait se faire un moyen de cassation de ce que un Juré résiderait dans un arrondissement autre que celui indiqué comme étant le lieu de son domicile, ainsi qu'il a été jugé, par la Cour de cassation, le 30 avril 1839 (1). On sait la différence qui existe entre la résidence et le domicile,

(1) Dalloz, d. G. sup. loc. cit., n. 322. — V. n. 186.

ART. 29. et rien n'empêche un citoyen de quitter momentanément le lieu où il a sa résidence habituelle, où se trouve le siége de ses affaires, pour aller habiter ailleurs. Au surplus, les questions portant sur l'attribution de domicile sont de la compétence du magistrat directeur, parce qu'elles constituent des incapacités sur lesquelles l'article 32 lui donne pouvoir de prononcer. Il pourra, par conséquent, il devra même faire rayer de la liste le Juré que l'on prouverait être domicilié hors de l'arrondissement.

106. La liste générale du Jury, formée en exécution de l'article 29, sert jusqu'à la session suivante du Conseil général. Il y a plus, le Jury choisi sur cette liste doit continuer, jusqu'à conclusion définitive, l'expédition des affaires dont il se trouve saisi au moment du renouvellement annuel de cette liste. C'est le vœu de l'art. 45. Le législateur n'a pas voulu que les opérations commencées fussent renvoyées à une autre époque parce que les pouvoirs du Jury auraient pris fin ; il les a, en quelque sorte, prorogés.

Cependant, cela ne doit s'entendre que des opérations commencées, c'est-à-dire, que le Jury, malgré le renouvellement de la liste générale, doit terminer toutes les affaires dont il est saisi, en d'autres termes, toutes celles qui sont portées sur son rôle. Mais on ne pourrait l'assembler valablement après cette époque. Ainsi, la Cour suprême a jugé, par arrêt du 26 décembre 1859, que le Jury constitué à une époque postérieure au renouvellement annuel de la liste, est sans existence légale (1). Jugé encore que, le Jury constitué à une époque postérieure au renouvellement annuel de la liste générale dont ses membres faisaient partie, est sans existence légale, bien que cette liste ne fût point encore renouvelée lors de la désignation, par la Cour, des seize Jurés destinés à le composer. Cette nullité étant d'ordre public, peut être proposée pour la première fois devant la Cour de cassation (2).

En conséquence de ce principe, la Cour suprême a jugé, le

(1) Dalloz, 1860. 1.16. — V. art. 45, loi 3 mai 1841.
(2) Arrêt. 10 mars 1858. — Dalloz, 1858. 1.127.

16 juin 1858, que le Jury qui, sur une demande d'indemnité ART. 29. comprenant plusieurs chefs, statue sur un seul d'entre eux, par suite d'un sursis déclaré, quant aux autres chefs, par le magistrat directeur, après accord entre les parties, n'a pas compétence, après la clôture de sa session, et surtout après le renouvellement de la liste annuelle sur laquelle il a été choisi, pour connaître des chefs d'indemnité réservés (1).

107. Le nombre des Jurés formant la liste générale doit être de trente-six au moins, et de soixante-et-douze au plus. Ce qui n'empêche pas le Conseil général de prendre un nombre intermédiaire. Seulement, il ne devra jamais choisir moins de trente-six personnes, ni plus de soixante-et-douze. Dans ces deux cas, il y aurait nullité, ainsi qu'il a été décidé par l'arrêt du 23 janvier 1861, ci-dessus cité (2).

108. Les personnes portées sur la liste générale doivent être désignées de manière à ce qu'on ne puisse les confondre avec d'autres personnes ayant le même nom. Cependant, la Cour suprême n'admet pas facilement les pourvois fondés sur le défaut de désignation précise. Par exemple, elle jugea, le 19 juin 1861, que l'inexactitude des nom et prénoms sous lesquels un Juré est désigné dans la liste n'est pas une cause de nullité, quand l'identité de ce Juré est constante (3). Quant à la preuve que le Juré appelé n'était pas celui qui avait été désigné, elle doit être prise dans les actes de la procédure, et non ailleurs. En conséquence, la même Cour jugea, le 22 février 1859, qu'on ne peut contester l'identité d'un des jurés qui ont siégé, à l'aide d'actes, par exemple, de certificats étrangers à la procédure d'expropriation (4). Mais on comprend que ces arrêts, ainsi que tous ceux rendus et à rendre sur cette matière, ne sont que des arrêts d'espèces, sur lesquels il est impossible de fonder une jurisprudence.

La Cour suprême jugea encore, le 22 août 1855, que la com-

(1) Dalloz, 1858. 1.325.
(2) V. n. 103.
(3) Dalloz, 1861. 1.285.
(4) Ibid., 1859. 1.208.

ART. 29. position du Jury choisi sur la liste dressée par le Conseil général, ne peut être critiquée sous prétexte que l'un des Jurés
n'avait pas l'âge requis ; les irrégularités commises dans la formation de cette liste, ne donnant pas ouverture à cassation (1).

(1) Dalloz, 1855. 1.396.

Art. 30.

Toutes les fois qu'il y a lieu de recourir à un Jury spécial, la première Chambre de la Cour royale, dans les départements qui sont le siége d'une Cour royale, et, dans les autres départements, la première Chambre du Tribunal du chef-lieu judiciaire, choisit, en la Chambre du conseil, sur la liste dressée en vertu de l'article précédent, pour l'arrondissement dans lequel ont lieu les expropriations, seize personnes qui formeront le Jury spécial chargé de fixer définitivement le montant de l'indemnité, et, en outre, quatre jurés supplémentaires. Pendant les vacances, ce choix est déféré à la Chambre de la Cour ou du Tribunal chargé du service des vacations. En cas d'abstention ou de récusation des membres du Tribunal, le choix du Jury est déféré à la Cour royale. Ne pourront être choisis :

1° Les propriétaires, fermiers, locataires des terrains et bâtiments désignés en l'arrêté du préfet pris en vertu de l'art. 11, et qui restent à acquérir;

2° Les créanciers ayant inscription sur lesdits immeubles ;

3° Tous autres intéressés désignés ou intervenant en

ART. 30. vertu des art. 21 et 22. Les septuagénaires seront dispensés, s'ils le requièrent, des fonctions de juré.

SOMMAIRE

COMMENTAIRE

109. L'autorité judiciaire ne doit point procéder d'office à la composition du Jury spécial, il faut qu'elle y soit invitée par la réquisition du Préfet du département. La loi du 3 mai 1841 ne s'en explique pas formellement, mais on ne saurait douter que le soin de provoquer la désignation des membres du Jury ne concerne ce fonctionnaire. Sauf une exception, il est le seul auquel la loi reconnaisse qualité pour faire les poursuites en matière d'expropriation (1). Elle ne donne ce droit à nul autre, si ce n'est dans le cas prévu par l'art. 55. Le Préfet requiert la formation de la liste du Jury par l'intermédiaire du ministère public près la Cour ou le Tribunal compétent (2).

Le concessionnaire des travaux publics a le même droit que le Préfet. L'art. 63 le reconnaît expressément en disant qu'il exercera tous les droits qui sont conférés à l'administration. Or, celui de requérir la convocation du Jury est de ce nombre, car il a un intérêt évident à l'exercer.

En conséquence, la Cour suprême jugea, le 6 avril 1859, que le Maire de la commune intéressée pouvait requérir la réunion du Jury (3). En effet, la commune qui entreprend des travaux dans un but d'utilité publique, doit être assimilée à un concessionnaire et être admise à agir comme tel.

110. La désignation du Jury spécial appartient à la première

---

(1) Delalleau, n. 527, p. 353.
(2) Dalloz, d. G. sup. loc. cit., n. 336.
(3) Ibid., 1859. 1. 164.

ART. 30. chambre de la Cour impériale, dans les départements qui sont le siége d'une Cour, et, dans les autres départements, à la première chambre du tribunal du chef-lieu judiciaire (1). Le Jury est choisi sur la liste dressée en exécution de l'article 29, pour l'arrondissement dans lequel ont lieu les expropriations.

Le premier paragraphe de l'article 30 est prescrit à peine de nullité (2). Ainsi, toute contravention aux dispositions de ce paragraphe vicierait la composition du Jury et, par suite, réfléchirait sur sa décision. Mais l'omission de mentionner dans le procès-verbal que certaines formalités exigées par ce paragraphe ont été accomplies, n'entraînerait pas nullité, si le fait omis était constant. Par exemple, la Cour de cassation a jugé, le 13 mars 1861, que la délibération par laquelle il a été procédé à la composition du Jury, n'est pas viciée par l'omission de la mention qu'elle a été prise par la première chambre du Tribunal, si le fait est réel (3). Cela revient à dire que la délibération, qui devrait se soutenir d'elle-même, peut, en certaines circonstances, être corroborée par des constatations de faits dont elle a oublié de parler.

111. Lorsque l'administration désire faire assembler le Jury pendant les vacances des Tribunaux, la désignation des membres qui le composeront devra être faite par la chambre chargée du service des vacations.

112. Le choix des Jurés est fait en chambre du conseil, c'est-à-dire, sans publicité. Tel est, à mon avis, le sens de ce passage de l'art. 30. Cependant, bien que l'art. 42 porte qu'il y aura ouverture à cassation pour violation du 1er § de l'art. 30, je ne crois pas qu'il y eût nullité, si le Jury avait été formé en séance publique. La publicité étant une garantie pour les intéressés, ils ne seraient pas recevables à s'en plaindre. Je dois néanmoins faire observer que, dans le cas actuel, cette garantie

(1) Sauf pour la tenue des cours d'assises, il n'y a maintenant de chef-lieu judiciaire qu'au siége de la Cour impériale.
(2) Art. 42, loi 3 mai 1841. — Arrêt. C. c. 26 mai 1846. — Dalloz, 1846. 1.208-318.
(3) Dalloz, 1861. 1.181.

serait illusoire, par la raison qu'il ne s'agit pas de tirer les Jurés ART. 30.
au sort, ainsi qu'on le pratique en cour d'assises; mais de
les choisir; ce qui laisse aux cours et tribunaux le droit de
composer le Jury ainsi qu'ils l'entendent. Peut-être eût-il mieux
valu recourir à la voie du sort. Je regrette surtout qu'on n'ait
pas adopté ce mode pour la formation du Jury du jugement.
L'appel, sur la liste, a le grave inconvénient de faire siéger
toujours les mêmes Jurés.

113. La liste ainsi formée comprendra seize personnes, parmi
lesquelles sera pris le Jury spécial chargé de fixer définitivement le montant de l'indemnité, plus quatre Jurés supplémentaires dont la mission est de remplacer les Jurés titulaires
absents ou empêchés.

114. Mais ces jurés doivent être pris sur la liste dressée par
le Conseil général dans sa dernière session. La composition
du Jury serait nulle si on en prenait un ou plusieurs sur la
liste antérieure. Cela résulte d'un arrêt de la Cour suprême, du
10 avril 1850, lequel a jugé que le Jury dont ont fait partie
des jurés non choisis sur la liste en vigueur, à l'époque de cette
désignation, mais pris sur la liste de l'année précédente, est il-
légalement composé; que ses décisions sont nulles, et que la
nullité n'est couverte ni par la comparution, ni par le silence
des parties (1).

115. Jugé encore, par la même cour, le 19 juin 1861, que la
liste nouvelle ne peut comprendre les noms des Jurés qui ont
concouru à la décision cassée (2). Dans le cas de cet arrêt, la
cassation ne fut pas prononcée pour violation du 1ᵉʳ § de l'art.
30, lequel n'avait pas été touché; elle fut prise dans des considérations d'un autre ordre, tellement évidentes, qu'il n'est pas
besoin d'en parler.

116. Les Tribunaux peuvent se tromper dans la désignation
des Jurés et rendre, par conséquent, la convocation de l'un
d'eux impossible. Mais cette circonstance n'entraînera pas nul-

(1) Dalloz, 1850. 1.84.
(2) Ibid., 1861. 1.285.

ART. 30. lité. C'est ce que la Cour de cassation jugea le 22 août 1855. Son arrêt porte que, l'erreur commise par le Tribunal dans l'indication des noms et demeure de l'un des Jurés choisis sur la liste dressée par le Conseil général, erreur qui a empêché la convocation de ce Juré et a nécessité son remplacement, n'est pas une cause de nullité de la composition du Jury, une telle erreur ne pouvant être imputée aux parties (1).

Je ne puis m'empécher de faire remarquer que, si cette raison est bonne pour le cas actuel, elle doit s'appliquer à toutes les autres nullités résultant de contraventions aux dispositions du 1ᵉʳ § de l'art. 30. Evidemment, les parties ne sont pour rien dans la composition du Jury spécial. A mon avis, il en était une meilleure, c'est que le remplacement du Juré, fautivement désigné, par un autre Juré, pris sur la même liste, ne portait aucun préjudice aux parties. C'était absolument comme si ce Juré avait été remplacé par suite d'empêchement légitime.

117. Le Jury spécial ne doit être formé qu'à mesure des besoins et non à l'avance. Ainsi, la Cour ou le Tribunal ne doivent y procéder qu'autant qu'ils en sont requis par l'administration ou par le concessionnaire. Ils ne doivent pas, quand la liste générale parvient à leur greffe, composer d'office le Jury spécial. C'est ce que l'article 30 fait assez comprendre en disant que, toutes les fois qu'il y aura lieu de recourir à un Jury, le choix en sera fait par la Cour ou par le Tribunal. C'est dire, en d'autres termes, que les corps judiciaires doivent, auparavant, être saisis par une réquisition.

Cette observation s'applique également à l'administration. Celle-ci ne doit requérir la formation du Jury spécial qu'autant que les besoins du service l'exigent, c'est-à-dire, lorsque une ou plusieurs affaires sont en état.

118. Le Jury formé en exécution de l'art. 30, ne peut servir que pour une seule session. Le but de sa convocation n'a rien de vague; au contraire, il est nettement défini. On le compose

(1) Dalloz, 1855. 1.396. — V. un autre arrêt du 30 juin 1856. — Dalloz, 1856. 1.263.

et on le réunit pour statuer sur un certain nombre d'affaires ART. 30.
dont le tableau est arrêté d'avance. Il faut distinguer ici la liste
générale, de la liste du Jury spécial. La première demeure en
vigueur jusqu'à la session suivante du Conseil général, tandis
que la seconde ne sert que pour une session du Jury (1). Au demeurant, c'est ainsi que cela se pratique partout, ce qui n'empêche pas l'administration de diviser des affaires de même nature en plusieurs catégories, et de faire assembler un Jury
spécial pour chacune de ces catégories. C'est ce qu'on a fait à
Marseille, lors du percement de la rue Impériale.

119. Il suit de là que le Jury ne connaît que des affaires en
vue desquelles il a été formé. La raison est, selon Delalleau,
que, s'il en était autrement, l'administration ou les concessionnaires pourraient soumettre un plus ou un moins grand nombre d'affaires au Jury, suivant qu'ils espéreraient être plus ou
moins favorablement traités par les jurés désignés : que cette
marche serait tout-à-fait inconciliable avec les dispositions de
l'art. 30, qui défend de choisir pour jurés les propriétaires,
fermiers ou locataires des immeubles à évaluer, les créanciers
et tous autres intéressés ; que, pour pouvoir exercer les exclusions, il est indispensable que les magistrats sachent quelles
sont les propriétés que le Jury aura à évaluer. Il ajoute qu'il est
nécessaire de mettre sous les yeux de la Cour ou du Tribunal,
au moment où la formation du Jury est requise, l'état des propriétés que ce Jury devra évaluer, avec les noms des propriétaires, locataires, fermiers, etc. (2).

Cette opinion, qui est en parfait rapport avec l'art. 44 de la
loi du 3 mai 1841, doit être suivie. La Cour suprême est venue
lui donner la sanction de son autorité. Elle jugea, le 25 août 1856,
que la compétence du Jury est fixée aux immeubles désignés
dans le jugement d'expropriation ; que la décision statuant sur
une demande d'indemnité formulée à raison d'un immeuble
non compris au jugement d'expropriation, est nulle, malgré le

(1) Delalleau, n. 529, p. 354.
(2) V. n. 526, p. 352.

ART. 30. consentement donné par les parties à ce que l'affaire fût portée devant le Jury (1).

Mais rien n'empêche de désigner les mêmes jurés pour régler les indemnités dues à raison de deux expropriations prononcées à la requête de parties distinctes. C'est en ce cas que la Cour suprême jugea, par son arrêt du 3 août 1859 (2). Il était, en effet, loisible à l'administration de soumettre au même Jury le réglement d'indemnités s'appliquant à des travaux différents. L'art. 44 ne s'y opposait pas.

120. Bien que la désignation du Jury spécial ne soit pas un acte de juridiction proprement dit, cependant la Cour ou le Tribunal qui y procède, doit être en nombre de juges suffisant; autrement la décision du Jury serait infectée d'une nullité radicale qui en amènerait la cassation : ainsi jugé par la Cour suprême, le 24 février 1841 (3).

Il résulte de là que l'arrêt doit contenir les noms des magistrats qui l'ont rendu; autrement il serait impossible de savoir s'ils étaient en nombre suffisant (4).

121. De ce que la Cour impériale ne fait pas acte de juridiction en choisissant le Jury spécial, il en résulte encore qu'elle n'a pas à examiner la validité des procédures antérieures. En cette matière, les Cours n'ont aucun pouvoir juridictionnel ; la mission de composer le Jury n'a rien de judiciaire et est purement administrative ; de sorte que, pourvu qu'on produise un jugement d'expropriation en forme probante, et un procès-verbal constatant le refus, par les propriétaires expropriés, d'accepter les offres qui ont dû leur être faites, il n'est permis aux Cours de surseoir à la composition du Jury, sous aucun prétexte (5).

Ce principe a conduit la Cour de cassation à dire, qu'il y a

(1) Dalloz, 1856. 1.334. — V. pourtant, n. 67.

(2) Ibid., 1860. 1.413.

(3) Dalloz, d. G. sup. loc. cit., n. 326.

(4) Arrêt. C. c. 22 novembre 1841. — Delalleau, n. 1026, p. 662.— V. arrêts des 18 février et 8 juillet 1863, sous le n. 148.

(5) Dalloz, d. G. loc. cit., n. 328. — V. ci-dessus, n. 16 et 19 *bis*.

excès de pouvoir dans l'arrêt qui surseoit à la formation du ART. 30 Jury, jusqu'à ce que le concessionnaire, qui a requis l'expropriation, ait produit un état indicatif des créanciers inscrits; — afin d'éviter de les faire entrer dans la liste du jury — ou bien, jusqu'à ce qu'il ait justifié, soit de la notification de ses offres à ces créanciers, soit de la transcription du jugement d'expropriation, soit de la notification de ce jugement aux intéressés (1).

Indépendamment du motif contenu dans l'arrêt de la Cour suprême, sa décision se justifie par une considération toute puissante. En effet, il y avait excès de pouvoir flagrant dans l'arrêt de la Cour royale qui lui fut déféré, parce que cet arrêt exigeait des productions et justifications que la loi ne met pas à la charge du concessionnaire. Quoi qu'il en soit, la Cour de cassation se fonda principalement sur ce que, si, pour avoir omis de placer sous les yeux des magistrats l'état des créanciers inscrits, l'expropriant exposait la Cour royale à comprendre quelques-uns d'entre eux au nombre des jurés appelés à régler l'indemnité, il devait s'imputer les suites de cette omission volontaire dont, au surplus il lui serait loisible d'atténuer les conséquences par l'usage du droit de récusation. Quant au restant de l'arrêt, il se justifie de lui-même par la raison que j'ai fait valoir ci-dessus.

122. Lorsque le soin de former le Jury spécial est dévolu au tribunal du chef-lieu, et qu'il y a abstention ou récusation des membres du Tribunal, l'abstention ou la récusation sera jugée suivant les formes tracées par le Code de procédure civile. Il ne peut appartenir à un plaideur morose de dépouiller *de plano* le Tribunal de l'une de ses attributions et de se donner les juges qu'il désire. De même, le magistrat qui s'abstient doit avoir des motifs valables et les faire connaître au Tribunal. Si l'abstention ou la récusation sont admises, le choix du Jury est déféré à la Cour impériale.

Mais si la récusation portait seulement sur la première cham-

(1) Arrêt. C. c. 31 décembre 1839. — Dalloz, ibid., n. 328.

ART. 30. bre du Tribunal et qu'elle fût fondée, j'estime que la seconde chambre et non la Cour, serait appelée à choisir le Jury. L'art. 30 prévoit le cas d'abstention ou de récusation des *membres du Tribunal*, et non point de la première chambre. Il faut donc que *tout* le Tribunal soit récusé ou s'abstienne pour que le choix du Jury doive être fait par la Cour impériale.

123. Après s'être occupé de la formation du Jury spécial, l'art. 30 énumère diverses causes qui s'opposent à ce que certaines personnes en fassent partie, et établit une dispense en faveur de quelques autres.

Ces causes, qui constituent des incapacités inhérentes à la personne et momentanées, sauf celle prise de l'âge, en ce sens qu'elles ne s'appliquent qu'à certains jurés et à certaines affaires, leur laissant, au reste, pleine capacité de connaître de toutes les autres affaires portées à la session ; ces causes, dis-je, sont assez nombreuses. Toutes prennent naissance dans l'intérêt réel ou présumé que les personnes dont parle l'art. 30 peuvent avoir à faire monter au plus haut prix l'évaluation du terrain exproprié.

124. En première ligne, se présentent les propriétaires, les fermiers et locataires des terrains et bâtiments désignés en l'arrêté du préfet, pris en vertu de l'art. 11, et qui restent à acquérir. Le motif de leur exclusion saute aux yeux.

Bien que l'art. 42 n'ouvre pas positivement recours en cassation pour violation du 2e § de l'art. 30, et semble même l'exclure, puisqu'il ne parle que du 1er § dudit article ; cependant il a été jugé que la violation de la prohibition de l'art. 30 entraîne nullité (1).

Cela était de toute justice, nul ne pouvant être juge et partie en même temps. Mais pour que le propriétaire soit frappé d'exclusion, il faut que son immeuble fasse partie des terrains expropriés. Ainsi, il a été jugé par la Cour suprême, le 3 février 1858, qu'un juré, frappé lui-même d'expropriation, ne peut être récusé pour cette cause qu'autant que l'arrêté préfec-

(1) Arrêt. C. c. 7 avril 1845. — Dalloz, 1845. 1.207.

toral, qui désigne les immeubles expropriés sur ce juré, est le ART. 30. même que celui pris à l'égard de l'expropriation pour laquelle a été formé le Jury dont fait partie le juré récusé (1).

_ Un autre arrêt de la même Cour, en date du 11 juin 1856, a confirmé cette règle, en jugeant que, l'exclusion du Jury, édictée contre le propriétaire d'immeubles soumis à l'expropriation, n'est applicable qu'autant que les immeubles sont situés dans le département même où le Jury est formé et réuni ; le juré eût-il un intérêt indirect dans le règlement des indemnités, à raison d'immeubles qu'il posséderait dans un département voisin (2).

On ne peut qu'approuver cet arrêt ; il est évident qu'on rendrait la formation du Jury fort difficile si on en écartait systématiquement tous ceux qui ont un intérêt indirect et éloigné à l'appréciation des terrains occupés par de grands travaux d'utilité publique.

Mais l'arrêt du 11 juin 1856 ne s'en est pas tenu là. Il est allé plus loin, et, se mettant en opposition avec l'arrêt du 7 avril 1845, ci-dessus cité, il a jugé que la violation des dispositions de l'art. 30, qui excluent du Jury les personnes intéressées, ne donne pas ouverture en cassation. En droit, cela est vrai, surtout si l'on applique à l'art. 42 l'axiome, *qui dicit de uno, negat de altero*. Mais en justice, est-ce fondé ? Malgré mon respect pour les décisions de la Cour suprême, je me permets d'en douter. Il est des principes qui prévalent sur tous les textes de loi. Celui qui veut que nul ne puisse être juge et partie est du nombre.

Au reste, la question n'a pas toujours été jugée de la même manière. Je donnerai bientôt des exemples de décisions contraires (3).

La Cour de cassation, frappée des inconvénients qui résulteraient de l'application trop rigoureuse du principe dont je viens de parler, s'est efforcée d'en atténuer les effets, en admettant, en

(1) Dalloz, 1858, 1.126.
(2) Dalloz, 1856, 1.196.
(3) V. n. 126.

7

ART. 30. certains cas, le propriétaire d'immeubles expropriés à faire partie du Jury chargé d'évaluer d'autres immeubles dont l'expropriation est poursuivie en même temps. Ainsi, le 3 août 1859, elle décida que le juré intéressé dans une des affaires qui ont été réunies en une seule catégorie, pour être soumise au Jury dont il est membre, n'est point incapable de siéger dans les autres affaires de la même catégorie (1). Par conséquent, bien que, le juré ait un intérêt évident à l'ensemble des opérations du Jury, il ne laissera pas d'avoir capacité pour siéger dans toutes les affaires, à l'exception de celle qui le touche personnellement. Je n'ai rien à dire sur cet arrêt, si ce n'est qu'il admet implicitement qu'il y aurait eu nullité si le propriétaire avait siégé dans sa propre cause. Il n'est donc pas certain, ainsi que l'avait déjà proclamé l'arrêt du 11 juin 1856, que les prohibitions de l'art. 30 ne soient pas prescrites à peine de nullité.

125. Les créanciers ayant inscription sur les immeubles expropriés ne peuvent faire partie du Jury.

A cette catégorie, j'ajouterai les créanciers privilégiés, ainsi que les chirographaires ; les uns et les autres étant intéressés à ce que les biens de leur débiteur atteignent le plus haut prix. Quant aux créanciers chirographaires, leur intérêt est évident ; car bien que l'action réelle ne leur appartienne pas et qu'ils n'aient qu'une action personnelle, en définitive cette action aboutit aux biens de leur débiteur, d'une manière indirecte, il est vrai, mais certaine.

Il est à peine besoin de dire que la jurisprudence que j'ai rapportée plus haut s'applique aux créanciers aussi bien qu'aux propriétaires.

126. En dernier lieu, l'art. 30 exclut du Jury tous autres intéressés désignés ou intervenant en vertu des art. 21 et 22 ; c'est-à-dire, l'usufruiter et ses créanciers, ceux qui ont sur l'immeuble des droits d'usage ou d'habitation, et les possesseurs de servitudes.

C'est ici que la jurisprudence a étonnamment varié. La Cour

(1) Dalloz, 1860. 1.413.

suprême, après avoir posé en principe que la nullité ne s'appliquait qu'à la violation du 1ᵉʳ § de l'art. 30, et non à celle des paragraphes subséquents, par son arrêt du 26 mai 1846 (1), et par celui du 11 juin 1856, déjà cité, a pourtant jugé maintes fois le contraire.

Je ne parlerai pas de son arrêt du sept avril 1845, rapporté ci-dessus (2), lequel est diamétralement opposé aux premiers ; mais d'autres plus récents qui le contredisent énergiquement.

Par exemple, jugé que la présence d'un intéressé sur la liste du Jury n'est pas une cause de nullité, si ce juré n'a pas été récusé. Mais lorsqu'il y a eu récusation, le refus de la radiation entraîne nullité (3). Dans l'espèce, il s'agissait d'un conseiller municipal, personne que la jurisprudence tend à considérer comme partie intéressée. Mais là n'est pas la question, elle gît toute entière dans le point de savoir si la loi s'oppose à ce qu'un intéressé, quel qu'il soit, fasse partie du Jury du jugement. S'il n'a pas qualité, la récusation (4) est inutile, on doit l'écarter d'office. S'il a qualité, toutes les réclamations et protestations du monde seront sans portée ; le magistrat directeur devra le maintenir sur la liste. Il n'y a point de milieu ; qu'on trouve un terme moyen ? Subordonner son admission au silence des parties, et son rejet à une récusation motivée, n'est pas raisonnable, il a qualité, ou il ne l'a pas : toute autre considération est indifférente.

D'autres arrêts ne se sont pas arrêtés à ces subtilités ; ils ont carrément posé la question et l'ont nettement tranchée. Ainsi, il a été jugé que le maire, président du bureau de bienfaisance de sa commune, ne peut, comme étant partie intéressée, faire partie du Jury chargé de régler l'indemnité due à ce bureau (5). Ceci est clair ; mais alors que devient le principe contraire ?

(1) Dalloz, 1846. 1.208. — V. Ibid., 1.318.
(2) V. n. 124.
(3) Arrêt. C. c. 11 juillet 1859 — Dalloz, 1860. 1.412.
(4) Cette expression est fautive. Il faudrait dire *réclamation*.
(5) Arrêt. C. c. 14 août 1855. — Dalloz, 1855. 1.416.

ART. 30.   Jugé encore que, les conseillers municipaux de la commune intéressée ne peuvent être membres du Jury (1).

Mais, d'un autre côté, la présence, dans le Jury, d'un membre intéressé, n'est point au nombre des ouvertures de cassation limitativement déterminés par l'art. 42. Si donc une ville était intéressée, la présence, dans le Jury, d'un membre de son conseil municipal, ne donnerait pas ouverture à cassation : telle est la rubrique d'un arrêt, en date du 22 mai 1854 (2), auquel on peut en joindre un autre du 28 mai 1861 (3).

Enfin, les maires et adjoints de Paris ne sont pas des intéressés ; en conséquence, ils peuvent faire partie du Jury. C'est ce qui a été décidé en termes formels par deux arrêts de la Cour de cassation, en date des 6 mars et 10 juillet 1861 (4).

Que conclure de toutes ces variations ? C'est qu'il ne faut pas s'y arrêter ; qu'il faut s'en tenir aux principes d'éternelle justice, et proclamer hardiment et hautement que nul ne peut être, à la fois, juge et partie. C'est vulgaire, trivial ; mais c'est vrai. Par conséquent, toutes les fois qu'un intéressé, à quelque titre que ce soit, sera appelé à faire partie du Jury, nous conseillons au magistrat directeur de l'écarter. Il est impossible que son ordonnance ne sorte pas victorieuse de l'épreuve de la cassation.

127. Vient, ensuite, la dispense résultant de l'âge des jurés. L'article 30 porte, dans sa disposition finale, que les septuagénaires seront dispensés, s'ils le requièrent, des fonctions de juré. Cette disposition est calquée sur celle de l'art. 383 du code d'instruction criminelle. Mais, pour qu'il y ait lieu de l'appliquer, il faut que le juré ait soixante-et-dix ans accomplis. Il faut, en outre, qu'il ait positivement requis la dispense ; sinon, il s'exposerait à être condamné à l'amende ; car l'art. 30 lui accorde une simple faculté dont il doit demander à faire usage, et ne

(1) Arrêt. C. c. 5 avril 1854. — Dalloz, 1854. 1.161.
(2) Dalloz, 1854. 1.205.
(3) Ibid., 1861 1.282.
(4) Ibid., 1861. 1.182-284.

prononce pas d'exclusion. Au surplus, il suffit qu'il manifeste sa ART. 30.
volonté, de quelque manière que ce soit, et qu'elle parvienne à
la connaissance du magistrat directeur. Il a été jugé, en matière
criminelle, que la production de l'acte de naissance d'un juré
septuagénaire, et son absence constatée par le procès-verbal de
tirage du Jury, établit suffisamment que c'est sur sa demande que
son nom a été rayé de la liste de la session (1). Cet arrêt s'applique au Jury spécial. J'en ai donné la raison ci-dessus (2).

128. Il ne sera pas hors de propos d'apprendre au lecteur qui
pourrait l'ignorer, que la loi du 3 mai 1841 ne s'applique pas
seulement aux expropriations de terrains pour cause de travaux
exécutés en vue de l'utilité publique, tels que canaux, chemins de
fer et autres. Une loi nouvelle la déclare applicable aux travaux
entrepris pour le reboisement des montagnes. L'art. 7 de la loi du
28 juillet 1860, autorise l'administration à exproprier, pour cause
d'utilité publique, les terrains qu'un décret impérial a déclarés
susceptibles de reboisement, dans le cas où le propriétaire ne
peut ou ne veut les reboiser lui-même. Il dit qu'il sera procédé
à l'expropriation, en remplissant les formalités prescrites par les
titres 2 et suivants de la loi du 3 mai 1841. Par conséquent, tout
ce que j'ai dit, jusqu'à présent, et tout ce que je dirai, par la
suite, sur la composition du Jury spécial, sur sa manière de
procéder, ainsi que sur les devoirs du magistrat directeur, s'appliquera à ce cas particulier (3).

(1) Arrêt. C. c. 7 février 1834. — *Bull. crim.*, n. 46. — V. Dalloz, d. G.
sup. loc. cit., n. 347. — V. art. 5, loi 4 juin 1853.
(2) V. n. 7.
(3) V. décret du 6 juin 1863, relatif aux îles Saint-Pierre et Miquelon.

Art. 31.

La liste des seize jurés et des quatre jurés supplémentaires est transmise par le préfet au sous-préfet, qui, après s'être concerté avec le magistrat directeur du Jury, convoque les jurés et les parties, en leur indiquant, au moins huit jours à l'avance, le lieu et le jour de la réunion. La notification aux parties leur fait connaître les noms des jurés.

SOMMAIRE

134. Lorsque l'expropriant n'est point représenté par l'auteur de la convocation, il doit recevoir les notifications exigées par l'art. 31.

135. La remise, par le préfet, au magistrat directeur, de la décision portant choix des jurés, n'est pas prescrite à peine de nullité. Silence de l'art. 31 à cet égard.

136. La citation adressée aux parties contiendra indication de l'heure, du jour et du lieu de la réunion du Jury.

137. Le délai de huit jours, entre la convocation et la réunion, sera plein et entier. Jurisprudence en matière criminelle.

138. L'irrégularité résultant de l'inobservation des délais est couverte par le consentement des parties à procéder devant le Jury.

139. Les délais établis par l'art. 31 ne doivent pas recevoir d'augmentation à raison des distances. Rapport à la Chambre des députés.

140. Cependant, il conviendra de donner aux parties un temps suffisant pour obtempérer à la citation.

141. Le maire de la commune expropriante n'a pas qualité pour faire les notifications prescrites par l'art. 31. Nullité dans ce cas. Mais elle peut être couverte si les parties ne la font pas valoir devant le Jury. Divergences de la jurisprudence. Conclusion.

142. Le magistrat directeur peut assigner un jour à chaque affaire portée sur le rôle de la session. Mais on peut faire citer toutes les parties pour le jour de la réunion du Jury.

143. Agents chargés de faire les notifications prescrites par l'art. 31. Formes de cette notification.

144. La convocation sera faite à la personne du juré, ou à son domicile, ou à celui du maire ou de l'adjoint du lieu. Mais on peut suivre aussi le mode indiqué par l'art. 69, § 8 du Code de procédure. Jurisprudence de la Cour suprême sur cette question. La désignation erronée d'un juré, faite par le Conseil général, n'entraîne pas nullité.

145. La citation aux parties sera faite au domicile élu par elles. Faute d'élection de domicile, elle aura lieu suivant les formes prescrites par l'art. 15 de la loi du 3 mai 1841. Nullité pour infraction à cet article.

146. La partie qui a commis une faute dans la notification d'un exploit ne peut s'en faire un moyen de cassation.

147. Enonciations que doit contenir l'exploit de notification.

148. La citation aux parties devra leur faire connaître les noms des jurés. Nullité pour contravention à cette disposition. Manière indirecte de s'y conformer.

149. Cas où l'erreur sur les noms, prénoms et domiciles des jurés entraîne nullité.

150. Distinction entre les erreurs commises par l'expropriant et celles qui sont du fait de l'administration.

151. L'erreur sur le nom du juré entraîne nullité quand elle provient du

fait des parties. Cette nullité, étant d'ordre public, peut être proposée, pour la première fois, devant la Cour de cassation. Mais il n'y a pas nullité quand, de l'erreur, il ne résulte pas d'incertitude sur l'identité de la personne. Exemples d'erreurs. Jurisprudence en matière criminelle.

152. Compétence du magistrat directeur pour prononcer sur les questions naissant à propos de l'identité d'un juré. Son appréciation est souveraine. Restriction.

153. Un doute sur l'identité d'un juré, qui n'a pas fait partie du Jury, n'entraîne pas nullité, alors qu'il n'est pas justifié.

154. L'omission du nom d'un des jurés dans l'exploit de notification entraînera nullité. Cet exploit contiendra les noms des seize jurés et des quatre jurés supplémentaires. Mais il n'est pas nécessaire de notifier les noms des jurés complémentaires.

155. Tout juré, dont le nom a été notifié, et qui n'est affecté d'aucune incapacité ou incompatibilité, est acquis aux parties. Nullité pour infraction à cette règle.

156. L'erreur commise par le Conseil général sur la personne ou sur les qualités du juré n'entraîne pas nullité. Exemples tirés de la jurisprudence de la Cour de cassation.

157. Mais la nullité est encourue lorsque l'erreur a été commise par la Cour impériale dans le choix du Jury. Cependant, il faut que l'erreur soit de nature à entraîner une confusion de personne.

158. Nullité attachée à la violation de l'art. 31. Le magistrat directeur peut-il déclarer la nullité ? Règle de conduite à cet égard.

COMMENTAIRE.

ART. 30.   129. Quand la liste du Jury spécial est faite, elle est adressée par le procureur général au préfet, et par celui-ci transmise au sous-préfet de l'arrondissement dans lequel l'expropriation est poursuivie. Ensuite, lorsque les affaires sont en état de recevoir solution, ce fonctionnaire se concerte avec le magistrat directeur pour régler l'époque de la réunion du Jury.

130. Il sera bon de faire constater par le procès-verbal, ou par toute autre pièce, que l'autorité administrative s'est concertée avec le magistrat directeur pour fixer le jour de la réunion du Jury; cependant il n'y aurait pas nullité s'il ne constait nulle

part expressément de ce concert préalable. Un arrêt de la Cour ART. 31. suprême a jugé que la convocation des parties et du Jury doit être considérée comme ayant été faite, de concert, par le préfet et le magistrat directeur, lorsqu'il est constaté au procès-verbal qu'elle a eu lieu conformément à l'art. 31, et que, dans tous les cas, l'irrégularité serait couverte par la comparution des parties devant le Jury, sans protestations (1).

131. L'art. 31 veut qu'on fasse connaître, au moins huit jours à l'avance, le lieu de la réunion. Il en résulte que, si le préfet ou le magistrat directeur voulaient faire assembler le Jury dans un lieu autre que celui précédemment désigné, ils devraient observer le délai de huitaine pour cette nouvelle désignation. C'est ce que la Cour de cassation a jugé le 9 avril 1862 (2). Il en serait de même pour une nouvelle fixation du jour.

Un arrêt antérieur de la même Cour, rendu, le 20 août 1856, dans une espèce identique, prononça la nullité, mais par un autre motif. Il fut dit que la décision du Jury, rendue dans un lieu autre que celui désigné pour ses séances, est nulle pour défaut de publicité, bien que l'accès de ce lieu eût été momentanément ouvert au public (3). La décision avait été rendue dans la maison de l'exproprié où le Jury s'était transporté.

132. La loi du 3 mai 1841 a prévu le cas où les travaux seraient concédés à de simples particuliers et exécutés par eux. Elle a voulu que, dans ce cas, tous les droits de l'administration appartinssent aux concessionnaires et que ceux-ci fussent soumis aux obligations qui sont imposées par cette loi (4). Dès lors, c'est au concessionnaire à remplir les formalités prescrites par l'art. 31. C'est à lui à prendre à la sous-préfecture la liste du Jury spécial, à se concerter avec le magistrat directeur et à convoquer les jurés et les parties. En un mot, le concessionnaire est com-

(1) Arrêt. 29 juillet 1857. — Dalloz, 1857. 1.348.
(2) Dalloz, 1862. 1.379. — V. Delalleau, n. 535, p. 356.
(3) Ibid., 1856. 1.332.
(4) Art. 63.

ART. 31. plètement mis à la place de l'administration ; il exerce les mêmes droits, il est soumis aux mêmes obligations (1).

Conséquente avec ces principes, la Cour suprême jugea, le 6 avril 1859, que la convocation des parties et des jurés, peut être faite à la requête du maire de la ville dans l'intérêt de laquelle l'expropriation a lieu ; sauf au préfet à se concerter avec le magistrat directeur pour l'indication du jour de la réunion (2). Mais là s'arrêtent les pouvoirs du maire. Nous verrons bientôt qu'il lui est interdit de faire les notifications prescrites par l'art. 31 (3).

133. L'administration et les concessionnaires ne sont pas les seuls à avoir qualité pour requérir la convocation du Jury et la fixation du jour de sa réunion. Ce droit appartient aussi au propriétaire exproprié, dans le cas prévu par l'art. 55 de la loi du 3 mai 1841. L'indemnitaire doit alors être mis en mesure d'agir. C'est pourquoi la Cour de cassation jugea, le 21 février 1860, que le droit accordé à l'exproprié d'exiger qu'il soit procédé à la fixation de l'indemnité, lorsque l'administration ne l'a pas poursuivie dans les six mois de l'expropriation, entraîne celui de se concerter avec le directeur du Jury, pour la convocation des jurés, au cas du refus du sous-préfet de faire cette convocation (4). J'ajouterai que, dans ce cas, l'indemnitaire devrait être admis à faire à l'administration les notifications que l'art. 31 exige.

134. Il est inutile de dire que, lorsque le préfet poursuit la convocation du Jury, il n'a pas à s'adresser à lui-même une notification qui émane de lui. Mais il faut, pour cela, qu'il représente la partie expropriante. Par ce motif, la Cour suprême jugea, le 30 novembre 1857, que, lorsque l'expropriant n'est point représenté par l'auteur de la convocation, il doit être convoqué dans le délai de l'art. 31 (5). Dans l'espèce, il s'agissait

(1) Arrêt. C. c. 29 août 1854. — Dalloz, 1854. 1.320.
(2) Dalloz, 1859. 1.164.
(3) V. n. 141.
(4) Dalloz, 1860. 1.167.
(5) Ibid., 1858. 1.82.

d'une expropriation poursuivie à la requête d'une commune , ART. 31. dont le représentant n'avait reçu aucune notification de la part du préfet. La décision du Jury fut cassée pour violation de l'art 31 et par le motif que les dispositions de cet article concernaient aussi bien l'expropriant que l'exproprié.

135. Il n'est pas indispensable que le préfet ou le sous-préfet remette au magistrat directeur une expédition de la décision portant choix des jurés; cette remise, qui doit, en général, être faite, n'est pas prescrite à peine de nullité. C'est ce que la Cour de cassation jugea , par son arrêt du 29 mars 1858 (1). Cette décision est d'autant plus inexpugnable , que l'art. 31 ne dit pas un mot de la remise dont s'agissait en l'arrêt , et que c'est tout au plus s'il la fait présumer.

136. La convocation des jurés et des parties sera faite au moins huit jours à l'avance. Elle indiquera le lieu et le jour de la réunion. La loi ne dit pas que l'heure de cette réunion sera indiquée dans l'acte de convocation, mais je crois qu'elle devra être mentionnée. Il serait très inconvenant de laisser les jurés dans l'ignorance de l'heure où leur séance devra commencer , et on ne pourrait alors exiger d'eux une rigoureuse exactitude.

137. Lorsque l'art. 31 a dit qu'il devait y avoir au moins huit jours entre la convocation et la réunion du Jury , il a entendu huit jours pleins et entiers. Ainsi , le jour de la convocation et celui de la réunion ne compteront pas, et, en réalité , la convocation et la notification , pour être valables , devront être faites dix jours avant la réunion. C'est ainsi qu'on le pratique, en matière criminelle, tant pour les délais de l'appel , que pour celui du pourvoi en cassation. Jugé en ce sens par la Cour suprême , les 7 décembre 1832 (2) et 8 novembre 1834 (3). Il existe pourtant des arrêts contraires , l'un à la date du 3 octobre 1833 (4) , qui se borne à rejeter du délai le jour où le juge-

(1) Dalloz, 1858. 1.321.
(2) *Bull. crim.*, n. 12.
(3) *Jurisp. crim* , art. 1477.
(4) *Bull. crim.*, n. 423. — V. *Jurisp. crim.*, art. 4460 , vol. xxi,

ART. 31. ment a été rendu , et l'autre du 8 août 1840 , qui a jugé de la
même manière (1). Il me semble que le premier de ces deux
systèmes doit prévaloir ; il est plus favorable aux parties intéressées et plus conforme au texte de l'art. 31, qui accorde huit
jours , au moins , entre la convocation et la réunion.

138. Mais l'irrégularité résultant de l'inobservation du délai
peut être couverte par les parties. C'est ce que la Cour de Cassation jugea par arrêt de rejet du 15 janvier 1840 (2). Dans
l'espèce de cet arrêt, les parties n'avaient pas réclamé devant le
Jury à raison de l'inobservation du délai , et avaient, au contraire , discuté l'indemnité qui leur était offerte.

Sans doute, la réclamation que la Cour aurait voulu que la
partie eût faite devant le Jury , devait consister en une simple
réserve de faire valoir plus tard le moyen de nullité tiré de
l'inobservation du délai. Elle ne pouvait saisir le Jury de la
connaissance d'un moyen semblable, car il était sans droit pour
y statuer.

139. Aucun des délais établis par la loi du 3 mai 1841 ne doit
recevoir d'augmentation à raison des distances. Cela résulte de
la déclaration faite par le rapporteur de la commission de la
Chambre des Députés, lors de la discussion de la loi du 7 juillet 1833. Il se fonda sur ce que, si on observait les prescriptions
de l'art. 1033 du code de procédure civile, le Jury pourrait rester trop longtemps assemblé (3). Il fut convenu , dans la même
séance, que tout ce que l'on pouvait exiger du Jury c'était
de le tenir assemblé durant quinze jours (4). Mais depuis lors ce
terme a été bien souvent dépassé.

140. Cependant, il conviendra de donner aux parties un
temps suffisant pour obtempérer à la citation , et si , à cause de
leur éloignement, plus de huit jours étaient nécessaires, il me
semble qu'il y aurait injustice à leur refuser un délai plus long.

(1) *Jurisp. crim.*, art. 2787, vol. XIII.
(2) Dalloz, d. G. sup. loc. cit., n. 343. — V. arrêt. C. c. 27 mars 1843. —
Dalloz, 1843. 1. 189.
(3) Delalleau , n. 539 , p. 358.
(4) Ibid. , n. 528-530 , p. 354-355.

Quand au ⟨ jurés, les huit jours suffiront toujours puisqu'ils ART. 31.
sont nécessairement domiciliés dans l'arrondissement.

141. J'ai dit, il n'y a qu'un instant (1), que, d'après un arrêt de la Cour de Cassation , le maire de la commune dans l'intérêt de laquelle l'expropriation a eu lieu, a qualité pour requérir
la convocation du Jury. Il devrait s'en suivre, ce me semble ,
qu'il a également qualité pour faire les notifications prescrites
par l'art. 31 ; car convocation et notification se font simultanément sinon par le même acte. On ne ferait aucune violence
à la vérité en assimilant, dans ce cas, le maire à un concessionnaire.

Cependant, la même Cour a jugé plusieurs fois en sens
contraire; son arrêt du 3 avril 1855 , décide expressément que,
la notification de la liste du Jury faite par le maire de la commune qui poursuit l'expropriation est irrégulière, et que, en
conséquence, la décision du Jury rendue à la suite d'une telle
notification est nulle (2).

Un arrêt postérieur, en date du 6 mai 1859, a un peu atté-
nué la rigueur du premier. La nullité de la notification de la
liste du Jury faite par le maire de la commune expropriante
fut reconnue ; mais il fut dit que cette nullité pouvait être couverte lorsque l'exproprié a comparu devant le Jury sans la faire
valoir (3).

Ces deux arrêts sembleraient avoir fixé la jurisprudence. Il
n'en est rien pourtant ; car un troisième arrêt contemporain,
que j'ai déjà cité (4), décide manifestement le contraire. Après
avoir établi que la convocation des parties et des jurés peut
être faite à la requête du maire de la commune expropriante, il
ajoute que le maire peut aussi faire faire les notifications (5).

Que conclure de cette divergence si fâcheuse et si embarras-
sante? Rien, si ce n'est que, sur cette question, il faut s'en te-

(1) V. n. 132.
(2) Dalloz , 1855. 1.123.
(3) Ibid., 1859. 1.206.
(4) V. n. 132.
(5) Arrêt. C. c. 6 avril 1859. — Dalloz , 1859. 1.164.

ART. 31. nir au texte de l'art. 31 de la loi du 3 mai 1841, modifié ou expliqué par l'art. 63 de la même loi, qui donne aux concessionnaires tous les droits conférés à l'administration. Evidemment, on doit assimiler la commune expropriante à un concessionnaire et donner à son maire, qui la représente, les droits conférés à l'administration.

142. S'il y a plusieurs affaires sur le rôle de la session, rien n'empêchera le magistrat-directeur d'assigner un jour à chacune, ainsi que cela se fait en matière criminelle. Alors on pourra faire citer les parties pour le jour où leurs affaires devront venir; ce procédé leur évitera une perte de temps (1). Mais il sera loisible à l'administration de les faire citer pour le premier jour de la réunion du Jury. C'est la pratique suivie assez habituellement.

143. La convocation et la notification seront faites par un huissier, ou par un agent de l'administration dont les procès-verbaux font foi en justice (2). Elles peuvent être faites par simples lettres remises par les agents de l'administration. Ainsi, la Cour de Cassation jugea, le 15 avril 1840, qu'il suffisait d'une lettre remise par un commissaire de police, pourvu que, dans aucun cas les parties ne fussent privées du délai de huitaine (3).

La forme de l'acte ne signifie rien, à condition qu'il contiendra les énonciations substantielles et qu'il sera remis par une personne ayant qualité pour cela. Mais il me semble qu'on a un peu étendu l'art. 57 de la loi du 3 mai 1841, dans une espèce assez rare pour mériter d'être rapportée. La Cour suprême jugea, le 14 août 1843, que les porteurs de contrainte ont qualité pour faire les significations et notifications; et que, en conséquence, le juré qui ne comparaît pas sur un avertissement à lui donné par un porteur de contrainte a encouru l'amende (4).

(1) Delalleau, n. 540, p. 358.
(2) Art. 57, loi 3 mai 1841.
(3) Dalloz, d. G. sup. loc. cit., n. 340.
(4) Dalloz, 1843. 1. 411.

Jugé encore qu'il suffit que tous les jurés convoqués aient répondu à l'appel à eux fait, — même par simple lettre missive du préfet adressée et remise à chacun d'eux par le garde-champêtre — et que la liste du Jury ait été notifiée à l'indemnitaire par le poursuivant, pour que celui-ci ne soit pas recevable à arguer d'irrégularité la convocation du Jury (1).

144. La convocation sera faite à la personne du juré. Si on ne le trouve pas, elle sera faite à son domicile, ainsi qu'à celui du maire ou de l'adjoint du lieu. Celui-ci sera tenu de lui en donner connaissance. C'est la disposition du dernier paragraphe de l'art. 289 du Code d'Instruction Criminelle, qui doit être applicable ici, faute d'une disposition analogue dans l'art. 31. Cette disposition, dit Delalleau, doit être appliquée au Jury spécial, par identité de motifs, et d'après le principe que l'on doit appliquer aux opérations de ce Jury toutes les mesures adoptées pour le Jury criminel, qui ne sont pas incompatibles avec la nouvelle institution (2).

Un juré est valablement assigné au domicile indiqué par l'arrêt de désignation du Jury spécial, quoique ce domicile ne soit plus le sien. Ainsi jugé par arrêt de la Cour de cassation, du 28 février et 2 mars 1853 (3). Ce fut avec juste raison, car la partie poursuivante ne pouvait faire davantage.

De même, il a été jugé que la non convocation d'un juré n'est pas une cause de nullité, quand elle provient d'un changement de résidence survenu depuis l'inscription de ce juré sur la liste du Conseil général (4).

Le défaut d'assignation d'un juré, dont le nom a été l'objet d'une désignation erronée sur la liste du Conseil général, n'emporte pas nullité de la composition du Jury; l'erreur ne provenant pas du fait de l'administration : ainsi jugé, par la Cour suprême, les 4 juin et 28 juillet 1856 (5). Il résulte de là que cer-

(1) Arrêt. C. c. 30 avril 1839. — Dalloz, d. G. sup. loc. cit., n. 341.
(2) Delalleau, n. 537, p. 357.
(3) Dalloz, 1853. 1.63-136.
(4) Arrêt. C. c. 2 mars 1855. — Dalloz, 1855. 1.61.
(5) Dalloz, 1856. 1.196-292.

ART. 31. taines erreurs ou omissions commises par le Conseil général, dans la confection de la liste, ne peuvent être opposées au poursuivant. Nous en verrons bientôt des exemples (1).

Si le juré n'a pas été trouvé au domicile indiqué dans la liste, on peut suivre le mode de procéder déterminé par l'art. 69, § 8 du Code de procédure civile, c'est-à-dire, afficher l'exploit à la principale porte du Tribunal, et en donner copie au procureur impérial. Jugé en ce sens, par la Cour de cassation, les 28 février et 2 mars 1853 (2), et 23 août 1854 (3). Néanmoins, j'aimerais autant le mode proposé par Delalleau. Il est certain que l'exploit de convocation arrivera plus vite à la connaissance du Jury.

145. La citation aux parties aura lieu au domicile par elles élu dans l'arrondissement. S'il n'y pas eu élection de domicile, elle sera faite, en double copie, au maire et au fermier, locataire, gardien ou régisseur de la propriété. Tel est le vœu de l'art. 15 de la loi du 3 mai 1841, lequel, par son dernier paragraphe, ordonne que toutes les autres notifications prescrites par cette loi soient faites dans la forme ci-dessus indiquée.

En conformité de cet article, la Cour suprême jugea, le 25 mai 1846, que, lorsque la partie intéressée n'a point fait élection de domicile dans l'arrondissement de la situation des biens, la notification doit être faite par double copie adressée, l'une au maire de la commune, et l'autre au fermier, locataire, etc., de la propriété. L'arrêt ajoute que la notification est nulle si elle n'a été donnée qu'en simple copie au maire, et que cette nullité emporte celle de la décision intervenue (4). Voilà un exemple d'une nullité non expressément déclarée par la loi. Il n'en manque pas d'autres.

146. Mais la partie qui a commis une faute dans la notification d'un exploit ne peut s'en prévaloir et s'en faire un moyen

(1) V. n. 116, 150 et suivants.
(2) Dalloz, 1853. 1.63.
(3) Ibid., 1854. 1.320.
(4) Ibid., 1846. 1.211.

de cassation. Par exemple, une ville, lorsqu'elle est représentée ART. 31. par le préfet, n'est pas recevable à exciper des irrégularités qui peuvent entacher des copies d'exploits de convocation donnés aux jurés, alors que ces irrégularités sont l'œuvre de ce fonctionnaire. Ainsi jugé, par la Cour de cassation, le 2 février 1846 (1).

147. Il n'est pas nécessaire que l'exploit de citation et de notification renferme toutes les conditions exigées par l'art. 61 C. proc. civ. Il suffit qu'il contienne celles qui sont essentielles et sans lesquelles il ne serait qu'un acte informe. Ainsi, dans cet article, il y a des formalités de rigueur, telles que : la date de l'exploit, la désignation du poursuivant, l'objet de la demande, etc. Il en est d'autres dont il peut se passer, telles que : la constitution d'avoué, l'exposé des moyens. C'est dans ce sens que la cour de cassation a jugé que les articles 31 et 57 de la loi du 3 mai 1841 exigeaient seulement qu'il y eût certitude que la copie a été remise au domicile indiqué par l'article 15 (2).

148. La citation aux parties devra leur faire connaître les noms des jurés. Tel est le vœu formel de l'art. 31. On doit s'y conformer avec d'autant plus de soin, qu'à défaut il y aurait ouverture à cassation. En effet, si les parties n'étaient pas prévenues à temps, il leur serait impossible de prendre les renseignements nécessaires pour exercer leurs récusations. En outre, cette notification est prescrite à peine de nullité. Ainsi jugé par la Cour suprême, le 2 avril 1849 (3). Mais on peut prouver, d'une manière indirecte, que l'on s'est conformé au prescrit de l'article 31. Ainsi, jugé par la Cour suprême, le 29 mars 1853, que la preuve que la convocation faite aux parties contient l'indication des noms des jurés, résulte de ce que l'exploit de convocation, dont le procès-verbal constate la représentation, mentionne, parmi les pièces jointes et laissées en copie, l'arrêt par lequel la Cour a choisi le Jury; leurs noms s'y trouvant

(1) Dalloz, 1846. 1.78.
(2) Arrêt. 4 avril 1842. — Delalleau, n. 1030, p. 664.
(3) Dalloz, 1849. 1.79.

ART. 31. indiqués (1). Il a été jugé que la notification de l'arrêt portant formation de la liste du Jury est régulière, bien qu'elle ne fasse pas connaître les noms des magistrats qui l'ont rendu, si elle contient les noms des jurés portés sur la liste. L'arrêt est du 18 février 1863. Il en existe un semblable du 8 juillet de la même année (2).

149. Il est des cas dans lesquels l'erreur sur les noms, prénoms et domiciles des jurés, désignés dans l'exploit de notification, emporte nullité, et d'autres où ces erreurs sont sans conséquence. Je vais les indiquer, tels qu'ils résultent de la jurisprudence.

150. Une considération importante, qui n'est susceptible d'aucun doute, d'aucune ambiguité, domine cette question. En effet, la Cour suprême a établi, par ses arrêts, une distinction entre les erreurs qui sont le fait de l'expropriant, et celles qui sont imputables à l'administration, c'est-à-dire au conseil général, dans la formation de la liste. Pour les premières, elle prononce invariablement la nullité; mais elle est plus indulgente pour les secondes. Dans ce dernier cas, elle maintient les opérations du Jury. S'il m'était permis d'approuver, je dirais que le système est parfaitement rationnel, car, si les parties ont le droit d'exiger que les Jurés désignés prononcent sur leurs demandes, encore faut-il qu'il soit possible de les trouver. Lorsque quelques-uns d'entre eux demeurent inconnus, la loi donne le moyen de les faire remplacer.

151. Conséquente avec son système, la Cour de cassation jugea, le 4 juin 1856, que l'erreur sur le nom d'un juré n'entraîne nullité qu'autant qu'elle provient du fait des parties (3).

La raison de cette décision se trouve dans l'arrêt suivant de la même Cour, en date du 7 avril 1858. Il y fut dit que l'erreur sur les nom et prénoms d'un Juré, dans l'exploit d'assignation qui lui a été remis, est une cause de nullité, lorsqu'elle est le

(1) Dalloz, 1853. 1.103.
(2) Ibid., 1863. 1.253,
(3) Ibid., 1856. 1.196. — V. n 144.

fait de l'expropriant, et qu'elle a eu pour résultat de priver
l'exproprié de ce juré ; en outre, que cette nullité étant d'ordre
public, peut être proposée pour la première fois devant la Cour
de cassation (1).

Mais un autre arrêt, du 13 février 1860, ajoute, comme
correctif, que l'erreur sur le nom d'un juré n'est pas une
cause de nullité, quand il n'a pu en résulter d'incertitude sur
l'identité de la personne (2).

De même, l'identité d'un juré est suffisamment établie par
son nom patronymique, malgré les erreurs que peut présenter
la liste sur les prénoms, âge, lieu de naissance et domicile,
s'il résulte du procès-verbal qu'il n'existait, dans le département, aucun autre individu du même nom, y possédant des
propriétés, surtout lorsque les parties interpellées formellement, à cet égard, par le directeur du Jury, n'ont élevé aucune
réclamation (3).

On voit que la validité de la notification dépend principalement, dans ce cas, de la question de fait. Y a-t-il doute raisonnable sur l'identité du juré ? Alors, suivant les circonstances,
il pourra y avoir nullité. Son identité est-elle certaine ? la décision du Jury, à laquelle il a participé, devra être maintenue.
C'est en ce sens que la Cour de cassation s'est prononcée par
ses arrêts des 30 avril 1839 (4), 8 août 1853 (5), 27 décembre
1854 (6), 5 juin 1861 (7).

La même chose a été jugée plusieurs fois en matière criminelle, où des intérêts bien plus importants sont engagés. Il résulte de la jurisprudence de la Cour de cassation, que de légères
différences entre la liste notifiée du Jury et celle du Jury de
jugement, lorsqu'elles n'ont pu avoir pour effet d'induire l'ac-

(1) Ibid., 1858. 1.156.
(2) Ibid., 1860. 1.408.
(3) Arrêt. C. c. 8 mai 1855. — Dalloz, 1855. 1.168.
(4) Dalloz, d. G. sup. loc. cit. n. 342.
(5) Ibid., 1853. 1.233.
(6) Ibid., 1855. 1.96.
(7) Ibid., 1861. 1.287.

ART. 31. cusé en erreur, ne peuvent entraîner la nullité de la formation
et de la déclaration du Jury (1); que des erreurs sur le domicile
et les qualités de quelques jurés n'annulent pas la notification
de la liste (2) ; de même pour l'erreur dans le prénom d'un
juré (3) ; pour l'erreur dans l'âge (4) ; de même encore pour
des erreurs d'orthographe dans les noms des jurés, lorsqu'elles
n'ont pu suffire pour tromper l'accusé sur l'identité des personnes et nuire à son droit de récusation (5).

Mais lorsqu'un juré se trouve désigné avec une qualité et une
résidence différentes dans la liste notifiée à l'accusé et dans le
procès-verbal du tirage au sort du Jury, ces différences ayant
pu induire en erreur sur l'identité du juré et porter préjudice
au droit de récusation, sont de nature à entraîner la nullité de
la formation du Jury (6).

152. Le magistrat directeur est compétent pour prononcer
souverainement, sur les questions qui naissent à propos de
l'identité d'un juré, lorsque cette identité est susceptible de
quelques doutes. Dans ce cas, il a juridiction et sort du rôle
passif que la loi du 3 mai 1841 lui assigne. L'arrêt suivant de
la Cour de cassation lui reconnaît ce droit. En effet, il fut jugé,
le 7 mars 1855, que, lorsqu'il y a erreur sur le prénom d'un
juré, il appartient au directeur du Jury de décider à qui s'applique la désignation, en partie inexacte. Dans ce cas, son appréciation est souveraine (7). Mais je crois qu'il n'en serait plus de
même si l'erreur portait sur le nom. La raison en est évidente.

153. Un doute, non justifié, sur l'identité d'un juré, qui
n'a pas fait partie du Jury, n'influe pas sur la régularité
des opérations. Ainsi jugé par la Cour suprême, le 19 juin

---

(1) Arrêt. C. c. 28 mars 1833. — *Bul. crim.*, n. 116.

(2) Arrêts. C. c. 9 février 1816. — 8 février 1840. — *Jur. crim.* art. 2689.
— V. 12.

(3) Arrêts. C. c. 4 avril-26 décembre 1833. — *Bul. crim.*, n. 123-520.

(4) Arrêt. C. c. 12 juillet 1833. — Ibid., n. 268.

(5) Arrêt. C. c. 12 décembre 1834. — Ibid., n. 397.

(6) Arrêt. C. c. 21 juin 1833. — *Bul. crim.*, n. 240.

(7) Dalloz, 1855. 1. 122.

1861 (1). En effet, le défaut de justification du doute suffisait, ART. 31.
à lui seul, pour faire maintenir le juré sur la liste. Peu importait qu'il n'eût pas fait partie du Jury de jugement. Si le
doute avait été fondé, la décision eût, probablement, été différente, en supposant que la question eût excédé la compétence
du magistrat directeur.

154. Si le principe que j'ai déjà rappelé plusieurs fois est
vrai, à savoir, que l'on doit appliquer au Jury spécial toutes
les formalités tracées pour le Jury criminel, qui ne sont pas incompatibles avec la loi nouvelle, il s'ensuivra que l'omission
du nom d'un des jurés dans l'exploit de notification remis aux
parties, entraînera nullité (2); et que, par conséquent, cet exploit devra contenir les noms des seize jurés et des quatre jurés
supplémentaires (3), ainsi que l'exige, au reste, l'art. 31 de la
loi du 3 mai 1841; dès lors, que les jurés dont les noms ont été
notifiés aux parties peuvent seuls concourir à la formation du
Jury de jugement (4).

Il en résulte encore que la notification de la liste des vingt
jurés satisfait au vœu de la loi (5), et qu'elle n'exige pas la notification des noms des jurés complémentaires, c'est-à-dire,
appelés pour remplacer les jurés absents, incapables, ou pour
lesquels quelque circonstance, se révélant lors de la formation
du tableau, rend les fonctions de juré incompatibles (6).

155. On doit se tenir soigneusement en garde tant contre les
erreurs de nom que contre les omissions. Par exemple, la Cour
suprême, statuant en matière d'expropriation, a jugé qu'il y a
lieu d'annuler la décision du Jury à laquelle n'a pas concouru
un des jurés compris dans la liste notifiée aux parties (7). Tout

(1) Dalloz, 1861. 1.286.
(2) Arrêts. C. c. 25 août 1826. — 31 décembre 1835. — *Bul. crim.*, n. 477.
(3) Arrêts. C. c. 15 mai 1823. — 25 juin 1824. — 28 janvier 1825.
(4) Arrêt. C. c. 24 septembre 1834. — *Jur. crim.*, art. 1485.
(5) Arrêts. C. c. 16 janvier 1835. — *Bul. crim.*, n. 21. — 24 juillet 1845.—
Jur. crim., art. 3795. — V. 17.
(6) Arrêt. C. c. 13 avril 1837. — *Bul crim.*, n. 109.
(7) Arrêts. C. c. 23 juin-20 juillet 1840. — Dalloz, d. G. sup. loc. cit.,
n. 344-345.

ART. 31. juré, dont le nom a été notifié, et qui n'est affecté d'aucune incompatibilité ni incapacité, est acquis aux parties, et ne peut être écarté du Jury de jugement que par la récusation.

156. Les opérations seront régulières, et la décision du Jury devra être maintenue, quand l'erreur sur la personne ou sur les qualités du juré, proviendra du fait de l'administration. C'est encore un principe que la Cour suprême applique fréquemment.

Il s'induit, fort explicitement, d'un arrêt en date du 4 juin 1856, déjà rapporté, lequel porte que l'erreur sur le nom n'entraîne nullité, qu'autant qu'elle provient du fait des parties (1). Or, par le mot *parties*, il faut entendre, tant l'expropriant que les expropriés, lors même que le réglement de l'indemnité serait poursuivi par le préfet.

Mais la Cour de cassation s'est exprimée, sur ce point, d'une manière encore plus formelle, s'il est possible. Elle a décidé que l'erreur provenant du fait du Conseil général n'entraîne pas nullité. Son arrêt fut rendu le 24 juillet 1860 (2).

De même, elle jugea, le 5 février 1855, que la convocation d'un juré, sous les indications des nom, prénoms, qualités et domicile, contenus tant dans l'arrêt de désignation des jurés que sur la liste dressée par le Conseil général, est régulière, quoique aucun citoyen ainsi dénommé n'ait été trouvé au domicile indiqué, ni même dans la commune (3).

Enfin, allant plus loin, elle a déclaré que la présence d'un étranger sur la liste dressée par le Conseil général et, par suite, sur la liste du Jury, n'est pas une cause de nullité (4). Cet arrêt pousse jusqu'à ses plus extrêmes limites la tolérance pour les erreurs commises par le Conseil général.

157. Mais cette tolérance s'arrête là; les Cours impériales n'en profitent pas. Par exemple, la Cour de cassation jugea, le 2

(1) Dalloz, 1856. 1.196.
(2) Ibid., 1861. 1.406.
(3) Dalloz, 1855. 1.59.
(4) Arrêt. 1er mai 1861. — Dalloz, 1861. 1.397.

février 1846, que si l'erreur qui a empêché la convocation du ART. 31. juré avait été commise par la Cour qui a dressé la liste du Jury d'expropriation, sans remonter au Conseil général, il y aurait nullité de la composition et des opérations du Jury (1).

Cependant, pour qu'une erreur de ce genre opère nullité, il faut qu'il puisse en résulter une confusion de personnes. Dans le cas contraire, la convocation et les opérations du Jury seront régulières. Ainsi jugé, en termes exprès, par la Cour suprême, le 22 juillet 1850 (2). Cet arrêt se fonde, de plus, sur le motif que l'erreur commise ne s'était point reproduite dans les autres actes de la procédure. Je pense, néanmoins, que le premier motif est le seul bon, car si l'erreur avait été de nature à rendre incertaine l'identité du juré porté sur la liste, il eût été indifférent qu'elle ne se fût pas reproduite.

La convocation du Jury et, par conséquent, ses opérations, seront valables, quand, l'erreur étant reconnue, les parties auront consenti à procéder devant le Jury ainsi constitué (3). Dans ce cas, le magistrat directeur maintiendra le juré sur la liste; et, en supposant qu'elle ait été irrégulière, le consentement des parties couvrira cette défectuosité.

Mais il faudra que le consentement soit exprès, c'est-à-dire, qu'il ait été donné formellement et qu'il en conste au procès-verbal; à défaut, il y aurait ouverture à cassation. Cela résulte d'un arrêt de la Cour suprême, en date du 22 août 1853, dans lequel il est dit que, la nullité des opérations du Jury dont a fait partie un citoyen convoqué par erreur, à la place de l'un des jurés titulaires, n'est pas couverte par le silence des parties (4).

158. Il est à peine besoin de faire remarquer que l'art. 42 de la loi du 3 mai 1841 attache la nullité à l'inobservation des formalités prescrites par l'article 31, puisque, dans le cas de vio-

---

(1) Dalloz, 1846. 1.115.
(2) Ibid., 1850. 1.180.
(3) Arrêt. C. c. 29 juin 1852. — Dalloz, 1852. 1.172.
(4) Dalloz, 1853. 1.232.

ART. 31. lation des dispositions de cet article, il ouvre le recours en cassation. Mais, ici s'élève une question importante, tellement ardue, que je ne l'aborde qu'avec une extrême méfiance. Il s'agit de savoir si, dans le cas d'une nullité bien avérée, le magistrat directeur devra surseoir et renvoyer à une autre session, ou bien, s'il sera tenu de faire procéder le Jury au règlement des indemnités et laisser à la Cour de cassation le soin de statuer sur la nullité prétendue.

Il me semble qu'il ne serait pas raisonnable, de la part du magistrat directeur, d'entamer des opérations qu'il saurait être infectées de nullité et qui seraient inévitablement cassées par la Cour suprême. Cela choquerait le plus simple bon sens. D'un autre côté, ce serait prendre beaucoup sur lui que de surseoir et renvoyer à un autre session.

Dans cette incertitude, voici ce que je proposerais. S'agit-il d'un vice de procédure, de l'omission de quelqu'une des formalités exigées par l'art. 31 : par exemple, de l'inobservation du délai de huitaine? Dans ce cas, je crois que le sursis et le renvoi seront forcés pour le magistrat directeur, par la raison qu'il est impossible d'exiger de lui qu'il soumette au Jury des affaires qui ne sont pas en état et que, de gaîté de cœur, il aille au devant d'une cassation.

S'agit-il, au contraire, d'une nullité pouvant être couverte par le consentement des parties, ou réparée par l'intervention du magistrat directeur : telle que l'erreur sur le nom d'un juré, ou son inscription irrégulière sur la liste? Alors, il sommera les parties de s'expliquer sur le point de savoir si elles admettent, ou si elles refusent ce juré, et, si elles ne tombent pas d'accord, usant de son pouvoir discrétionnaire, il admettra ce juré, ou l'écartera, selon que les circonstances lui en imposeront le devoir. Sa responsabilité sera à couvert, dans ce cas, car la présence d'un juré mal à propos inscrit sur la liste, ne peut entraîner nullité, qu'autant qu'il a fait partie des seize jurés titulaires, et des quatre jurés supplémentaires, dont le concours est nécessaire pour rendre la liste régulière, ou bien qu'il aura figuré sur le tableau du Jury du jugement. Mais il n'y aura

rien à dire si le magistrat directeur le raye de la liste et le rem-
place immédiatement par un autre ; pris sur la liste dressée par
le Conseil général. Tout ce que les parties peuvent exiger, c'est
que le Jury soit composé de vingt membres ayant tous qualité
pour siéger. Ou je me trompe beaucoup, ou il me semble que
le mode de procéder que j'indique est de nature à suffire à
toutes les exigences, fussent-elles encore plus variées (1).

(1) V. n. 38, 63.

Art. 32.

Tout juré qui, sans motifs légitimes, manque à l'une des séances ou refuse de prendre part à la délibération, encourt une amende de cent francs au moins et de trois cents francs au plus. L'amende est prononcée par le magistrat directeur du Jury.

Il statue en dernier ressort sur l'opposition qui serait formée par le juré condamné.

Il prononce également sur les causes d'empêchement que les jurés proposent, ainsi que sur les exclusions ou incompatibilités dont les causes ne seraient survenues ou n'auraient été connues que postérieurement à la désignation faite en vertu de l'art. 30.

SOMMAIRE

208. Moyen à employer par les parties pour faire écarter un juré incapable. Arrêt de la Cour de cassation.
209. Si le Jury n'avait pas été convoqué, le magistrat directeur devrait renvoyer les affaires à une autre session. Il ne pourrait composer la liste du Jury conformément à l'art. 33 de la loi du 3 mai 1841.
210. L'art. 32 de cette loi n'est pas prescrit à peine de nullité. Il est cependant des cas où la violation de cet article peut donner ouverture à cassation. Exemples.

COMMENTAIRE.

159. Au jour indiqué pour la réunion, et à l'heure fixée pour l'ouverture de la séance, le magistrat directeur fait procéder par le greffier à l'appel des jurés. Cet appel peut avoir lieu soit en Chambre du conseil, soit en séance publique. Les parties n'auraient pas à se plaindre du défaut de publicité, car l'appel dont je parle n'a d'autre but, pour le magistrat directeur, que de s'assurer si tous les jurés sont présents, s'ils sont capables et si aucun d'eux n'a des motifs d'excuse ou d'empêchement à proposer. Il a été jugé plusieurs fois, par la Cour de cassation, en matière criminelle, que les opérations préliminaires à la formation du Jury de jugement, telles que l'adjonction des jurés suppléants, la condamnation à l'amende des jurés défaillants, le jugement des excuses, pouvaient avoir lieu en Chambre du conseil, hors de la présence de l'accusé (1). En effet, ces opérations lui sont tout à fait indifférentes. Il doit en être de même, à plus forte raison, en ce qui concerne le Jury d'expropriation. Cependant, pour éviter toutes chicanes, je conseillerais de procéder toujours en audience publique. Cela vaudra mieux, car c'est plus sûr. Au reste, la Cour suprême a ratifié mon opinion par son arrêt du 18 décembre 1861. Elle a décidé que la non présence de l'exproprié, lors de

---

(1) Arrêts. C. c. 19 septembre 1839. — *Jur. crim.*, art. 2616, v. 12. — 14 février 1860. — Ibid., art. 7007, v. 32. — 3 janvier 1833. — Ibid., art. 1236. — 13 août-26 septembre 1835. — *Bul. crim.*, n. 318-475. — 21 août 1840. — Dalloz, 1840, 1.435. — 22 avril 1841. — Dalloz, 1841. 1.361.

ART. 32. la décision rendue sur les excuses, ne peut donner ouverture à cassation (1).

160. Lorsqu'un juré ne se présente pas, ou que, après avoir répondu à l'appel il refuse, sans motifs légitimes, de prendre part à la délibération, il encourt, par ce fait, une amende de cent francs au moins et de trois cents francs au plus, qui est prononcée par le magistrat directeur du Jury. Il en est de même si, après avoir concouru à la formation du tableau, il manque à l'une des séances. Il suffit, pour obliger un juré à siéger, que le magistrat directeur l'en déclare apte. En conséquence, il fut jugé, par la Cour de cassation, le 21 juillet 1858, que le juré, dont le nom est écrit d'une manière erronée sur la liste dressée par le Conseil général et par la Cour, a néanmoins le devoir de faire partie du Jury pour la composition duquel il a été choisi, si son identité est constante; et que, par suite, s'il refuse de siéger, il y a lieu de procéder à son remplacement, avec application, par le magistrat directeur, de l'amende; mais que l'omission de cette pénalité ne donne point ouverture à cassation (2) En effet, l'art. 32 n'est point au nombre de ceux pour la violation desquels l'art. 42 prononce la nullité.

161. On devrait assimiler au juré défaillant et condamner à l'amende celui qui, par sa faute, se serait rendu incapable de de prendre part à la délibération. Ainsi jugé, par un arrêt de la Cour d'assises de Rouen, le 22 novembre 1822 (3). Dans l'espèce, il s'agissait d'un juré qui s'était présenté pris de boisson.

162. L'art. 32 est conçu de manière à faire croire que le juré défaillant encourt autant d'amendes qu'il a manqué de séances. C'est en ce sens que se prononce Delalleau, quand il fait observer que le juré, qui manquerait à toutes les séances d'une session un peu longue, pourrait encourir un grand nombre de condamnations à l'amende. S'il en était autrement, dit-il, tout juré qui, ayant manqué à une séance, aurait été condamné à

(1) Dalloz, 1862. 1.376.
(2) Ibid, 1858. 1.326.
(3) Duvergier: *Manuel du Juge d'instrucsion*, sous l'art. 396.

l'amende n'aurait plus aucun intérêt à prendre part aux autres ART. 32. opérations de la session (1).

Je ne puis me ranger à cette opinion, qui ne résulte pas directement des termes de l'art. 32, et contre laquelle proteste, de toutes ses forces, l'art. 396 du Code d'instruction criminelle. On sait que, dans le cas de ce dernier article, le juré défaillant encourt, pour la première fois, une amende de cinq cents francs, laquelle amende est doublée et triplée au second et au troisième manquement du même juré, sans parler de l'incapacité, pour l'avenir, à faire partie du Jury. En étudiant cet article, on arrive bien vite à se convaincre que la loi n'a pas voulu qu'on épuisât toutes ses rigueurs dans la même session. Il doit en être de même en matière d'expropriation pour cause d'utilité publique, car je ne vois pas pourquoi la loi du 3 mai 1841 se serait montrée plus sévère que le Code d'instruction criminelle. Dans le cas contraire, si le Jury avait vingt ou trente affaires à expédier, on pourrait condamner le Juré défaillant à six mille ou à neuf mille francs d'amende. Cela n'est pas soutenable.

163. Mais il est un point sur lequel je suis de l'avis de Delalleau : c'est que l'ordonnance du magistrat directeur, condamnant un juré à l'amende, devra être notifiée à ce juré. Il est de principe, en matière criminelle, tout comme en matière civile, que le jugement de défaut — l'ordonnance du magistrat directeur a ce caractère — doit être notifié à la partie contre laquelle il a été rendu, ne fût-ce que pour la mettre à même d'y former opposition. Or, comment le juré pourra-t-il faire réformer l'ordonnance du directeur du Jury s'il ignore son existence ?

164. Souvent le juré, qui n'a pas répondu à l'appel, se présente pendant la séance ou à la séance suivante, et s'efforce d'excuser son absence. C'est au magistrat directeur à apprécier les excuses alléguées par ce juré, et à l'exonérer de l'amende, s'il le juge convenable (2). Dans ce cas, sa décision devient

---

(1) N. 547, p. 362.
(2) Arrêt. C. c. 2 janvier 1855. — Dalloz, 1855. 1.14.

ART. 32. inattaquable; elle échappe à la censure de la Cour de cassation. Déjà j'en ai donné un exemple par l'arrêt de la Cour suprême, du 21 juillet 1858, ci-dessus cité (1). Au reste, il en est de même en matière criminelle. Il a été jugé, et il demeure hors de doute que la cour d'assises apprécie souverainement les excuses présentées par les jurés (2).

165. La comparution du juré défaillant devant le magistrat directeur est le seul moyen dont on se serve pour faire rétracter l'ordonnance de condamnation à l'amende, et je ne sache pas que jamais on se soit avisé d'en employer un autre. Je crois cependant qu'il pourrait aussi présenter requête au directeur du Jury, afin d'en obtenir d'être déchargé de l'amende. Il n'y aurait pas même d'autre manière de procéder si, pour une cause quelconque, le juré ne pouvait se présenter lui-même.

Mais je suppose que le juré condamné à l'amende, faute d'avoir obtempéré à la citation qui lui a été donnée en vertu de l'art. 31, se trouve dans l'impossibilité de comparaître, pendant la durée de la session, pour présenter ses excuses. Dans ce cas, il importe de savoir à qui il devra s'adresser pour obtenir la remise de l'amende.

Il est hors de doute que le magistrat chargé de diriger le Jury a perdu le droit de statuer sur une pareille demande, car ses pouvoirs ont fini avec la session à laquelle il a présidé, et tout acte de juridiction qu'il se permettrait serait entaché d'incompétence, voire même d'excès de pouvoir. Le juré condamné devra donc attendre la prochaine session du Jury d'expropriation, et, dès qu'elle sera ouverte, se présenter devant le magistrat directeur, pour lui faire agréer ses excuses et obtenir la révocation de l'ordonnance de son prédécesseur. Cela se pratique ainsi en matière criminelle. Il a été jugé, par la Cour de cassation, que les magistrats qui ont composé la Cour d'assises sont sans caractère, après la clôture de la session, pour statuer

(1) V. n. 160. — Autre arrêt. C c. 18 décembre 1861. — Dalloz, 1862. 1.376.
(2) Arrêt. C. c. 31 mars 1836. — Dalloz, 1836. 1.237.

sur des excuses présentées par des jurés qui ont manqué à cette ART. 32. session. C'est à la Cour d'assises de l'une des sessions suivantes qu'il appartient de prononcer sur les excuses (1).

166. On comprend sans peine que tout juré, qui a manqué à l'une des séances consacrées à l'instruction d'une affaire, ne peut participer au jugement de cette affaire. Cette règle, dit Delalleau, est admise dans toutes les juridictions, et toutes les séances d'un Jury, pour une même affaire, ne sont considérées que comme une seule et même instruction (2).

167. Il y a plus; c'est que, lorsqu'un juré titulaire, absent au moment de la composition du Jury de jugement, se présente ensuite, mais après que le Jury a été définitivement constitué par l'appel d'un juré supplémentaire, et que celui-ci est entré en fonctions, cette comparution tardive, quoique jugée excusable, ne peut être un motif de désorganiser le Jury afin de faire concourir à sa composition le juré retardataire. Ainsi jugé par la Cour de cassation, le 25 février 1840 (3). Mais, s'il comparaît avant la composition du tableau et qu'il n'ait pas été rayé de la liste du Jury, il pourra figurer dans le Jury de jugement (4).

Dès lors, l'admission du juré retardataire dépendrait de son maintien sur la liste du Jury. Je crois que c'est aller un peu trop loin. On est moins rigoureux au criminel. En effet, il résulte d'un arrêt de la Cour suprême, rendu le 8 avril 1830, que le juré excusé peut être rétabli sur la liste et concourir au jugement des affaires (5). Cette seconde décision me paraît beaucoup plus raisonnable. La radiation d'un juré de la liste du Jury n'est, à mon avis, qu'un fait insignifiant. Rien n'em-

(1) Arrêt. C. c. 25 mars 1826.
(2) N° 584. p. 378.
(3) Dalloz, d. G. sup. loc. cit., n. 354. — Arrêt. C. c. 26 décembre 1859. — Dalloz, 1859. 1.496.
(4) Arrêt. C. c. 1 juillet 1845. — Dalloz, 1845. 1.350. — Arrêt. C. c. 10 mars 1862. — ibid., 1862. 1.303.
(5) Duvergier, *Manuel du juge d'inst.*, sous l'art. 397.

ART. 32. pêche qu'on ne l'y inscrive de nouveau. A coup sûr, il n'y aura pas violation de la loi.

168. Les décisions concernant les excuses des jurés ne sont soumises à aucune forme déterminée. Jugé, en conséquence par la Cour suprême, le 24 juillet 1860, que la mention du procès-verbal qui, se référant à une décision motivée par laquelle des jurés ont été excusés dans une séance antérieure, constate qu'il a été statué à l'égard des mêmes jurés comme dans la séance précédente, établit suffisamment le fait de l'excuse de ces jurés (1). Mais la cause de l'empêchement du juré titulaire doit être mentionnée au procès-verbal, à peine de nullité. Jugé *in terminis* par la Cour de cassation, le 4 juillet 1855 (2).

169. C'est pendant l'appel, et à mesure qu'on y procède, que le magistrat directeur prononce sur les empêchements proposés par les jurés, ainsi que sur les exclusions et incompatibilités qui s'opposent à ce que quelques-uns d'entre eux fassent partie du Jury de jugement. Il ne faut pas perdre de vue que cet appel n'a d'autre objet que de composer définitivement la liste du Jury, c'est-à-dire, de former un tableau de seize jurés, au moins, sur lequel sera pris le Jury de jugement, en excusant les jurés qui présentent des causes valables d'empêchement, et en écartant ceux qui sont frappés d'exclusions et d'incompatibilités. Il est vrai que l'appel dont je parle n'est point prescrit par l'article 32 ; mais il est indispensable, car ce n'est que sur l'appel de leurs noms que le magistrat directeur peut prononcer sur les excuses, exclusions et incapacités présentées par les jurés. Dès que ces opérations préliminaires sont terminées et que la liste du Jury est constituée, on procède à un second appel nominal des jurés portés sur cette liste, et on forme définitivement le Jury de jugement, ainsi qu'il est prescrit aux articles 34 et 35.

(1) Dalloz, 1860. 1.406.
(2) Ibid., 1855. 1.253. — V. n. 206.

Telle est la méthode que je propose de suivre. Il n'en peut ART. 32. naître aucun inconvénient, et il n'en résultera que des avantages. Quant à moi, je m'en suis toujours bien trouvé. Il est, en effet, beaucoup plus facile de former le Jury de jugement sur une liste épurée et complète, que de faire marcher de front les deux opérations.

170. Il semble que l'art. 32 a investi le magistrat directeur d'un pouvoir discrétionnaire et souverain pour prononcer sur les exclusions et incompatibilités dont les jurés peuvent être affectés, aussi bien que sur les excuses ou empêchements; car cet article n'est point de ceux dont l'observation est prescrite à peine de nullité. Il paraît positif que la loi du 3 mai 1841 n'a pas voulu qu'on se fît un moyen de cassation de la violation des dispositions de l'article 32 (1). Or, si l'on ne peut se pourvoir du chef de cet article, il en résulte que les décisions du directeur du Jury demeurent irréfragables. Cependant je ne conseillerais pas d'ériger en règle absolue ce que je viens de dire; car, de même que, en matière criminelle, il est de principe qu'on peut suppléer les nullités non expressément prévues quand elles portent sur la substance même de l'acte, il pourrait se faire qu'il en fût ainsi en matière d'expropriation, toutes les fois que la nullité tirée de l'inobservation de l'article 32 serait telle qu'il serait certain qu'on aurait préjudicié aux droits des parties en les forçant à accepter pour juré un citoyen incapable, pour quelque vice attaché à sa personne, ou positivement exclu par la loi. Le directeur du Jury doit d'autant moins hésiter à rayer de la liste le juré incapable ou affecté d'incompatibilité, que la loi lui en fait un devoir, et qu'il faut croire que, s'il n'en tenait aucun compte, la Cour suprême le ramènerait à l'observation de l'art. 32.

171. Au surplus, la jurisprudence de la chambre criminelle de la Cour de cassation fournit des régles de conduite qui me paraissent applicables à la question que je traite, à savoir. jusqu'à quel point s'étend le pouvoir du magistrat directeur dans

(1) V. art. 42.

ART. 32. l'appréciation des exclusions et des incompatibilités dont parle l'art. 32.

Raisonnant en conséquence de la similitude établie par le législateur entre le Jury criminel et le Jury d'expropriation pour cause d'utilité publique (1), je tiens pour incontestable que le magistrat directeur, par la nature de ses attributions, est investi, pour cet objet, des pouvoirs des Cours d'assises. Or, il a été jugé que, de quelque manière que les Cours d'assises prononcent sur les excuses alléguées par les jurés, il n'en peut résulter un moyen de cassation (2). Jugé encore que l'appréciation des motifs d'excuse des jurés, lorsqu'il ne s'agit, ni des incompatibilités, ni des dispenses énumérées dans l'art. 383, C. inst. criminelle, appartient souverainement à la Cour d'assises (3).

172. Ainsi, d'après ces arrêts, il faut distinguer : si le magistrat directeur se borne à apprécier des excuses ou des causes d'empêchement, son ordonnance échappera à la censure. On ne pourra se pourvoir contre elle, de quelque manière qu'il ait prononcé ; mais s'il touche à une question de droit, c'est-à-dire s'il maintient sur la liste un juré qui en est exclu par une disposition formelle de la loi, par exemple un intéressé quelconque ou un citoyen dont les fonctions sont incompatibles, pour tout autre motif, avec celles de juré ; s'il écarte un juré que la loi ne déclare pas positivement incapable, alors son ordonnance encourra cassation. Il est évident que, dans ce cas, le directeur du Jury peut avoir fait une fausse application de la loi et que, par conséquent, son ordonnance est soumise au pourvoi.

173. Il résulte de là que le magistrat directeur statue souverainement et sans recours sur les excuses ou empêchements allégués, mais que ses ordonnances qui prononcent sur les exclusions et incompatibilités proposées, peuvent être attaquées

(1) V. n. 7.
(2) Arrêt C. c. 8 janvier 1813.
(3) Arrêt. C. c. 31 mars 1836. — Dalloz, 1836. 1.237.

par la voie du recours en cassation. Ou je me trompe fort, ou cette conséquence, que je crois certaine, est de nature à faire faire de sérieuses réflexions aux magistrats directeurs, car la loi du 3 mai 1841 ne leur a pas donné de guide pour les conduire dans ce labyrinthe. Elle a posé le principe, en leur laissant le soin d'en déduire les conséquences; de telle sorte que, lorsqu'il s'agira d'écarter de la liste ou d'y maintenir un juré contre lequel on alléguera des causes d'exclusion ou d'incompatibilité, ils se trouveront quelquefois très embarrassés. Pris à l'improviste, n'ayant pas le temps de mûrir leur décision, ils devront juger à l'instant et seront dans l'appréhension continuelle d'un pourvoi en cassation. Cela est fâcheux. Il eût bien mieux valu que la loi se fût expliquée clairement et eût dit quelles causes d'exclusion et d'incompatibilité devaient faire rayer un juré de la liste. C'est cette lacune que je vais m'efforcer de combler. Je tâcherai de suppléer au silence de la loi, en m'aidant des enseignements qui résultent de l'étude de la procédure criminelle, applicable, plus que jamais, à la question que je traite.

174. L'article 32 de la loi du 3 mai 1841 indique deux causes qui peuvent faire dispenser un juré de l'obligation de prendre part au jugement des affaires portées sur le rôle de la session du Jury. La première en date est celle qui résulte des empêchements accidentels s'opposant à ce que tel ou tel juré soit maintenu sur la liste. Il serait fastidieux et, peut-être, difficile d'énumérer les diverses causes capables de produire ce résultat (1). Qu'il suffise de savoir que ces empêchements n'ont rien de commun avec les incompatibilités dont parle l'art. 32, et que si tel juré ne siége pas dans telle affaire, ce n'est pas qu'il n'en ait le droit, mais parce que, par quelque circonstance imprévue et fortuite, il se trouve dans l'impossibilité de prendre part aux travaux de la session; tandis que, lorsqu'il s'agit d'in-

---

(1) V. art. 16, loi 4 juin 1853, relatif aux excuses présentées par les sénateurs, les membres du Corps législatif, et les jurés ayant rempli les fonctions de jurés.

ART. 32. compatibilité, le juré se trouve exclu, de droit, de la liste, en attendant qu'il soit exclu de fait. Ainsi, parmi les causes d'empêchement, on peut citer la maladie du juré, celle de quelques personnes de sa famille, une affaire pressante ne souffrant pas de retard, etc. Telles sont les causes d'empêchement qui autorisent le juré à proposer des excuses et sur lesquelles le magistrat directeur prononce souverainement. Mais ce ne sont pas les seules. Il en est une foule d'autres impossibles à prévoir et dont, par conséquent, on ne peut parler. Leur appréciation est laissée à la sagacité et à la justice du magistrat directeur qui, tout en veillant à l'expédition des affaires, devra néanmoins admettre les excuses justifiées par de bonnes raisons.

175. A ce sujet, je ne puis m'empêcher de parler d'une excuse qui pourra se présenter quelquefois. Je suppose qu'un juré se trouvât sous le coup de la contrainte par corps. Serait-ce un motif légitime d'excuse? Je n'hésite pas à me prononcer pour l'affirmative. Il serait contraire à l'équité de forcer, sous peine d'amende, un juré à prendre part aux travaux de la session, alors qu'on sait qu'il peut être appréhendé au corps au sortir de la séance. Un magistrat fort estimé, connu par ses ouvrages sur le droit criminel, pense que la condamnation par corps, en matière civile, est une juste cause d'excuse, même si le juré ne comparaît pas pour la proposer lui-même. Cet auteur va plus loin: il ajoute que le juré condamné à un emprisonnement correctionnel ou de police devrait être excusé (1). Je partage cette opinion et je pense qu'il y aurait de la barbarie, de la part du directeur du Jury, à maintenir ce juré sur la liste et à le condamner à l'amende, en cas de défaut. Je crois, néanmoins, que le juré soumis à la contrainte par corps pourrait demander un sauf-conduit, en se conformant aux règles prescrites en pareil cas, et que ce sauf-conduit devrait être accordé par le magistrat directeur. Je me fonde, pour cela, sur l'art. 782 Code de proc. civile, lequel me paraît applicable à l'espèce. Quoiqu'il en soit, le directeur du Jury statuera, sans recours,

(1) Carnot, de l'Inst. Crim. t. 3, p. 64.

sur les excuses de ce genre, ainsi que sur toutes celles qui se- ART. 32.
ront proposées.

176. Après les empêchements, l'art. 32 s'occupe des incompatibilités, c'est-à-dire, des causes qui s'opposent invinciblement, lors même que le juré y consentirait, à ce qu'il connaisse de toutes ou de quelques unes des affaires devant être jugées pendant la session. Ces causes sont celles d'exclusion dont parle cet article. A la différence des empêchements qui ne font pas disparaître le devoir et l'obligation de siéger au Jury, mais qui permettent seulement d'en dispenser le juré, elles frappent celui-ci, lorsqu'elles existent, d'une incapacité absolue, telle que la présence du juré incapable ou affecté d'incompatibilité, dans le Jury de jugement, vicierait sa composition et rendrait nulle sa décision. Il y a plus, il ne serait pas même nécessaire que ce juré eut pris part à la délibération, il suffirait qu'il eut fait partie de la liste des seize sur laquelle a été formé le tableau du Jury. Diverses décisions, au criminel, ont été rendues en ce sens par la Cour Suprême, notamment le 6 février 1834 (1).

177. J'ai dit que l'art. 32 de la loi du 3 mai 1841 n'était pas suffisamment explicite. Maintenant, je lui adresse le reproche d'être incorrect. En effet, se servant d'expressions génériques, il ne prévoit que deux cas où l'on puisse radier un juré de la liste. D'un côté ce sont les empêchements; de l'autre, ce sont les incompatibilités. D'après le texte de cet article, il n'en existe pas d'autre, car il serait contraire au bon sens de faire, des *exclusions* dont il parle, une troisième catégorie; par la raison que l'exclusion n'est que la conséquence de l'incompatibilité, qu'elle est effet et non point cause.

Il est d'autres causes d'exclusion que l'art. 32 a passé sous silence, sans doute, parce qu'il en avait été question dans un article antérieur. Je veux parler des incapacités prévues par l'art. 30, s'appliquant à tous les intéressés. Mais ces incapacités

ART. 32. ne sont pas les seules, il en est d'autres dont notre article ne s'est pas occupé, et qui étaient assez importantes pour n'être pas mises en oubli. Je ferai donc ce que le législateur n'a pas cru devoir faire, ou a omis de faire; c'est-à-dire, que, agrandissant le cercle de l'art. 32, je vais traiter des incapacités qu'il n'a pas prévues. Si je laissais cette partie de côté, mon travail ne serait pas complet.

Ces observations préliminaires m'amènent naturellement à diviser en deux parties ce qui me reste à dire sur l'art. 32. En premier lieu, je parlerai des incapacités; viendront ensuite les incompatibilités.

178. Toutes les incapacités n'affectent pas les jurés de la même manière, il en est qui sont durables; d'autres ne sont que momentanées. Les unes empêchent le citoyen qui en est atteint de figurer sur la liste du Jury: les autres s'opposent seulement à ce qu'il connaisse de certaines affaires: parmi les premières, je citerai l'extranéité du juré; la perte de la qualité de Français, l'état d'interdiction pour cause de démence.

Ces incapacités durent autant que la cause qui les produit, et rendent le juré sur lequel elles portent inhabile à prendre part au jugement des affaires, quelles qu'elles soient. Les incapacités momentanées proviennent, si je puis m'exprimer ainsi, d'un vice inhérent accidentellement à la personne du juré, vice qui le rend inapte à connaître de certaines affaires, mais qui ne s'oppose pas à ce qu'il prenne part au jugement de toutes les autres. L'art. 30 en fournit des exemples. Ainsi, ne peuvent être choisis pour jurés et, par conséquent, ne peuvent participer au jugement, les propriétaires, fermiers, locataires des terrains et bâtiments expropriés; les créanciers ayant inscription sur les dits immeubles; et tous autres intéressés. C'est ce que j'appelle une incapacité relative, car les individus qu'elle frappe ne sont pas privés du droit de concourir au jugement des affaires qui ne les intéressent pas. A ces causes d'exclusion, j'en ajouterai d'autres telles que, le défaut d'âge du juré, sa parenté ou alliance avec les parties, etc.: en un mot, toutes les incapacités qui, par l'effet du temps, par la réalisation de certains évènements, ou

par le bénéfice de certaines circonstances, tendent à disparaître ; <small>ART. 32.</small>
ce sont des causes d'exclusion temporaire.

Ceci posé, je vais m'occuper à rechercher qu'elles sont les causes d'exclusion dont l'art. 32 a oublié de parler, et pour cela, je n'ai qu'à m'enquérir de savoir quelles sont les qualités requises pour être juré. Les incapacités qui existent viendront, dans cet examen, se ranger naturellement sous le titre auquel elles appartiennent, et il sera facile de les classer conformément à la distinction que j'ai faite ci-dessus.

179. L'art. 29 de la loi du 3 mai 1841 nous apprend de quels éléments doit être composée la liste du Jury. Elle est choisie, par le Conseil Général, tant sur la liste des électeurs que sur la seconde partie de la liste du Jury. C'est sur cette liste, que la Cour Impériale désigne ensuite les seize jurés titulaires, ainsi que les quatre jurés supplémentaires, qui devront servir à former le Jury de jugement.

Très bien, mais la question reste entière, car il s'agit de savoir comment se forme maintenant la liste du Jury ; du Jury criminel, bien entendu, puisqu'il sert à composer le Jury d'expropriation.

Par conséquent, il faut déserter le terrain de la loi civile, pour s'en tenir aux dispositions du Code d'instruction criminelle, rapproché des lois subséquentes qui l'ont modifié. Mais auparavant commençons par écarter la distinction établie par l'art. 30 de la loi du 3 mai 1841 entre la liste des électeurs et la seconde partie de la liste du Jury. Cette distinction n'est plus de mise depuis qu'il n'y a plus d'électeurs censitaires.

180. L'art. 381, Code instruction criminelle, porte que, nul ne peut remplir les fonctions de juré, s'il n'a trente ans accomplis, et s'il ne jouit des droits politiques et civils, à peine de nullité. Il renvoie ensuite à l'art. 382 lequel énumère les diverses catégories de personnes parmi lesquelles on doit prendre les jurés. Inutile d'en parler.

Une loi postérieure, édictée sous l'empire de circonstances politiques qui rendaient la modification de l'art. 381 Code instruction criminelle indispensable, accorda à tous les citoyens

ART. 32. le droit d'être juré. L'art. 1er de cette loi, qui est à la date du 7-12 août 1848, s'exprime ainsi : « tous les Français âgés de trente ans, jouissant des droits civils et politiques, seront portés sur la liste générale du Jury, sauf les cas d'incapacité ou de dispense prévus par les articles suivants. »

Enfin, une dernière loi, rendue les 4-10 juin 1853, a fixé, pour tout de bon, la composition du Jury, c'est celle qui nous régit aujourd'hui ; c'est par conséquent celle qu'il faut consulter pour savoir comment doit se former le Jury d'expropriation.

L'art. 1er de cette loi diffère peu de l'art. 381 Code instruction criminelle, en voici les termes :

« Nul ne peut remplir les fonctions de juré, à peine de nullité, s'il n'est âgé de trente ans accomplis, s'il ne jouit des droits politiques, civils et de famille, et s'il est dans un des cas d'incapacité prévus par les deux articles suivants. »

181. Arrêtons nous ici. D'abord pour qu'un citoyen puisse faire partie du Jury d'expropriation, il faut qu'il soit âgé de trente ans accomplis. C'est la première qualité qu'il doit avoir, c'est une condition sans laquelle il ne peut exercer les fonctions de juré, et s'il ne la réalisait pas, il y aurait nullité des opérations du Jury. Ainsi, tout juré qui, lors de la formation du tableau, se trouverait être âgé de moins de trente ans, devrait être radié de la liste, par le magistrat directeur, sous peine de nullité de la décision à intervenir.

Mais il n'est pas nécessaire que le juré ait trente ans accomplis au moment de la formation de la liste générale ou de la liste spéciale. Il suffit qu'il ait l'âge requis au moment de la formation du tableau, parce que c'est par leur inscription au tableau que les jurés entrent dans l'exercice de leur caractère. Ainsi jugé, par arrêt de la Chambre criminelle de la Cour de Cassation, du 11 mai 1849 (1).

D'après ce que j'ai dit ci-dessus (2), le défaut d'âge constitue une incapacité absolue, qui rend le juré inhabile à concourir à

(1) Jur. Crim., art. 4529; V. 21. — V. Dalloz, 1855. 1. 414.
(2) V. n. 178.

la formation du tableau du Jury. Cette incapacité, quoique ART. 32. momentanée, n'en est pas moins puissante et, quand elle se manifeste, le magistrat directeur doit y avoir égard en radiant de la liste le juré qui en est atteint. Cependant, il ne suffirait pas d'une simple allégation, soit du juré, soit des parties, pour qu'on éliminât de la liste celui auquel on reprocherait de n'avoir pas l'âge requis, car l'inscription sur la liste générale forme une présomption suffisante, ne cédant qu'à la preuve contraire, que le juré reproché a été valablement inscrit ; il ne faudrait rien moins, pour faire céder cette présomption, que la représentation, en bonne forme, de l'expédition de l'acte de naissance du juré. Il a été jugé, au criminel, que l'inscription sur la liste du Jury établit une présomption de capacité, qui ne peut être détruite que par une preuve contraire, très positive (1). Encore, n'est-il pas bien sûr que cette preuve fut efficace, car, aux termes d'un arrêt de la Chambre criminelle, du 6 juin 1861, la liste annuelle du Jury étant une œuvre administrative que l'autorité judiciaire n'a pas à contrôler, un moyen de cassation ne saurait être tiré des erreurs qu'elle contient (2). C'est aller un peu loin, surtout quand l'erreur est démontrée. Il me semble qu'il est plus facile de la réparer que d'y persévérer. Inutile de dire que cette jurisprudence s'applique aux incapacités et incompatibilités dont le détail va suivre.

182. Je crois que l'inscription sur le tableau du Jury, c'est-à-dire, parmi les seize jurés servant à former le Jury de jugement, d'un juré n'ayant pas l'âge requis, ou affecté de toute autre incapacité bien avérée, devrait entraîner nullité. Cependant un arrêt, en date du 5 mai 1837, rendu en matière d'expropriation, a jugé le contraire et maintenu la décision du Jury. En voici la rubrique : « L'incapacité d'un juré porté sur la liste n'est pas une cause de nullité, si, d'une part, le droit de récusation de l'exproprié, qui l'invoque, n'en a pas été contrarié, et si, d'autre part, le juré incapable, récusé par

---

(1) Arrêt. C. c. 7 mars 1855. — *Jur. Crim.* art. 6176. — V. 28.
(2) *Jur. Crim.* art. 7297. V. 33. — V. n. 184.

ART. 32. l'expropriant, n'a pas fait partie du Jury de jugement (1).
L'arrêt ajoute qu'il n'y a pas eu préjudice pour la partie ; cela
est vrai, mais il n'en est pas moins positif que le Jury fut formé
sur une liste incomplète, puisque le juré incapable étant écarté,
il ne serait resté que quinze jurés. Au criminel, il y aurait eu
cassation certaine.

183. Le juré doit ensuite posséder les droits politiques, civils
et de famille, c'est-à-dire qu'il sera citoyen français, qu'il
jouira de la plénitude des droits inhérents à cette qualité, et
que ces droits ne seront détruits ni limités par une condamnation judiciaire antérieure. Par exemple, qu'il n'aura pas été
privé de la faculté de déposer comme témoin en justice, ou
de comparaître, en cette qualité, dans un acte public : ou
bien encore, qu'il n'aura pas perdu les droits de tutelle et de
curatelle, ainsi qu'il arrive dans les cas prévus par l'article 335
du C. pénal. Au reste, ces incapacités, ainsi que plusieurs autres,
sont taxatoirement prévues par l'art. 2 de la loi du 4 juin 1853.

184. La Cour suprême déniant à l'autorité judiciaire le droit
de contrôler la liste annuelle du Jury (2), il en résulte que l'inscription sur cette liste forme une présomption que le juré y a
été valablement inscrit. La Chambre criminelle l'a ainsi jugé
par arrêt du 26 décembre 1833 (3). Cet arrêt décide que l'individu porté par le préfet sur la liste du Jury est, de plein droit,
réputé avoir les qualités requises pour en faire partie, tant qu'il
n'a pas été retranché de la liste. Or, si l'on applique cet arrêt au
Jury d'expropriation, il en résultera que le magistrat directeur
devra maintenir au tableau du Jury tout juré porté sur la liste
générale, uniquement parce qu'il y figure. Je souscris avec
peine à cette conclusion.

Cependant, la présomption dont s'agit, cède à la preuve
contraire. Ainsi, toujours selon la jurisprudence de la Chambre
criminelle, on peut rayer de la liste de service de la session, le

(1) Dalloz, 1857. 1.166.
(2) V. Arrêt, 6 janv. 1861, sous le n. 181.
(3) *Bulletin Criminel*, n. 520.

citoyen qui y a été indûment porté, sur sa demande justifiée ART. 32. par l'arrêté du préfet qni l'a rayé de la liste électorale (1).

Il résulterait des arrêts que je viens de citer que la radiation du juré incapable serait, pour ainsi dire, facultative pour le magistrat directeur. Néanmoins, malgré l'autorité qui s'attache aux décisions de la Cour suprême, j'engagerai les directeurs de Jury à ne pas user de cette faculté et à rayer de la liste le juré affecté d'incapacité. Leurs ordonnances pourront braver toute censure.

185. Les jurés inscrits sur la liste spéciale doivent être français. Il ne peut y avoir de doute sur ce point. Il ne suffirait pas qu'un juré eut joui longtemps de cette qualité, il faut qu'il la possède effectivement. Mais toutes les difficultés qu'une pareille question ferait naître, doivent être appréciés par le directeur du Jury, car il est le seul qui puisse porter une décision légale sur tous les points contentieux. Il a été jugé par la Cour de cassation que, le point de savoir si un juré est français de naissance ou par naturalisation appartient aux cours d'assises (2). Je persiste à croire que cela s'applique au Jury d'expropriation, et que, en ce qui touche l'appréciation et la solution des questions de droit que la formation de ce Jury peut faire naître, le magistrat directeur est investi des attributions de la Cour d'assises. Je ferai observer, en outre, que ce principe doit s'appliquer encore à l'appréciation des droits civils et politiques des jurés.

Bien que la capacité du juré résulte principalement de la qualité de français, il a cependant été jugé, par la Cour suprême, le 1er mai 1861, que l'extranéité n'était pas une cause de nullité. Le texte de l'arrêt, que je vais rapporter, expliquera en quelles circonstances il fut rendu.

« Attendu que l'art. 29 de la loi du 3 mai 1841, qui charge les conseils généraux de département de dresser la liste des personnes parmi lesquelles seront choisis les jurés spéciaux

(1) Arrêts. 26 décembre 1833. — 7 février 1834. — *Bull. Comm.* n. 520. 46.
(2) Arrêts. 29 novembre 1824. — 11 février 1825.

ART. 32. d'expropriation, n'a point été compris par l'art. 42 au nombre de ceux dont la violation donne ouverture à cassation : — attendu que l'art. 30 charge l'autorité judiciaire de choisir le Jury spécial sur la liste dressée en vertu de l'art. 29, et non de rectifier ou de réformer cette liste, et qu'ainsi, les choix faits sur cette liste avec observation des formalités prescrites par l'art. 30 ne peuvent pas donner ouverture à une violation dudit article ; — qu'il suit de là qu'il n'y a pas lieu d'examiner si, comme le prétend le demandeur, le juré Priesley, qui a fait partie du Jury de jugement, sans que sa présence dans le Jury ait donné lieu à aucune réclamation ou observation, ni à l'invocation de l'art. 32 de la loi du 3 mai 1841, n'avait pas la qualité de français ; que ce juré, qui, d'ailleurs, était porté sur la liste des électeurs dans laquelle le Conseil général l'a choisi, ayant figuré sur la liste dressée par ce Conseil, sa présence n'a pu vicier de nullité les opérations du Jury par violation des lois précitées.» (1). Le demandeur invoquait, à l'appui de son pourvoi, l'art. 381, C. inst. crim., et l'art. 12 du décret du 2 février 1852.

Il est impossible de dire plus ouvertement que les erreurs commises par le Conseil général dans la confection de la liste n'entraîneront pas nullité (2). Néanmoins, l'arrêt fait supposer que, peut-être, la décision eut été différente, si le demandeur, au lieu d'accepter le juré étranger, avait protesté contre son admission. Je sais bien que, en pareil cas, je n'hésiterais pas à faire radier le juré.

186. J'ai déjà dit que les jurés, afin de pouvoir être inscrits sur la liste spéciale, doivent avoir leur domicile réel dans l'arrondissement de la situation des biens expropriés (3). Cette condition est particulièrement imposée par l'art. 29 de la loi du 3 mai 1841. La résidence ne suffirait pas. A mon avis, cette disposition doit être observée, à peine de nullité. Il résulte, en

(1) Dalloz, 1861. 1.397.
(2) V. n. 101.
(3) V. n. 105.

effet, des dispositions combinées des art. 29 et 30 , que l'on ne ART. 32.
peut admettre , parmi les membres du Jury d'expropriation ,
des personnes étrangères à l'arrondissement dans lequel se trouvent les biens qu'il s'agit d'exproprier. Ainsi , malgré le silence
de l'art. 42, toute erreur de cette nature, commise dans la liste
générale et, par suite, dans la liste spéciale , amènerait cassation
de la décision à intervenir , si le juré , mal à propos inscrit ,
figurait parmi le Jury de jugement, ou si, lors même qu'il n'en
aurait pas fait partie, sa présence sur la liste spéciale avait pu
gêner l'exercice du droit de récusation. Je suppose , par exemple, que seize jurés seulement répondent à l'appel et que , dans
le nombre , se trouve un juré domicilié hors de l'arrondissement: sa présence réduit à quinze le nombre des jurés capables.
Or., comme, tant l'administration que les parties expropriées ,
ont le droit d'exercer deux récusations chacune, il arrivera que
l'une d'elles n'en pourra exercer qu'une , et que son droit de
récusation sera , si non paralysé , au moins amoindri. Au criminel , la cassation ne serait pas douteuse (1).

Mais , en l'état de la jurisprudence, l'opinion que je soutiens
ne peut être prise dans un sens absolu , puisque nous venons
de voir, dans le numéro précédent , que les erreurs commises
sur la liste générale du Jury, n'entraînaient pas , nécessairement et de plein droit , nullité. Il faut dire, par conséquent ,
que le vice résultant d'une attribution erronée de domicile, serait couvert par le silence des parties. Mais , s'il était relevé ,
je pense que le magistrat directeur devrait y faire droit et radier le juré mal à propos inscrit (2).

187. L'art. 2 de la loi du 4 juin 1853 nous apprend quelles
sont les autres incapacités qui empêchent un citoyen d'être juré.
Nous allons le citer textuellement, sans y ajouter de commentaire , car il n'en a pas besoin.

« Sont incapables d'être jurés :

« 1° Les individus qui ont été condamnés , soit à des peines

----

(1) Arrêts. 1er février. 18 mai 1855. — *Jur. Crim.* art. 5974. V. 27.
(2) V. n. 185.

ART. 32. afflictives et infamantes, soit à des peines infamantes seulement ;

« 2° Ceux qui ont été condamnés à des peines correctionnelles pour fait qualifié crime par la loi ;

« 3° Les militaires condamnés au boulet ou aux travaux publics ;

« 4° Les condamnés à un emprisonnement de trois mois au moins :

« 5° Les condamnés à l'emprisonnement, quelle que soit sa durée, pour vol, escroquerie, abus de confiance, soustraction commise par des dépositaires publics, attentats aux mœurs prévus par les art. 330 et 334 du Code pénal, outrage à la morale publique et religieuse, attaque contre le principe de la propriété et les droits à la famille, vagabondage ou mendicité; pour infraction aux dispositions des art. 38, 41, 43 et 45 de la loi du 21 mars 1832 sur le recrutement de l'armée, et aux dispositions des articles 318 et 423 du Code pénal et de l'article 1ᵉʳ de la loi du 27 mars 1851 (1) ;

« 6° Les condamnés pour délit d'usure ;

« 7° Ceux qui sont en état d'accusation et de contumace ;

« 8° Les notaires, greffiers et officiers ministériels destitués;

« 9° Les faillis non réhabilités (2) ;

« 10° Les interdits et les individus pourvus d'un conseil judiciaire ;

« 11° Ceux auxquels les fonctions de jurés ont été interdites, en vertu de l'article 396 du Code d'instruction criminelle et de l'article 42 du Code pénal;

« 12° Ceux qui sont sous mandat d'arrêt ou de dépôt ;

« 13° Sont incapables, pour cinq ans seulement, à dater de l'expiration de leur peine, les condamnés à un emprisonnement d'un mois au moins. »

(1) Falsification ou vente de denrées alimentaires ou médicamenteuses falsifiées.

(2) Il faut ajouter : ceux dont la faillite a été déclarée, soit par les tribunaux français, soit par jugement rendu à l'étranger, mais exécutoire en France. — V, art. 15. § 17. décret du 2 février 1852.

188. L'art. 4 de la même loi établit encore d'autres catégo- ART. 32.
ries d'incapables. Ainsi, ne peuvent être jurés :

Les domestiques et serviteurs à gages ;

Ceux qui ne savent pas lire et écrire en français,

Ceux qui sont placés dans un établissement public d'aliénés,
en vertu de la loi du 30 juin 1838.

Mais la présence des personnes désignées par cet article, dans
le Jury de jugement, ne vicierait pas le verdict. Il en est de
même de celles que l'art. 5 de la loi du 4 juin 1853 dispense
des fonctions de juré. Cela résulte des dispositions de l'art. 1er
de cette loi, lequel limite l'incapacité aux personnes qu'il prévoit (1). Il me paraîtrait, pourtant, difficile de maintenir la
délibération du Jury à laquelle aurait pris part l'individu placé
dans une maison d'aliénés.

189. L'art. 5 de la Constitution du 22 frimaire an 8, étend
l'incapacité à l'héritier immédiat détenteur, à titre gratuit, de
la succession totale ou partielle d'un failli. Cet article, n'ayant
pas été abrogé, continue à être encore en vigueur. Il s'applique
au failli concordataire, comme au failli non concordataire. La
Cour de cassation se prononça en ce sens, par arrêt du 19 juillet
1832 (2).

La même Cour, appelée une seconde fois à se prononcer sur
la validité de l'inscription d'un failli concordataire, non réhabi-
lité, déclara cette inscription irrégulière, mais maintint le verdict auquel il avait participé, sur les motifs qu'il était inscrit
sur la liste électorale, et que son inscription n'était pas une
violation de l'article 381 C. inst. crim., ni du décret du 7 août
1848, relatif à la formation du Jury (3).

Il résulte de là, que le magistrat directeur pourra écarter de
la liste du Jury, tant l'héritier du failli, que le failli concordataire lui-même, sans que, pourtant, leur présence au Jury de
jugement pût entraîner nullité, si personne n'avait réclamé.

(1) V. l'exposé des motifs.
(2) Dalloz, 1832. 1.296. — V. arrêt. C. c. 3 juillet 1862. — *Jur. Crim.*
art. 7550. V. 35.
(3) Arrêt. C. c. Ch. crim. 18 mai 1850. — *Jur. Crim.* art. 4756. V. 22.

ART. 32. 190. Une autre question avait été soulevée par les criminalistes ; il s'agissait de savoir si l'exercice des droits politiques était suspendu, d'une manière absolue, dans la personne des domestiques à gages. On en était arrivé, en s'appuyant sur l'art. 34, du titre 5 de la loi du 21 mai 1790, relative aux municipalités, à établir une distinction entre les domestiques attachés à la personne ou au ménage, et ceux qui se livraient à une exploitation agricole, ou dont les services n'avaient rien de personnel (1). Cet article, en effet, porte que, « ne seront réputés domestiques ou serviteurs à gages, les intendants ou régisseurs, les secrétaires, les charretiers ou maîtres valets de labour, employés par les propriétaires, fermiers ou métayers, s'ils réunissent d'ailleurs les autres conditions exigées. »

Cette distinction me semble fondée, même en présence de l'art. 4 de la loi du 4 juin 1853, qui exclut les domestiques à gages. Il serait déraisonnable d'exclure du Jury d'expropriation l'intendant ou le régisseur d'une grande famille, lequel est presque toujours un homme fort bien élevé, présentant toutes les garanties de savoir et d'impartialité que l'on peut exiger. De même, on ne peut confondre un maître-charretier ou un maître-valet, livré à des travaux agricoles, avec un domestique, dans le sens où ce mot est pris ordinairement. Au reste, n'oublions pas que les domestiques à gages ne sont pas exclus du Jury, à peine de nullité.

191. Il est des incapacités dont la loi n'a pas parlé mais que le bon sens indique. Par exemple, le juré qui n'entend pas la langue française, ne peut faire partie du Jury, lors même qu'on lui donnerait un interprète. Jugé en ce sens au criminel, par la Cour de Cassation, le 30 octobre 1813. Je dois dire, cependant qu'un arrêt antérieur de la même Cour, en date du 2 juillet 1812, a jugé dans un sens contraire, et qu'il a décidé que le juré, ne parlant pas la langue française, peut faire partie du Jury, pourvu qu'on lui donne un interprète. Quand à moi, je soutiens le bien jugé de l'arrêt du 30 octobre 1813. Il

(1) Carnot. *Inst. Caim.* t. 3. p. 9.

est impossible que le juré, qui ne comprend pas le français, ART. 32 puisse, au moyen d'un interprète, suivre les débats, s'en rendre compte et porter une décision raisonnée. Lors donc qu'un pareil juré figurera sur la liste spéciale, le magistrat directeur fera bien de l'en exclure, car sa présence pourrait donner ouverture à cassation.

192. Le conseil des parties ne peut connaître de l'affaire qui intéresse ses clients. La raison dit qu'il n'apporterait pas au jugement un esprit assez dégagé d'influences étrangères. Au surplus, la question a été jugée en ce sens, par la chambre criminelle de la Cour de Cassation, le 28 juin 1825 (1).

193. Bien que la loi spéciale n'ait nullement parlé de la parenté ou de l'alliance, aux degrés prohibés, entre les jurés et les parties, je crois que ces circonstances constituent des incapacités, au premier chef. Il est difficile d'admettre qu'un proche parent puisse participer au jugement d'une affaire intéressant son parent. Cependant, je ne dois pas dissimuler que deux arrêts de la Cour de Cassation, des 19 avril 1821 et 24 septembre 1829, ont décidé le contraire. Ces arrêts ont jugé que l'alliance, ni même la parenté, des jurés entre eux, ou des jurés avec les juges, avec l'accusé, ou avec les témoins, n'opère pas nullité. Un autre arrêt, bien postérieur, puisqu'il est du 27 septembre 1860 (2), est venu confirmer cette jurisprudence. Sur le moyen pris de ce que l'un des jurés du Jury de jugement était parent de l'accusé, au degré prohibé, il rejeta le pourvoi ; attendu, y est-il dit, que les incapacités et les incompatibilités sont de droit étroit et ne peuvent être étendues ; qu'aucun texte de loi n'a établi comme incapacité ou incompatibilité d'être juré la parenté ou l'alliance avec l'accusé ; et qu'il a, d'ailleurs, été suffisamment pourvu aux intérêts de la défense par la faculté accordée à l'accusé de récuser un nombre déterminé de jurés, sans donner les motifs de sa récusation.

Cet arrêt peut paraître extraordinaire, cependant il fut bien

(1) Autre arrêt. C. c. 11 mai 1848. — *Jur. Crim.* art. 4488. V. 21.
(2) *Jur. Crim.* art. 7132. V. 32.

ART. 32. rendu. Malheureusement il a gardé pour la fin la bonne raison, en la rejetant au dernier plan. Il ajoute que la parenté du juré avec l'accusé n'était nullement justifiée. Cet argument suffisait.

Pour en revenir aux arrêts du 19 avril 1821 et 24 septembre 1829, j'admets le bien jugé de ces arrêts en ce qui concerne la parenté ou l'alliance des jurés entre eux, des jurés avec les juges, ou avec les témoins, car il ne peut en résulter de préjudice pour personne. Mais il me semble que la décision est rendue d'une manière trop générale en ce qui touche la parenté des jurés avec l'accusé, et, partant, avec la partie intéressée. Qu'il n'y ait pas nullité lorsque la parenté ou l'alliance se trouve hors des prohibitions de la loi, je le conçois; mais je ne comprends pas qu'on dût respecter la décision à laquelle aurait pris part un juré parent ou allié, à un degré trop rapproché, de la partie. Dans ce cas, le juré devra être radié de la liste. Quant à la parenté entre les autres personnes désignées dans les deux arrêts dont s'agit, elle ne doit pas être prise en considération, surtout celle des jurés entre eux (1). Au reste, la Cour suprême s'est prononcée en faveur de notre opinion, par un arrêt en date du 20 mai 1845. Elle a jugé que le directeur du jury a la faculté, dans le cas même où le droit de récusation a été épuisé par les parties, d'écarter un juré pour cause de parenté au degré prohibé (2). La même Cour vient de décider la question d'une manière formelle quoique implicite. Un arrêt, en date du 30 mars 1863, porte que, en cas de division par catégorie, d'affaires soumises au Jury d'expropriation, un juré ayant des liens de parenté ou une communauté d'intérêts avec les intéressés dans l'une de ces affaires, peut être écarté du Jury, pour toutes les affaires de la même catégorie, son incapacité relativement à l'une d'elles existant à l'égard de toutes celles qui lui étaient devenues solidaires : que cette décision, prise dans les termes de l'art. 32, ne peut donner ouverture à cassation (3).

(1) Arrêt. C. c. 9 septembre 1852. — Dalloz, 1852. 1.256.
(2) Dalloz, 1845. 1.295.
(3) Ibid., 1863. 1.134. — V. n. 207.

194. La seule question qui puisse paraître douteuse est celle ART. 32. de savoir en conformité de quelle loi on jugera le reproche de parenté ou d'alliance du juré avec la partie.

En effet, si on se base sur les dispositions du Code de procédure civile, qui sont applicables à la loi du 3 mai 1841, en ce qui touche les citations et les notifications à faire en vertu de cette loi (1), on est conduit à dire que le reproche doit être jugé conformément aux art. 268 et 283 de ce code. Ainsi, la prohibition s'étendra à tous les cas prévus par ces articles, y compris l'héritier présomptif ou donataire, celui qui aura bu ou mangé avec la partie, et celui qui aura donné des certificats relatifs au procès. En un mot, il n'y aura d'exclus que les cas qui ne rentrent pas dans ces diverses catégories.

D'un autre côté, l'art. 156 du Code d'instruction criminelle, et, après lui, l'art. 322 du même code, disent que les ascendants ou descendants du prévenu, ses frères et sœurs, et ses alliés au même degré, la femme ou son mari, même après le divorce prononcé, ne seront appelés ni reçus en témoignage. On voit que dans le système de ce code, la prohibition se rétrécit considérablement, et qu'il laisse de côté un certain ordre de collatéraux, ainsi que plusieurs autres personnes désignées par le code de procédure civile. On a donc à choisir entre les deux systèmes.

J'incline pour celui qui est le plus large ; voici par quelle raison. Je pense que lorsqu'il s'agit de faire un choix entre plusieurs dispositions, soit de la même loi, soit de lois diverses, on doit se décider pour celle qui atteint plus directement le but vers lequel a tendu le législateur ; or, dans le cas dont il s'agit, tant le Code de procédure civile que le Code d'instruction criminelle ont, entre autres dispositions, cherché à rendre impartiales les dépositions des témoins en les dégageant, autant qu'il était possible, de l'influence que n'aurait pas manqué d'exercer sur elles la parenté ou l'alliance de ces mêmes témoins avec les parties. C'est uniquement dans ce but que certaines

(1) V. art. 15. Loi 3 mai 1841.

ART. 32. personnes ont été déclarées incapables de déposer ni pour ni contre leurs parens ou alliés. D'un autre côté, il eut été immoral et contraire à la dignité de la justice de la contraindre à former sa conviction sur des témoignages suspects à bon droit. Maintenant, quelle est la loi qui donnera le plus de gages d'impartialité et de moralité aux dépositions des témoins et qui permettra à la justice de rendre ses décisions avec plus de certitude ? C'est évidemment le Code de procédure civile, puisqu'il augmente le nombre des exclusions. C'est donc celui qu'on devra suivre. Tout comme il est de principe que les nullités sont de droit étroit et doivent être restreintes, je crois qu'on peut dire, par la raison contraire, que toute disposition tendant à donner plus de certitude aux jugements des tribunaux doit être étendue jusqu'à sa dernière limite. Peut-être contestera-t-on la vérité du principe, mais sa moralité est inattaquable.

195. Quant à l'alliance proprement dite, on sait qu'il est des cas où elle est dissoute par la mort de l'individu qui en formait le lien. (Art. 283, Code de procédure civile). On appliquera alors les règles tracées par cet article, qui doit être commun au Jury d'expropriation.

Je citerai quelques exemples d'exclusion pour cause d'alliance, tels qu'ils sont donnés par les criminalistes. Cette exclusion s'étend : 1° aux enfants du premier lit de la femme de l'accusé, même lorsque cette femme est décédée, si elle a laissé des enfants du second lit ; 2° à celui qui a épousé la veuve du père de l'accusé ; 3° à celui qui, étant veuf de la sœur de l'accusé, dont il a des enfants, est passé à de secondes noces ; 4° à l'enfant naturel, incestueux ou adultérin, de la femme de l'accusé. Mais elle ne comprend pas les alliés des alliés. Cependant la Cour de cassation a jugé, par arrêt du 24 décembre 1823, que l'ascendant naturel n'est pas parent, dans le vœu de l'art. 322, Code instr. crim.

Mais Carnot pense que le frère naturel, légalement reconnu, est reprochable dans le procès instruit contre son frère naturel ou légitime. Il dit que la parenté et l'alliance sont de deux sortes : la civile et la naturelle. Selon lui, il n'y a pas de parenté civile entre les enfants naturels, quoique reconnus, et les en- ART. 32. fants légitimes, ce qui est incontestable ; mais il existe toujours une parenté naturelle qui suffit pour les rendre reprochables (1). J'adopte cette opinion.

Suivant le même auteur, la prohibition de l'art. 322 C. inst. crim. s'étend aux enfants adoptifs, vis-à-vis de l'adoptant, de sa femme, de ses enfants et de leurs conjoints, mais non vis-à-vis de ses ascendants (2).

196. Deux autres causes d'exclusion résultent de l'art. 392 C. inst. crim. Cet article porte que nul ne pourra être juré dans la même affaire où il aura été témoin ou expert, à peine de nullité. Je n'hésite pas un instant à dire que ces exclusions s'appliquent au Jury d'expropriation. En effet, si un citoyen porté sur la liste spéciale a, en qualité d'expert de l'une des parties, apprécié les terrains qui ont été expropriés, il serait inconvenant, je dirai même, illégal, de le maintenir sur le tableau du Jury de jugement et de l'appeler à statuer sur la fixation de l'indemnité. On conçoit que, ayant déjà donné son avis, il lui serait difficile de se rétracter. Le magistrat directeur devra donc l'écarter.

De même, le juré qui porterait témoignage dans l'affaire dont il doit connaître, vicierait la décision du Jury. Il en est ainsi pour le Jury criminel ; la raison veut qu'on en dise autant du Jury d'expropriation pour cause d'utilité publique.

197. Indépendamment des incapacités, il est d'autres causes qui empêchent certains citoyens de prendre part aux délibérations du Jury d'expropriation. Il est vrai que ces causes ne sont pas énumérées dans la loi du 3 mai 1841, mais elles n'en existent pas moins, car l'art. 32 en parle, quoique d'une manière plus que sommaire. Il se contente de les indiquer par un mot. Ce sont les incompatibilités qui prennent leur source dans le caractère et les devoirs de certaines fonctions dont quelques citoyens sont investis.

(1) De l'*Inst. Crim.* t. 2. p. 518.
(2)   Ibid.,   t. 2. p. 520.

198. Ces incompatibilités sont nombreuses. Elles sont détaillées dans l'art. 3 de la loi du 4 juin 1853. En voici le texte :

« Les fonctions de juré sont incompatibles avec celles de :

« Ministre,

« Président du Sénat,

« Président du Corps législatif,

« Membre du Conseil d'Etat,

« Sous-secrétaire d'Etat ou Secrétaire général d'un Ministère,

« Préfet et sous-préfet,

« Conseiller de préfecture,

« Juge,

« Officier du ministère public près les Cours et les Tribunaux de première instance,

« Commissaire de police,

« Ministre d'un culte reconnu par l'Etat,

« Militaire de l'armée de terre ou de mer en activité de service et pourvu d'emploi,

« Fonctionnaire ou préposé du service actif des douanes, des contributions indirectes, des forêts de l'Etat et de la Couronne, et de l'administration du télégraphe,

« Instituteur primaire communal. »

199. De toutes ces incompatibilités, une seule, celle qui a trait aux juges, peut donner lieu à quelques observations.

L'incompatibilité des fonctions de juge avec celles de juré, s'étend aux greffiers des Tribunaux, parce qu'ils font nécessairement partie de la compagnie à laquelle ils sont attachés. Par cette raison, la Cour de cassation, chambre criminelle, a jugé, le 4 mars 1842, que la Cour d'assises peut dispenser un greffier de Cour royale des fonctions de juré (1).

200. Les juges de paix sont également exemptés des fonctions de juré. Ils sont évidemment compris sous le mot *juge* dont se sert l'art. 3 de la loi du 4 juin 1853. Cela résulte d'un arrêt de la Cour suprême rendu le 5 février 1855, en matière d'expropria-

_____

(1) *Jurisp. crim.*, art. 3112, vol. XIV.

tion. Il y est dit que, la présence d'un juge de paix, au nombre ART. 32. des jurés, n'emporte pas nullité, si elle n'a donné lieu à aucune récusation ni réclamation (1). Je crois qu'il doit en être de même pour leurs greffiers, car ils font partie du Tribunal de paix.

L'arrêt du 5 février 1855 ne laisse pas que d'avoir une certaine importance, non point à propos de la question qu'il tranche, laquelle n'était guère susceptible de doutes, mais quant à celle qu'il préjuge implicitement. En effet, cet arrêt décide que la présence d'un juré affecté d'incompatibilité n'entraîne pas nullité, à moins qu'elle n'ait soulevé des réclamations ; décision cadrant à merveille avec l'art. 3 de la loi du 4 juin 1853, qui n'attache pas nullité à la violation de ses dispositions. Il faut donc en conclure que cette violation peut être couverte par le consentement exprès ou tacite des parties.

201. Les juges des Tribunaux de commerce sont compris dans l'exception portée par l'art. 3 de ladite loi. Il y avait eu doutes sur ce point, mais ils ont été levés par la Cour de cassation (2). Je pense que l'exception s'applique aussi aux greffiers des Tribinaux de commerce, par la raison que j'en ai donnée plus haut.

202. Mais cet article ne s'applique pas aux membres de la Cour des comptes : leurs fonctions n'ont rien de judiciaire (3) ; aux juges suppléans des Tribunaux civils et de commerce, ni aux suppléans des juges de paix (4) ; aux maires, bien qu'ils soient juges de simple police (5) ; aux prud'hommes, ils ne remplissent pas habituellement les fonctions de juges (6) ; aux magistrats en retraite et honoraires (7).

---

(1) Dalloz, 1855. 1.59.

(2) Arrêts. 29 novembre 1838. — *Bul. crim.*, n. 369. — *Jur. crim.*, article 2400. — V. 11. — 20 mars 1854. — Dalloz, 1854. 1.112.

(3) Arrêts. C. c. 18 mars 1825. — 21 avril 1843. — Dalloz, 1843. 1.372.

(4) Ibid., 3 décembre 1829. — V. *Jur. crim.*, art. 3948, v. 18. — 5764, v. 26. — 23 août 1833. — *Bul. crim.*, n. 331.— 14 septembre 1837. — Dalloz, 1838. 1.416. — 13 avril 1839. — *Jur. crim.* art. 2426. — V. 11.

(5) Arrêt. C. c. 28 mai 1812.

(6) Arrêt. C. c. 4 septembre 1825.

(7) Arrêt. C. c. 19 mai 1842. — *Jur. crim.*, art. 3204. — V. 14.

ART. 32.   203. La Jurisprudence a établi d'autres incompatibilités dont j'ai déjà touché un mot, et qu'il est bon de rappeler ici.

Ainsi, la Cour suprême a jugé, par arrêt du 14 août 1855, que le maire, présidant le bureau de bienfaisance de sa commune, ne peut, comme étant partie intéressée, faire partie du Jury chargé de régler l'indemnité due à ce bureau (1). Ce qui, par parité de raison, doit s'appliquer à toutes les affaires intéressant la commune.

Jugé encore que les conseillers municipaux de la commune intéressée ne peuvent être membres du Jury (2).

Mais les maires et adjoints de Paris ne sont pas des intéressés, ils peuvent donc faire partie du Jury (3). Cela doit s'appliquer également aux conseillers municipaux de cette ville.

De même pour les membres du Conseil général qui a provoqué l'expropriation. Ils peuvent faire partie du Jury (4).

Néanmoins, les incompatibilités dont je viens de parler n'entraîneront nullité qu'autant qu'elles auront été relevées par les parties. La Cour suprême a jugé, par arrêt du 2 février 1846, que la qualité de membre du Conseil municipal de la ville qui est partie au procès, constitue une cause d'incompatibilité avec les fonctions de juré ; mais que la présence de ce juré au Jury de jugement ne donne pas ouverture à cassation, lorsque, d'ailleurs, il n'a pas été récusé (5).

204. Après les incapacités et les incompatibilités, viennent les dispenses, que j'appellerai légales, parce que la loi autorise à les proposer, en les spécifiant, et pour les différencier de celles qui, étant purement accidentelles, n'ont pu être prévues. Ces dispenses résultent, soit de l'âge, soit de l'exercice de certaines fonctions qui n'affranchissent pas par elles-mêmes et de plein

(1) Dalloz, 1855. 1.416.
(2) Arrêt. C. c. 5 avril 1854. — Dalloz, 1854. 1.161.
(3) Arrêts. C. c. 6 mars - 10 juillet 1861. — Dalloz, 1861. 1.182-284.
(4) Arrêts. C. c. 8 août 1853. — Dalloz, 1853. 1.233.
(5) Dalloz, 1846. 1.78.

droit de l'obligation de faire partie du Jury, mais qui fournis- ART. 32.
sent seulement une excuse pour s'en faire exempter.

L'art. 30 de la loi du 3 mai 1841 porte, dans son dernier paragraphe, que les septuagénaires seront dispensés, s'ils le requièrent, des fonctions de juré. J'en ai déjà parlé (1).

Les autres causes de dispense résultent de divers articles de la
loi du 4 juin 1853. L'art. 5 de cette loi dit que, sont dispensés
des fonctions de juré, ceux qui ont besoin pour vivre de leur
travail manuel et journalier. Mais il est admis que la présence
de ces personnes au Jury de jugement ne vicierait pas le verdict (2).

L'art. 16 de la même loi dispense également, sur leur demande, les sénateurs et les membres du Corps législatif, pendant la durée des sessions seulement. Ceux qui ont rempli les
fonctions de juré pendant l'année courante et l'année précédente
peuvent aussi se faire dispenser. Quant à ceux-ci, il faut, dès
lors, qu'il se soit écoulé au moins deux ans pleins et entiers
entre la dernière session où le juré a siégé et la session nouvelle pour laquelle il est convoqué. Mais cette dernière disposition n'est pas applicable à l'expropriation pour cause d'utilité
publique. L'art. 47 de la loi du 3 mai 1841 doit être seul consulté, en ce qui concerne les dispenses accordées aux jurés ayant
fait le service pendant une session précédente.

205. Le dernier paragraphe de l'art. 32 donne, au magistrat
directeur, pouvoir de prononcer sur les exclusions et incompatibilités survenues ou connues postérieurement à la désignation
faite en vertu de l'art. 30, c'est-à-dire, après la formation de la
liste spéciale du Jury. Est-ce à dire qu'il ne puisse prononcer
sur celles dont les causes seraient survenues ou auraient été
connues antérieurement? Je suppose, par exemple, qu'on ait
porté sur la liste spéciale un citoyen affecté d'une incompatibilité et dont la qualité était connue ou censée connue de la Cour
impériale. Dans ce cas, le directeur du Jury sera-t-il obligé de

(1) V. n. 127.
(2) V. n. 188.

ART. 32. respecter l'erreur commise, sous le prétexte que, la qualité du juré indûment inscrit sur la liste étant de notoriété publique et ayant existé avant la confection de cette liste, il n'y a plus lieu de faire l'application du dernier paragraphe de l'art 32, lequel n'a trait qu'aux exclusions et incompatibilités connues ou survenues postérieurement à la confection de la liste ? En d'autres termes, le paragraphe restreint-il le pouvoir du directeur du Jury au cas qu'il prévoit spécialement ? Je ne le crois pas : quelle que soit l'*exclusion* (1) ou l'incompatibilité découverte, qu'elle soit survenue ou ait été connue avant ou après la formation du Jury spécial, du moment où elle se révèle au directeur du Jury, il doit la prendre en considération et y dire droit, surtout s'il y était provoqué par les conclusions des parties. Ceci s'applique, à plus forte raison, aux incapacités dont quelques-unes sont telles que la présence d'un juré incapable au Jury de jugement en vicierait inévitablement les opérations. Il est vrai, que les erreurs commises sur la liste du Jury spécial, n'ont pas toutes la même portée ; qu'il en est dont on ne peut se faire grief ; d'autres qui sont couvertes par le silence ou le consentement des parties (2). Mais, cela n'empêche pas que, lorsque ces erreurs se découvrent, et que le magistrat directeur est mis en demeure d'y statuer, par les conclusions des parties, il ne soit tenu d'y faire droit et de remplacer le juré incapable par un juré idoine.

206. J'ai dit ci-dessus que l'ordonnance du magistrat directeur, admettant une excuse, une exclusion, une incompatibilité, était souveraine lorsqu'elle statuait sur un point de fait, mais qu'elle pouvait donner ouverture à cassation quand elle jugeait une question de droit, car il faut que la Cour suprême puisse veiller à l'observation de la loi en matière d'expropriation, comme en toute autre matière (3). Il suit de là que cette ordonnance doit être motivée, afin qu'on sache si les prescriptions

---

(1) Cette expression est vicieuse. Elle prend l'effet pour la cause. Je m'en sers, néanmoins, parce que l'art. 32 l'a employée.

(2) V. n. 150 et suivants.

(3) V. n. 171, 172, 173.

de la loi ont été suivies. D'ailleurs, il est de principe que tout ART. 32. jugement, — l'ordonnance dont je parle en a le caractère, — doit contenir les motifs sur lesquels il est fondé. Cependant, il a été jugé par la Chambre criminelle de la Cour de cassation, le 17 octobre 1833, que l'arrêt qui admet l'excuse d'un juré est suffisamment motivé, quand il exprime que cette excuse est légitime, sans énoncer sa nature (1).

Au premier coup d'œil, cet arrêt paraît consacrer un principe tout à fait opposé à celui que je viens de poser, car, autant vaut dire qu'il n'est pas besoin de motifs, si l'on permet de juger la question par la question. Malgré cela, l'arrêt du 17 octobre 1833 se concilie parfaitement avec le principe dont j'ai parlé, au moyen de la distinction que j'ai établie entre les décisions statuant sur un point de fait, et celles qui portent sur un point de droit. Il ne faut pas perdre de vue que cet arrêt statua, dans l'espèce d'une excuse qui ne constituait qu'une question de fait, puisqu'il s'agissait uniquement de savoir si un juré absent, pour maladie ou pour affaires, serait maintenu sur la liste ou en serait radié. Mais il en serait autrement, et la Cour eût sans doute jugé en sens inverse, s'il s'était agi d'exclusions ou d'incapacités qui, toutes, donnent naissance à de véritables questions de droit. Il en est tellement ainsi que, un arrêt, déjà cité, de la Cour de cassation, en date du 31 mars 1836, a jugé que l'appréciation des motifs d'excuse des jurés n'appartient souverainement à la Cour d'assises, qu'autant qu'il ne s'agit ni des incompatibilités ni des dispenses énumérées dans l'art. 383 code inst. crim. (2). Or, pour que la Cour suprême puisse savoir si la loi n'a pas été violée, il faut que l'ordonnance qui lui est déférée dise sur quelles incompatibilités ou dispenses la radiation du juré a été fondée ; il faut, par conséquent, que l'ordonnance soit motivée, tandis qu'il n'en est plus de même lorsqu'il s'agit d'une simple excuse, fondée sur un empêchement. Qu'importerait à la Cour suprême d'apprendre que l'absence du

---

(1) *Jurisp. Crim.* art. 1250. — V. n. 168.
(2) Dalloz, 1836. 1.237.

ART. 32. juré est motivée sur un état de maladie ou sur toute autre cause? Et quelle violation de la loi peut-il résulter du défaut de motifs, tant que la décision attaquée ne sort pas de ce cercle? Je crois cependant que le directeur du Jury fera bien d'énoncer dans son procès-verbal le fait sur lequel l'excuse est motivée (1).

207. La loi du 3 mai 1841 n'a pas établi de terme fatal après lequel les erreurs commises dans la composition du Jury de jugement ne pourraient plus être réparées. Nulle part elle n'a dit qu'on devrait procéder aveuglément sur des errements vicieux, au risque d'une cassation. Elle s'en est rapportée, sur ce point, à la sagesse du magistrat directeur, auquel la jurisprudence de la Cour suprême est venue, plus tard, tracer des règles de conduite.

Il résulte de cette jurisprudence, que les incapacités et incompatibilités reconnues ou avérées peuvent être proposées et admises après la formation du tableau du Jury de jugement. La raison en est qu'on ne peut contraindre le magistrat directeur à continuer une procédure qui serait infailliblement cassée. Ainsi, la Cour de cassation a jugé, le 20 mai 1845, que le magistrat directeur a la faculté d'écarter un juré pour cause de parenté au degré prohibé, lors même que le droit de récusation a été épuisé. (2). Par parité de raison, cet arrêt doit s'appliquer à toutes les incapacités et incompatibilités qui pourraient vicier la composition du Jury et, par suite, sa décision.

208. Je crois que le magistrat directeur fera bien d'écarter tout juré incapable ; cependant, il est des cas où, averti de l'incapacité, il peut laisser ce soin aux parties. En voici un exemple. La Cour de cassation a jugé, le 20 mars 1855, que le directeur du Jury, qui a épuisé les pouvoirs que lui confiaient les art. 32 et 33 de la loi du 3 mai 1841, en constituant définitivement la liste des seize jurés devant concourir à la formation du Jury de jugement, averti qu'il existe chez l'un des jurés une cause d'incompatibilité, n'est pas tenu de rapporter l'ordonnance de

(1) V. n. 214.
(2) Dalloz, 1845. 1.295.

constitution du Jury, pour prononcer d'office l'exclusion du ART. 32. juré incapable : c'est aux parties à user de leur droit de récusation (1). Il me semble que cet arrêt n'est point en parfaite harmonie avec les art. 34 et 35 de la loi du 3 mai 1841 voulant que le Jury de jugement soit formé sur une liste de seize jurés complètement idoines. Cette idée ressort de l'ensemble des dispositions de la loi.

209. Si, par l'effet de la négligence de l'administration ou par toute autre cause, les jurés n'avaient pas été convoqués, le magistrat directeur devrait renvoyer les affaires à une autre session. Je ne crois pas qu'il eût, en ce cas, le droit d'user de la faculté qui lui est conférée par l'art. 33, c'est-à-dire, de choisir, sur la liste générale du Jury, les personnes nécessaires pour former le Jury spécial. Cette faculté lui est donnée, en cas d'insuffisance des jurés et seulement pour compléter le nombre de seize, qui est indispensable. Mais il ne lui est pas permis de former la liste entière ; il empiéterait, en agissant ainsi, sur les attributions de la Cour impériale ou du Tribunal de chef-lieu. Au reste, la question a été décidée, dans le même sens, par Carnot, en matière criminelle (2).

210. La nullité n'est pas expressément attachée à la violation de l'art. 32, puisqu'il n'est point compris parmi les articles qu'énumère l'art. 42 de la loi du 3 mars 1841. Dès lors, on pourrait croire que l'infraction à ses dispositions ne donnerait pas ouverture à cassation. Ce serait une grave erreur. Ainsi que j'en ai déjà fait la remarque, toutes les dispositions de l'art. 32, n'ayant pas une égale importance, leur violation n'entraînera pas uniformément nullité. Parmi les cas qu'il prévoit, il en est sur lesquels le magistrat directeur prononce souverainement ; il en est d'autres dont il ne connaît qu'à la charge du recours en cassation. Au nombre des premiers, je compte l'appréciation des excuses et des empéchements, ainsi que les condamnations à l'amende ; dans les seconds, se trouve le jugement des inca-

(1) Dalloz, 1855. 1.61.
(2) Carnot, *Inst. Crim.* t. 3, p. 36.

ART. 32. pacités et des incompatibités qui, touchant à des points de droit, peut motiver un recours en cassation (1). J'engage les directeurs de Jury à distinguer soigneusement ces divers cas.

(1) V. n. 171 et suivants.

Art. 33.

Ceux des jurés qui se trouvent rayés de la liste par suite des empêchements, exclusions ou incompatibilités prévues par l'article précédent, sont immédiatement remplacés par les jurés supplémentaires, que le magistrat directeur du Jury appelle dans l'ordre de leur inscription.

En cas d'insuffisance, le magistrat directeur du Jury choisit, sur la liste dressée en vertu de l'art. 29, les personnes nécessaires pour compléter le nombre des seize jurés.

SOMMAIRE

214. La cause de l'empêchement du juré titulaire remplacé doit être mentionnée au procès-verbal.

215. Cas où le remplacement du juré radié de la liste n'est pas indispensable.

216. La liste du Jury ne doit pas être complétée au-delà du nombre de seize jurés.

217. Des jurés complémentaires. Définition de ce mot.

218. Les jurés supplémentaires doivent être appelés dans l'ordre de leur inscription au tableau. L'interversion dans leur appel emporte nullité.

219. Devoirs du directeur du Jury. Précaution à prendre.

220. Appel des jurés complémentaires.

221. Le magistrat directeur est libre dans le choix de ces jurés. Règles à suivre à ce sujet.

222. Le magistrat directeur peut-il contraindre les personnes qu'il choisit pour compléter le Jury à obéir à ses réquisitions?

223. La loi n'impose aucune forme au directeur du Jury pour l'appel des jurés complémentaires. Il n'est pas tenu de rendre une ordonnance à cet effet.

224. Il n'est pas nécessaire que la désignation des jurés complémentaires soit faite en séance publique.

225. Les jurés titulaires doivent être appelés dans l'ordre de leur inscription. Nullité pour contravention à cette règle.

226 Le concours des jurés supplémentaires et complémentaires doit être énoncé au procès-verbal des débats, avec énonciation de la cause de l'empêchement du juré titulaire.

227. Les noms des jurés complémentaires ne doivent pas être notifiés aux parties.

228. Manière dont les jurés supplémentaires ou complémentaires doivent faire le service pendant la session. Distinction entre les causes d'empêchement momentané et celles dont l'effet est durable.

229. En cas d'empêchement momentané du titulaire, le juré remplaçant n'a qualité que pour connaître de l'affaire en vue de laquelle il a été appelé. Conséquences de cette règle. Nullité encourue pour son infraction.

230. En cas d'incapacité absolue ou d'incompatibilité du titulaire, le remplaçant continue le service pendant toute la session.

231. La violation de l'art. 33 emporte nullité, en certains cas, bien que cet article ne soit pas au nombre de ceux énumérés par l'art. 42.

COMMENTAIRE

211. Le remplacement des jurés rayés de la liste pour cause ART. 33. d'empêchements, d'exclusions ou d'incompatibilités, est fait par le magistrat directeur, qui appelle immédiatement les jurés supplémentaires. Mais cet appel ne doit avoir lieu qu'à défaut des jurés titulaires. C'est ce que l'art. 33 fait assez comprendre en disant que les jurés rayés de la liste seront remplacés par les jurés supplémentaires. Ainsi, le magistrat directeur se gardera bien de placer des jurés supplémentaires dans le Jury de jugement, tant que les titulaires ne seront pas réduits, par l'effet des empêchements, exclusions, incompatibilités et récusations, au-dessous du nombre légal, c'est-à-dire au-dessous de douze. Il y aurait nullité si, par sa négligence, un juré supplémentaire figurait sur le tableau du Jury de jugement, pendant que un ou plusieurs jurés titulaires auraient été laissés à l'écart, sans que leur absence fût justifiée par un empêchement quelconque ou par une récusation. En agissant ainsi, on violerait le dernier paragraphe de l'art. 34 qui veut que le Jury soit formé par voie de retranchement; en d'autres termes, que, lorsque douze jurés, non dispensés ou non récusés, ont répondu à l'appel, on doit retrancher les derniers noms inscrits sur la liste spéciale et, avec le restant, former le Jury de jugement. On violerait encore l'art. 33, qui autorise l'appel des jurés supplémentaires, dans le cas seulement où les titulaires font défaut.

212. La Jurisprudence de la Cour de cassation fournit de nombreux exemples de nullités encourues pour violation de l'art. 33. Ainsi, elle jugea, par arrêt du 20 décembre 1847, que la décision du Jury d'expropriation à laquelle a concouru un juré supplémentaire, sans que le procès-verbal fît mention de la cause d'empêchement du juré titulaire qu'il remplaçait, était nulle (1).

Un autre arrêt, en date du 17 février 1851, a déclaré qu'il y

(1) Dalloz, 1848. 1. 159.

ART. 33. avait nullité de la décision du Jury lorsqu'un juré, qui était présent et non empêché, et dont la récusation n'était point constatée, avait été remplacé par un juré supplémentaire (1).

Enfin, deux autres arrêts des 23 juillet 1856 et 26 août de la même année, sont allés plus loin. Il est dit, par ces arrêts, que les jurés supplémentaires ne doivent concourir à la formation du Jury de jugement, qu'autant que le nombre des jurés titulaires est insuffisant, et que l'indue présence, au Jury de jugement, d'un juré supplémentaire, opère nullité, laquelle n'est couverte ni par la comparution, ni par le silence des parties (2).

213. Mais, pour que la nullité soit encourue, il faut que le juré supplémentaire, mal à propos appelé, ait fait partie du Jury de jugement.

En conséquence, la Cour suprême jugea, le 3 janvier 1854, que l'inscription sur le tableau, après l'exercice du droit de récusation, d'un juré supplémentaire qui n'a pas été appelé à siéger dans le Jury de jugement, n'est pas une cause de nullité (3).

De même, que l'appel de jurés *complémentaires* (4) supérieur au nombre nécessaire pour compléter le nombre de seize jurés, n'est pas une cause de nullité, si les jurés excédants n'ont pas fonctionné. Décidé, en ce sens, par arrêt du 21 août 1861 (5).

Ces décisions sont inattaquables. La raison en est, que le Jury de jugement fut formé sur une liste complète, régulière, et qu'il importait fort peu que des jurés supplémentaires ou complémentaires eussent figuré sur cette liste, pourvu qu'ils n'eussent pas pris part aux délibérations du Jury. Mais, dans le cas de l'arrêt du 3 janvier 1854, la nullité aurait été encourue, si le juré supplémentaire avait dû nécessairement faire partie des seize jurés, par le motif que son adjonction tardive l'aurait

(1) Dalloz, 1851. 1.25.
(2) Ibid., 1856. 1.293-330.
(3) Ibid., 1854. 1.315.
(4) V. n. 217.
(5) Dalloz, 1861. 1.399.

soustrait au droit de récusation que, d'après l'art. 34, les parties ART. 33.
sont recevables à exercer.

214. Remplacer, mal à propos, un juré titulaire par un juré
supplémentaire, ou bien ne pas indiquer la cause de l'empêchement et, par conséquent, celle du remplacement, revient tout
à fait au même. Nous en avons un exemple dans l'arrêt de
la Cour de cassation, du 20 décembre 1847, ci-dessus cité (1).
Nous en trouvons un second dans un autre arrêt de la même
Cour, en date du 4 juillet 1855. Cet arrêt a jugé que le Jury qui
a été complété par un juré supplémentaire, sans mention de la
cause d'empêchement du juré titulaire remplacé, est illégale-
ment composé (2). A ces arrêts, on peut en joindre un troisième,
en date du 11 février 1861 (3). Par conséquent, l'ordonnance du
magistrat directeur doit être motivée, ainsi que nous l'avons
dit ci-devant (4), bien que j'aie donné un exemple du contraire.
Je crois que cet exemple isolé ne doit pas servir de règle.

215. Il est des cas, qui se sont représentés, où le remplacement du juré radié de la liste n'est pas indispensable. Ainsi, la
Cour de cassation a jugé, par arrêt du 17 décembre 1856, que la
suppression, sans remplacement, du juré inscrit par erreur sur
la liste, n'est pas une cause de nullité, s'il n'en est résulté aucune
atteinte au droit de récusation (5).

Il résulte encore d'un autre arrêt, en date du 26 novembre
1860, que les parties peuvent consentir à ce qu'il soit passé
outre, sans adjonction de jurés supplémentaires, et à limiter
leur droit de récusation, lorsque la liste se trouve réduite à
quatorze, par suite d'empêchements légitimes (6). En effet,
volenti non fit injuria.

216. La liste du Jury ne devra pas être complétée au-delà du
nombre de seize, car ce nombre suffit pour procéder à la for-

(1) V. n. 212.
(2) Dalloz, 1855. 1.253.
(3) Ibid., 1861. 1.281.
(4) V. n. 206.
(5) Dalloz, 1857. 1.45.
(6) Ibid., 1860. 1.484.

ART. 33. mation du Jury de jugement. Par exemple, si deux jurés titulaires manquent à l'appel, le magistrat directeur appellera les deux premiers jurés supplémentaires, et laissera les deux autres à l'écart. Cependant, il n'y aurait pas nullité, dans ce cas, en supposant que tous les jurés supplémentaires eussent été appelés, parce que le Jury étant formé par voie de retranchement des derniers jurés, il serait impossible que les jurés supplémentaires, qui n'auraient pas dû être appelés, participassent au jugement, à moins, toutefois, qu'on n'intervertît l'ordre de leur inscription. S'il en est autrement au criminel, c'est que le Jury y est formé par la voie du sort, et que rien ne garantit que les jurés indûment appelés n'en fassent partie. En conséquence, la Chambre criminelle de la Cour de cassation jugea, le 27 mars 1823, que, lorsque au jour indiqué pour la formation du tableau du Jury, il comparaît moins de trente jurés, la liste ne peut être complétée au-delà de ce nombre.

217. Ce que je viens de dire s'applique aux jurés complémentaires, c'est-à-dire, à ceux qui, à défaut des jurés titulaires et supplémentaires, sont appelés, en vertu du 2ᵉ § de l'art. 33. Ainsi, on ne pourra les admettre qu'en remplacement des jurés absents, et ils ne devront servir qu'à compléter le nombre de seize jurés, jamais au-delà.

218. Lorsque, devant la Cour d'assises, il s'agit de remplacer les jurés titulaires par les jurés supplémentaires, il suffit que ceux-ci soient appelés dans l'ordre de leur inscription, et, bien que la Cour de cassation ait jugé que, dans ce cas, le premier juré dispensé doit être remplacé par le premier suppléant (1); cependant, en réalité, cette précaution est assez insignifiante, parce que le Jury est tiré au sort et qu'il importe peu de savoir quelle place le suppléant aura occupée. Cela ne peut avoir d'utilité que pour le cas où le juré titulaire se présente avant l'ouverture des débats et écarte son remplaçant. Mais il n'en est pas de même en fait d'expropriation pour cause d'utilité publique. Il faut, pour la régularité de la formation du tableau du Jury,

(1) Arrêt. 7 janvier 1825.

que les jurés supplémentaires soient appelés dans l'ordre de leur ART. 33. inscription : — Cela ne peut faire la matière d'aucun doute ; car, si l'on intervertissait cet ordre, on s'exposerait à faire rendre le verdict par un juré qui n'aurait pas eu qualité pour y concourir. — Mais il n'est pas nécessaire que le juré supplémentaire occupe là place du titulaire dispensé de siéger. Il y a plus, c'est que cela serait irrégulier. Delalleau en donne pour raison que, sans cela, un juré suppléant pourrait être appelé à prendre connaissance des affaires, tandis que, des jurés titulaires, non exemptés ni récusés, n'en connaîtraient pas, ce qui ne peut avoir été dans l'intention du législateur (1). Au reste, la Cour de cassation a interprété en ce sens l'art. 33 de la loi du 3 mai 1841. Elle jugea, le 3 mai 1841, que lorsque, pour remplacer deux des seize jurés exclus ou empêchés, on a appelé le premier et le troisième jurés supplémentaires, au lieu des deux premiers dans l'ordre de leur inscription, cette interversion ne constitue une nullité absolue, opposable par toute partie indistinctement, qu'autant que le troisième juré supplémentaire, indûment appelé, est entré dans la composition du Jury de jugement (2).

Cet arrêt est assez précis. En voici d'autres qui sont plus précis encore. Jugé, les 20 et 26 août 1856, que, en cas de manquement des titulaires, les jurés supplémentaires doivent être inscrits à la suite des noms des titulaires composant cette liste, et non pas au rang des jurés manquants (3).

219. En résumé, le directeur du Jury s'occupera d'abord de savoir si, après avoir prononcé sur les empêchements, exclusions et incompatibilités, sa liste, y compris les jurés supplémentaires, s'élève encore au nombre de seize jurés, car ce nombre est indispensable pour que les parties ne puissent se plaindre qu'on ait entravé leur droit de récusation. Si ce nombre est atteint, il procédera incontinent à la formation du Jury

(1) N° 552. p. 363.
(2) Dalloz, d. G. sup. loc. cit., n. 359.
(3) Ibid., 1856. 1. 330.

ART. 33.   de jugement, sans s'inquiéter de remplacer les jurés radiés par les jurés supplémentaires, car ce remplacement se fera tout seul, à mesure que les jurés titulaires seront écartés par les récusations. La seule chose dont il doive se préoccuper, c'est de veiller à ce que les jurés supplémentaires soient appelés dans l'ordre de leur inscription, puisque l'art. 33 s'en est expliqué formellement. En d'autres termes, à ce qu'ils n'entrent dans la composition du Jury de jugement qu'après que la liste des jurés titulaires est épuisée, et sur l'appel successif de leurs noms. En agissant ainsi, il procédera régulièrement.

220. En cas d'insuffisance, c'est-à-dire, lorsque, après le jugement des empêchements, exclusions et incompatibilités, la liste, y compris les jurés supplémentaires, se trouve réduite à moins de seize membres, le directeur du Jury choisit, sur la liste dressée en exécution de l'art. 29, les personnes nécessaires pour compléter le nombre de seize jurés.

Telle est la disposition du 2e § de l'art. 33. Mais, quoique très claire, cette disposition comporte quelques explications.

221. Ainsi, l'art. 33 dit que les jurés complémentaires seront choisis sur la liste dressée en vertu de l'art. 29. Il s'ensuit que le magistrat directeur peut les prendre parmi tous les jurés dont se compose cette liste. Cette faculté est tellement illimitée, qu'il a été jugé, par arrêt de la Cour suprême, en date du 1er juillet 1845, que le directeur du Jury peut, sur chaque affaire où il est nécessaire de compléter le Jury, faire porter son choix sur des personnes différentes (1). Pour que le choix soit régulier, il suffit que le juré complémentaire soit pris sur la liste, dressée par le Conseil général, sans qu'il soit nécessaire de mentionner cette condition au procès-verbal. Jugé, en ce sens, par la même Cour, le 18 février 1863 (2).

Malgré cela, ce choix doit être fait avec discernement, de manière à concilier les exigences du service avec les convenances des jurés. Il me semble, sauf meilleur avis, que le magistrat

(1) Dalloz, 1845. 1.350.
(2) Ibid., 1863. 1.253.

directeur n'a rien de mieux à faire que de suivre la ligne de ART. 33. conduite qui est tracée aux présidents de Cours d'assises par l'art. 393, C. inst. crim., et de choisir, par conséquent, les jurés complémentaires parmi ceux qui résident dans la ville où siége le Jury d'expropriation, bien entendu qu'ils seront portés sur la liste annuelle, et actuellement existante, dressée en conformité de l'art. 29. Il serait déraisonnable, en effet, de choisir au loin des jurés, alors qu'on en a sous la main qui peuvent être mandés en un instant.

Je crois encore qu'il y aura lieu, dans ce cas , à l'application du dernier paragraphe dudit art. 393. Ce paragraphe dit que l'art. 391, du même code, ne s'applique pas aux remplacements opérés en vertu de l'art. 393. Or, l'art. 391 défend, hors les cas d'assises extraordinaires, de placer, plus d'une fois dans la même année, sur la liste du Jury , les jurés qui auront satisfait aux réquisitions prescrites par l'art. 389, c'est-à-dire , qui auront fait le service des assises. L'art. 47 de la loi du 3 mai 1841 renferme une disposition à peu près semblable. Il veut que les jurés qui auront fait le service d'une session , ne puissent être portés dans le tableau dressé pour l'année suivante. Mais cela n'empêche pas qu'ils ne puissent être choisis par le directeur du Jury comme jurés complémentaires, et l'excuse motivée sur ce que, pendant la précédente session, sous l'empire de la même liste , ils auraient fait partie du Jury , ne suffirait pas à les exempter de déférer à la réquisition du magistrat directeur. La question a été décidée en ce sens, au criminel , par la Cour de cassation. Elle jugea , le 25 novembre 1843 , que la Cour d'assises, en appelant des jurés complémentaires , ne peut écarter les noms de quelques-uns d'entre eux , parce qu'ils auraient siégé dans les sessions précédentes (1).

222. L'art. 33 ne met pas de moyens coercitifs à la disposition du magistrat directeur , afin qu'il puisse obliger les personnes qu'il choisit pour compléter le Jury , à obéir à ses réquisitions. Il faut, cependant, que la faculté que cet article lui confère ,

(1) *Jurisp. crim.*, art. 3552. — V. 16.

ART. 33. ait une sanction. Par ces motifs, je mets hors de doute qu'il pourrait appliquer l'art. 32 aux personnes récalcitrantes, c'est-à-dire, les condamner à l'amende. Il est impossible de le laisser désarmé devant le mauvais vouloir d'un citoyen qui refuserait de prendre part à un service public. Je dois dire, néanmoins, que, à ma connaissance, la question est, jusqu'à ce jour, sans précédents.

223. Aucune forme n'est imposée au directeur du Jury, par la loi spéciale, pour l'appel des jurés complémentaires ; il peut employer le mode de convocation qui lui plaira le mieux. Ainsi, il a été jugé, par la Cour suprême, le 4 mars 1844, que, dans le cas où il est nécessaire de compléter le nombre de seize jurés, le magistrat directeur n'est pas tenu de rendre une ordonnance à cet effet ; qu'il suffit d'une simple invitation adressée aux citoyens appelés à compléter le Jury (1). Ordinairement, on charge les huissiers de service de faire la convocation.

224. On avait prétendu, paraît-il, que la désignation des jurés complémentaires devait avoir lieu en séance publique ; mais cette prétention déraisonnable, tout-à-fait contraire aux termes comme à l'esprit de l'art. 33, fut repoussée par la Cour suprême. Elle jugea, par arrêts en date des 6 février 1843 et 16 janvier 1844, que la publicité n'est pas exigée pour le choix des personnes qui doivent compléter le Jury (2).

225. J'ai dit que les jurés supplémentaires devaient être pris dans l'ordre de leur inscription, à peine de nullité (3). Cela s'applique aux jurés titulaires. Supposons, par exemple, que le magistrat directeur, agissant ainsi qu'on le pratique en Cour d'assises, fît tirer au sort le nom des jurés, au lieu de composer le Jury en appelant le premier juré inscrit sur la liste spéciale, et ainsi de suite ; dans ce cas, il violerait l'art. 33 de la loi du 3 mai 1841, et s'exposerait à faire casser la décision du Jury. Il est de cela une bonne raison, c'est que la décision serait rendue

(1) Dalloz, 1844. 1. 185.
(2) Ibid., 1844. 4. 190. — 1844. 1. 83.
(3) V. n. 218.

par des jurés qui n'auraient pas dû y prendre part. En effet, admettons que les seize jurés titulaires soient présents, que les parties n'exercent pas de récusations, il s'ensuivra que le Jury aurait dû être composé des douze premiers jurés titulaires, tandis qu'il peut se faire que le tirage au sort y fasse arriver un ou plusieurs des quatre jurés qui se trouvaient inscrits les derniers sur la liste. Cet événement se réalisant, la composition du Jury serait vicieuse. La Cour suprême s'est prononcée en ce sens en jugeant, par arrêt du 11 juillet 1859, que les douze jurés doivent être pris dans l'ordre de leur inscription sur la liste dressée en vertu de l'art. 30 (1).

226. Je ne dois pas oublier de faire remarquer que le concours des jurés supplémentaires et complémentaires, au Jury de jugement, doit être énoncé au procès-verbal des débats, avec indication des causes qui ont motivé la radiation momentanée ou absolue des jurés titulaires (2). Il faut que le procès-verbal contienne la justification de la conduite du directeur du Jury, et qu'il donne la certitude que le juré suppléant n'a pas été appelé mal à propos. Or, la certitude dont je parle ne peut s'acquérir que par la production d'un procès-verbal régulier, duquel conste pourquoi le juré supplémentaire ou complémentaire a été appelé.

227. L'art. 31 de la loi du 3 mai 1841 veut que les noms des seize jurés titulaires et des quatre jurés supplémentaires soient notifiés aux parties. Il n'en est pas de même des noms des jurés complémentaires, parce que cette notification préalable est impossible, attendu que leur appel demeure dans le futur contingent. En conséquence, la Cour de cassation décida, par arrêt du 4 mars 1844, qu'il n'était pas nécessaire de porter à la connaissance des parties les noms des jurés complémentaires, et qu'il suffisait qu'elles en eussent eu connaissance au moment de la constitution définitive du Jury, pour qu'elles fussent répu-

(1) Dalloz, 1859. 1.365.
(2) V. n. 214.

ART. 33. tées avoir joui de l'exercice plein et entier du droit de récusation (1). On agit ainsi au criminel.

228. Je crois avoir suffisamment expliqué les dispositions de l'art. 33 de la loi du 3 mai 1844 ; il ne me reste plus qu'à tracer brièvement quelques règles relatives à la manière dont les jurés supplémentaires ou complémentaires doivent faire le service pendant la session.

Ainsi que je l'ai déjà fait remarquer sous l'article précédent, les causes qui peuvent motiver la radiation du nom d'un juré de la liste se divisent en deux classes : les unes qui sont relatives, et les autres qui sont absolues ; celles qui produisent un effet momentané, et celles dont l'action est durable (2). Les premières empêcheront le juré de prendre part au jugement d'une ou de plusieurs affaires, mais laisseront son nom subsister sur la liste ; les secondes exigeront sa radiation définitive. On comprend que la position du juré se modifiera selon qu'il sera affecté de l'une ou de l'autre de ces incapacités.

229. Dans le premier cas, lorsque l'exclusion n'est que momentanée, le juré remplaçant n'a qualité que pour connaître de l'affaire en vue de laquelle il a été appelé. Du moment où cette affaire est terminée, il doit se retirer, puisque le but de sa convocation est atteint. Il y aurait nullité s'il prenait part au jugement des autres affaires. D'ailleurs, sa présence serait inutile, par la raison que le juré qu'il aurait remplacé ne serait pas rayé définitivement de la liste et devrait se tenir prêt à reprendre son service.

Il suit de là que si le juré absent se présente avant l'ouverture des débats et qu'il ne soit pas récusé, il exclura le remplaçant. Par exemple, la Cour suprême a jugé, le 10 mars 1862, que lorsque le juré titulaire remplacé, se présente avant la formation du Jury de jugement, il peut être admis (3). Il l'exclura de même à toutes les époques de la session, quand même il aurait été rayé de la liste, pourvu que ce ne fût pas pour cause d'inca-

(1) Dalloz, 1844. 1.185.
(2) V. n. 178.
(3) Dalloz, 1862. 1.303.

pacité. En effet, le juré remplaçant n'a qualité qu'en l'absence du juré titulaire. On peut consulter, sur ce point, un arrêt de la Cour de cassation, en date du 4 juillet 1854 (1).

Mais le juré titulaire doit être éconduit quand il n'arrive qu'après la formation du Jury de jugement. Dans ce cas, les jurés qui le composent sont acquis aux parties. Un arrêt de la même Cour, rendu à la date du 26 décembre 1859, l'a ainsi jugé. Il a décidé que le remplacement, par des jurés supplémentaires, de jurés titulaires non présents lors de l'appel, doit être maintenu, alors même qu'après la constitution du Jury les jurés absents se seraient présentés et auraient été relevés de l'amende (2). Mais cela n'empêche pas que les jurés retardataires ne doivent connaître des affaires suivantes. Jugé en ce sens par la Cour suprême, le 28 mai 1861 (3).

Si le juré absent, rayé de la liste pour toute autre cause que pour incapacité absolue, ne se présente pas, le remplaçant continuera le service pendant toute la session, sans qu'il soit besoin d'appeler un nouveau juré à chaque affaire, car son droit ne peut être résolu que par la présence du juré titulaire.

Peut-être, dira-t-on, que le 2° § de l'art. 33 est contraire à l'opinion que je viens d'émettre, et que la liste arrêtée en conformité de ses dispositions, ne peut plus être remaniée. Je répondrai que la pratique donne un éclatant démenti à cette assertion, et que l'hypothèse dans laquelle je me suis placé, se réalise souvent. Je suppose, par exemple, qu'un juré défaillant, condamné à l'amende et rayé de la liste, se présente soit avant la formation du Jury de jugement soit pendant la session, et qu'il fasse agréer ses excuses ; le directeur du Jury révoquera son ordonnance de condamnation et de radiation, et maintiendra ce juré sur la liste. Il faudra nécessairement qu'il l'utilise, à peine de nullité. Il n'obtiendra ce résultat qu'en renvoyant le juré supplémentaire ou complémentaire, et en replaçant à son rang le juré tardivement arrivé. Est-ce que le juré titulaire

(1) Ibid., 1854. 1.310.
(2) Ibid., 1859. 1.496.
(3) Ibid., 1861. 1.286.

ART. 33. n'exclura pas le juré supplémentaire ? Il me semble que , dans ce cas, le directeur du Jury ne pourrait guère agir autrement , et qu'il engagerait sa responsabilité en persistant à garder sur sa liste le juré remplaçant. Au reste, la Cour de cassation a jugé en ce sens, par arrêt du 26 avril 1853 . Cet arrêt décida, de plus, que le maintien sur la liste du juré supplémentaire emportait nullité, laquelle ne pouvait être couverte par la comparution et le silence des parties (1).

230. Lorsque la radiation du juré titulaire aura été motivée sur l'incapacité ou l'incompatibilité radicale de remplir les fonctions de juré, le remplaçant continuera le service pendant toute la durée de la session. Il s'agit , dans ce cas, d'un empêchement absolu , s'opposant à ce que le juré exclu participe au jugement d'aucune des affaires portées à la session. Dès lors , le juré remplaçant doit être maintenu sur la liste jusqu'à ce que cette session soit close.

231. L'art. 33 n'est pas prescrit à peine de nullité. Il n'est point compris dans la nomenclature faite par l'art. 42. Cependant, il ne faudrait pas croire que le magistrat directeur pût impunément en violer les dispositions. J'ai cité plusieurs exemples du contraire. Mais la contexture de l'art. 33 fait supposer qu'il ne peut exister d'autres causes de nullité en dehors de celles qui résultent de la Jurisprudence de la Cour de cassation. Ainsi , les opérations seront régulières , du chef de cet article , pourvu que le directeur du Jury n'intervertisse pas l'ordre des inscriptions dans l'appel qu'il fera pour constituer le Jury de jugement, qu'il n'écarte pas intempestivement de la liste un juré titulaire, qu'il n'y maintienne pas mal à propos un juré supplémentaire ou complémentaire, et surtout qu'il ne prenne pas celui-ci hors de la liste dressée en exécution de l'art. 29. De toutes les violations de notre article, celle-ci est la moins probable.

(1) Dalloz, 1853. 1.190.

Art. 34.

Le magistrat directeur du Jury est assisté, auprès du Jury spécial, du greffier ou commis greffier du tribunal qui appelle successivement les causes sur lesquelles le Jury doit statuer, et tient procès-verbal des opérations.

Lors de l'appel, l'administration a le droit d'exercer deux récusations péremptoires ; la partie 'adverse a le même droit.

Dans le cas où plusieurs intéressés figurent dans la même affaire, ils s'entendent pour l'exercice du droit de récusation, sinon le sort désigne ceux qui doivent en user.

Si le droit de récusation n'est point exercé, ou s'il ne l'est que partiellement, le magistrat directeur du Jury procède à la réduction des jurés au nombre de douze, en retranchant les derniers noms inscrits sur la liste.

SOMMAIRE

234. Le directeur du Jury doit être assisté du greffier, lequel tient procès-verbal des opérations.

235. Le procès-verbal a le caractère d'un acte authentique auquel foi est due jusqu'à inscription de faux. Conditions dans lesquelles cette inscription est recevable.

236. Enonciations que doit contenir le procès-verbal.

237. Il doit contenir aussi la mention de l'avertissement donné aux parties, par le magistrat directeur, qu'elles ont le droit d'exercer un certain nombre de récusations.

238. Le procès-verbal doit être revêtu de la signature du directeur du Jury et de celle du greffier.

239. Le greffier doit dresser un procès-verbal pour chaque affaire. Le procès-verbal peut cependant comprendre toutes les affaires d'une même catégorie.

240. On peut rédiger les procès-verbaux sur le même cahier. La nullité d'un procès-verbal, dans ce cas, n'entraînerait pas la nullité des autres.

241. Le procès-verbal doit être rédigé séance tenante, mais il n'y aurait pas nullité s'il était rédigé plus tard.

242. Les procès-verbaux peuvent être imprimés, l'art. 372 C. inst. crim. ne s'appliquant pas à la procédure en expropriation. Doutes à ce sujet.

243. Le procès-verbal relatera les observations faites par les parties. Il n'est pas besoin de poser les points de fait et de droit. Il en doit être autrement des conclusions.

244. Cas où la nullité du procès-verbal peut être couverte. Exemple.

245. Il n'y a pas nullité quand l'erreur commise sur le procès-verbal peut être rectifiée à l'aide du procès-verbal lui-même. De même, pour l'erreur commise sur la copie du procès-verbal.

246. L'omission, sur le procès-verbal, de la mention de l'appel successif des causes, ne donne pas ouverture à cassation.

247. Des récusations. L'art. 34 ne s'occupe que de la récusation péremptoire. Cependant les récusations motivées sont admissibles. Définition de ces diverses récusations.

248. Époque à laquelle s'exerce le droit de récusation péremptoire. Manière d'en user. Cas où il y a plusieurs intéressés. La violation du 3me § de l'art. 34 n'emporte pas nullité.

249. Les récusations doivent être exercées sur une liste de seize jurés. Il y aurait nullité, si la liste était au-dessous de ce nombre.

250. Mais les parties peuvent consentir à procéder sur une liste réduite à moins de seize jurés. Exemples. Ce consentement peut être tacite.

251. Le procès-verbal doit dire comment les parties ont exercé leur droit de récusation. Il mentionnera aussi la manière dont le Jury a été

constitué, soit en le formant des douze premiers jurés appelés et non récusés, soit en procédant par la voie du retranchement des derniers noms inscrits sur la liste.

252. La récusation péremptoire constitue, pour le juré qui en est atteint, une incapacité absolue de connaître de l'affaire pour laquelle il a été récusé. Nullité pour contravention à ce principe.

253. Des récusations motivées ou reproches. Elles sont admissibles. Arrêt de la Cour suprème.

254. Néanmoins, lors de la discussion de la loi du 3 mai 1841, il fut dit que les récusations péremptoires devaient seules être accueillies, et qu'il fallait rejeter les récusations motivées. Application de ces principes à toutes les causes de reproche. Malgré cela, le système contraire a prévalu. Règle de conduite à ce sujet.

255. Jurisprudence de la Cour suprème admettant les récusations motivées.

256. Après l'exercice du droit de récusation, le magistrat directeur procède à la formation du [Jury de jugement. La voie du tirage au sort est interdite. Les jurés sont pris dans l'ordre de leur inscription. Inutilité du retranchement des derniers noms inscrits sur la liste.

257. Après la constitution du Jury, les jurés qui n'en font pas partie peuvent se retirer, à condition de revenir à la séance suivante.

258. Plusieurs affaires portées à la même session peuvent, du consentement des parties, être divisées en catégories. Dans ce cas, les affaires de la même catégorie sont jugées par le même Jury.

259. Mais le consentement des parties à la réunion des affaires en catégories est indispensable ; à défaut, il y aurait nullité. L'obligation d'appeler successivement les causes ne s'oppose pas à ce qu'il soit procédé par catégories ; le procès-verbal doit, à peine de nullité, faire mention de la formation des catégories.

260. Le consentement à la réunion peut être tacite. Exemples.

261. Le Jury délibère séparément sur chaque affaire. Cependant il peut statuer simultanément sur toutes les affaires comprises dans la même catégorie.

262. Manière de classer les affaires soumises au Jury, quand elles sont réunies en catégories.

263. Influence, sur le droit de récusation, des affaires réunies en catégories.

264. Quand il a été formé des catégories, les jurés, chargés de statuer sur les affaires de la même catégorie, ne sont pas obligés de renouveler leur prestation de serment lors du jugement de chaque affaire. Néanmoins, la pratique contraire est préférable.

265. Le tuteur peut consentir à la réunion des affaires en catégories et concourir à l'exercice du droit de récusation.

266. Le magistrat directeur peut former plusieurs Jurys, au début de la

session , devant connaître chacun de certaine catégorie , et fixer le jour de leur réunion.

267. La présence des parties à la constitution du Jury et aux opérations qui s'ensuivent n'est pas indispensable. On peut procéder en leur absence. Exemple. Les décisions du Jury ne sont pas susceptibles d'opposition.

268. Nullité en cas de violation de l'art. 34. Il y a des nullités qui sont expressément prévues par l'art. 42.; d'autres qui ressortent du texte même de l'art. 34. Distinction entre ces diverses nullités , quant à leurs effets.

COMMENTAIRE.

ART. 34.   232. C'est véritablement ici que commencent les opérations relatives à la formation du Jury de jugement. Voici comme on doit s'y prendre. Le magistrat directeur, assisté du greffier ou du commis-greffier du tribunal, se rend au lieu désigné par l'exploit de convocation. Il commence par faire faire, soit par le greffier, soit par l'huissier de service, l'appel des jurés convoqués, afin de prononcer sur les demandes en excuses que les jurés peuvent faire valoir, de statuer sur les exclusions et incompatibilités qui viennent à se révéler, et de condamner à l'amende les jurés défaillants. Cela fait, le greffier appelle la première cause et procède une seconde fois à l'appel nominal des jurés, appel qui ne porte plus que sur la liste remaniée et complétée, suivant les dispositions de l'art. 33, car lors de cet appel, les empêchements, exclusions et incompatibilités ont été jugés. C'est à ce moment que les parties exercent leurs récusations et, ce dernier point vidé, le directeur du Jury procède à la réduction des jurés au nombre de douze, en retranchant les derniers noms inscrits sur la liste. En d'autres termes, sans agir par voie de retranchement, le magistrat directeur déclare le Jury de jugement constitué, dès que douze jurés, non récusés, ont répondu à l'appel.

233. Ordinairement l'appel des jurés est fait en audience ART. 34.
publique, de même que les récusations sont exercées publiquement; cependant rien n'empêcherait d'y procéder en chambre
du conseil, pourvu que ce fut en présence des parties. Tel est
l'avis de Dalloz qui argumente de l'art. 399 c. inst. crim. (1). Cet
article, en effet, porte que l'appel des jurés non excusés et non
dispensés sera fait avant l'ouverture de l'audience, c'est-à-dire,
en chambre du Conseil et en présence de l'accusé et du procureur général.

Si, lorsque de graves intérêts sont en jeu, il est permis d'agir
de cette manière, je ne vois pas pourquoi l'on procéderait
autrement quand il est question de constituer le Jury d'expropriation. Néanmoins, j'ai toujours préféré constituer le Jury en
audience publique et je conseille aux magistrats directeurs
d'employer ce mode. Au demeurant, de quelque manière qu'on
s'y prenne, il n'y aura pas nullité.

234. L'opération dont je viens de parler est très simple, en
apparence; cependant comme l'inobservation de certaines formalités prescrites par l'art. 34 donne ouverture à cassation, et
que nullité pourrait résulter de l'inaccomplissement de quelques
autres, il est bon de s'y appesantir et de rechercher comment
on doit entendre et exécuter cet article.

Il est indispensable que le directeur du Jury soit assisté du
greffier, afin que celui-ci fasse l'appel des causes et, surtout,
qu'il tienne procès-verbal des opérations; car, bien que l'article 42 ne mette pas la violation du 1er § de l'art. 34 au nombre
des causes qui donnent ouverture à cassation, il n'en est pas
moins certain qu'il y aurait nullité si le directeur du Jury agissait sans l'assistance du greffier, ou s'il n'était pas tenu de procès-verbal. La Cour de cassation l'a ainsi jugé, en ce qui concerne
l'assistance du greffier, par arrêt du 30 avril 1844 (2). Quant au
procès-verbal, ce n'est que par l'exhibition de cette pièce qu'on
peut s'assurer si toutes les formalités exigées par la loi du 3 mai

(1) Dict. G. sup. loc. cit. n. 364.
(2) Dalloz, 1844. 1.252.

ART. 34. 1841, pour la convocation et la constitution du Jury, ainsi que pour l'instruction de l'affaire, ont été remplies.

En cas d'empêchement du greffier, il peut être remplacé par une personne capable de tenir la plume. La Cour suprême a consacré ce mode de procéder par son arrêt en date du 8 juillet 1863. Il y est dit que, dans ce cas, l'empêchement du greffier et du commis-greffier est légalement présumé, et qu'il n'est pas besoin qu'il soit constaté. Le greffier suppléant est alors désigné par le magistrat directeur et admis au serment (1).

235. Le procès-verbal a le caractère d'un acte authentique, auquel foi est due juqu'à inscription de faux (2). Par conséquent, on ne peut recevoir, soit contre, soit outre son contenu, la preuve de simples allégations. Jugé en ce sens, par la Cour suprême, le 21 août 1860 (3). Par exemple, seraient insuffisants des certificats individuels des jurés attestant que le jury aurait procédé à la visite des lieux, avant la réunion et la prestation de serment des jurés qui le composaient. Cela résulte d'un arrêt de la même Cour, en date du 5 mars 1861 (4). Un autre arrêt, rendu le 5 août 1857, avait déjà décidé que le procès-verbal des opérations des jurés fait foi, jusqu'à inscription de faux, de la régularité des formalités qu'il constate, et qu'il ne peut être attaqué, notamment, au moyen d'une allégation dont la preuve ne résulterait que de faits extrinsèques à ce procès-verbal (5). Ainsi, sauf l'inscription de faux, il faut que la nullité reprochée au procès-verbal résulte du procès-verbal lui-même.

Mais l'inscription de faux doit porter sur des moyens sérieux, autrement elle serait rejetée. La Cour de cassation s'est encore prononcée en ce sens en jugeant, par arrêt du 5 mars 1862, que cette inscription doit reposer sur des indices graves et nombreux (6). En effet, on n'ignore pas que, avant d'admettre une

(1) Dalloz, 1863. 1.253.
(2) Arrêt. C. c. 19 janvier 1835. — Delalleau, n. 544, p. 360.
(3) Dalloz, 1860. 1.416.— Arrêt. 26 novembre 1862. — Ibid. 1863. 1.252.
(4) Ibid., 1861. 1.181.
(5) Ibid., 1857. 1.329.
(6) Ibid., 1862. 1.378.

inscription en faux, on examine curieusement la pertinence ART. 34. des moyens sur lesquels elle est fondée.

236. Le procès-verbal, que le greffier a charge de rédiger, n'est et ne peut être autre chose, qu'un récit clair et succinct de tout ce qui s'est passé, soit lors de la constitution du Jury, soit pendant l'instruction, soit après la clôture des débats. Il doit dire comment le Jury a été constitué; pourquoi tel juré a été écarté momentanément ou définitivement rayé de la liste (article 32), — et remplacé par un autre juré supplémentaire ou complémentaire (article 33); — par quel motif tel autre juré a été condamné à l'amende et tel autre exempté de cette peine (article 32); — indiquer la quotité de l'amende ou la remise qui en a été faite (art. 32); — mentionner la présence du directeur du Jury; l'assistance du greffier; l'avertissement donné aux parties, par le magistrat directeur, du droit de récusation qui leur appartient; par qui et en quel nombre ont été exercées les récusations; les noms des jurés qui en ont été atteints, et quels sont les jurés qui ont concouru à former le Jury de jugement (article 34); — il relatera la prestation de serment individuel par les jurés (article 36); — la remise au Jury des pièces énumérées en l'art. 37; — les observations fournies par les parties ou par leurs fondés de pouvoirs (art. 37), mais en se bornant à énoncer le fait, sans analyser ces observations; il mentionnera les dépositions des témoins, sans en rapporter la substance (art. 37); —le transport sur les lieux ordonné par le Jury, ainsi que le jour et l'heure de ce transport (art. 37); — la reprise de la séance, dans ce cas; — la délégation donnée par le Jury à un ou à plusieurs de ses membres, — enfin la publicité de la séance, et le renvoi ou la continuation de la séance à un autre jour (art. 37).

Le procès-verbal devra s'expliquer aussi sur la clôture des débats (art. 38); — la position des questions, qu'il aura soin de préciser, car quelquefois cela donne lieu à des difficultés; — l'envoi immédiat et sans désemparer du Jury dans la chambre de ses délibérations; — il désignera le président qu'il a choisi (art. 38); — et contiendra copie littérale de la décision rendue.

ART. 34. (art. 38). Quant au partage d'opinions et à la prépondérance de la voix du président du Jury, le procès-verbal ne peut les constater, par la raison que le Jury délibère en secret. En supposant qu'il faille relever cette circonstance, elle ne peut conster que de la décision du Jury lui-même.

Le procès-verbal contiendra, en outre, la condamnation motivée aux dépens de la partie qui devra les supporter, ainsi que la taxe de ces dépens (art. 41); — la déclaration d'exécutoire donnée par le magistrat directeur à la décision du Jury (art. 41); — l'ordonnance d'envoi en possession (art. 41); — l'ordonnance de consignation de l'indemnité, lorsque le droit à cette indemnité est contesté (art. 49); — il mentionnera la clôture de la session, après le jugement de la dernière affaire (art 44); — enfin, il sera revêtu de la signature du directeur du Jury et de celle du greffier.

237. Telles sont, à peu près, les énonciations que doit contenir le procès-verbal qui est, ainsi que j'en ai déjà fait la remarque, le résumé exact et fidèle de ce qui s'est passé durant l'instruction. Elles résultent des divers articles de la loi du 3 mai 1841 que j'ai eu soin d'indiquer, au fur et à mesure que j'en faisais la revue. Mais il en est une qui ne résulte d'aucun texte de loi et que, par conséquent, on sera surpris d'y trouver. On verra tout de suite qu'il s'agit de l'avertissement donné aux parties, par le magistrat directeur, qu'elles ont le droit d'exercer un certain nombre de récusations. L'art. 34 n'en dit pas un mot; mais la Cour de cassation a suppléé à son silence, en faisant de cet avertissement une formalité substantielle dont l'omission entraîne nullité. En conséquence, par arrêt du 25 août 1858, elle jugea que les opérations du Jury sont nulles, lorsque le procès-verbal ne mentionne pas l'avertissement aux parties d'user, si bon leur semble, du droit de récusation qui leur appartient (1). Cela est précis. Les directeurs du Jury devront donc, au préalable, informer les parties qu'elles ont tel nombre de jurés à récuser, si la chose leur convient.

Il paraît que, dans une circonstance, on protesta contre cet

(1) Dalloz, 1858. 1.328.

avertissement, sous prétexte qu'il nuisait au droit de récusation, ce qui était une supposition mal fondée. Mais la Cour
suprême fit justice de cette prétention en jugeant, par arrêt du
14 août 1855, que l'avertissement donné aux parties, par le
magistrat directeur, que leur droit de récusation devra s'exercer sur les douze premiers noms de la liste, et successivement
sur ceux qui seraient appelés à remplacer les récusés, n'est pas
un entrave à l'exercice de ce droit (1).

238. Jusqu'à présent, j'ai indiqué sommairement quelles
énonciations devait contenir le procès-verbal. Je vais maintenant
citer quelques exemples servant à montrer comment, en certaines circonstances, la Cour régulatrice a fait l'application de
l'art. 34.

On n'a jamais douté que le greffier ne dût revêtir le procès-
verbal de sa signature, mais des directeurs de Jury ont pensé
que cette formalité n'était pas indispensable pour eux, parce
que l'art. 34 ne parlant que du greffier, semble le charger seul
de tout ce qui concerne le procès-verbal, et, par conséquent,
de l'authentiquer par sa signature. Cette opinion a été proscrite, avec raison, par la Cour de cassation. Plusieurs arrêts,
et, notamment, ceux qui sont à la date du 31 décembre 1844,
ont décidé que le directeur du Jury était réellement le rédacteur du procès-verbal qui, dès lors, devait porter sa signature,
et que le greffier n'était qu'un instrument (2).

239. L'art. 34 dit que le greffier tiendra procès-verbal des
opérations; mais il ne s'explique pas sur le point de savoir si le
procès-verbal contiendra le récit de ce qui a été fait pendant toute la
session, ou bien s'il en sera dressé un distinct et séparé pour chaque affaire. Je crois que la question, en supposant qu'elle soit
jamais posée, ne peut faire difficulté. Quand l'art. 34 a voulu qu'il
fût dressé procès-verbal des opérations, il a, sans doute, entendu
parler des opérations se rapportant à la même affaire, et non de
celles qui seraient communes à plusieurs. Indépendamment des

(1) Ibid., 1855. 1.416.
(2) Dalloz, 1845. 1.78.

ART. 34. raisons de convenance et de bonne administration de la justice, qui s'opposent à ce que l'on confonde dans le même acte des affaires n'ayant aucun rapport entre elles, il est un argument d'analogie, très concluant, que fournit l'art. 372, C. instr. cr. Cet article porte que le greffier dressera procès-verbal de la séance : ce qui équivaut à dire qu'il sera dressé procès-verbal pour chaque affaire. Au surplus, c'est ainsi qu'on entend cet article dans la pratique. Je crois, en conséquence, qu'il est applicable en matière d'expropriation.

Mais il est un cas où il n'est pas nécessaire de dresser un procès-verbal pour chaque affaire. Nous verrons bientôt qu'il est loisible au magistrat directeur, agissant du consentement des parties, de diviser en catégories les affaires dont le Jury est saisi et de faire juger chacune de ces catégories par les mêmes jurés (1). Dans ce cas, s'il est prudent de dresser un procès-verbal pour chaque affaire, on peut aussi les englober dans le même acte, en ne faisant qu'un seul procès-verbal sur toutes les affaires de la même catégorie. La Cour suprême, appelée à se prononcer sur cette question, décida, par arrêt du 28 février 1859, que lorsqu'un Jury d'expropriation a été constitué pour plusieurs affaires, du consentement des parties, les décisions diverses rendues par ce Jury, sans désemparer, même pendant plusieurs jours, constituent une seule opération, et, par suite, qu'il suffit que le procès-verbal qui en est dressé soit signé par le directeur du Jury et par le greffier, et qu'il n'est pas nécessaire que le procès-verbal soit signé chaque jour et à l'instant de chaque décision (2). Aux termes de cet arrêt, le procédé est légal, cependant je ne conseillerais pas d'en user. Pour mon compte, j'ai toujours agi autrement, c'est-à-dire, fait rédiger un procès-verbal pour chaque affaire.

240. Quand les affaires ne sont pas divisées par catégories, chacune d'elles doit faire la matière d'un procès-verbal séparé, mais on serait mal venu à exiger que, matériellement, ces pro-

(1) V. n. 258 et suivants.
(2) Dalloz, 1859. 1. 64.

cès-verbaux fussent indépendants les uns des autres ; en d'au- ART. 34.
tres termes , qu'on les écrivît sur des feuilles volantes. Rien
n'empêche de les porter sur un cahier à ce destiné. C'est ainsi
que la Cour de cassation a jugé récemment , par arrêt du 4 août
1862 , que les procès-verbaux étant écrits sur le même cahier ,
la nullité d'une affaire n'influe pas sur les autres (1). On serait
étonné qu'une pareille question ait été présentée à la Cour régulatrice , si on ne savait à quelles misérables subtilités s'arrête
l'esprit de chicane.

241. Autant que possible , le procès-verbal doit être rédigé
séance tenante. Ce n'est qu'à cette condition qu'il peut rendre
fidèlement les débats. Je doute cependant qu'il y eût nullité ,
s'il avait été rédigé après. La Cour de cassation jugeant en matière criminelle , a décidé , par arrêt du 31 mars 1836 , qu'il n'y
a point de délai déterminé pour la clôture des procès-verbaux
des séances des Cours d'assises, et qu'un tel procès-verbal peut
être rédigé vingt jours après la séance , sans que , pour cela ,
il y ait ouverture à cassation (2). Un autre arrêt de la même
Cour , en date du 31 juillet 1841 , dit que la loi n'exige pas
que le procès-verbal soit rédigé séance tenante , ni qu'il soit
écrit par le greffier qui a tenu la plume (3). En présence de ces
arrêts , dont les motifs doivent s'appliquer , à plus forte raison,
au Jury d'expropriation , je ne crois pas qu'on pût faire admettre une nullité tirée du retard apporté à la rédaction du procès-
verbal. Je voudrais néanmoins qu'il fût rédigé dans un temps
voisin de la séance.

242. On sait que l'art. 372, C. inst. cr., défend, à peine de nullité , d'imprimer à l'*avance* les procès-verbaux des opérations
des Cours d'assises. Cette prohibition n'existait pas avant la loi
du 28 avril 1832; aussi était-il passé en usage de faire imprimer
ces procès-verbaux , ce qui rendait inutile plusieurs dispositions de ce Code qui avaient été créées dans l'intérêt des accusés.

(1) Dalloz, 1862. 1.382.
(2) Ibid., 1836. 1.237. — V. Ibid., 1840. 1.425.
(3) *Jur. Crim.* art. 2919. — V. 13.

ART. 34. On comprend qu'il importait peu de négliger l'accomplissement des formalités prescrites, pourvu que le procès-verbal attestât qu'elles avaient été remplies. C'était une violation manifeste du droit de la défense. C'est pour parer à cet inconvénient que la loi du 28 avril 1832 a voulu que les procès-verbaux ne fussent pas imprimés.

La Cour de cassation, entrant dans la voie qui lui était tracée par la loi modificatrice de notre système pénal, en a appliqué rigoureusement les dispositions en jugeant, par arrêt du 12 avril 1841, que la prohibition des procès-verbaux imprimés s'étendait aux procès-verbaux manuscrits rédigés d'avance (1). Cet arrêt n'est qu'une juste application de l'art. 372, C. intr. crim.

Les motifs qui ont fait édicter le nouvel art. 372 de ce Code s'appliquent avec une égale force aux procès-verbaux des séances du Jury d'expropriation pour cause d'utilité publique. La loi du 3 mai 1841, ayant entouré les opérations de ce Jury de formalités dont elle exige l'accomplissement à peine de nullité, et ayant imposé au magistrat directeur certains devoirs, tous dans l'intérêt des parties, il fallait que les procès-verbaux prouvassent qu'on s'était conformé à ses prescriptions ; or, c'est ce que l'on ne pourra savoir si l'on permet qu'ils soient imprimés. Dans ce cas, rien ne sera plus facile que d'éluder ses dispositions.

Cependant le silence de la loi spéciale, à cet égard, a été interprété dans un sens contraire, et il est maintenant reçu que la prohibition portée par l'art. 372, C. instr. crim., n'existe pas pour le Jury d'expropriation. La Cour suprême a tranché la question par son arrêt du 22 mai 1855, portant, qu'il n'est point interdit, de se servir d'un procès-verbal imprimé pour constater les opérations du Jury, à condition que la partie imprimée soit d'accord avec les énonciations manuscrites (2). Cel allait sans dire, car une pareille pièce n'est régulière qu'autan

---

(1) *Jur. Crim.* art. 2867. – V. 13.
(2) Dalloz, 1855. 1.212.

que ses diverses parties concordent entre elles. Depuis lors l'u-
sage des procès-verbaux imprimés s'est répandu partout, bien
que les raisons qui les ont fait exclure de la procédure criminelle subsistassent à l'encontre de la procédure en matière d'expropriation pour cause d'utilité publique; malgré cela, et en
supposant qu'il se produisit un revirement dans l'opinion ainsi
que dans la jurisprudence, je crois que rien n'empêcherait que
l'on fît imprimer l'intitulé des procès-verbaux. Ceci est une mesure ne portant aucun préjudice aux parties et qui n'a d'autre
but que d'économiser du temps.

243. J'ai dit que le procès-verbal devait mentionner les observations des parties ou de leurs fondés de pouvoirs ; mais les
exigences de l'art. 37 s'arrêtent là. Ainsi, il suffira d'énoncer
que les parties ou leurs avocats ont eu la parole pour soutenir
leurs prétentions. C'est tout ce qu'il faut. Quant aux points de
fait et de droit, de même, quant aux conclusions respectives
prises à l'audience ou en dehors, inutile d'en parler. Jugé en
ce sens, par la Cour suprême, le 12 juin 1843 (1). Mais on devrait procéder autrement s'il s'agissait de conclusions nouvelles. Le Jury étant appelé à y statuer, il serait nécessaire qu'il
en constât (2). Il me semble cependant qu'il est nécessaire qu'il
contienne les conclusions des expropriés, surtout quand ils n'ont
pas fait connaître d'avance leurs prétentions et qu'elles se manifestent à l'audience ; autrement il serait impossible à la Cour
suprême de savoir si le Jury n'a pas violé le dernier paragraphe
de l'art. 39.

244. La nullité du procès-verbal, qui a omis de mentionner
quelques-unes des formalités dont il doit constater l'accomplissement, entraîne nullité de la décision du Jury. Cependant, il
est des cas où cette nullité peut être couverte. Cela a lieu lorsque
la formalité omise n'est pas tellement substantielle que son
défaut de constatation doive vicier, de plein droit, les opérations
du Jury. On comprend, sans qu'il soit nécessaire d'insister, que

(1) Dalloz, 1843. 1. 314.
(2) V. n. 68-92.

ART. 34. toutes les énonciations dont j'ai parlé ci-dessus, n'ont pas une égale importance(1). Par exemple, la Cour de cassation jugea, le 16 février 1846, que la nullité qui peut résulter de l'omission, sur le procès-verbal, de l'indication des jour et heure d'un transport sur les lieux ordonné par le Jury, est couverte, lorsque les parties revenues à l'audience ont fait valoir leurs moyens de défense, sans se plaindre de l'insuffisance de l'ajournement (2). En effet, elles n'auraient été fondées à réclamer qu'autant que, faute d'indication du jour et de l'heure du transport, elles n'auraient pu y assister. Dans ce cas, les parties auraient dû en demander acte, et, très certainement, la nullité aurait été prononcée.

245. Lorsque l'erreur commise sur le procès-verbal peut être rectifiée à l'aide du procès-verbal lui-même, il n'y a pas nullité. C'est justice, car la bonne foi la plus entière doit présider aux opérations du Jury. Ainsi, un arrêt de la Cour suprême, en date du 9 novembre 1857, porte que la mention faite au procès-verbal, que le nombre des jurés a été réduit à douze par le retranchement des derniers noms portés sur la liste, tandis qu'il en résulte que cette réduction a été l'effet des récusations, n'est pas une cause de nullité (3).

Il en est de même pour la copie du procès-verbal, dans le cas où cette pièce doit être notifiée. C'est ce qui résulte d'un arrêt de la même Cour, du 29 mars 1853, lequel dit qu'une erreur commise dans la signification du procès-verbal ne tire pas à conséquence, si le contraire est établi par l'original de ce procès-verbal (4).

246. L'art. 34 dit que l'appel des causes est fait par le greffier ; mais cette partie de l'article n'est pas prescrite à peine de nullité, ainsi qu'il appert des dispositions de l'art. 42. Conséquente avec ce dernier article, la Cour de cassation jugea, par arrêt du 18 novembre 1846, que l'omission, sur le procès-ver-

(1) V. n. 236.
(2) Dalloz, 1846. 1. 63.
(3) Ibid., 1858. 1. 82.
(4) Ibid., 1853. 1. 103.

bal, de la mention de l'appel successif des causes, ne donne pas ART. 34. ouverture à cassation (1).

247. Après le procès-verbal, l'art. 34 s'occupe des récusations, dans ses second et troisième paragraphes. La matière est importante et vaut la peine qu'on s'y arrête.

Disons d'abord que l'art. 34 ne connaît qu'une seule récusation et ne parle que de la récusation péremptoire, c'est-à-dire, de celle qui est portée contre un juré, sans en faire connaître les motifs. Il se trouve écarté du Jury de jugement par le seul fait de la volonté de la partie qui le récuse. C'est un acte arbitraire dont elle n'a pas à rendre compte. Mais il est une autre manière de repousser un juré. On désigne celle-ci sous le nom de récusation motivée, expression vicieuse en ce que la prétendue récusation dont je parle n'a rien de commun avec celle dont s'occupe l'art. 34. Elle consiste purement et simplement, de la part de la partie intéressée, à signaler au directeur du Jury quelque incapacité ou quelque incompatibilité dont tel ou tel juré serait atteint. On aurait mieux fait de lui donner le nom de *reproche*, le seul qui lui convienne effectivement. Il en sera bientôt question.

248. Le droit de récusation s'exerce lors de l'appel du Jury sur la liste définitivement formée, c'est-à-dire, après que le magistrat directeur a statué sur les empêchements, exclusions et incompatibilités, et remplacé par d'autres jurés ceux qui ont été excusés ou exclus. L'administration peut exercer deux récusations péremptoires ; la partie adverse a le même droit.

Dans le cas où plusieurs intéressés figurent dans la même affaire, ils devront s'entendre pour exercer leurs récusations, sinon le sort désignera ceux qui devront user de ce droit. Ainsi, je suppose qu'il y ait trois intéressés, comme ils ne peuvent faire que deux récusations, il faudra qu'ils se concertent entre eux à cet effet, ou bien on recourra à la voie du sort pour savoir quels seront ceux qui devront récuser ; dans ce cas, celui que le sort n'aura pas favorisé devra s'en tenir à ce que feront ses co-

(1) Dalloz, — 1847. 1.77.

ART. 34. intéressés et ne pourra récuser personne. Ceux-ci auront chacun une récusation à exercer.

Il en sera de même lorsque, avec le consentement des intéressés ou sans réclamations de leur part, des actions en indemnité ont été réunies en une même catégorie. La Cour de cassation a jugé, par arrêt du 20 mai 1845, que, dans cette hypothèse, l'une des parties ne peut alléguer que son droit de récusation, partagé avec ses litis-consorts, en a été diminué. Elle en donne pour raison que cette partie devait s'opposer à ce mode de procéder et demander la disjonction de son affaire (1).

Cependant, bien que la disposition du 3ᵉ § de l'art. 34 paraisse impérative, elle n'est pas prescrite à peine de nullité, parce que sa violation n'est point au nombre des cas pour lesquels l'art. 42 donne ouverture à cassation. Cela a été expressément reconnu par la Cour suprême dans un arrêt en date du 4 juillet 1854 (2). Ainsi, de quelque manière que les intéressés s'arrangent pour exercer leur droit de récusation, quelque nombreux qu'ils soient, ils ne pourront se faire une nullité de la violation de ce paragraphe. Cela était bon à noter, quoique la question ne laissât pas que de présenter quelque difficulté.

249. C'est ici une des situations les plus épineuses où puisse se trouver le magistrat directeur. Il devra veiller avec soin à ce que la liste du Jury soit formée de telle manière que l'exercice du droit de récusation ne soit point entravé, car on pourrait s'en faire grief. Il faudra pour cela que la liste sur laquelle on forme le Jury de jugement, contienne les noms de seize jurés au moins, afin qu'elle demeure composée de douze noms après que chacune des parties a épuisé son droit de récusation. S'il agissait autrement, il y aurait nullité. Ce point de droit résulte implicitement des arrêts qui vont suivre.

250. Mais la nullité pour violation du 2ᵉ § de l'art. 34 peut être couverte par le consentement des parties à procéder sur

(1) Dalloz, 1845. 1 295.
(2) Ibid., 1854. 1.310.

une liste réduite au-dessous du nombre de seize jurés. Ceci ART. 34. n'est qu'une application de la maxime *volenti non fit injuria*. La Cour suprême l'a expressément reconnu par plusieurs arrêts. Par exemple, le 26 novembre 1860, elle jugea que les parties expropriées peuvent consentir à ce qu'il soit passé outre, sans adjonction de jurés supplémentaires, et à limiter leur droit de récusation, lorsque la liste se trouve réduite à quatorze, par suite d'empêchements légitimes (1).

Un autre arrêt, en date du 5 août 1857, a décidé que la récusation peut s'exercer sur une liste de jurés réduite à quinze, si les parties ne demandent pas que cette liste soit portée à seize jurés (2). Dans cette espèce, le défaut de réclamation de la part des intéressés équivalait à la renonciation de faire compléter la liste du Jury.

Enfin, dans une troisième espèce, la nullité fut écartée sous le prétexte que les parties ayant fait porter leurs récusations sur le même juré, leur droit n'avait point été diminué. Cet arrêt, dont le principe est fort contestable, est du 3 janvier 1844. En voici la rubrique : elle porte que, lorsque, par suite des dispenses accordées par le magistrat directeur, le nombre des jurés s'est trouvé réduit à quinze, et que, nonobstant, les parties ont exercé sans réclamation leurs récusations qu'elles ont fait porter sur le même membre, l'une des parties ne peut attaquer ensuite la décision intervenue, sous prétexte qu'elles n'auraient pu exercer, dans le principe, leur droit de récusation dans toute sa plénitude, sans rendre impossible la formation du Jury (3).

La conclusion à tirer de ces arrêts est celle-ci : c'est que, si les parties peuvent valablement consentir à procéder avec un Jury réduit au-dessous du nombre légal, elles peuvent aussi donner ce consentement d'une manière tacite, et qu'il s'induit de leur comparution devant le Jury, et du fait d'y avoir poursuivi le règlement de leurs indemnités, sans élever de réclamations sur

---

(1) Dalloz, 1860. 1.484.
(2) Ibid., 1857. 1.329.
(3) Ibid., 1844. 1.185.

ART. 34. la composition de ce même Jury. L'arrêt du 20 mai 1845, ci-dessus cité (1), vient à l'appui de ce que j'avance.

251. Il faut que, sur le vu du procès-verbal, on sache comment les parties ont exécuté l'art. 34 en ce qui touche les récusations, c'est-à-dire, qu'il doit indiquer si le droit a été exercé en entier ou partiellement. Par conséquent, le défaut de mention dans le procès-verbal que, faute par les parties d'exercer en entier leur droit de récusation, la liste des jurés a été réduite au nombre de douze pour la formation du Jury de jugement, et que cette réduction s'est faite dans l'ordre établi par la loi, est une cause de nullité. Jugé, en ce sens, par la Cour suprême, le 22 mai 1855 (2). Il résulte encore de cet arrêt que le procès-verbal doit mentionner la manière dont le Jury de jugement a été constitué, soit en le composant des douze premiers jurés appelés et non dispensés, soit en procédant par la voie du retranchement des derniers noms inscrits sur le tableau. Mais il suffit, pour se conformer au prescrit de l'art. 34, qu'on dise que la réduction s'est faite dans l'ordre établi par la loi. Le procès-verbal n'a pas besoin de préciser davantage.

252. La récusation péremptoire constitue, pour le juré qui en a été l'objet, une incapacité absolue de connaître de l'affaire dont la partie a voulu l'écarter. Une fois, on passa outre malgré la récusation ; mais cette violation flagrante de l'art. 34 fut réprimée par la Cour de Cassation. Son arrêt, en date du 17 février 1851, jugea que la décision du Jury est nulle, lorsqu'il est constaté par le procès-verbal qu'un juré récusé y a pris part (3). Un autre arrêt à la même date a décidé, dans le sens inverse, qu'il y a nullité de la décision du Jury, lorsqu'un juré qui était présent et non empêché, et dont la récusation ne fut point constatée, a été remplacé par un juré supplémentaire (4).

253. J'arrive maintenant aux récusations motivées, autre-

---

(1) V. N. 248.
(2) Dalloz, 1855. 1.212.
(3) Ibid., 1851. 1.25.
(4) Ibid., ibid., ibid.

ment dit aux reproches que les parties sont autorisées à faire
aux jurés qu'elles prétendent être affectés d'incapacité ou d'incompatibilité. Leur droit à proposer de pareils reproches est
incontestable; car il consiste seulement à porter à la connaissance du magistrat directeur, le fait d'incompatibilité ou d'incapacité dont un juré est atteint. La Cour de cassation l'a reconnu en jugeant, en termes formels, que les récusations motivées sur des causes d'exclusion prévues par la loi, laissent subsister le droit de récusation péremptoire ouvert au profit de
l'exproprié (1). Par conséquent, récusation motivée et récusation péremptoire marchent de pair, sans que l'une préjudicie à
l'autre.

254. Déjà, je me suis occupé de cette question et j'ai tracé quelques règles sur la manière dont les reproches, de quelque part
qu'ils vinssent à la connaissance du directeur du Jury, devaient
être accueillis et jugés par ce magistrat. Mais je n'ai parlé que
de ce qu'il me paraissait convenable de faire (2) ; maintenant je
vais montrer quelles seront les conséquences des décisions qu'il
rendra à ce sujet.

En parlant ci-dessus des causes qui pouvaient empêcher un
juré de faire partie du Jury de jugement, j'ai dit que les incompatibilités qui viendraient à se rencontrer dans sa personne
devaient être jugées par les dispositions du Code de procédure
civile, dont le système, en ce qui touche les exclusions, est
beaucoup plus large que celui du Code d'instruction criminelle (3). Mais je me suis appuyé sur des raisons de convenance
beaucoup plus que sur des moyens légaux.

Il résulte, en effet, de la discussion qui eut lieu à la Chambre
des pairs, le 8 mai 1840, que le législateur a voulu mettre
complètement à l'écart les dispositions du Code de procédure,
en matière de reproches et de récusations, pour s'en tenir uniquement aux récusations péremptoires dont s'occupe l'art. 34
de la loi du 3 mai 1841.

ART. 34.

(1) Arrêt. 5 avril 1854. — Dalloz, 1854. 1.161.
(2) V. N° 193.
(3) V. N° 194.

ART. 34.   Cette discussion tranche toute incertitude à ce sujet. Il avait été présenté deux amendements ayant pour but d'obliger les Jurés à déclarer les causes d'incompatibilité et de récusation établies par la loi; mais ils furent écartés sur les observations faites par un membre de la Chambre. Il disait que, en adoptant ces amendements, on multiplierait les difficultés de la composition du Jury, les causes de récusation énumérées dans l'art. 378. C. proc. civile étant très nombreuses; que, dans l'ignorance de la loi, les Jurés omettraient souvent de faire connaître des causes de récusation qui, révélées plus tard, seraient une source de procès; qu'il fallait donc, à l'exemple de la loi de 1833, n'admettre que les récusations péremptoires, c'est-à-dire celles qui s'exercent sans alléguer aucuns motifs, et rejeter les récusations motivées; et que, dans ce système, la découverte, après la décision du Jury, d'une cause de récusation existant contre un de ses membres, ne donnerait pas ouverture à cassation (1).

Il y a parité de raison pour appliquer ces principes aux reproches dont il est question dans l'art. 283. C. proc. civile, reproches dont la plupart se retrouvent dans le texte de l'art. 378 du même code. Il faut dire, par conséquent, que la loi n'a pas entendu admettre les récusations motivées. Mais le passage de la discussion que je viens de citer a encore une autre valeur. Il en résulte que les causes de récusation, constituant même des incompatibilités qui auraient existé dans la personne d'un juré faisant partie du Jury de jugement, n'emporteraient pas nullité, si le juré ne les avait pas déclarées et si le magistrat directeur les avait ignorées. Ainsi la parenté ou l'alliance, aux degrés prohibés, avec la partie expropriée, ne donnerait ouverture à cassation, qu'autant que le juré les aurait fait connaître. Ceci peut se justifier, jusqu'à un certain point, car, dans ce cas, l'erreur sur la qualité du juré ne peut être imputée, ni à l'administration, ni au directeur du Jury.

Mais, on a beau faire, il est des principes qui parviennent inévitablement à se faire jour et à reprendre la place qu'ils devaient

(1) Dalloz, d. G. sup. loc. cit., n. 352.

occuper. On a eu beau dire, dans la discussion préparatoire ART. 34
de la loi du 3 mai 1841, que les récusations péremptoires
seraient seules admises ; la seule force de la raison a fini par
faire reconnaître que les récusations motivées avaient aussi
leur importance et qu'il ne fallait pas les écarter systématiquement. L'arrêt du 5 avril 1854, que je citais, il n'y a qu'un instant, en est la preuve (1).

Par conséquent, je ne crois pas qu'il convienne d'ériger en
règle de conduite l'opinion de la chambre des pairs et qu'il faille
l'appliquer rigoureusement dans toutes ses conséquences. Juste
en quelques cas, dans d'autres elle conduirait à des résultats
déplorables, en ce sens qu'elle affaiblirait le respect que l'on
doit avoir pour les décisions du Jury. On pourrait en induire
la validité des opérations d'un Jury auxquelles aurait pris part
le Français qui aurait perdu cette qualité, ou le condamné à
des peines afflictives et infamantes. Je cite ces exemples parmi
plusieurs autres : or cela ne saurait être. Voici, à mon avis,
comme on doit se comporter. Il existe des exclusions et des incompatibilités que l'autorité administrative, chargée de la formation de la liste générale du Jury est censée connaître, je dis
plus, qu'elle doit connaître. Pour celles-là, nulle considération
ne pourra faire maintenir la décision du Jury à laquelle aura
participé le juré qui en est atteint. Mais, quant aux autres,
quant à celles que l'administration ignorait forcément, qu'il
était impossible au directeur du Jury de prévoir, ni même de
soupçonner, la décision du Jury sera valable, malgré la présence, au Jury de jugement, d'un juré qui n'aurait pas dû en
faire partie. En effet, dans ce cas, il y a une erreur invincible
qu'on ne peut imputer à personne et dont il serait injuste de
faire subir les conséquences à la décision du Jury. Pareille chose
m'est arrivée en présidant un Jury. Après la décision et sur la
déclaration du juré lui-même, j'acquis la preuve que ce juré
était créancier de l'exproprié. Croit-on que si l'administration
avait eu connaissance de ce fait, il y eût eu ouverture à cassa-

(1) V. n. 253.

ART. 34. tion, basée sur la disposition de l'article. 30 ? Il me semble que le résultat eût été plus que douteux, car il m'avait été impossible de connaître le vice affectant la personne du juré.

255. Au reste, pour prouver que l'on ne doit pas repousser la récusation motivée, autrement dit les reproches adressés aux jurés, je n'ai qu'à citer un arrêt de la Cour de cassation, rendu le 20 mai 1845. Il fut jugé, par cet arrêt, que le directeur du Jury a la faculté, dans le cas même où le droit de récusation a été épuisé par les parties, d'écarter un juré pour cause de parenté au degré prohibé (1). Il n'est donc pas vrai que les récusations péremptoires soient seules admissibles, et il est certain, au contraire, que les reproches constituant des incapacités où des incompatibilités doivent être accueillis, de quelque part qu'ils viennent, et que le magistrat directeur s'exposerait à voir casser la décision du jury s'il n'y faisait pas droit. Il serait en effet exorbitant que l'administration ne pût faire écarter du Jury de jugement, le parent ou l'allié, au degré prohibé, de l'exproprié. On peut consulter encore sur cette question l'arrêt du 5 avril 1854, lequel reconnaît expressément aux parties le droit de proposer des récusations motivées (2).

256. Après que le droit de récusation est épuisé, ou s'il n'a été exercé que partiellement, ou bien si les parties n'en ont pas usé, le magistrat directeur procède à la formation du Jury de jugement en prenant les noms des douze premiers jurés appelés et non récusés; c'est plus simple que de procéder par la voie du retranchement et cela revient au même. Mais il doit se garder de former le Jury par le tirage au sort. En agissant ainsi il contreviendrait à l'art. 34 qui a prohibé cette manière de procéder, et il donnerait ouverture à cassation. J'explique ma pensée par un exemple : je suppose que la liste des seize jurés ait été réduite à quinze par suite d'une récusation. Si le magistrat directeur forme le Jury de jugement par la voie du sort, il peut arriver que un ou plusieurs des trois derniers jurés soient appelés à en

(1) Dalloz, 1845. 1.295.
(2) V. n. 253. — V. arrêt. C. c. 11 juillet 1859. — Dalloz, 1860. 1.412.

faire partie, à l'exclusion d'autres jurés qui auraient dû y figu- ART. 34.
rer. Si cette hypothèse se réalise, ce qui est presque infaillible,
il y aura nullité de la formation du Jury et de tout ce qui s'en
sera suivi, parce que la décision aura été rendue par des jurés
autres que ceux que la loi appelait à y prendre part. Il y aura,
dans ce cas, violation expresse du dernier paragraphe de l'art.
34, en ce que les jurés mal à propos appelés auraient dû être
écartés du Jury de jugement par la voie du retranchement, et
que, par conséquent, la décision a été portée par des jurés qui
n'auraient pas dû connaître de l'affaire. En un mot, ainsi que l'a
dit la Cour de Cassation dans son arrêt du 11 juillet 1859, les
douze jurés doivent être pris dans l'ordre de leur inscription sur
la liste dressée en vertu de l'art. 30, ce qui exclut le tirage au
sort (1).

257. Lorsque le Jury de jugement est définitivement formé, le
magistrat directeur peut et doit même permettre aux jurés qui
n'en font pas partie de se retirer, en ayant soin toutefois de leur
faire connaître l'heure de la séance prochaine, afin qu'ils puissent s'y présenter et concourir à la formation d'un nouveau
Jury. Il ne convient de garder les jurés qu'autant que plusieurs
affaires doivent être expédiées dans la même séance.

258. Il arrive fréquemment, pour ne pas dire presque toujours, que plusieurs affaires sont portées à la même session.
Dans ce cas, il n'est pas absolument indispensable que la composition du Jury varie et qu'il soit renouvelé pour chaque affaire.
Le magistrat directeur, agissant avec le consentement des parties, peut décider que toutes les affaires seront jugées par le
même Jury, ou bien les diviser en catégories, de telle sorte que
les mêmes jurés statuent sur toutes les affaires comprises dans
chaque catégorie : loin d'offrir des inconvénients, ce mode de
procéder ne présente que des avantages, par la raison que des
jurés, saisis d'affaires identiques, agiront avec plus d'ensemble,
de promptitude et de régularité. Il y aura nécessairement accord
et harmonie entre leurs diverses décisions, qui laissent souvent
beaucoup à désirer sous ce dernier rapport.

(1) Dalloz, 1859. 1.365.

ART. 34. 259. Mais le magistrat directeur ne peut réunir plusieurs af-faires et les soumettre au même Jury qu'avec le consentement des parties. S'il procédait de son chef, il y aurait nullité. La Cour suprême jugea, par arrêt du 7 juin 1853, que la formation d'un seul Jury pour plusieurs expropriations distinctes, malgré l'opposition de l'exproprié, était une cause de nullité, encore qu'il s'agît d'affaires comprises dans une même procédure judi-ciaire, et que l'exproprié était recevable à proposer la nullité, encore qu'il eût conclu au fond devant ce Jury, si en même temps il avait fait réserve de tous moyens de droit et de fait (1). Il résulte de là deux conséquences : la première, c'est que l'ap-pel successif des causes qui doit être fait par le greffier, c'est-à-dire leur instruction successive, ne s'oppose point à ce qu'il soit procédé par catégorie, le premier paragraphe de l'art. 34 n'étant pas prescrit à peine de nullité; et la seconde, que le consentement des parties à la réunion de plusieurs affaires, doit conster du procès-verbal. Un oubli, sur ce point, entraînerait inévitablement cassation.

260. Il est bon que le consentement soit exprès; cependant, il peut être tacite; par exemple, si la réunion a été opérée sans réclamation des parties (2). Jugé, en ce sens, par la Cour su-prême, les 25 mai 1859 et 19 juin 1861 (3). Déjà la question avait été préjugée par l'arrêt du 1er juin 1853, lequel décide que l'exproprié est recevable à proposer la nullité provenant de son défaut de consentement, encore qu'il ait conclu au fond devant le Jury, si, en même temps, il s'est fait des réserves (4). Il est évident que, dans ce cas, le défaut de réserves aurait constitué un consentement tacite. On peut consulter encore, à ce sujet, l'arrêt du 20 mai 1845, ci-dessus rapporté (5).

261. Les exemples de division des affaires et de leur réunion

---

(1) Dalloz, 1853. 1.285.
(2) Dalloz, 1859. 1.207.
(3) Ibid., 1861. 1.286.
(4) V. n. 259.
(5) V. n. 248.

en catégorie sont tellement nombreux qu'il serait inutile et ART. 34.
fastidieux de les citer tous. Je me contenterai de renvoyer aux
recueils de jurisprudence où l'on trouvera à choisir. Je dirai
seulement que, si le Jury peut délibérer simultanément sur
chacune des affaires comprises dans la même catégorie, ainsi
qu'il résulte de deux arrêts de la Cour de cassation, en date du
15 mai 1855 (1) et 11 juin 1856 (2), il lui est facultatif d'y statuer séparément. La Cour suprême s'est prononcée en ce sens
en jugeant, par arrêt du 13 février 1860, que la réunion, dans
une même catégorie, de diverses affaires, n'astreint pas le
Jury à statuer sur toutes les indemnités par une même décision ; que chaque indemnité peut être réglée séparément, après
clôture des débats relatifs à l'ensemble de ces indemnités, aussi
bien qu'après la clôture de l'instruction à laquelle elle a donné
lieu (3). Je recommande expressément ce dernier mode de procéder. Même, en cas de division par catégories, le magistrat
directeur fera bien de soumettre au Jury les affaires les unes
après les autres, afin qu'il y statue séparément. Nous avons
vu cependant qu'on pouvait les instruire en même temps et
régler toutes les indemnités par la même délibération.

262. La manière dont les affaires seront classées peut n'être
pas indifférente, bien qu'elle ne puisse donner ouverture à cassation, à moins que l'affaire, placée dans une catégorie, eût été
jugée par un Jury chargé de statuer sur une catégorie différente. La question fut pourtant portée devant la Cour de cassation, et on jugea que, en cas de division par catégories, la
classification des affaires devait être faite d'après les numéros
portés au tableau des offres et demandes soumis au Jury, et
non d'après celui indiqué au tableau des offres signifié à l'exproprié (4).

263. Le consentement fourni par les parties à la réunion de
plusieurs affaires en une même catégorie influe sur le droit de

(1) Dalloz, 1855. 1. 204.
(2) Ibid., 1856. 1. 196.
(3) Ibid., 1860. 1. 408.
(4) Arrêt. C. c. 4 juillet 1860 — Dalloz, 1860. 1. 411.

ART. 34. récusation. Par exemple, il a été jugé que, lorsqu'il a été convenu que toutes les affaires seront jugées par le même Jury, la partie qui, à l'appel de sa cause, n'a pas exercé de récusation, doit accepter le Jury tel qu'il a été composé. L'arrêt qui émane de la Cour suprême, est à la date du 26 août 1856 (1). Jugé encore que, en cas de réunion de plusieurs affaires, la récusation faite par l'un des intéressés, sans réclamation de la part des autres, doit être réputée émanée de l'accord de tous; et que, par suite, les jurés ainsi récusés sont régulièrement écartés du Jury de jugement de toutes les affaires de la catégorie. L'arrêt dont je parle fut rendu par la même Cour, le 20 août 1856 (2).

264. Ordinairement les jurés prêtent serment lors de la constitution du Jury pour chaque affaire. Mais la réunion de plusieurs affaires en une même catégorie peut avoir pour effet de les dispenser de renouveler le serment qu'ils ont déjà prêté. Ainsi, la Cour suprême jugea, par l'arrêt du 26 août 1856, déjà cité (3), que les jurés, constitués en Jury commun aux affaires de la session, ne sont pas tenus de renouveler leur prestation de serment lors du jugement de chacune de ces affaires. Malgré ce précédent, toutes les fois que j'ai présidé un Jury, j'ai toujours fait prêter un nouveau serment aux jurés quand il s'agissait d'affaires réunies en catégories : c'est plus sûr, car, de cette manière, il n'y a pas moyen de quereller les opérations. A ce sujet, je ne puis m'empêcher de dire que notre législation a, peut-être, abusé du serment. Il me semble que pour des gens d'honneur, entrant en fonction, il suffit de prendre, une seule fois, Dieu à témoin de la pureté et de la droiture de ses intentions. Plus on fait de serments, moins ils valent; on risque de prendre l'habitude de les violer.

265. Tous les intéressés ont le droit de se présenter devant le Jury. Par conséquent, le tuteur, agissant au nom de son pupille, peut suivre la procédure d'expropriation, consentir la

(1) Dalloz, 1856. 1.333.
(2) Ibid., 1856. 1.368.
(3) V. n. 263. — 283.

division des affaires par catégories et concourir à l'exercice du droit de récusation. C'est ce qui résulte d'un arrêt de la Cour suprême, en date du 13 mars, 1861 (1). Ce droit est tellement évident qu'il est inutile d'y insister davantage.

266. L'époque, à laquelle le Jury de jugement est constitué, est assez indifférente. Dès que la session est ouverte, il est loisible au magistrat directeur de former plusieurs Jurys, devant connaître chacun de certaine catégorie d'affaires, et de fixer le jour de leur réunion. A ma connaissance, la question s'est présentée une seule fois devant la Cour de cassation et elle fut résolue en ce sens. Par arrêt du 3 août 1859, elle jugea que deux Jurys, devant statuer sur des affaires distinctes, sont valablement constitués à l'ouverture de la session, et que l'un d'eux peut être ajourné jusqu'à la clôture des opérations de l'autre (2). Cette manière de procéder à l'avantage de permettre aux jurés non compris dans le Jury de jugement, de vaquer à leurs affaires.

267. La présence des parties, à la constitution du Jury et aux opérations qui s'ensuivent, n'est pas indispensable. Il suffit qu'elles aient été appelées et qu'on leur ait fait connaître le lieu, le jour et l'heure de la réunion, en conformité de l'art. 31. Il n'est dit nulle part, dans la loi du 3 mai 1841, que leur absence empêchera le Jury de procéder. J'induis ce que j'avance d'un arrêt de la Cour suprême, en date du 19 janvier 1852, portant que la non comparution du préfet au jour pour lequel le Jury a été convoqué, n'emporte pas obligation de surseoir aux opérations du Jury et au jugement (3). Or, ce que l'arrêt dit du préfet s'applique aussi aux expropriés. Ceux-ci seront donc libres de laisser régler leur indemnité par défaut; bien entendu toutefois que la décision rendue sera définitive, car la voie de l'opposition leur est complétement interdite, la procédure devant le Jury d'expropriation n'en étant pas susceptible.

ART. 34.

(1) Dalloz, 1861. 1.181.
(2) Ibid., 1860. 1.413.
(3) Dalloz, 1852. 1.31.

268. L'observation des divers paragraphes de l'art. 34 n'est pas prescrite avec une égale rigueur. D'après l'art. 42, il y a ouverture à cassation pour violation des deuxième et quatrième paragraphes de l'art. 34 ; ce qui ferait supposer qu'on peut impunément s'écarter des prescriptions des premier et troisième paragraphes du même article. Ce serait une grave erreur. Je ne pourrais, par exemple, tenir pour valides des opérations auxquelles aurait procédé le magistrat directeur sans l'assistance du greffier, ou bien non constatées par un procès-verbal, et je n'admets qu'avec certaines restrictions l'opinion de Delalleau qui enseigne que, lorsque le magistrat directeur ne se sera pas conformé à quelques-unes des dispositions de ces paragraphes, et que les parties n'auront fait, à cet égard, aucune réclamation, elles ne pourront ultérieurement présenter cette irrégularité comme moyen de cassation; mais que, si l'une des parties a réclamé l'exécution de la loi et que le magistrat directeur ait repoussé sa réclamation, il est à présumer que la Cour de cassation annulerait cette décision comme viciée d'excès de pouvoir ou d'incompétence (1). Quant à moi, je fais une distinction. J'admets, sans peine, que le silence des parties couvrirait l'inobservation de quelques-unes des dispositions des paragraphes dont s'agit ; par exemple, si, sans réclamation aucune, les récusations avaient été exercées contrairement au prescrit du 3mo § de l'art. 34, c'est-à-dire, si, étant en certain nombre, les parties ne s'étaient pas entendues entre elles, où, à défaut d'entente, n'avaient pas recouru à la voie du sort; mais je nie que leur silence pût remédier au défaut d'assistance du greffier ou au manque de procès-verbal. Ce sont là des irrégularités dont les parties seront toujours reçues à se prévaloir à l'appui de leur pourvoi en cassation. En un mot, je crois que toute formalité substantielle doit être remplie, à peine de nullité, bien que la nullité ne soit pas expressément prévue. Les observations que j'ai faites sur l'art. 34 en fournissent plus d'un exemple.

(1) N° 561. — p. 368.

Art. 35.

Le Jury spécial n'est constitué que lorsque les douze jurés sont présents ;

Les jurés ne peuvent délibérer valablement qu'au nombre de neuf au moins.

COMMENTAIRE.

269. Douze jurés sont nécessaires pour constituer le Jury spécial. Telle est la disposition de l'art. 35, mais leur décision serait-elle légale s'ils étaient en plus grand nombre ?

270. Il est certain qu'il y aurait nullité si le Jury du jugement était composé de plus de douze membres, et que les jurés excédant ce nombre eussent pris part à la délibération, la raison en est que la décision aurait été rendue par un Jury non légalement constitué, c'est-à-dire, formé contrairement aux dispositions de l'art. 35, qui est prescrit à peine de nullité (1). La Cour de cassation a jugé, en principe, que les jurés appelés à statuer sur une affaire, peuvent seuls concourir à la délibération relative à cette affaire, et que, leur décision est nulle, si un juré étranger a signé la délibération, lors même que, en le retranchant du nombre des délibérants, ceux-ci auraient été en nombre suffisant pour prendre une délibération (2).

La même Cour, appelée à se prononcer de nouveau, a persisté dans cette jurisprudence. Un arrêt rendu le 28 avril 1858 a jugé que le Jury ne peut, à peine de nullité, se composer que de douze jurés (3). Dans l'espèce, le magistrat directeur avait maintenu les seize jurés au Jury de jugement. Je crois, néanmoins, qu'il n'y aurait pas eu nullité si on s'était aperçu à temps de la composition vicieuse du Jury, c'est-à-dire, avant son entrée dans la chambre de ses délibérations, et qu'on y eût remédié en écartant du tableau le juré qui n'aurait pas dû y figurer.

271. Un autre question, encore plus intéressante, à mon avis, est celle de savoir si le Jury serait valablement constitué en nombre au-dessous de douze jurés. Le second paragraphe de l'art. 35 fait naître cette question. Il dit que les jurés peuvent

(1) Art. 42.
(2) Arrêt. 6 décembre 1857. — Dalloz, 1838. 1.39.
(3) Dalloz, 1858. 1.323.

délibérer valablement au nombre de neuf, Or, si ce nombre art. 35.
suffit pour les délibérations, il doit suffire aussi à constituer
le Jury. Telle est la conséquence qu'on est enclin à en tirer.

La difficulté est sérieuse. D'un côté, on peut dire que la
proposition contraire résulte expressément de l'art. 35. En effet,
les deux paragraphes de cet article établissent des situations bien
distinctes et qu'il ne faut pas confondre, car elles diffèrent
complètement l'une de l'autre. Ainsi, le premier paragraphe
s'occupe exclusivement de la constitution du Jury, et il dit qu'il
ne sera légalement formé qu'autant que les douze jurés, dont
parle l'art. 34, seront présents. Il résulte de là, d'une manière
positive, que le Jury ne peut être légalement constitué qu'au
nombre de douze jurés, ni plus, ni moins; qu'au dessous de ce
nombre, ce ne serait plus un Jury, et que, par conséquent, les
délibérations qu'il prendrait seraient radicalement nulles. Peu
importe qu'il puisse délibérer valablement au nombre de neuf,
il faut toujours que, lors de sa constitution, douze jurés figurent sur le tableau.

Après la constitution du Jury, l'art. 35, dans son deuxième
paragraphe, fixe le nombre de jurés nécessaire à la validité des
délibérations, et il veut que ces délibérations soient valables
prises par les jurés au nombre de neuf, au moins. Mais là s'arrête l'effet de ce paragraphe; fait pour parer aux événements
imprévus survenus au cours des débats, il ne peut avoir
d'influence sur le paragraphe précédent qui s'occupe d'une
chose bien différente. Dans le premier cas, il s'agit de la constitution du Jury; dans le second on dit à quelle condition ses
délibérations seront valables; et je ne vois pas par quel motif
on ferait rétroagir la dernière disposition de l'art. 35, et pourquoi on lui ferait produire un résultat qui n'est jamais entré
dans les vues du législateur. Il tombe sous les sens que les deux
paragraphes de cet article, formant chacun une disposition séparée et complète, doivent être pris à la lettre et exécutés rigoureusement, sans recourir à une interprétation qui en faus-
serait le sens, aussi bien que le texte.

Le deuxième paragraphe de l'art. 35 renferme quelque chose

ART. 35. d'anormal qui surprend au premier abord, mais dont on se rend facilement compte en y réfléchissant. Le législateur en édictant cet article, a prévu le cas où, par maladie ou pour toute autre cause, les jurés de jugement se trouveraient réduits au-dessous de douze, et, au lieu d'appliquer à la procédure en expropriation pour cause d'utilité publique le système du Code d'instruction criminelle, qui permet d'adjoindre au Jury un ou plusieurs suppléants (1), il s'est avisé d'un nouvel expédient dont les résultats ne peuvent manquer d'être bons. Il a permis au Jury de délibérer valablement au nombre de neuf jurés, au moins. Cette innovation est heureuse, car elle dispense de l'appel des jurés suppléants, ou du renvoi des affaires d'une session à une autre.

Ainsi, dans ce système, le Jury doit être constitué au nombre de douze jurés; il n'est pas permis de dépasser cette limite, ni de rester en deçà. Si, après l'ouverture des débats et pendant l'instruction, un ou plusieurs jurés sont forcés de se retirer, la discussion n'en doit pas moins continuer et la délibération être prise par les jurés présents, pourvu qu'il ne se trouvent pas en nombre au dessous de neuf. Au premier abord, on pourrait croire que le deuxième paragraphe de l'art. 35 n'a trait qu'à la délibération et que, par conséquent, la discussion qui aurait lieu devant neuf jurés seulement serait nulle. Mais je ne puis admettre que tel soit le sens de cet article. Si neuf jurés peuvent délibérer valablement, il s'ensuit qu'on peut aussi, très valablement, instruire et discuter l'affaire devant eux. Tout ce que désire l'article 35, c'est que douze jurés concourent à la formation du Jury de jugement, et que neuf jurés, au moins, rendent la décision. Exiger davantage, serait aller au-delà de ses prescriptions.

Cependant, le système contraire a prévalu. Ce système en faveur duquel je ne connais qu'une bonne raison, celle précisément que je viens de faire valoir à la fin de l'alinéa précédent, a dû se produire uniquement pour obvier aux inconvé-

(1) Art. 394.

nients d'une situation qui se présente quelques fois. Mettant de ART. 35.
côté la loi, on a obéi à la néccssité. Je m'explique:

Il est arrivé que, après la constitution du Jury et pendant
les débats, l'incapacité ou l'incompatibilité d'un juré, inconnue
jusqu'alors, est venue à se révéler. Grand fut l'embarras. D'un
côté, maintenir dans le Jury de jugement un juré incapable,
c'était aller au devant d'une cassation immanquable ; de l'autre, procéder avec un Jury réduit au-dessous du nombre légal,
en écartant le juré incapable, aboutissait, en définitive, au même
résultat, puisqu'on violait évidemment le premier paragraphe
de l'art. 35. On ne pouvait remplacer le juré écarté par un suppléant, puisque l'art. 394 C. instr. crim., est inapplicable en
matière d'expropriation. Il ne restait qu'un moyen, le seul praticable, mais dont la légalité est sujette à contestation, c'était de
remplacer le jury incapable par un autre juré, d'annuler l'instruction faite jusqu'à ce moment, et de la recommencer à nouveau, en tenant pour non avenu tout ce qui avait été précédemment fait.

On le pratique ainsi, au criminel, avec le consentement
de l'accusé. Peut-être pouvait-on agir de même devant le
Jury d'expropriation. Mais il fallait obtenir le consentement de
toutes les parties intéressées, ce qui n'est pas toujours facile ;
de plus, on perdait un temps précieux et l'on procédait avec
la perspective peu agréable d'une cassation pour fausse interprétation de la loi.

On s'arrêta à un autre mode d'une exécution simple et facile.
Le premier jalon du nouveau système fut posé par un arrêt de
la Cour de cassation, en date du 23 novembre 1843. Cet arrêt
porte que, l'introduction d'un nouveau juré, après la constitution du Jury, entraîne nullité (1). C'était dire, d'une manière
détournée, que le juré exclu ne devait pas être remplacé et,
comme conséquence forcée, que la délibération prise par les
onze jurés restants, était valable. L'arrêt du 23 novembre ne
peut avoir d'autre sens.

(1) Dalloz, 1844. 1.45.

ART. 35.   Mais un arrêt postérieur, beaucoup plus explicite, a tranché la question de telle manière que le doute n'est plus permis. Le 30 novembre 1859, la Cour jugea que le juré excusé après la constitution du Jury, ne doit pas être remplacé, comme le juré excusé avant cette constitution, lorsque le Jury demeure en nombre suffisant pour statuer (1). Cela signifie que le Jury sera régulièrement constitué au-dessous du nombre de douze, car l'incapacité peut se révéler *ab initio*, immédiatement après la prestation de serment et la déclaration, faite par le magistrat directeur, que le jury est définitivement constitué.

Voilà où on en est arrivé. Je le répète, l'innovation est heureuse; elle ne présente que des avantages sans le moindre mélange d'inconvénients. Un esprit morose pourrait seul la blâmer. Il faut donc s'y conformer. En conséquence, le magistrat directeur s'attachera principalement, au début de chaque séance, à constituer le Jury au nombre de douze jurés capables. Si, dans le cours des débats, l'incapacité de l'un d'eux se manifeste, il l'écartera du Jury et continuera l'instruction, sans se préoccuper d'autre chose, si ce n'est de conserver, au moins, neuf jurés présents. Procédure et délibération seront inattaquables.

272. Quelle que soit la cause de l'absence d'un juré, elle n'influe en rien sur la validité de la délibération. Fondée, ou non, la décision prise par les jurés restants sera valable. La cour suprême s'est prononcée en ce sens par son arrêt du 25 janvier 1853. Cet arrêt porte que, l'abstention volontaire de l'un des jurés, au moment où le Jury allait entrer en délibération, motivée sur ce que ce juré était parent de la partie, ne met pas obstacle à ce qu'il soit passé outre à la délibération; que cette abstention n'est pas une récusation faite hors des délais et conséquemment tardive, mais une simple absence passible, ou non, d'une amende, suivant l'appréciation du magistrat directeur (2).

(1) Dalloz, 1860. 1.168. — V. n. 208.
(2) Ibid., 1853. 1.27.

273. Il est d'autant plus important d'exécuter littéralement ART. 35. et strictement l'article 35, que toutes ses dispositions sont prescrites à peine de nullité. Aux termes de l'article 42, leur violation donne ouverture à cassation.

Art. 36.

Lorsque le Jury est constitué, chaque juré prête serment de remplir ses fonctions avec impartialité.

SOMMAIRE

283. Un seul serment est exigé pour toutes les affaires comprises dans la même catégorie.

284. L'observation de l'art. 36 est prescrite à peine de nullité.

COMMENTAIRE.

274. Le premier soin du magistrat directeur, après la consti- ART. 36. tution du Jury, est de faire prêter serment à chaque juré. Pour cela, il lit la formule du serment et, sur l'appel nominal fait par le greffier, chaque juré, debout et découvert, la main droite levée, répond : *je le jure.*

275. L'art. 36 porte que chaque juré prêtera serment *de remplir ses fonctions avec impartialité.* On devra se conformer à ce qu'il prescrit. Je trouve cependant dans Delalleau la formule suivante que les directeurs de Jury pourront employer, car elle est la reproduction de cet article ; la voici : *vous jurez et promettez devant Dieu et devant les hommes, de remplir avec impartialité les fonctions qui vous sont confiées* (1).

276. Mais les termes de l'art. 36 ne sont pas sacramentels, c'est-à-dire que l'on peut s'écarter de la formule qu'il donne. Par exemple, l'addition proposée par Delalleau a été approuvée par un arrêt de la Cour suprême, en date du 7 février 1837. Il y est dit que, en faisant prêter serment *devant Dieu et devant les hommes*, le magistrat directeur n'en altère pas la substance et ne fait qu'employer une formule qui n'a rien de contraire à la loi (2). Je crois, dès lors, que tous termes équipollents, constatant que le serment a été prêté, satisferaient au vœu de la loi. Néanmoins, je conseille aux directeurs de Jury de s'en tenir à la formule de l'art. 36.

(1) N° 563. p. 369.
(2) Delalleau, n. 1035, p. 666.

ART. 36. 277. On fera bien de répéter cette formule dans le procès-verbal, quoique cela ne soit pas nécessaire. Il suffit qu'il y soit dit que le serment voulu par la loi a été prêté. La Cour de cassation a jugé qu'une pareille énonciation était valable dans un procès-verbal des séances de Cour d'assises (1). En effet, elle prouve que le serment a été prêté.

278. Mais le procès-verbal doit mentionner la prestation de serment par les jurés. La décision du Jury serait nulle faute de cette constatation. Ainsi jugé, à diverses reprises, par la Cour suprême, et notamment par arrêts des 18 mai 1851 (2) et 4 août 1862 (3).

279. La voie de l'inscription de faux est ouverte contre le procès-verbal. Ainsi, en recourant à cette voie, les parties peuvent nier que le serment ait été prêté ; mais pour que l'inscription soit recevable, il faut qu'elle repose sur des moyens sérieux. Par exemple, lorsque le procès-verbal constate que les jurés ont prêté individuellement le serment, cette énonciation forme une présomption légale de vérité s'opposant à ce que, en l'absence d'indices graves, on soit admis à prouver, par la voie de l'inscription de faux, que le serment a été collectivement prêté. Jugé *in terminis* par la Cour suprême, le 26 avril 1843 (4).

280. De cet arrêt, ainsi que des termes employés par l'art. 36, il résulte que le serment doit être individuel, c'est-à-dire prêté par chaque juré en particulier, et non par le Jury en masse. C'est pourquoi j'ai conseillé de faire prêter serment, sur l'appel nominal des jurés. De cette manière, il sera impossible d'équivoquer. Il conviendra aussi, il sera même indispensable, que le procès-verbal fasse mention de cette circonstance, car il ne suffit pas d'agir régulièrement, il faut encore prouver qu'on s'est conformé aux prescriptions de la loi.

(1) Arrêt. 11 juillet 1839. — *Jur. crim.*, art. 2564, vol. XII.
(2) Dalloz, 1851. 1.156.
(3) Ibid., 1862. 1.382. — V. Ibid., 1843. 1.450. — 1844. 1.189. — 1854. 1.377.
(4) Ibid., 1843. 1.266. — V. Arrêt. 9 juin 1834.

281. Le serment doit être préalable à l'ouverture des débats :
en d'autres termes, le Jury ne peut rien faire et on ne peut procéder devant lui, avant que ses membres aient rempli cette formalité. L'omission n'en serait pas même réparable. La Cour de cassation jugea, par arrêt du 28 avril 1858, que le serment est nul alors qu'il est prêté au moment où les débats allaient être clos (1). Je ne connais qu'un moyen de réparer une pareille inadvertance, ce serait de recommencer les débats, avec le consentement des parties, et de faire prêter serment aux jurés. Si elles s'y refusaient, la cassation du verdict serait inévitable, par la raison que les débats auraient été viciés dès leur origine.

282. S'il est vrai, cependant, que la prestation de serment des jurés doit suivre immédiatement la constitution du Jury, la loi n'exige pas qu'elle ait lieu sans délai. Jugé, en conséquence, par la Cour de cassation, le 16 janvier 1844, que la prestation de serment a pu être différée, lorsque la complication du travail a forcé de laisser un intervalle entre la composition du Jury et son entrée en fonctions (2). Cela est de toute justice. Supposons, par exemple, que le magistrat directeur, parvenu à la fin de la séance, compose le Jury pour la séance suivante et renvoie au lendemain. Il serait impossible de l'en blâmer, car, d'un côté, il utilise le temps qui lui reste, et de l'autre, il évite de déranger les jurés qui ne font pas partie du Jury de jugement. Je vais plus loin, eût-il fait prêter serment aux jurés, il ne pourrait y avoir nullité, par la raison que rien n'oblige le Jury à terminer les affaires dans la même séance. Ainsi, la visite des lieux exige ordinairement le renvoi des débats au lendemain. Il n'y a que la délibération qui doit être prise sans désemparer (3) ; au reste, en supposant que cette manière de procéder pût donner ouverture à cassation, ce que je nie de toutes mes forces, la nullité serait couverte par le défaut de réclamation des parties. Dans une espèce où le Jury avait prêté serment la veille du jour fixé, la Cour

(1) Ibid., 1858. 1.323. — V. n. 284.
(2) Dalloz, 1844. 1.83.
(3) Art. 38.

ART. 36. suprême jugea, par arrêt du 7 mars 1855, que cette irrégularité avait été couverte par la partie, qui avait plaidé au fond, sans protestation ni réserve (1).

Je ne puis me dissimuler que cet arrêt semble préjuger la question, puisqu'il admet l'irrégularité de la composition d'un Jury constitué et assermenté la veille des débats. Cependant, il m'est impossible d'y souscrire. Je crois que la Cour admit la prétendue irrégularité plutôt en manière de supposition que autrement, et qu'elle se détermina principalement par cette considération que les parties ayant comparu et plaidé au fond, sans faire aucune protestation, étaient sensées avoir approuvé tout ce que l'on avait fait. Si la question lui avait été présentée dans toute sa simplicité, dégagée de la circonstance que l'arrêt relève, il me semble qu'elle eût maintenu une procédure qui n'avait nullement violé la loi. Je le répète, le Jury n'est pas obligé de terminer les affaires dans la même séance, rien ne l'empêche de renvoyer au lendemain, et, par conséquent, il doit être permis au magistrat directeur de composer le Jury et de lui faire prêter serment, la veille, en vue d'une affaire fixée au lendemain.

283. Les Jurés doivent prêter serment pour chaque affaire. Cependant, lorsque, du consentement de toutes les parties, on a créé des catégories, il est inutile que le serment soit renouvelé à chaque affaire de la même catégorie. Ce point de droit résulte de la jurisprudence de la Cour de cassation. Déjà, nous en avons vu un exemple ci-dessus (2), et il en est d'autres qu'il ne sera pas inutile de rapporter : ainsi, le 23 mai 1842, elle jugea que le Jury formé, de l'agrément des intéressés, pour une série d'affaires, ne doit pas prêter serment pour chacune d'elles, et qu'il suffit qu'il soit prêté avant d'entrer en fonctions, pour la première affaire (3). Un autre arrêt, rendu le 25 juillet 1855, dans les mêmes circonstances, porte que le serment s'applique à toutes les affaires de la catégorie, et non à la première d'entre

(1) Dalloz, 1855. 1.122.
(2) N° 264.
(3) Dalloz, 1842. 1.266.

elles , et qu'il n'est pas nécessaire qu'il soit renouvelé pour chacune des affaires réunies (1). Ainsi , voilà qui est constant. Je
préfère néanmoins le mode contraire.

284. Il est à peine besoin de dire que la prestation de serment
est de rigueur , et que son omission donnerait ouverture à cassation et entraînerait inévitablement nullité. L'art. 42 est là
pour l'attester. Ainsi que je l'ai dit ci-dessus , il doit être préalable à l'ouverture des débats. Par conséquent, sans parler de
l'arrêt du 28 avril 1858 , déjà cité (2) , la Cour de cassation a
jugé que le fait par les jurés d'avoir , avant leur prestation de
serment , entendu les offres de l'administration , ordonné et
effectué leur transport sur les lieux , emporte nullité de la décision intervenue. Cet arrêt est à la date du 9 mai 1843 (3). Le
serment , en effet , achève d'habiliter les jurés à remplir leurs
fonctions.

(1) Dalloz , 1855. 1.374.
(2) V. n. 281.
(3) Dalloz , 1843. 1.361.

Art. 37.

Le magistrat directeur met sous les yeux du Jury :

1° Le tableau des offres et demandes notifiées en exécution des art. 23 et 24 ;

2° Les plans parcellaires et les titres ou autres documents produits par les parties à l'appui de leurs offres et demandes.

Les parties, ou leurs fondés de pouvoir, peuvent présenter sommairement leurs observations.

Le Jury pourra entendre toutes les personnes qu'il croira pouvoir l'éclairer.

Il pourra également se transporter sur les lieux, ou déléguer à cet effet un ou plusieurs de ses membres.

La discussion est publique ; elle peut être continuée à une autre séance.

SOMMAIRE.

287. La communication des pièces est exigée à peine de nullité. Il doit en conster par le procès-verbal. Cependant cette communication comporte des équipollents dans les termes qui l'énoncent. Exemples.

288. Le défaut de communication des pièces n'entraîne pas nullité quand il est le fait de la partie qui s'en prévaut.

289. Le procès-verbal attestant cette communication est cru jusqu'à inscription de faux.

290. Le choix du moment où les pièces doivent être communiquées au Jury est livré au pouvoir discrétionnaire du magistrat directeur.

291. Pièces qui doivent, avant leur remise au Jury, être communiquées aux parties.

292. Le Jury peut demander communication des documents qui se trouvent entre les mains de l'administration.

293. Communication du tableau des offres et demandes. La partie, par la faute de laquelle cette communication n'a pas eu lieu, ne peut s'en faire un moyen pour attaquer la décision du Jury.

294. Manière de suppléer l'original de l'exploit d'offres.

295. Lorsque l'administration n'a pas notifié des offres, l'exproprié n'est pas tenu de lui faire connaître le chiffre de sa demande. Dans ce cas, il y aura lieu à renvoi de l'affaire à une autre session.

296. Les offres lient l'administration ; elles ne peuvent être diminuées par le Jury.

297. Les offres doivent être d'une somme d'argent ; cependant l'administration peut les étendre ou les compléter par l'engagement d'exécuter certains travaux, ou de faire certains avantages à l'exproprié. Exemples.

298. Le tableau des offres et demandes doit spécifier les divers chefs d'indemnité ; mais on peut les présenter en bloc.

299. Les documents résultant de la discussion orale doivent être soumis au Jury. Ainsi le magistrat directeur lui soumettra, à peine de nullité, les offres nouvelles faites durant les débats. Doutes à ce sujet.

300. L'administration peut-elle, à l'audience, faire des offres nouvelles ? Distinction entre les offres nouvelles portant sur la valeur des terrains expropriés, et celles qui s'appliquent à des terrains non compris dans le jugement d'expropriation.

301. Exemple d'un cas où la proposition d'un chiffre nouveau ne constitue pas une offre nouvelle, dans le sens rigoureux du mot. Explication d'un arrêt de la Cour de cassation.

302. Conduite à tenir par le magistrat directeur quand les parties feront des offres ou présenteront des demandes tardives.

303. Les demandes nouvelles, quand elles ne sont qu'une ampliation ou une modification de la demande primitive, doivent seules être soumises au Jury. Observations sur deux arrêts de la Cour de cassation.

304. Les offres et demandes nouvelles serviront de point de départ à la proportion à établir, entre les parties, quant à la condamnation aux dépens.

305. De là production des plans. Elle est prescrite à peine de nullité.

306. La production des plans doit conster du procès-verbal.

307. Il n'est pas nécessaire de mettre sous les yeux du Jury les originaux des plans parcellaires. De simples plans ou copies suffisent.

308. On remet au Jury les titres et documents produits par les parties. Il peut exiger la communication entière du dossier. Utilité de cette communication. Notes.

309. Des plaidoiries. Pouvoirs du magistrat directeur quant à la direction des débats. Conseils sur la conduite qu'il devra tenir.

310. Pour être admis à défendre devant le Jury, il n'est pas nécessaire d'être porteur d'un pouvoir spécial ou général; il suffit d'y avoir intérêt, ou d'être avocat ou avoué de la partie.

311. L'administration plaide par l'organe de ses agents. Quant au concessionnaire, s'il ne se défend pas lui-même, il doit employer le ministère d'un avocat ou d'un avoué. Les honoraires des avoués n'entrent pas en taxe.

312. Le mandat général vaut autant que le mandat spécial.

313. Le mandat peut être tacite. Exemples.

314. Le mandataire ne peut sortir du mandat spécial.

315. Le directeur du Jury a la police de l'audience.

316. Il donne acte des réquisitions qui lui sont faites et en fait mention au procès-verbal.

317. Le magistrat directeur interroge les témoins; les jurés, après lui avoir demandé la parole, peuvent leur adresser des interpellations.

318. Mais le magistrat directeur n'a pas le pouvoir discrétionnaire du président de Cour d'assises.

319. De l'audition des témoins. Le Jury peut entendre toutes sortes de personnes.

320. Mais il ne peut ordonner une expertise.

321. L'audition des témoins aura lieu en vertu d'une délibération régulière du Jury mentionnée au procès-verbal. Il interviendra une ordonnance du magistrat directeur.

322. L'assignation des témoins sera faite à la requête de la partie qui invoque leur témoignage. Elle aura lieu par exploit d'huissier ou d'un agent de l'administration. Elle pourra même être donnée par simple avertissement du magistrat directeur. Formalités.

323. L'audition des témoins se fera de la manière ordinaire. Elle sera publique.

324. Les témoins seront reprochables, conformément aux dispositions du Code de procédure civile.

325. Le témoin, régulièrement cité et qui ne comparait pas, sera condamné à l'amende.

326. Les témoins prêteront serment.

327. Interrogations à leur faire avant de les admettre à déposer.

328. Le greffier n'est pas obligé de tenir note des dépositions. Il devra seulement mentionner l'audition des témoins au procès-verbal.

329. Les témoins ne communiqueront pas entre eux.

330. Ils ont droit à une indemnité.

331. Le Jury peut ordonner son transport sur les lieux, par lui-même ou par délégués. Mention en doit être faite au procès-verbal. Renvoi de la reprise des débats.

332. Le transport sur les lieux peut conster d'une décision du Jury, signée de tous ses membres. Dans ce cas, il est inutile que cette décision porte la signature du magistrat directeur et celle du greffier.

333. Le transport du Jury n'est assujéti à aucune forme particulière de constatation sur le procès-verbal. Il peut aussi avoir lieu sur l'invitation du magistrat directeur.

334. Le magistrat directeur n'est pas obligé d'assister à la visite des lieux. Mais sa présence n'entrainerait pas nullité. Il devra y assister quand il s'agira d'expropriation pour établissement d'un chemin vicinal.

335. La visite des lieux doit être précédée de la prestation de serment par les jurés.

336. L'ordonnance du magistrat directeur, constatant le transport du Jury et le renvoi de la séance, doit indiquer le jour et l'heure du transport. Cas où on peut suppléer au défaut de cette indication. Cette ordonnance ne doit pas être signifiée à la partie défaillante.

337. Tous les jurés sont-ils obligés d'assister à la visite des lieux ? Variations de la jurisprudence. Distinction entre la visite faite spontanément par les jurés, et celle qui a lieu en vertu d'une ordonnance du magistrat directeur. Dans ce dernier cas, l'absence d'un juré entraine nullité, laquelle n'est pas couverte par la comparution, sans réclamation, de la partie.

338. Visite officieuse. Il ne peut en résulter nullité. Exemples.

339. Quand le transport a lieu après la clôture des débats, le magistrat directeur doit les rouvrir; mais cette réouverture peut résulter de termes équipollents employés par le procès-verbal. La clôture nouvelle des débats n'est pas assujétie à une mention expresse sur le procès-verbal.

340. Lorsqu'il existe des Jurys distincts, composés de personnes différentes, ils doivent procéder séparément à la visite des lieux.

341. Mais des Jurys distincts, composés des mêmes jurés divisés en catégories, peuvent concerter en commun les jours et heures de leurs visites. Exemple.

342. Le Jury, qui se transporte sur les lieux, peut se faire accompagner par des sapiteurs.

343. Il est facultatif au Jury de déléguer un ou plusieurs de ses membres, afin de procéder à la visite des lieux. Il peut même modifier sa décision première et ordonner qu'une visite, qui devait être faite en corps, aura lieu par délégués.

344. La partie expropriée, ainsi que l'administration, doivent être prévenues du jour et de l'heure du transport, sinon, il y aurait nullité. Contra, pour les visites officieuses. Les irrégularités commises en cette matière peuvent être couvertes par la défense, au fond, de la partie, sans réclamation.

345. Des rapports du Jury et des parties, lors de la descente sur les lieux. Exemple de jurés qui avaient bu et mangé avec l'une des parties. Maintien de leur décision.

346. Publicité de la discussion ; elle doit conster du procès-verbal. Manière de l'énoncer. Cas où la mention de la publicité s'applique à toutes les séances.

347. Renvoi de la séance. Antinomie apparente des art. 37 et 44 de la loi du 3 mai 1841. Dans l'intervalle des séances, le Jury peut s'occuper d'autres affaires. Mais l'ajournement prononcé par lui ne doit pas avoir pour effet de changer l'époque et la durée des sessions. Exemple.

348. Les dispositions de l'article 37 sont prescrites à peine de nullité.

COMMENTAIRE.

ART. 37.

285. Contrairement à ce qui se pratique en matière criminelle, la loi du 3 mai 1841 n'exige pas que, immédiatement après l'ouverture de la séance et la constitution du Jury, il soit procédé à l'exposition de l'affaire dont appel a été fait par le greffier ; on pourra dès lors s'en dispenser. Cependant, comme il est convenable que le Jury sache, en entrant en séance, sur quoi il a à statuer, le magistrat directeur devra, si les circonstances le commandent, exposer l'affaire et faire connaître au

Jury les points sur lesquels il croira devoir plus particulière- ART. 37.
ment fixer son attention. Ce soin le concerne exclusivement ;
car il est le seul qui puisse s'en acquitter , puisqu'il n'y a pas
de ministère public auprès du Jury d'expropriation. Telle est
l'opinion de Delalleau (1) et de Dalloz (2).

286. La marche de l'instruction tracée par l'art. 37 est fort
simple ; un seul article a suffi pour la régler, et, raisonnablement,
on ne pouvait exiger davantage. Après la constitution du Jury
et la prestation de serment de chacun de ses membres , le magistrat directeur fait mettre sous les yeux des jurés, afin qu'ils
puissent les consulter au besoin et les emporter même dans la
chambre du Conseil , 1° le tableau des offres et demandes notifiées en exécution des art. 23 et 24 ; et 2° les plans parcellaires ,
ainsi que les titres ou autres documents produits par les parties
à l'appui de leurs offres et demandes.

287. Disons d'abord que cette production est de rigueur ; son
omission entraînerait nullité (3). Ainsi , le procès-verbal doit
constater l'accomplissement de cette double formalité (4). Il doit
le faire en termes exprès (5). Cependant , la communication des
pièces comporte des équipollents dans les termes qui l'énoncent.
Par exemple, la Cour suprême jugea, par arrêt du 21 février 1860,
que la mention, dans le procès-verbal , que le magistrat directeur a mis sous les yeux du Jury le tableau des offres et demandes, ainsi que les titres , pièces et documents fournis , constate
suffisamment la remise au Jury des plans parcellaires (6). Le
6 février 1861 , elle décida encore que la remise du tableau des
offres et demandes est suffisamment constatée par la mention
au procès-verbal que le dossier a été remis aux jurés (7). On
voit , par ces arrêts , que la Cour n'exige pas une très grande

---

(1) N° 568. p. 372.
(2) Dict. G. loc. cit. n. 371.
(3) Art. 42.
(4) Arrêt. C. c. 11 août 1841. — Dalloz , loc. cit. n. 372.
(5) Arrêts. C. c. 24 janvier 1844. — Dalloz , 1844. 1. 72.
(6) Dalloz , 1860. 1. 410.
(7) Ibid., 1861. 1. 135.

ART. 37. précision dans les termes du procès-verbal et qu'elle tiént la communication pour faite, de quelque manière qu'elle soit mentionnée. Malgré cela, on fera mieux d'employer les termes dont s'est servie la loi.

288. Il va sans dire que le défaut de remise des pièces énumérées en l'art. 37 n'entraîne nullité qu'autant qu'il provient de l'inadvertance du directeur du Jury, et non point lorsqu'il est le fait de la partie qui oppose elle-même ce moyen de cassation. Il serait par trop commode de se ménager ainsi un recours contre la décision du Jury. En conséquence, la partie, par la faute de laquelle la communication n'a pas pu avoir lieu, sera non recevable à se pourvoir de ce chef. La Cour suprême se prononça, en ce sens, par arrêt du 24 mars 1841 ; il y fut dit que l'administration n'était pas recevable à attaquer une décision du Jury, en ce que les plans parcellaires n'avaient pas été mis sous les yeux des jurés, lorsque cette omission était imputable au fait même de l'administration, qui n'avait pas effectué la remise desdits plans (1). Un autre arrêt, du 19 janvier 1852, a jugé de la même manière (2).

289. Lorsque le procès-verbal atteste la communication au Jury des pièces dont parle l'art. 37, la foi qui lui est due,—car ce procès-verbal est cru jusqu'à inscription de faux, — ne permet pas de soutenir devant la Cour de cassation que ce n'étaient pas les plans parcellaires qui ont été soumis au Jury, mais d'autres plans produits dans la cause. Ainsi jugé, par la Cour de cassation, le 25 février 1840 (3).

290. Le magistrat directeur n'est pas tenu de soumettre les pièces au Jury dès le commencement des débats, il lui appartient de juger du moment opportun où la production doit en être faite. Cette faculté résulte de deux arrêts rendus par la Cour suprême. L'un, en date du 11 janvier 1854, décide qu'il est laissé au magistrat directeur de choisir le moment le plus

(1) Dalloz, Dict. G. loc. cit. n. 375. — V. n. 293.
(2) Ibid., 1852. 1. 31.
(3) Ibid., Dict. G. loc. cit. n. 374.

utile pour la production des pièces (1). L'autre, rendu le 13 février 1860, porte que le choix du moment où les pièces doivent être soumises au Jury est livré au pouvoir discrétionnaire du directeur, et qu'il suffit que la remise ait été faite avant la délibération (2). Enfin, un autre arrêt de la même Cour, du 4 août 1862, a jugé que la remise des pièces avait été utilement faite après la visite des lieux, si cette remise avait précédé l'ouverture des débats (3). Dans ces diverses hypothèses, le Jury avait eu communication des pièces avant de rendre sa décision. Il sera néanmoins plus prudent de les mettre sous ses yeux immédiatement après l'ouverture des débats.

291. Les pièces produites doivent, avant leur remise au Jury, être communiquées aux parties, ce qui doit s'entendre des titres ou autres documents dont parle l'art. 37. Quant au tableau des offres et demandes et aux plans parcellaires, les parties les connaissent d'avance, puisque les offres et demandes ont dû être respectivement signifiées, et que les plans parcellaires sont demeurés en dépôt à la mairie, pendant huit jours, afin que les intéressés puissent en prendre connaissance (4). En ce qui concerne les titres, la communication s'en fait ordinairement pendant la séance (5).

292. Delalleau pense que si les jurés ont besoin de documents qui se trouvent entre les mains de l'administration, ils pourront faire appeler les employés qui les ont en garde et en demander communication. Il appuye cette opinion sur un passage du rapport de Martin (du Nord) rapporteur de la loi du 7 juillet 1833, suivant lequel, rien ne s'oppose à ce que des employés de l'Enregistrement ou des Contributions donnent aux jurés tous les renseignements qui leur paraîtront nécessaires (6). Il est incon-

---

(1) Dalloz, 1854. 1.238.
(2) Ibid., 1860. 1.408.
(3) Ibid, 1862. 1.382.
(4) Art. 5. Loi 3 mai 1841.
(5) Delalleau. N° 568. p. 372.
(6) N° 574. p. 374.

testable que cette faculté est encore ouverte au Jury. Cependant il n'est pas à ma connaissance qu'il en ait jamais usé.

293. J'arrive maintenant à la communication du tableau des offres et demandes, mais j'établis d'abord que la partie qui a commis une irrégularité dans la procédure ne peut s'en faire une arme pour attaquer la décision du Jury. J'en ai déjà donné un exemple (1) ; en voici un autre. Par arrêt du 20 avril 1859 , la Cour de cassation jugea que l'expropriant n'a pas qualité pour se faire un moyen de nullité du défaut de notification des offres à l'exproprié ; et que celui-ci a seul le droit d'invoquer cette nullité (2). La solution devrait être la même si l'on renversait les termes de la question.

294. Par dérogation aux règles générales de la procédure, on peut suppléer l'original de l'exploit d'offres par l'exhibition d'une copie dont le contenu sera déclaré conforme à l'original par le produisant. Cela résulte d'un arrêt de la Cour suprême rendu le 12 février 1842. Cet arrêt décide qu'il n'est pas nécessaire que l'exploit d'offres soit produit , et qu'il suffit d'un certificat de l'administration attestant qu'elle a notifié des offres de telle somme (3). L'arrêt va même plus loin que je ne croyais , puisqu'il donne à un certificat autant de force qu'à une copie. Je m'explique la décision de la Cour en supposant que les offres avaient été réellement faites et que leur notification était reconnue par l'exproprié.

295. La demande en indemnité faite par l'exproprié n'étant que la conséquence de la notification des offres , il en résulte qu'il n'est pas tenu de faire connaître son chiffre , lorsque l'administration n'a pas exprimé le sien. Dans ce cas , le magistrat directeur peut , sur la demande de l'exproprié , renvoyer l'affaire à une autre session , comme n'étant pas en état. Ces deux propositions résultent d'un arrêt de la Cour de cassation en date du 3 juillet 1850 (4). Je renchérirai sur cet arrêt et je dirai que le

(1) V. n. 288.
(2) Dalloz, 1859. 1.165.
(3) Ibid., 1842. 1.145.
(4) Ibid., 1850. 1.281.

renvoi était forcé, par la raison que la procédure contenait une violation manifeste de l'art. 23 de la loi du 3 mai 1841, ainsi que de l'art. 37 de la même loi.

296. Les offres lient l'administration : par conséquent elles ne peuvent être diminuées par le Jury, sous aucun prétexte, pas même à raison de la plus-value que les travaux entrepris donnent au restant de l'immeuble non compris dans l'expropriation. Ainsi jugé, par la Cour de cassation, le 26 janvier 1857 (1). Cet arrêt n'est, au reste, que l'application rigoureuse du dernier paragraphe de l'art. 39.

297. En général, les offres doivent être d'une somme d'argent. Cependant la loi ne s'oppose pas à ce que l'administration les étende ou les complète par l'engagement d'exécuter certains travaux ou de faire certains avantages à l'exproprié. Par exemple, le 20 août 1860, la Cour suprême jugea que l'offre de travaux à faire, acceptée par l'exproprié, constituait un contrat judiciaire, et que l'indemnité, accordée en vertu de ce contrat, ne pouvait être attaquée, pour défaut de certitude (2). Dans l'espèce, le Jury, en réglant l'indemnité, prit, sans doute, en considération, les travaux que l'administration s'obligeait à effectuer.

Ainsi, le délaissement des matériaux de démolition fait à l'exproprié, n'altère pas le caractère de l'indemnité ; elle demeure toujours pécuniaire. Jugé, en ce sens, par arrêt de la même Cour, en date du 4 juin 1856 (3). Mais il faut que l'offre concernant ce délaissement soit renouvelée devant le Jury spécial. Cela fut décidé par un autre arrêt du 26 août 1861 (4). La raison en est que, l'offre n'ayant pas été acceptée par l'exproprié, il n'était intervenu aucun contrat, et qu'elle devait être articulée de nouveau devant le Jury.

298. Ordinairement le tableau des offres et demandes spéci-

(1) Dalloz, 1857. 1. 44.
(2) Ibid., 1860. 1. 415.
(3) Ibid., 1856. 1. 196.
(4) Ibid., 1861. 1. 399.

ART. 37. fie les derniers chefs d'indemnité. Il est toujours préférable d'agir ainsi, parce qu'on facilite, par ce moyen, la décision du Jury. Cependant, la loi n'en fait pas une obligation expresse, bien entendu, lorsque les divers chefs d'indemnité concernent le même individu qui les réclame à des titres distincts : par exemple, tant pour la maison, tant pour les murs de clôture, pour les arbres, etc. ; mais on peut aussi les présenter en bloc. Sur ce motif, la Cour suprême jugea, par arrêt du 5 juin 1860, qu'il n'est pas nécessaire que le tableau des offres et demandes mentionne les causes de chaque chef d'indemnité, et qu'il suffit qu'il rappelle le chiffre exact de l'indemnité demandée (1). Ce qui est vrai pour les demandes doit également être vrai pour les offres.

299. Un arrêt de la Cour de cassation, rendu le 25 février 1840, a jugé que les documents qui résultent de la discussion orale, devant le Jury, doivent être soumis à sa délibération par le magistrat directeur. Ainsi, lorsque, dans le cours de la discussion, il est fait des offres de nature à influer sur le réglement de l'indemnité, ces offres ne seraient-elles pas formellement acceptées, elles doivent être l'objet d'une question au Jury qui doit y répondre, à peine de nullité; et cette nullité peut être demandée même par la partie à laquelle les offres ont été faites, sans qu'elle ait déclaré les accepter (2).

Il m'est impossible d'admettre que cet arrêt fasse jurisprudence. Sans doute, le Jury devra prendre en considération les offres, même non acceptées, mais on ne peut obliger le magistrat directeur à en faire l'objet d'une question précise au Jury, alors qu'il a été reconnu, dans la discussion de la loi du 3 mai 1841, que la position des questions n'était pas obligatoire pour le magistrat directeur. C'est pourtant là qu'aboutit l'arrêt du 25 février 1840. D'ailleurs, des offres non acceptées n'engagent à rien, surtout quand elles sont faites dans la chaleur des débats. Quant à celles-là, on peut toujours les révoquer.

(1) Dalloz, 1860. 1.411.
(2) Ibid. dict. G. loc. cit. n. 373.

300. Au sujet des offres, il s'élève une question assez intéres- ART. 37. sante sur laquelle j'ai déjà dit un mot en passant (1). Il s'agit de savoir si l'offre peut être augmentée pendant les débats ; en d'autres termes, si, durant l'audience, il est permis à l'administration de prendre des conclusions nouvelles.

La raison de douter se tire de ce que les offres dont il est question sont faites contrairement aux dispositions de l'art 23 de la loi du 3 mai 1841, lequel veut qu'elles soient signifiées dans le délai de huitaine après la signification du jugement d'expropriation (2). De plus, il résulte de l'art. 24 de la même loi, que l'intention du législateur a été d'accorder à l'exproprié, après la notification des offres, un délai de quinzaine, pour délibérer sur leur acceptation ou sur leur refus. Or, des offres faites à l'audience, pour ainsi dire, à brûle-pourpoint, renversent toute l'économie de la loi en cette partie.

Malgré cela, il tombe sous les sens que les offres nouvelles seront valables, bien qu'elles n'aient pas été notifiées dans le délai prescrit par l'art. 23. Mais cette proposition n'est pas absolument vraie ; elle ne devient d'une certitude rigoureuse qu'au moyen d'une distinction.

Ainsi, lorsque les offres nouvelles portent uniquement sur la valeur de l'immeuble qui a fait la matière des offres primitives, il est hors de doute que l'on ne devra pas les soumettre à la notification préalable et que, par conséquent, on ne pourra en contester la validité. Dans ce cas non seulement on ne porte aucun préjudice aux intéressés, mais encore, on fait leur condition meilleure. Je vous offre 10,000 fr. de plus que je ne vous offrais d'abord ; évidemment, vous seriez mal venu à vous plaindre. C'est à cette hypothèse que s'appliquent les arrêts de la Cour suprême que j'ai rapportés ci-dessus. Ces arrêts, en effet, ont décidé que les offres peuvent être augmentées devant le Jury, et que leur augmentation n'est pas assujétie au délai de quinzaine (3).

(1) V. n. 68.
(2) Art. 15-21. Loi. 3 mai 1841.
(3) V. n. 68.

ART. 37. Mais il en est autrement, quand les offres nouvelles portent sur des immeubles, ou parties d'immeubles, non compris dans l'expropriation, et qui, par suite, n'avaient pas pu être appréciés par les offres anciennes. Par exemple, lorsque l'administration demande l'acquisition intégrale d'un immeuble exproprié partiellement, ou bien, s'il s'agit d'une parcelle oubliée dans les offres primitives (1). Dans ces deux cas, les offres nouvelles doivent être notifiées, avec l'adjonction du délai de huitaine. Il est clair qu'il faut appliquer alors l'article 23 dans toute sa rigueur, car autrement cet article serait violé, et l'on aurait mis l'exproprié dans l'impossibilité de se conformer à la disposition de l'art. 24. Il y aura pourtant exception à cette règle quand les parties agiront de concert : par exemple, s'il s'agit de cession amiable de parcelles non comprises dans le jugement d'expropriation, avec convention que le Jury fixera l'indemnité due pour cette cession. Il est évident que l'accord des parties dispense de toute notification préalable (2).

301. Cependant, il est des cas, impossibles à prévoir, où la proposition d'un chiffre nouveau d'indemnité ne constitue pas une offre nouvelle, dans le sens rigoureux du mot. En voici un exemple pris dans un arrêt de la Cour de cassation, en date du 3 avril 1839. Il s'agissait de diverses maisons habitées par plusieurs locataires. La ville de Paris, qui poursuivait l'expropriation fit offre à ces locataires de certaines sommes pour privation de jouissance. Les parties n'ayant pu s'accorder, comparurent devant le Jury, et là la ville de Paris conclut nouvellement à ce que l'indemnité fût fixée, tant pour le cas où les locataires continueraient à habiter les lieux, que pour celui où il serait reconnu qu'ils ne pourraient y rester. Ces conclusions furent admises, et le Jury fixa des indemnités alternatives. Pourvoi par les locataires, suivi d'un arrêt de rejet motivé sur ce que, postérieurement à la notification des offres faites en exé-

(1) V. n. 65.66.
(2) V. l'arrêt cité. n. 313.

cution de l'art. 23 de la loi du 7 juillet 1833 , les locataires n'a- ART. 37.
vaient , par aucune réquisition expresse , manifesté l'intention
d'user de la faculté accordée par l'art. 1722 C. Napoléon , au locataire qui subit une éviction totale ou partielle de la chose
louée : que , cependant , de l'élévation des demandes qu'ils faisaient en refusant les offres de la ville de Paris , on pouvait
induire qu'ils entendaient être indemnisés comme subissant
une dépossession totale : que si , dans ces circonstances , la ville
de Paris avait conclu , devant le Jury , à ce qu'il fît une évaluation alternative de l'indemnité , cette mesure n'avait été
provoquée , qu'en vue d'une éventualité qu'il était sage de prévoir (1).

Ces motifs sont irréfutables , mais il en est un meilleur : c'est
que les conclusions nouvelles ne portaient pas sur un objet
nouveau , non compris dans le jugement d'expropriation. Il
était évident , au contraire , qu'aux termes de ce jugement ,
l'une des deux hypothèses prévues par la ville de Paris , devait
se réaliser , et il était convenable d'y pourvoir au moyen d'une
indemnité alternative. Mais , je le répète , le germe de cette indemnité se trouvait dans le jugement d'expropriation ; dès lors
l'expropriant était recevable à modifier ou amplier ses offres
par des conclusions nouvelles.

302. On peut se demander qu'elle conduite devra tenir le magistrat directeur dans le cas où l'expropriant prendra des conclusions nouvelles tendant à faire évaluer, par le Jury, un immeuble non compris dans le jugement d'expropriation ; tout
comme dans celui où l'exproprié présentera une demande tardive , par exemple , s'il demande l'acquisition intégrale de l'immeuble dont il n'est exproprié qu'en partie (2).

La réponse à cette question est facile. Le magistrat directeur,
à moins qu'il ne veuille aller au-devant d'une cassation , refusera de poser au Jury des questions qui ne sont pas prêtes à
recevoir solution. Il lui suffira de constater son refus par une

(1) Dalloz , 1839. 1.161. — V. arrêt. 13 mai 1846. — Dalloz , 1846. 1.206.
(2) Art. 50. Loi. 3 mai 1841.

ART. 37. ordonnance motivée, insérée au procès-verbal. En d'autres termes, il surseoira à faire statuer le Jury sur ces questions, jusqu'à ce qu'elles soient convenablement mûries. Telle est la marche indiquée par un arrêt de la Cour de cassation, du 9 janvier 1839. Il porte que, si le concessionnaire venait, par ses conclusions nouvelles, à faire des déclarations et renonciations au sujet desquelles les propriétaires élèvent des prétentions qui ne permettent plus de suivre les bases d'indemnité fixées par le jugement d'expropriation, le Jury doit surseoir à statuer jusqu'à ce que ces bases aient été de nouveau fixées d'une manière invariable par l'autorité compétente (1). Cette notice est un peu alambiquée, mais on la comprend. Elle signifie que, dans le cas de conclusions nouvelles, portant sur un objet nouveau, le directeur du Jury doit surseoir jusqu'à ce que l'administration, se conformant à la loi, ait fait de nouvelles offres.

303. Les demandes nouvelles, lorsqu'elles ne sont qu'une ampliation ou une modification de la demande primitive, sont recevables. La raison l'indique, et la Cour de cassation l'a reconnu et proclamé par deux arrêts, dont voici les termes. Le premier, à la date du 11 avril 1843, porte que, jusqu'à la clôture des débats, l'exproprié est admis à modifier le chiffre de sa demande d'indemnité, et qu'il n'est pas nécessaire que la nouvelle demande, pour être soumise au Jury, ait été signifiée; qu'il y aurait excès de pouvoir si, sous ce prétexte, le magistrat directeur avait refusé de la soumettre au Jury (2). Le second arrêt, qui est du 19 janvier 1852, dit que la nouvelle demande doit seule être soumise au Jury (3). Ainsi, voilà un point dégagé de toute obscurité.

Sous ce rapport, les arrêts des 11 avril 1843 et 19 janvier 1852 doivent être suivis, mais je ne crois pas qu'il faille les appliquer à la lettre dans toutes leurs conséquences, car j'y

(1) Dalloz, dict. G. loc. cit., n. 391.
(2) Ibid., 1843. 1. 265.
(3) Ibid., 1852. 1. 31.

trouve une incorrection qui aura, sans doute, échappé à la ART. 37. plume du rédacteur. Ils veulent, à peine de nullité, que la demande nouvelle soit soumise au Jury, expression tendant à faire supposer que le magistrat directeur est tenu de poser les questions à résoudre avant d'inviter le Jury à se rendre dans la chambre du conseil. Or, nous avons vu (1), et nous verrons ci-après (2), que la position des questions n'est pas obligatoire pour le magistrat ; elle est facultative, et il n'en use jamais, si ce n'est dans quelques cas fort rares. C'est ainsi que, pour mon compte, j'ai toujours procédé, et je dois dire que je m'en suis bien trouvé. La raison de la réserve que je recommande saute aux yeux. Ordinairement les questions sont d'une extrême simplicité. Il est donc inutile de les poser au Jury d'une manière spéciale ; la seule lecture des conclusions des parties lui apprend ce qu'il a à faire. Quand les questions sont complexes, par exemple, s'il y a lieu de fixer des indemnités alternatives, il suffit que le magistrat directeur en prévienne le Jury ; mais, dans aucun cas, il ne les rédige par écrit. ainsi qu'on le pratique en matière criminelle. Je ne comprends pas, par conséquent, de quelle utilité il serait de lui soumettre des questions qui se posent d'elles-mêmes.

304. Mais les arrêts dont je viens de parler ont une autre conséquence qu'il importe de faire ressortir. En disant que la demande nouvelle doit seule être soumise au Jury, ils décident implicitement qu'elle doit être prise pour point de départ de la proportion à établir entre les parties, quant à la condamnation aux dépens. En effet, l'art. 40 de la loi du 3 mai 1841, prévoyant le cas d'une divergence qui se réalise toujours, car autrement le Jury n'aurait pas de raison d'être, veut que les dépens soient supportés, par les parties, dans les proportions de leurs offres et de leurs demandes avec la décision du Jury. Dans les cas les plus ordinaires, les dépens sont réglés d'après les offres et les demandes faites en exécution des articles 23 et

(1) V. n. 299.
(2) V. n. 352.

ART. 37. 24 de la même loi ; mais lorsqu'une demande nouvelle surgit à l'audience, c'est sur elle que l'on devra établir la proportion. Il est évident que l'ancienne base devra être mise complètement de côté, car la partie intéressée l'a abandonnée.

Il faut en dire autant des offres nouvelles faites par l'administration. Du moment où elles se produisent, le Jury s'en empare, s'en sert pour arriver à la fixation de l'indemnité ; le magistrat directeur doit, à son tour, les prendre en considération dans le règlement des dépens. Par conséquent, les offres et demandes, portées nouvellement à l'audience, influeront puissamment sur la question des dépens, puisqu'elles forceront le directeur du Jury à déserter l'ancienne base de proportion pour en adopter une nouvelle

305. Après la production du tableau des offres et demandes, vient celle des plans qui doivent être mis sous les yeux du Jury, à peine de nullité. Aux termes de l'art. 42, l'infraction à cette disposition de l'art. 37 donne ouverture à cassation.

306. Il ne suffit pas de se conformer à la loi, dans la pratique ; il faut encore qu'il en conste. Il suit de là que la remise au Jury des plans parcellaires doit être mentionnée au procès-verbal. La Cour suprême, appelée à se prononcer sur une espèce dans laquelle on avait omis de prendre cette précaution, annula la décision du Jury. Par arrêt, en date du 26 février 1851, elle déclara que la production des plans parcellaires était une formalité substantielle dont l'observation devait être constatée par le procès-verbal (1). Il est inutile de rien ajouter.

307. La production des plans parcellaires n'est pas indispensable ; on peut y suppléer par toute autre pièce atteignant le même résultat. La Cour de cassation a jugé, par plusieurs arrêts, en date des 14 décembre 1842 (2), et 27 mars 1843 (3), que la production faite aux jurés d'un plan qui indique les parcelles à exproprier, leur nature, leur situation précise et le nom des propriétaires, remplit le vœu de l'art. 37.

(1) Dalloz, 1851. 1.157.
(2) Ibid, 1843. 1.156.
(3) Ibid., 1843. 1.189 — 217

Un autre arrêt, rendu le 29 mars 1858, porte qu'il n'est pas nécessaire de mettre sous les yeux du Jury les plans originaux, dressés en exécution de l'art. 4 de la loi du 3 mai 1841, et qui doivent rester déposés à la mairie de la commune où les propriétés sont situées ; qu'une simple copie des plans est suffisante, tant que l'exactitude n'en est pas contestée (1). Je crois, au reste, qu'on le pratique ainsi habituellement, et que de simples copies suffisent. Tout ce qu'on peut exiger, c'est qu'elles soient exactes. Il serait déraisonnable de demander davantage.

308. On met encore sous les yeux des jurés les titres et documents produits par les parties à l'appui de leurs prétentions, par exemple, les contrats d'acquisition, les baux à ferme ou à loyer, les extraits du cadastre, en un mot, tout ce qui peut servir à le renseigner sur la valeur de la propriété expropriée. Ordinairement les parties ne se font pas faute de productions de cette nature. Mais doit-on s'en tenir là, c'est-à-dire, se borner à produire les pièces énumérées dans l'art. 37, ou bien le Jury peut-il exiger qu'on lui communique la procédure dans son entier ?

Pour ma part, je n'y vois pas d'inconvénients, et je crois que l'on pourrait, sans faire tort à personne, satisfaire aux exigences du Jury. Plus il sera éclairé, meilleure sera sa décision. Il conviendrait même, ainsi que je l'ai dit plus haut, de lui communiquer les procès-verbaux d'évaluation des terrains, faits avant la réunion du Jury, par les agents de l'administration (2). Je sais qu'elle ne s'y prête pas volontiers, mais elle n'a qu'à les faire rédiger en conscience, ces documents pourront alors affronter la publicité.

Au demeurant, en dehors de ces procès-verbaux, je ne connais qu'un seul cas où le Jury pourrait trouver des renseignements utiles dans la production de pièces étrangères, en quelque sorte, à la procédure suivie devant lui. Je veux parler de l'hypothèse prévue par les art. 65 et suivants de la loi du 3

(1) Dalloz, 1858. 1.321.
(2) V. n. 78.

ART. 37   mai 1841, lesquels s'appliquent au cas où il y a urgence de prendre possession des terrains soumis à l'expropriation. Quand l'urgence est déclarée, le tribunal est appelé à fixer le montant de la
somme à consigner. Il peut, dans ce but et d'après les termes
de l'art. 68, se transporter sur les lieux, ou commettre un juge
pour visiter les terrains, recueillir tous les renseignements
propres à en déterminer la valeur, et en dresser, s'il y a lieu,
procès-verbal descriptif. Ce sont ces renseignements et procès-
verbaux dont le Jury pourra demander communication et dans
lesquels il lui sera permis de puiser des éléments de décision. Je
ne pense pas qu'il fût convenable de lui refuser cette communication, car il ne faut pas oublier que l'art. 37 l'autorise à régler
l'indemnité, tant à l'aide des débats oraux que sur le vu et
l'appréciation des pièces produites. Il peut tout voir et tout
consulter, à la différence du Jury criminel, auquel il est interdit
de prendre connaissance de certains actes de la procédure (1).

Les notes fournies par les parties et qui, à titre de documents,
doivent être remises au Jury, peuvent être écrites sur le tableau
des offres et demandes, sans qu'il en résulte une atteinte à
la publicité des débats. Ainsi jugé, par arrêt de la Cour suprême,
du 30 mars 1863 (2). L'arrêt suppose, évidemment, que les
questions soulevées par ces notes avaient été soumises à la discussion.

309. Après la production des pièces, le directeur du Jury
donne la parole aux parties ou à leurs fondés de pouvoir qui
peuvent présenter sommairement leurs observations.

L'art. 37 dit bien qu'elles seront sommaires, mais, en réalité,
ce sont de véritables plaidoiries, pareilles à celles qu'on entend
prononcer tous les jours devant les tribunaux. Elles n'amusent
guère et, surtout, elles sont loin d'être aussi instructives. Je n'ai
pas à m'expliquer ici sur leur utilité, fort douteuse, à mon avis ;
je constate un fait. Cependant, malgré l'apparente latitude que
l'art. 37 donne sur ce point, à la défense, il appartient au di-

(1) Art. 341. C. inst. crim.
(2) Dalloz, 1863. 1.255.

recteur du Jury de limiter les plaidoiries et de les rappeler à leur but, lorsqu'elles s'en écartent. Sans doute, les parties et leurs avocats peuvent dire tout ce qui est utile à leur cause, mais ce droit est subordonné à l'appréciation du magistrat directeur, de même, qu'au criminel, il est exercé sous la surveillance du président de la Cour d'assises. Je conseille néanmoins aux directeurs de Jury de diriger les débats avec la plus grande circonspection, et de bien se garder de rien dire qui puisse ressembler à une intervention personnelle dans la décision à intervenir, lorsqu'ils tenteront de réfréner la brillante, mais inutile faconde d'un avocat. J'en ai donné ci-dessus un exemple qui m'est personnel, quand je fis casser la décision d'un Jury que je présidais, pour avoir dit à l'avocat plaidant qu'il insistait un peu trop sur un moyen qui n'était pas sérieux (1). En pareille occurrence, le magistrat directeur, se souvenant qu'on ne plaide pas pour lui, puisqu'il ne juge pas, ne s'endormira pas, parce que cela serait indécent, bien que ce fût sans conséquence, mais il pourra bayer aux corneilles, faire des châteaux en Espagne ; ou bien, si la plaidoirie lui agace les nerfs, il se bouchera les oreilles. Il attendra que le Jury, perdant patience, le somme de faire finir les débats. Fort de cet appui, il pourra alors exercer son pouvoir discrétionnaire dans toute son étendue. Mais pas de vivacités, s'il vous plaît, car elles peuvent mener loin !

310. Pour être admis à défendre devant le Jury, il n'est pas nécessaire d'être porteur d'un pouvoir spécial ou général ; il suffit d'avoir intérêt à la discussion, ou d'être avocat ou avoué de la partie. Les expressions de *fondé de pouvoir*, employées par l'art. 37, ne sont pas restrictives. La qualité d'avocat, surtout, fait présumer que celui qui en est revêtu se présente avec le consentement de la partie pour laquelle il plaide (2).

311. L'administration peut présenter ses observations par l'organe de ses agents (3). Quant à ceux-ci, leur qualité justifie

(1) V. n. 4.
(2) Delalleau. — N° 569. p. 372.
(3) Ibid. — Ibid., — Dalloz, dict. G. loc. cit. n. 376.

ART. 37. suffisamment de l'autorisation qu'ils ont d'intervenir dans la cause. Mais le concessionnaire, s'il ne juge pas à propos de se défendre lui-même, doit employer le ministère d'un avocat ou d'un avoué. Seulement, il est à remarquer que, en matière d'expropriation, le ministère des avoués est interdit, en ce sens que leurs honoraires ne passent pas en taxe, et qu'ils doivent être réglés par la partie qui les emploie, car, quand un avoué occupe, il est simple mandataire. Ainsi jugé, par la Cour de cassation, le 15 janvier 1855, pour l'avoué de l'administration (1). Par la même raison, cet arrêt doit s'appliquer aussi à l'avoué de l'exproprié.

Il serait à désirer que l'administration se fît toujours représenter par un avocat. A ma connaissance, il y a eu un cas où, par sa négligence à se défendre, elle souffrit un grave préjudice. Il conviendrait aussi qu'elle fût représentée par le même avocat dans toutes les affaires de même nature, au lieu de confier sa défense à plusieurs. Là, comme partout, il faut unité de direction et d'action.

Sans parler de la passivité du magistrat directeur, qui n'est là, pour ainsi dire, que *ad honores*, il est grandement à regretter que la loi n'ait pas cru devoir lui adjoindre un officier du ministère public. Cette défiance de l'administration, qui a voulu tout faire par elle-même, tout attribuer à ses agents, a, plus d'une fois, produit de mauvais résultats.

312. L'art. 37 ne distingue pas entre les diverses espèces de pouvoirs. Il en résulte que le mandat général vaut autant que le mandat spécial. La Cour suprême s'est prononcée en ce sens, par arrêt du 26 août 1861 : elle a jugé que le pouvoir général du mandataire oblige le mandant (2). Par conséquent, celui-ci devra tenir pour bon tout ce que le premier aura fait.

313. Le mandat peut être tacite. Par exemple, un exproprié peut être réputé avoir donné mandat à un co-intéressé (son frère) autre exproprié, de le représenter devant le Jury, lors-

(1) Dalloz, 1855. 1.168.
(2) Ibid., 1861. 1.399. — V. n. 400.

que le co-intéressé, avec lequel il a constamment agi de concert ART. 37. durant toute la procédure, a figuré aux débats dans l'intérêt collectif des deux expropriés. Ainsi, le consentement donné par un mandataire verbal ou tacite au classement de plusieurs affaires dans une même catégorie, est obligatoire pour l'exproprié, son mandant. Ainsi la cession amiable de parcelles de terrain non comprises dans le jugement d'expropriation, avec convention que le Jury fixera l'indemnité due pour cette cession, en même temps que celle relative aux parcelles frappées d'expropriation, a pu être consentie par un exproprié, tant en son nom qu'au nom d'un autre exproprié, si le mandat tacite résulte des circonstances ; par exemple, si, dans le cours de la procédure, tous les deux ont agi constamment de concert. Ces diverses propositions résultent d'un arrêt de la Cour de cassation, en date du 6 août 1856 (1).

Autre exemple : La même Cour a jugé, par arrêt du 20 août 1860, qu'une renonciation tacite consentie devant le Jury, par un mandataire, sans pouvoir spécial, est opposable à l'exproprié, s'il est constaté au procès-verbal que les opérations du Jury ont été faites en sa présence, et sous ses conclusions (2). Mais il faut que le mandat tacite résulte des circonstances. S'il y avait doute sur ce point, les opérations seraient frappées de nullité. En conséquence, un autre arrêt, en date du 5 février 1862, jugea que la décision du Jury est nulle si elle n'a pas été rendue avec le véritable propriétaire (3).

Enfin, un autre arrêt plus ancien, reconnaissant le caractère de mandataire tacite dans la qualité de certains fonctionnaires, déclara que le maire d'une commune qui devait contribuer au paiement de l'indemnité, avait un intérêt légal pour se présenter aux débats et combattre les prétentions de l'indemnitaire (4).

(1) Dalloz, 1856. 1.331.
(2) Ibid., 1860. 1.415.
(3) Ibid., 1862. 1.378.
(4) Ibid., 1844. 1.252.

ART. 37. 314. Si le mandat est spécial, le mandataire ne doit pas en sortir, car, dans ce cas, ses pouvoirs sont limités. En les excédant, il donne ouverture à cassation. Ainsi, la Cour suprême jugea, par arrêts du 3 janvier 1848 et 15 janvier 1849, que le mandat donné par l'exproprié pour poursuivre le réglement de l'indemnité due à raison de parcelles de terrain dont l'expropriation a été prononcée, est insuffisant pour autoriser le mandataire à consentir la cession d'une autre parcelle non comprise dans cette expropriation ; et que, par suite, la décision du Jury est nulle, si le réglement d'indemnité qu'elle renferme porte, à la fois, sur les parcelles expropriées et sur celles qui ne l'ont pas été (1). Rien de plus juste et de plus conforme aux principes que ces deux arrêts.

315. Le directeur du Jury ne doit pas oublier qu'il a la police de l'audience (2). Par conséquent, c'est son droit et son devoir de réprimer et de punir, en se conformant aux lois, tout délit qui serait commis à l'audience, ainsi que toute marque d'improbation (3).

316. Il doit, quand il en est requis, constater les faits qui se produisent pendant les débats, en donner acte et en faire mention au procès-verbal. Cette obligation est de la plus stricte justice, car il est certains faits dont les parties peuvent s'emparer pour s'en faire un grief de cassation, et le magistrat directeur les priverait de ce droit si, méconnaissant ses devoirs, il s'obstinait à passer sous silence des faits dont les intéressés pourraient tirer avantage. D'ailleurs, l'instruction ayant lieu en public, il s'exposerait à voir attaquer son procès-verbal par la voie de l'inscription de faux, remède extrême il est vrai, mais de nature à compromettre gravement la responsabilité du magistrat. Ainsi, appuyant ce que je viens de dire par un exemple, je citerai un arrêt de la Cour de cassation, du 19 février 1855, lequel porte que le magistrat directeur doit, s'il en est requis,

(1) Dalloz, 1848. 1.153. — 1849. 1.83.
(2) Art. 267. C. Inst. Crim.
(3) Art. 504 et s. C. Inst. Crim. — 89. C. Proc. Civ.

constater que l'un des jurés a communiqué avec l'une des par- ART. 37.
ties pendant la délibération (1).

317. Au magistrat directeur appartient d'interroger les témoins lorsqu'il en est produit devant le Jury : toutefois, les
jurés peuvent leur adresser des interpellations, en lui demandant préalablement la parole (2). Il peut, également, rejeter
tout ce qui tendrait à prolonger inutilement les débats (3). Mais
je lui conseille de mettre une grande circonspection dans l'exercice de ce droit. S'il s'agit surtout de retirer la parole à un avocat, qu'il n'agisse jamais qu'avec le concours du Jury : *Experto
crede Roberto*.

318. Mais il n'a pas le pouvoir discrétionnaire que les art. 268
et 269, C. intr. crim., confèrent au président de la Cour d'assises. Ce pouvoir, quelquefois exorbitant, ne pourrait lui appartenir qu'en vertu d'une disposition légale qu'on ne trouve pas
dans la loi spéciale. Sur ce point cessent les relations existantes
entre la loi du 3 mai 1841 et la partie du Code d'instruction
criminelle qui traite de la procédure devant les cours d'assises.

319. Le Jury n'est pas contraint de former sa conviction
rien que sur l'examen des pièces produites, ainsi que sur les
observations présentées par les parties ou par leurs fondés de
pouvoirs ; il lui est encore loisible d'entendre toutes les personnes qu'il croira capables de l'éclairer. Ainsi, il lui est permis
de faire appeler des témoins pour les interroger sur certains
faits qu'il voudra connaître. Si, parfois, les jurés ont besoin
de renseignements sur un point qui ne peut être apprécié que
par une personne possédant des connaissances spéciales, ils
pourront la mander afin qu'elle ait à s'en expliquer devant eux,
et si la personne appelée ne peut répondre aux questions qui
lui sont faites, on renverra la séance au lendemain, afin de
lui donner le temps de préparer sa réponse. Mais, dans aucun
cas, on ne pourra l'interroger sur le montant de l'indemnité

(1) Dalloz, 1855. 1.132.
(2) Art. 319. C. Inst. Crim.
(3) Art. 370. ibid.

ART. 37. à accorder, ce serait faire résoudre la question par une personne que la loi n'a pas chargée de ce soin (1). Au reste, la latitude donnée au Jury sur le choix des moyens à employer pour former sa conviction est telle, que la Cour de cassation jugea, par arrêt du 26 avril 1843, qu'il peut entendre toutes sortes de personnes, même l'expert de l'administration (2).

320. Cependant le Jury n'a pas le droit d'ordonner une expertise proprement dite. On en donne une bonne raison ; c'est qu'un pareil moyen d'instruction entraînerait des frais et des lenteurs que la loi a positivement voulu repousser (3). Ainsi, il ne pourra ordonner que des experts seront chargés de remplir une mission spéciale, ce qui impliquerait de leur part prestation de serment, procès-verbal de leurs opérations et remise de cette pièce sous les yeux du Jury, formalités incompatibles avec la prompte expédition des affaires.

321. L'audition des témoins n'aura lieu qu'en vertu d'une délibération régulière du Jury, dont il devra conster au procès-verbal. Cela résulte explicitement de l'art. 37, car, pour que des témoins puissent être produits, il faut que le Jury ait expressément déclaré qu'il croyait pouvoir être éclairé par leurs déclarations. Par conséquent, les parties, pas même l'administration, ne seraient pas recevables à faire entendre des témoins, sans l'assentiment du Jury. Mais il ne suffirait pas de l'opinion d'un ou même de plusieurs jurés, pour que la comparution des témoins fût ordonnée, il faudrait que la majorité du Jury en eût formellement émis le vœu, sinon, le magistrat directeur ne devrait pas prendre en considération une pareille demande. Si le juré qui l'a faite y persiste, ses collègues en décideront. Dans tous les cas, leur décision sera portée à la connaissance des parties par une ordonnance du magistrat directeur qui assignera jour et heure pour la comparution des témoins.

(1) Delalleau. n. 572. p. 373.
(2) Dalloz, 1843. 1.266.
(3) Delalleau, ibid.

322. L'assignation des personnes que le Jury désire entendre ART. 37. sera naturellement confiée aux soins de la partie qui se prévaut de leur témoignage. Cette assignation sera faite en la forme voulue par le Code de procédure civile, car la juridiction établie par la loi du 3 mai 1841 participe de la justice civile, par la nature des affaires dont elle s'occupe et des actes de sa procédure (1), et elle sera remise par un huissier ou par un agent de l'administration (2). Elle pourra même être donnée par simple avertissement du magistrat directeur, s'il estime que les témoins défèreront à son invitation. Cette assignation devra être donnée à personne ou à domicile, au moins vingt-quatre heures à l'avance, en y ajoutant le délai pour les distances, sans qu'il soit nécessaire d'y énoncer les faits sur lesquels les témoins seront interrogés. Mais si l'on veut que les témoins apportent quelques pièces, il sera bon de les en prévenir (3). Au demeurant, cités ou non cités, dans les délais ou hors des délais, il suffit que les témoins comparaissent pour qu'ils soient entendus.

323. L'audition des témoins aura lieu de la manière ordinaire, c'est-à-dire, qu'ils déposeront séparément et en l'absence les uns des autres. Sur ce point, ainsi qu'en ce qui concerne l'assignation en force de laquelle ils comparaissent, on suivra les règles tracées par le Code de procédure civile (4).

La publicité est de l'essence des débats. Par conséquent, l'audition des témoins sera publique, à peine de nullité. Cette remarque paraîtra oiseuse, tellement la vérité de la proposition que j'énonce est triviale. Cependant je puis citer l'exemple récent d'un cas où on l'a méconnue. Un arrêt de la Cour de cassation, en date du 16 décembre 1862, porte que, la délibération du Jury est nulle, lorsqu'il résulte du procès-verbal que, après la clôture de l'instruction et lorsque les jurés s'étaient retirés dans la chambre du conseil pour délibérer, ils ont appelé

(1) Delalleau. n. 724. p. 459. — Dalloz, dict. G. loc. cit. n. 381.
(2) Art. 57. Loi. 3 mai 1841.
(3) Art. 260. C. Proc. Civ. — Delalleau. n. 575. p. 375.
(4) Delalleau, ibid.

ART. 37. et entendu plusieurs personnes, hors la présence du magistrat directeur et des parties, sans discussion et à huis clos (1).

Un autre arrêt de la même Cour, ayant une grande analogie avec celui que je viens de citer, a jugé que le fait, par le Jury, d'appeler dans la salle des délibérations l'une des parties, pour avoir des renseignements, sans y appeler l'autre partie, constitue une continuation des débats, après clôture, sans publicité et non contradictoire, et entraîne nullité de la décision. L'arrêt est du 9 décembre 1856 (2). Dans l'espèce, en supposant que la partie adverse eût été présente, il aurait suffi de l'absence du magistrat directeur pour annuler la décision du Jury, car on ne peut procéder aux débats sans lui.

324. On se conformera au Code de procédure civile, en ce qui concerne l'aptitude des témoins à déposer. Par conséquent, on sera recevable à les reprocher pour cause de parenté ou d'alliance, avec les parties, aux degrés prohibés (3). Delalleau prétend que, malgré la parenté ou l'alliance constatées, le Jury peut admettre le témoin reproché à déposer, parce qu'il ne lui est pas défendu d'entendre des personnes reprochables (4). Sans doute, la loi ne le lui a pas défendu, mais ce n'est pas une raison pour que cela soit permis. Ainsi, elle n'a pas dit que le juré, parent ou allié des parties, serait écarté du Jury de jugement; cependant la Cour suprême a jugé que la présence d'un pareil juré vicie les opérations du Jury (5). Je pourrais en donner bien d'autres exemples. J'estime, en conséquence, que le magistrat directeur devra s'opposer à l'audition des témoins reprochables, à moins que les parties consentissent à leur audition. Dans ce cas, il devra être fait mention au procès-verbal de leur consentement.

325. Le témoin régulièrement cité et qui ne comparaît pas, doit être condamné à l'amende de cent francs, au plus, en

(1) Dalloz, 1862. 1.544.
(2) Ibid., 1856. 1.437.
(3) Art. 283 C. Proc. Civile.
(4) N° 579. — p. 376.
(5) V. n. 193 et suivants.

vertu de l'article 263 C. proc. civile. Cet article est applicable ART. 37. ici, car il est la sanction de l'art. 37 de la loi du 3 mai 1841 : en effet, l'appel des témoins serait inutile, et la faculté d'ordonner leur audition serait illusoire, si l'on n'avait pas les moyens de les contraindre à obéir à la citation. L'amende sera, dans ce cas, prononcée par le magistrat directeur (1). Mais il faudra que le témoin ait été cité ; un simple avertissement ne suffirait pas pour autoriser une condamnation à l'amende.

326. Les témoins devront prêter serment. Telle est la disposition de l'article 262 C. proc. civile. En principe, toute personne admise à déposer en justice est tenue de prêter serment. Cependant, d'après Delalleau, cette formalité ne serait pas de rigueur et il ne résulterait pas nullité de son omission (2). Il se fonde sur ce que la loi du 3 mai 1841 ne prescrit pas la formalité du serment. Mais il est permis de douter que cette raison soit bonne. J'inclinerais pour l'opinion opposée, malgré le silence de l'art. 37, parce que cet article, en disant que le Jury pourra entendre des témoins, suppose qu'on procèdera à leur audition suivant les règles ordinaires, qui sont celles du Code de procédure civile. Ainsi, le même auteur dit encore que les témoins, qui refuseraient de prêter serment, devraient être entendus, sans qu'on pût leur infliger une peine pour leur refus (3). Je crois, au contraire, que le refus de prestation de serment devrait être assimilé au défaut de comparution, et que le témoin aurait encouru, par ce fait, une condamnation à l'amende.

327. Les témoins, avant d'être entendus, seront interrogés sur leurs noms, prénoms, profession, âge, demeure ; s'ils sont parents ou alliés des parties, et à quel degré ; s'ils sont domestiques ou au service de l'une d'elles. Les réponses à ces diverses questions indiquent le degré de confiance que le Jury doit accorder à leurs dépositions (4).

(1) Delalleau. n. 577. p. 375.
(2) Ibid.   n. 578. p. 376.
(3) Ibid.
(4) Ibid.

ART. 37.   328. Il n'est pas nécessaire que le greffier tienne note des
dépositions des témoins. Il se contentera de mentionner dans
le procès-verbal de la séance les personnes qui auront été entendues avec ou sans prestation de serment. On devra, pour
cela, se conformer aux dispositions de l'art. 318 C. instr. crim.,
plutôt qu'à celles de l'article 271 C. proc. civile. La consignation par écrit de la déposition des témoins entraînerait des longueurs et une perte de temps considérable. Tel est l'avis de
Delalleau (1) ; en outre, elle serait inutile, par la raison qu'on
ne peut demander au Jury compte de son opinion.

329. On aura soin, ainsi que cela se pratique en matière criminelle, d'empêcher les témoins de communiquer entre eux
pendant l'instruction, de telle sorte que ceux qui ont été entendus ne retournent pas dans la chambre où se tiennent les
témoins qui n'ont pas encore déposé ; autrement ceux-ci pourraient être influencés par les récits des premiers. Rien n'obli-
gera pourtant à garder les témoins à vue.

330. Les témoins entendus devant le Jury auront droit à l'indemnité réglée par les articles 19 et 20 de l'ordonnance du 18
septembre 1833. Il ne serait pas juste, en effet, qu'ils se dépla-
çassent à leurs frais et qu'ils fussent obligés d'abandonner,
gratis, leurs occupations habituelles.

331. Indépendamment des témoins que le Jury est en droit
de faire appeler, il peut encore ordonner son transport sur les
lieux, ou déléguer, à cet effet, un ou plusieurs de ses membres,
pour les visiter. Il communiquera ses intentions au magistrat
directeur et celui-ci constatera le transport sur le procès-verbal.
Dans ce cas, il lèvera la séance et en ordonnera le renvoi au
même jour, ou au jour suivant, selon qu'il écherra. Mention
de ce renvoi sera encore faite au procès-verbal, avec indication de l'heure.

Cependant la Cour suprême a jugé, par arrêt du 14 avril
1858, que la mention au procès-verbal des débats, d'une visite

(1) N° 581. p. 376.

des lieux, n'était pas prescrite à peine de nullité (1). Je crois ART. 37. néanmoins que le magistrat directeur agira prudemment en faisant faire cette mention. Le procès-verbal devant être l'image fidèle de ce qui s'est passé devant le Jury.

Il n'est pas indispensable que la reprise des débats ait lieu immédiatement après la visite, ou le jour suivant ; elle peut être renvoyée à plusieurs jours. La Cour de cassation a jugé en ce sens , par arrêt du 9 février 1857 (2). Mais, en général, entre le transport des jurés et la reprise des débats, il ne doit y avoir d'autre intervalle que celui qui est nécessaire pour effectuer la visite et pour donner aux jurés le temps de se reposer.

332. J'ai dit que lorsque le Jury désirait visiter les lieux, il devait communiquer ses intentions au magistrat directeur ; et que celui-ci constatait le fait du transport sur le procès-verbal. Ordinairement, c'est ainsi que l'on agit dans la pratique. Cependant rien n'empêche le Jury, en prenant cette décision, d'en faire conster par écrit, pourvu qu'elle porte la signature de tous ses membres. Dans un cas pareil, la Cour suprème jugea, par arrêt du 11 février 1861, que si cette décision ne portait pas le visa du magistrat directeur et du greffier, et que si la teneur n'en avait pas été textuellement insérée au procès-verbal, l'existence et la régularité de cette décision , la connaissance qu'en avaient eue les parties , et l'exécution qu'elle avait reçue, étaient pleinement attestées par les énonciations précises du procès-verbal (3). Cet arrêt est irréprochable ; car la mention de la visite sur le procès-verbal aurait pleinement satisfait aux exigences de la loi.

333. L'art. 37, en autorisant le Jury à se transporter sur les lieux , ne s'occupe nullement de la manière dont ce transport sera constaté. L'arrêt du 11 février 1861 ci-dessus cité en est un exemple. En conséquence, la Cour de cassation a jugé, par arrêt du 12 mars 1856, que le transport n'est assujéti à aucune

(1) Dalloz, 1858. 1.322.
(2) Ibid., 1857. 1.70. — V. N. 347.
(3) Ibid., 1861. 1.135.

ART. 37. forme particulière de constatation sur le procès-verbal, et qu'il suffit que les parties aient pu produire leurs observations et défenses (1).

Il a encore été jugé, par la même Cour, que le transport du Jury ne peut être considéré comme n'ayant pas été précédé d'une délibération faite librement, par cela seul qu'il a eu lieu sur l'*invitation* du magistrat directeur, après une demande expresse des parties. L'arrêt est du 5 mai 1857 (2). Il en résulte qu'il n'est pas nécessaire que le transport soit le résultat d'une délibération prise spontanément par le Jury, que les parties peuvent le provoquer, et que le magistrat directeur a le droit d'y inviter le Jury. Mais on comprend qu'il lui est interdit de l'ordonner.

334. La loi n'exige pas que le transport du Jury se fasse avec l'assistance du magistrat directeur. La Cour de Cassation s'est exprimée sur ce point d'une manière précise, par son arrêt du 11 janvier 1854 (3). Déjà elle avait jugé de même par un autre arrêt du 27 mars 1843 (4), rendu dans une espèce où la visite des lieux avait été faite par des délégués du Jury. La raison de ces décisions est évidente : c'est que le magistrat directeur ne participant pas à la décision du Jury, sa présence sur les lieux ne serait d'aucune utilité. Cependant, s'il assistait à la visite, il n'y aurait pas nullité (5). Je connais des magistrats qui se sont toujours fait un devoir d'accompagner le Jury. Quant à moi, je procède différemment. Je ne vais que là où j'ai affaire.

Mais ce qui est vrai pour le directeur du Jury assemblé en vertu de la loi du 3 mai 1841, ne l'est plus lorsqu'il s'agit du Jury dont la réunion est provoquée conformément à l'art. 16 de la loi du 3 mai 1836 sur les chemins vicinaux. Dans ce der-

(1) Dalloz, 1856. 1.169.
(2) Ibid., 1857. 1.166.
(3) Ibid., 1854. 1.238.
(4) Ibid., 1843. 1.217.
(5) Arrêt. C. c. 7 février 1837. — Dalloz, dict. G. loc. cit., n.389.

nier cas , le magistrat directeur doit assister à la visite des lieux , ART. 37.
par le motif qu'il peut être appelé à prendre part à la délibération
du Jury.

335. Ordinairement le Jury commence par procéder à la visite
des lieux, quand elle est utile. Il s'ensuit qu'il doit , préalablement , avoir prêté serment. Cette formalité est indispensable
pour l'habiliter à remplir ses fonctions. La Cour de Cassation
jugea , par arrêt du 29 novembre 1847 , qu'il y aurait nullité
si le Jury procédait à l'examen des lieux, avant d'avoir prêté
serment (1).

336. La décision du Jury , ordonnant le transport , ou, à son
défaut , l'ordonnance du magistrat directeur qui le constate et
renvoie la séance , doit indiquer le jour et l'heure du transport.
Cependant, le manque de précision dans cette indication n'entraînerait pas nullité , s'il résultait des circonstances que les parties n'ont pu ignorer le jour et l'heure où la visite devait s'effectuer. Par exemple , un arrêt de la Cour de Cassation du 18
novembre 1846 , a jugé que la décision du Jury qui ordonne
qu'il se transportera sur les lieux et que l'audience est continuée pour le même jour , contient une indication suffisante, du
moment où la descente doit être effectuée (2). Le même arrêt
porte, de plus, qu'il n'est pas besoin de signifier cette décision
à la partie défaillante. Enfin , comme dans l'espèce de cet arrêt,
la visite n'avait eu lieu qu'après la clôture des débats, il y fut
dit que le Jury avait pu , après cette visite , entrer en délibération , sans que le magistrat directeur prononçât de nouveau la
clôture des débats.

337. Une question fort délicate , à cause des variations que
l'on remarque dans la jurisprudence de la Cour suprême, consiste à savoir si , abstraction des cas où la visite est faite par des
délégués , tous les jurés sont tenus d'y assister.
La négative résulte d'un arrêt , en date du 21 juin 1842 , le-

(1) Dalloz, 1848. 1.159.
(2) Ibid. , 1847. 1. 77.

ART. 37. quel a décidé que, lorsque le Jury a ordonné son transport sur les lieux contentieux, il n'est pas nécessaire que tous les jurés assistent à la visite, parce que ceux des jurés qui ont fait cette démarche, transmettent aux autres les lumières qu'ils ont recueillies; que, tout au plus, pourrait-on récuser le juré qui n'aurait pas assisté à la visite (1).

Je ne vois pas trop comment il pourrait se faire qu'on récusât le juré qui n'aurait pas assisté à la visite; mais passons là-dessus. Un autre arrêt, rendu le 9 novembre 1857, contient des motifs plus juridiques. Il a jugé que le Jury peut se dispenser de visiter les lieux expropriés, à raison de la connaissance extrinsèque que les jurés ou quelques-uns d'entre eux peuvent en avoir (2). Le considérant de l'arrêt est ainsi conçu : — Attendu que la visite des lieux par le Jury est facultative, aux termes de l'art. 37 de la loi du 3 mai 1841 ; que, lorsque le Jury décide qu'il ne se transportera pas sur les lieux, il ne fait qu'user de cette faculté, ainsi que la loi l'y autorise; qu'il importe peu que, pour ne pas faire cette visite, il se détermine par la connaissance extrinsèque que les jurés, ou quelques-uns d'entre eux, peuvent avoir d'ailleurs de l'état des lieux : rejette. Il n'y a rien à dire contre cet arrêt, par la raison que le Jury forme sa conviction comme il l'entend, et que personne n'a le droit de lui en demander compte. Mais ce motif même fait qu'il ne s'applique pas bien à la question que je traite.

Il existe un arrêt, en date du 9 février 1857, qui s'en rapproche davantage, bien qu'il ne la résolve que par dérogation à un principe qu'il tient pour constant. Cet arrêt décide que tous les jurés doivent, à peine de nullité, assister à la visite des lieux, quand il a été ordonné qu'elle serait faite par le Jury en corps, et non par délégation : mais que l'absence de quelques-uns d'entre eux, pendant une partie de la visite, ne les rend pas incapables de concourir à la délibération, si elle a été causée par un accident de force majeure, et si elle n'a été l'objet d'aucune

(1) Dalloz, 1842. 1.272.
(2) Ibid., 1858. 1.82.

réclamation (1). — Dans l'espèce, un des jurés s'était blessé en ART. 37. se rendant sur les lieux, et n'avait pu assister à la visite que le troisième jour.

Cet arrêt est loin d'avoir la même force que celui du 21 juin 1842, puisqu'il fait présumer qu'il y aurait eu nullité, si les parties avaient réclamé, et que la force majeure n'aurait pas suffi à valider les opérations du Jury. Mais les décisions rendues en sens contraire, sont bien autrement nombreuses, nettes et catégoriques.

Un arrêt du 26 mars 1850, a jugé que la décision du jury, rendue avec le concours de jurés qui n'ont point assisté à la visite du terrain faite par le Jury, est nulle (2). Un second arrêt, rendu le 8 juillet 1856, a jugé dans le même sens et s'est servi de termes identiques Mais il a décidé, de plus, que, dans ce cas, la nullité pouvait être invoquée par l'exproprié qui n'avait réclamé ni contre la visite faite par les seuls jurés présents, ni contre la participation des jurés absents à la fixation de l'indemnité, *lorsque c'est en vertu d'une ordonnance du magistrat directeur que la visite a eu lieu, malgré l'absence de quelques-uns des jurés* (3).

Ceci est important, car il en résulte que si la visite a lieu en vertu d'une ordonnance du magistrat directeur, le défaut de réclamation de la part de l'exproprié ne couvrira pas la nullité, parce que, comme dit l'arrêt, l'obéissance des parties à cette ordonnance n'équivaut pas à une adhésion tacite à la procédure qui en a fait l'objet.

Cette conséquence pourrait être sujette à contestation, mais cela importe peu, parce que, en définitive, le principe proclamé par l'arrêt est incontestable. Il est évident, en effet, que le juré qui n'a pas vu les lieux, est obligé de s'en rapporter à ses collègues, ou bien de juger un peu au hasard. Mais, une autre conséquence, fort singulière, ressort de l'arrêt du 8 juillet 1856.

(1) Dalloz, 1857. 1.70.
(2) Ibid., 1850. 1.85.
(3) Ibid., 1856. 1.294.

ART. 37. Cet arrêt à la main, on pourrait soutenir que la décision eût été contraire, si la visite avait été faite spontanément par le Jury, sans être provoquée par une ordonnance du magistrat directeur. Je suppose, par exemple, que dans l'intervalle de deux séances, partie du Jury se soit transportée sur les lieux contentieux. Ce serait alors le cas de dire, avec l'arrêt du 9 novembre 1857, que le Jury peut se déterminer par la connaissance extrinsèque que quelques-uns d'entre eux peuvent avoir de l'état des lieux. J'ajoute que, lorsque le Jury est laissé à lui-même, nul n'a le droit de trouver à redire à la manière dont il forme sa conviction.

S'il en est ainsi, et je crois que la conséquence que je tire de l'arrêt du 8 juillet 1856, ne peut guère être contestée, il faudrait dire que la visite des lieux, faite sans qu'il soit intervenu d'ordonnance du magistrat directeur, et opérée malgré l'absence de plusieurs des jurés, n'entraînerait pas nullité, mais que la solution devrait être différente, dans le cas inverse. Ainsi, ayant à statuer dans la première hypothèse, la Cour de cassation jugea, par arrêt du 5 mai 1856, que, les irrégularités commises dans une visite des lieux (défaut d'assistance de plusieurs jurés), sans que le Jury eût usé, en faveur des jurés seuls présents, de son pouvoir de délégation, ne constituaient pas nullité, si elles n'avaient été relevées lors de la reprise des débats, ni constatées sur le procès-verbal des opérations du Jury (1). Ce dernier motif suffisait; car, à moins de recourir à l'inscription de faux, il était impossible à la partie de se pourvoir en cassation sous le prétexte de prétendues irrégularités dont le procès-verbal ne pouvait faire soupçonner l'existence. En effet, s'il ne parle pas de la visite, il importe peu qu'elle soit faite régulièrement ou irrégulièrement. Le Jury formant sa conviction ainsi qu'il l'entend.

Quoi qu'il en soit, le principe voulant que tous les jurés assistent à la visite des lieux, étant fondé en raison et en droit, est incontestable. Il a reçu une nouvelle consécration, par un

(1) Dalloz, 1856. 1.302.

arrêt de la Cour suprême, rendu le 18 juin 1861. Cet arrêt ART. 37. juge que la dispense accordée à un juré, par les autres jurés, d'assister à la visite des lieux, emporte, de la part du Jury, délégation, pour les autres jurés, du droit de procéder à l'opération en l'absence du juré dispensé, qui conserve, dès lors, le pouvoir de concourir au jugement de l'affaire (1). Ici, l'exception confirme la règle.

338. La visite officieuse faite par plusieurs jurés n'entraîne pas nullité. Cela se comprend sans peine, car on ne peut empêcher les jurés agissant, soit individuellement, soit en corps, de se renseigner, ainsi qu'ils le jugeront convenable, avant l'ouverture des débats. En voici des exemples :

Un arrêt de la Cour de cassation, en date du 26 avril 1843, porte que, la descente faite par les citoyens qui doivent composer le Jury, avant la formation du Jury et la prestation du serment, constitue une démarche privée, purement officieuse, qui ne peut être assimilée à la visite des lieux autorisés par l'art. 37; et que, par suite, elle ne peut fonder une cause de nullité des opérations postérieures (2). Ou je me trompe fort, ou il faut en dire autant de la visite faite individuellement par les jurés durant les débats.

Jugé, par un autre arrêt, du 30 juillet 1856, que le transport sur les lieux de quelques-uns des jurés, avant la constitution du Jury de jugement, à une époque où les jurés, membres d'un autre Jury, procédaient officiellement à la visite d'autres propriétés, n'a qu'un caractère officieux, et n'est pas une cause de nullité (3). Un arrêt postérieur, en date du 21 juillet 1858, a jugé dans le même sens (4).

Une visite des lieux faite par un Jury avant la réunion et la prestation du serment des jurés n'est pas une cause de nullité, si elle a le caractère d'une démarche purement officieuse, et,

(1) Dalloz, 1861. 1.288.
(2) Ibid., 1843. 1.266.
(3) Ibid., 1856. 1.295.
(4) Ibid., 1858. 1.326.

ART. 37. par suite, il n'y a pas lieu d'admettre comme mode de preuve de ce fait l'inscription de faux contre le procès-verbal qui n'en fait pas mention. Ainsi jugé, le 5 mars 1861 (1).

Les visites des lieux auxquels les jurés se sont livrés avant l'ouverture des débats, et qui ont été suivies des réunions de ces jurés dans la salle de la mairie et dans la chambre du conseil du Tribunal, ne sont pas une cause de nullité, si rien ne constate que les réunions aient été consacrées à des délibérations. Jugé en ce sens, par arrêt du 9 juin 1861 (2).

Enfin, un dernier arrêt, rendu le 21 août 1861, décide que la visite des lieux par le Jury, avant sa constitution et la prestation du serment par les jurés, est présumée avoir un caractère purement officieux, et, dès lors, n'est pas une cause de nullité comme émanée d'un Jury n'ayant point encore qualité pour faire des actes d'instruction, s'il n'en est pas fait mention sur le procès-verbal des opérations du Jury (3). On voit que cet arrêt porte un correctif ; mais lors même que le procès-verbal aurait parlé de cette visite, cela ne lui enleverait pas son caractère officieux, le seul qui pût lui être assigné, puisqu'elle avait eu lieu avant la constitution du Jury.

339. Il arrive quelquefois que le Jury se transporte sur les lieux après la clôture des débats ; procédé que je me garderai bien de recommander, car le transport préalable vaut mieux, puisqu'il rend les observations faites par les parties beaucoup plus compréhensibles. Dans ce cas, le magistrat directeur doit rouvrir les débats, à peine de nullité. Ainsi jugé, par arrêt de la Cour de cassation, du 4 juillet 1855 (4). Mais cette réouverture n'a pas besoin d'être expressément déclarée ; elle peut résulter de termes équipollents ; par exemple, elle résulte suffisamment de la mention faite au procès-verbal que, l'examen des lieux terminé, les jurés se sont rendus au palais de justice, où la

(1) Dalloz, 1861. 1.181.
(2) Ibid., 1861. 1.286.
(3) Ibid., 1861. 1.399.
(4) Ibid., 1855. 1.284.

séance a été reprise en audience publique. Jugé, en ce sens, par un arrêt du 25 juillet 1855 (1). Cet arrêt ajoute que, dans ce cas, une déclaration nouvelle de clôture n'est pas assujétie à une mention expresse sur le procès-verbal. Un arrêt antérieur, ci-dessus cité, a jugé de la même manière (2).

340. Lorsqu'il existe des Jurys distincts, composés de personnes différentes, ils doivent procéder séparément; ils ne peuvent faire en commun aucun acte d'instruction. C'est ce qui fut jugé par la Cour de cassation, le 2 décembre 1846 (3). Il serait à craindre, dans ce cas, que l'opinion des uns influât sur celle des autres; mais d'après la jurisprudence de la même Cour, la preuve de cette espèce de promiscuité sera très difficile à faire. Un arrêt, en date du 5 août 1857, a jugé que la présence à une visite des lieux, que le procès-verbal constate avoir été faite par les membres du Jury, de personnes étrangères à ce Jury, et membres d'autres Jurys, ne peut être prouvé au moyen de certificats émanant des jurés (4).

341. Mais des Jurys distincts, composés des mêmes jurés divisés en catégories, peuvent concerter en commun les jour et heure des visites des lieux à faire par chacun d'eux, cette mesure d'ordre n'impliquant pas une délibération commune sur la visite elle-même. Tel est l'un des points jugés par un arrêt de la même Cour, en date du 30 juillet 1860 (5). Je ne vois pas d'inconvénients à suivre cette marche, bien au contraire, car elle offre l'avantage d'abréger la durée de l'instruction des affaires. On n'en finirait pas, si chacune d'elles devait être précédée d'une visite préalable des lieux. C'est ainsi que je procédai lors de l'expropriation des terrains destinés à la construction de la préfecture des Bouches-du-Rhône. Après avoir constitué le Jury, le restant de la journée fut consacré à la visite

(1) Dalloz, 1855. 1.374.
(2) V. n. 336.
(3) Dalloz, 1847. 1.59.
(4) Ibid., 1857. 1.329.
(5) Ibid., 1860. 1.412.

ART. 37. des lieux par tous les jurés. Il n'y eut plus à y revenir de toute la session.

342. Rien n'empêche le Jury, qui se transporte sur les lieux, de se faire accompagner par des sapiteurs. Il n'y a que les expertises qui soient interdites. En conséquence, la Cour suprême a décidé, par arrêt du 11 février 1861, que l'ordonnance du magistrat directeur décidant que deux personnes, désignées dans cette ordonnance, pourront accompagner le Jury dans sa visite des lieux pour donner les renseignements que les jurés croiraient être utiles, et non en qualité d'experts, n'est pas une atteinte au pouvoir discrétionnaire appartenant au Jury d'entendre toutes personnes propres à l'éclairer dans sa mission (1).

343. L'art. 37 porte que le Jury peut déléguer un ou plusieurs de ses membres à l'effet de procéder à la visite des lieux. En cette circonstance, il est investi d'un pouvoir absolu. Il lui est même permis de modifier sa première décision. Ainsi, la Cour suprême a jugé, par arrêt du 24 décembre 1860, que le Jury peut décider que la visite aura lieu par délégation, après avoir ordonné qu'elle serait faite par tous les jurés (2) Cet arrêt n'est que la conséquence du pouvoir discrétionnaire dont la loi a investi le Jury en pareille matière.

344. La partie expropriée a le droit, par elle ou par son fondé de pouvoir, d'assister à la visite des lieux ; elle doit donc être prévenue du jour et de l'heure à laquelle le Jury se transportera sur le terrain. Cela revient à dire que la décision ordonnant le transport sera rendue publiquement. Il y aurait ouverture à cassation si la partie n'avait pas été prévenue. En conséquence, la Cour suprême jugea, par arrêt du 20 avril 1858, que la non présence des parties — car ce que je dis s'applique aussi à l'administration — à la visite des lieux ; faute d'en avoir été averties, est une cause de nullité de la visite et de la décision du Jury (3). Mais j'estime que cela ne doit s'entendre que des

(1) Dalloz, 1861. 1.135.
(2) Ibid., 1861. 1.134.
(3) Ibid., 1858. 1.323.

visites solennellement ordonnées; quant à celles qui sont pure- ART. 37.
ment officieuses, c'est-à-dire faites en dehors de toute décision,
de tout concert du Jury, la présence des parties ne sera pas
indispensable. Je suppose, par exemple, que, dans l'intervalle
des séances, quelques jurés se soient transportés sur les lieux
contentieux, sans l'assistance des parties, pour les voir par eux-
mêmes, ou les revoir : je ne crois pas que cette démarche en-
traînât nullité.

Mais les irrégularités qui peuvent vicier la visite sont couvertes si la partie a fait valoir ses moyens au fond devant le Jury,
sans contester la régularité de la visite, et si les irrégularités
n'ont été constatées ni dans le procès-verbal, ni par un autre
document. Ainsi jugé par la Cour de Cassation, le 24 juin
1857 (1). Il résulte de là que la partie, non prévenue de la visite,
devrait, avant de défendre au fond, demander acte de son absence lors de la visite des lieux, faute d'avoir été prévenue, et
faire constater le fait sur le procès-verbal, sinon, elle serait
non recevable à se pourvoir de ce chef. Mais si, étant avertie,
elle ne comparaît pas, elle ne pourrait tirer un moyen de nullité
fondé sur sa non comparution. Cela fut jugé en termes exprès,
par l'arrêt ci-dessus cité du 24 juin 1857. La raison en saute aux
yeux.

Il en sera de même pour la reprise des débats; la présence des
parties à cette reprise peut être présumée. Par exemple, un
arrêt de la Cour de Cassation du 11 août 1857, porte que la
mention sur le procès-verbal, de la rentrée du Jury en séance
publique, après une visite des lieux annoncée par le Jury en
présence des parties, emporte présomption que ces parties ont
été aussi présentes à la reprise des débats (2).

345. Les jurés, dans leur transport sur les lieux, ne doivent
avoir, avec les parties, d'autres rapports que ceux qui peuvent
légitimement exister entre juges et plaideurs. Il leur est interdit
de rien accepter d'elles. Malgré cela, l'infraction à cette règle

(1) Dalloz, 1857. 1.292.
(2) Ibid., 1857. 1.329.

ART. 37. d'honnêteté et d'impartialité, ne donnerait pas ouverture à cassation. En effet, un arrêt de la Cour suprême, en date du 9 janvier 1855, porte que la composition du Jury ne peut être critiquée devant la Cour de Cassation, sous prétexte que, dans un transport sur les lieux, les jurés auraient bu et mangé avec l'une des parties, si ces jurés n'ont été, avant la décision du Jury, l'objet d'aucune récusation (1). Il résulte cependant de cet arrêt que la partie adverse aurait été recevable à récuser les jurés qui avaient si étrangement méconnu les convenances, et que le magistrat directeur aurait dû les écarter du Jury de jugement. Mais il eût été fort embarrassé pour les remplacer; il lui aurait fallu constituer un autre Jury, car il paraît que, dans l'espèce, tous les jurés avaient accepté l'invitation de la partie.

346. La discussion doit être publique, à peine de nullité (2). Mais il ne suffit pas que la publicité ait existé, il faut encore qu'il en conste par le procès-verbal, car il est de principe que les formalités dont l'accomplissement n'y est pas énoncé, sont réputées n'avoir pas été observées (3). Mais lorsque cette énonciation existe, on ne peut l'infirmer sous le prétexte que la salle était tellement exiguë qu'il était physiquement impossible au public de s'y introduire. Ainsi jugé par un arrêt de la Cour de Cassation du 13 janvier 1840 (4).

La manière d'énoncer la publicité est indifférente, pourvu qu'elle résulte du procès-verbal. Par exemple, la Cour suprême jugea, par arrêt du 12 juin 1843, que l'ordonnance du magistrat directeur constate suffisamment la publicité, lorsqu'elle renferme cette énonciation : *fait et prononcé publiquement* (5).

Un autre arrêt de la même Cour, du 24 juillet 1860, porte que la publicité des débats résulte suffisamment de la mention *fait et prononcé en audience publique*, placée à la fin du procès-

(1) Dalloz, 1855. 1.96. — Art. 378. § 8. C. proc. civ.

(2) Art. 42.

(3) Arrêt. C. c. 11 août 1841. — Delalleau, n. 1036, p. 667.

(4) Delalleau. n. 1037. p. 667.

(5) Dalloz, 1843. 1.314. — V. arrêts. C. c. 21 février 1853. — Dalloz, 1853. 1.51.— 4 juillet 1854. — Ibid.. 1854. 1.340.

verbal de toutes les opérations du Jury (1). Elle peut résulter de ART. 37. toute autre énonciation (2).

De même, la mention de la publicité s'étend à toutes les séances du Jury, quand le procès-verbal qui la renferme est rédigé en un seul contexte, sans énonciation d'aucune interruption ni d'aucun changement dans les conditions des débats. Ainsi jugé par la Cour de Cassation, le 18 décembre 1861 (3).

Enfin, il est un cas où la publicité, mentionnée pour une affaire, s'étend à toutes les autres. Telle est l'espèce sur laquelle s'est prononcée récemment la Cour de Cassation. Par arrêt du 20 août 1862, elle a décidé que la mention de la publicité des débats, faite à l'égard de la décision de l'une des affaires soumises, du consentement des parties, à un Jury unique, s'applique à l'ensemble des décisions intervenues, lorsqu'il est constant que les débats ont été non discontinués et accomplis dans les mêmes conditions (4). C'est, peut-être, aller un peu loin, car, dans ce cas, la publicité n'existe que par induction. Il sera mieux de l'établir formellement.

347. Il n'est pas nécessaire que l'affaire dont le Jury est saisi soit terminée en un seul trait de temps. La discussion peut être interrompue et renvoyée à un autre jour. L'art. 37 s'en explique catégoriquement en autorisant à renvoyer la discussion à une autre séance.

Ceci n'est point contraire au texte ainsi qu'à l'esprit de l'art. 44 de la loi du 3 mai 1841, portant que le Jury statue successivement et sans interruption sur chaque affaire. En effet, l'interruption dont parle cet article est une interruption sans motifs, tandis que celle dont s'agit en l'art. 37 est fondée sur la nécessité. La règle de la non interruption des débats, posée en principe absolu par l'art. 353 C. inst. crim., a reçu une dérogation

---

(1) Dalloz, 1860. 1.406.

(2) V. arrêts. 24 avril 1855. — Dalloz, 1855. 1.132. — 14 avril 1858. — Ibid., 1858. 1.322.

(3) Ibid., 1862. 1.376.

(4) Ibid., ibid., 1.381

ART. 37. par le même motif. Il est aujourd'hui reconnu que le Jury criminel peut surseoir à statuer sur l'affaire dont il est saisi, et renvoyer à un autre jour, à l'occasion, par exemple, d'une fête. L'art. 37 n'a fait que consacrer une dérogation pareille au principe de l'indivisibilité des débats.

En conséquence, la Cour de Cassation a jugé, par arrêt du 4 mars 1861, que, lorsque après la division des affaires par catégories, le jour de la réunion successive de chacun des Jurys a été fixé par le magistrat directeur, l'intervalle de temps qui peut s'écouler entre les opérations des divers Jurys, n'est pas une cause de nullité (1).

On est allé plus loin. On a admis que le même Jury, dans l'intervalle de deux séances, pouvait s'occuper d'autres affaires. Ainsi, le 11 juin 1856, la même Cour jugea que le Jury qui a remis à un autre jour la continuation d'une affaire appelée où d'une instruction commencée, afin, par exemple, de se transporter sur les lieux, peut, dans l'intervalle de temps laissé libre par cet ajournement, procéder à l'examen d'autres affaires (2). Cet arrêt prouve surabondamment que l'art. 37 est fondé sur des motifs tout différents de ceux qui présidèrent à la rédaction de l'art. 44, et que ces deux articles s'appliquent chacun à des situations qui ne se ressemblent pas. L'arrêt du 11 juin 1856 n'est pas unique. Il en est un autre, en date du 16 février 1846, qui a prononcé dans le même sens (3).

Enfin, le 20 août 1862, il a été jugé que le Jury peut s'ajourner pour une visite des lieux; et que l'ajournement peut être prononcé sur la demande d'un juré, agissant avec l'assentiment des jurés et l'adhésion des expropriés, même quand il y a eu division par catégories (4).

Mais l'ajournement ne doit pas être trop long; il ne pourrait, surtout, s'étendre à la session suivante. Ce cas s'est présenté, et

(1) Dalloz, 1861. 1.183. — V. n. 331.
(2) Ibid., 1856. 1.196. — Arrêt. C. c. 16 février 1846. — Dalloz, 1846. 1.63.
(3) Ibid., 1846. 1.63.
(4) Ibid., 1862. 1.368.

la Cour de Cassation y statua par arrêt du 10 mars 1857. Il y est ART. 37. dit que, s'il n'est pas interdit au Jury de renvoyer à une autre séance une affaire commencée, il faut qu'il y ait nécessité et que l'ajournement n'ait pas pour effet de changer l'époque et la durée de la session : qu'ainsi, est nulle la décision par laquelle le Jury ordonne, le 25 août, son transport sur les lieux, et fixe au 25 octobre suivant l'époque de ce transport : que la décision ultérieure, portant réglement de l'indemnité, est nulle, et que la nullité peut être invoquée malgré l'absence de protestations et réserves des parties (1). Il est évident que, dans cette espèce, le Jury avait abusé du droit d'ajournement.

348. On ne perdra pas de vue que les dispositions de l'art. 37 sont prescrites à peine de nullité, et que toutes, par conséquent, doivent être strictement observées (2).

---

(1) Dalloz, 1857. 1. 118.
(2) Art. 42.

Art. 38.

La clôture de l'instruction est prononcée par le magistrat directeur du Jury.

Les jurés se retirent immédiatement dans leur chambre, pour délibérer, sans désemparer, sous la présidence de l'un d'eux, qu'ils désignent à l'instant même.

La décision du Jury fixe le montant de l'indemnité ; elle est prise à la majorité des voix.

En cas de partage, la voix du président du Jury est prépondérante.

SOMMAIRE

352. Le magistrat directeur pose les questions au Jury. Il peut aussi s'en dispenser.

353. Les questions peuvent être posées par écrit ou de vive voix.

354. Il accordera la parole aux parties sur la position des questions.

355. Le procès-verbal mentionnera les questions dans les termes mêmes où elles seront posées.

356. Observations sur le résumé des débats et sur la position des questions

357. La clôture des débats doit être mentionnée au procès-verbal; cependant, elle peut en résulter implicitement. Exemples.

358. Après la clôture des débats, le Jury ne peut procéder à aucun acte d'instruction.

359. Le Jury peut provoquer la réouverture des débats pour se faire fournir quelque renseignement nouveau.

360. Après avoir clôturé les débats, le magistrat directeur ordonne que le Jury se retirera dans sa chambre pour délibérer. Nomination du président du Jury.

361. Manière dont cette nomination est faite.

362. Il n'est pas nécessaire qu'elle résulte d'une délibération spéciale. Il suffit qu'elle conste du procès-verbal.

363. L'obligation, pour les jurés, de nommer un président, ne concerne que la délibération qui suit la clôture des débats; cette nomination n'est pas nécessaire pour ordonner une mesure préparatoire.

364. Mais la nomination peut être faite à cette occasion et avant la clôture des débats.

365. Le président du Jury peut être nommé en audience publique.

366. Comment la nomination du président sera-t-elle portée à la connaissance du public?

367. Cette nomination doit être consignée au procès-verbal. Foi due à cette pièce.

368. Les jurés délibèrent sans désemparer, à peine de nullité : par conséquent, il leur est interdit de communiquer avec le dehors pendant la délibération. Exception pour les délibérations relatives aux actes d'instruction.

369. Le simple soupçon qu'un juré a pu communiquer au-dehors entraînerait nullité. Arrêt de la Cour de cassation.

370. Manière de constater le désemparé.

371. Exception à la règle voulant que la délibération soit prise sans désemparer.

372. Autres exceptions. Examen de deux arrêts de la Cour de cassation.

373. La communication des jurés avec le dehors, antérieure à la délibération, peut ne pas constituer un désemparé.

374. A plus forte raison, pour la communication postérieure à cette délibération.

375. La délibération du Jury sera secrète, à peine de nullité.

376. Le magistrat directeur ne peut même s'introduire dans la salle de ses délibérations.

377. Le Jury fixe le montant de l'indemnité. Base de sa décision. Manière dont l'indemnité doit être fixée. Sur quoi elle doit porter. Superficie et tréfonds.

378. La décision du Jury, fixant l'indemnité, portera sur tous les chefs de la demande, et ce à peine de nullité. Cependant le rejet d'un ou de plusieurs chefs peut résulter implicitement de la décision.

379. La règle devra être appliquée rigoureusement quand plusieurs indemnités sont réclamées à des titres différents. Exemple.

380. Mais l'indemnité peut être collective quand le même individu la réclame pour des causes diverses ; à condition que la réponse du Jury prouvera qu'il a entendu statuer sur tous les chefs de demande.

381. Le propriétaire, occupant sa maison, ne peut demander une double indemnité ; l'une comme propriétaire, l'autre comme locataire. Il n'a droit à être indemnisé qu'en qualité de propriétaire.

382. Exemples de cas où une indemnité collective a été autorisée pour plusieurs demandes faites par le même individu.

383. Du consentement tacite de l'exproprié, dans ce cas.

384. Exemple d'interprétation de la décision du Jury par la Cour suprême. Obligation de travaux à faire comprise dans l'indemnité.

385. Le Jury n'est pas tenu d'accorder une indemnité pour des dommages éventuels, *tous droits réservés.*

386. Dans ce cas, le droit est ouvert, sauf à l'exercer plus tard. L'indemnité ne doit être accordée que pour les dommages qui se manifestent actuellement.

387. Le Jury refusera l'indemnité quand le dommage ne résultera pas du fait de l'expropriation. Exemples.

388. Distinction entre l'hypothèse du dommage éventuel et celle où il y a litige sur son existence actuelle.

389. Le mobilier reste en dehors de l'expropriation.

390. Le Jury n'est pas tenu de statuer sur les chefs à l'occasion desquels les parties ont fait de simples réserves.

391. L'indemnité s'applique à la dépréciation subie par un immeuble non touché par l'expropriation. Cela s'applique au cas où le dommage est permanent ; il en est autrement si la dépréciation n'est que temporaire.

392. Le Jury n'est pas tenu de statuer sur une demande en indemnité fondée sur une erreur dont la preuve lui est acquise. Exemple. Sa décision n'est pas soumise à recours, sous prétexte que le Jury aurait été trompé sur la nature du terrain exproprié.

409. En matière de travaux à exécuter, l'indemnité peut être alternative, c'est-à-dire, varier, selon que l'administration fera ou ne fera pas ces travaux. Observations sur un arrêt de la Cour de cassation.

410. Il n'y aura pas nullité dans le cas où le Jury manifestera des vœux quant au mode d'exécution des travaux.

411. De l'abandon des matériaux faits par l'expropriant. Il faut qu'il soit accepté par l'exproprié.

412. L'enlèvement de divers objets d'exploitation susceptibles d'être détachés du fonds, demandé par l'exproprié, n'empêche pas l'indemnité d'être définitive et pécuniaire. Exemples.

413. Indemnité due au propriétaire d'un chemin coupé par une voie ferrée.

414. L'indemnité sera déterminée. Exemple. Elle est suffisamment exprimée au moyen d'un chiffre monétaire multiplié par une mesure de terrain.

415. L'incertitude sur la contenance des terrains expropriés entraînerait nullité de la décision du Jury. Examen de deux arrêts de la Cour de cassation. Difficulté de les concilier entre eux. Autre arrêt.

416. L'indemnité doit être définitive. Ce qu'on entend par le mot définitif. Exemples.

417. Le Jury n'est pas tenu de motiver ses décisions.

418. Le Jury n'est pas obligé de désigner l'immeuble qu'il apprécie, quand la désignation en est faite dans le jugement d'expropriation.

419. L'indemnité doit porter sur toute la parcelle expropriée et non sur une partie de cette parcelle. Doutes sur un arrêt de la Cour de cassation.

420. L'indemnité doit, sauf convention contraire, comprendre la valeur du tréfonds ainsi que celle de la superficie.

421. Manière de voter pour le Jury. On peut employer le scrutin secret, ou le vote oral.

422. Les questions doivent être résolues successivement.

423. La décision du Jury est prise à la majorité des voix. Manière dont la majorité se forme.

424. Le chiffre de la majorité ne doit pas être indiqué dans la décision du Jury ; mais le contraire n'entraînerait pas nullité.

425. Le défaut de mention que la déclaration du Jury a été prise à la majorité, ne serait pas une cause de cassation. La décision fait foi de ce qu'elle contient.

426. Manière de résoudre les questions posées au Jury, en groupant les votes. Exemple.

427. Prépondérance de la voix du président du Jury, en cas de partage. Il opinera le dernier.

428. Cette prépondérance n'existe qu'au cas où il y a partage.

429. La décision du Jury doit conster par écrit. Elle ne doit rien contenir

d'étranger à la question dont le Jury est saisi. Cependant, dans le cas contraire, il n'y aurait pas nullité. Le Jury ne doit pas se préoccuper des conséquences qu'une question réservée pourrait exercer sur sa décision. Exemple.

430 La décision est remise, par le président du Jury, au magistrat directeur ; elle est lue ensuite par le greffier, les jurés étant rentrés en audience publique.

431. Elle doit être rendue à l'audience et sous l'autorité du magistrat directeur.

432. La décision du Jury peut être rectifiée, quand elle est vicieuse. Le magistrat directeur renvoie alors le Jury dans la salle de ses délibérations, pour prendre une nouvelle décision.

433. Trois cas dans lesquels la délibération peut être rectifiée : lorsqu'elle est incomplète, irrégulière, ou contradictoire.

434. Dans l'un de ces cas, le renvoi du Jury dans sa chambre a lieu par ordonnance du magistrat directeur. Il est prononcé après lecture de la déclaration. Les parties doivent être ouies, si elles le requièrent.

435. L'ordonnance du renvoi sera insérée au procès-verbal. La décision annulée sera jointe aux pièces de la procédure.

436. Le Jury ne pourrait, par une délibération subséquente, expliquer sa décision. Cependant, l'infraction à cette règle n'entraînerait pas nullité.

437. Le procès-verbal de la séance devra constater l'accomplissement des formalités prescrites par l'article 38, et relater les incidents survenus au cours des débats.

438. L'observation de l'art. 38 est prescrite à peine de nullité.

439. Sursis au cas où il s'élève une question préjudicielle. Exemple. On aurait pu fixer une indemnité alternative.

COMMENTAIRE.

349. Lorsque les débats sont terminés, c'est-à-dire, après que le Jury a visité les lieux, entendu les témoins assignés devant lui, et que les parties ont présenté leurs défenses, le magistrat directeur prononce la clôture de l'instruction. Dès ce

ART. 38. moment, toute discussion cesse ; il ne reste plus qu'à obtenir la décision du Jury. C'est au magistrat directeur à la provoquer.

350. Mais je ne crois pas que les devoirs du directeur du Jury se bornent à prononcer la clôture de l'instruction et à envoyer immédiatement le Jury dans sa chambre pour délibérer ; il lui en reste d'autres à remplir qui, bien que non prescrits par l'art. 38, sont néanmoins très importants. Ainsi, par exemple, avant de clôturer les débats, il doit les résumer.

Je sais bien que l'art. 38 n'ayant pas expressément imposé cette obligation au magistrat directeur, on est fondé à soutenir que le résumé n'est pas nécessaire et qu'on peut, sans crainte, s'en dispenser. Je commence par convenir que cela est vrai, tellement vrai, qu'on ne l'a jamais, ou que fort rarement, pratiqué. Je suis loin de prétendre que le résumé soit indispensable et qu'il doive avoir lieu à peine de nullité. Je soutiens seulement qu'il convient de le faire, sinon dans toutes les affaires, au moins dans celles où l'utilité en sera évidente ; et qu'il n'y a pas à craindre, en agissant ainsi, de donner ouverture à cassation.

Je dis qu'il convient que le magistrat directeur fasse un résumé dans les affaires compliquées, ne fût-ce que pour indiquer au Jury les points sur lesquels la discussion doit porter, ainsi que la manière dont le verdict doit être rendu. Il est plus d'un directeur de Jury qui a eu à se repentir d'avoir négligé ce préliminaire important. Au demeurant, j'ai pour moi l'opinion de Delalleau (1), ainsi que celle du rapporteur de la chambre des députés, lors de la discussion de la loi du 7 juillet 1833. Il y fut dit que toutes les formalités relatives au Jury criminel, qui n'étaient pas abrogées par la nouvelle loi, devaient être appliquées au Jury spécial. Il est vrai que cette opinion du rapporteur, suivie rigoureusement, conduirait peut-être un peu trop loin, en ce qu'elle tendrait à faire du résumé une obligation prescrite à peine de nullité. Mais cette opinion doit être entendue sainement, en ce sens que toutes les formalités relatives au Jury criminel, non abrogées par la loi nouvelle, doivent être

(1) N° 585. p. 378.

appliquées au Jury spécial, en tant que cela est possible et con- ART. 38. venable, et sans que leur omission involontaire ou calculée puisse entraîner nullité. C'est ainsi que j'interprète ce passage du rapport. Enfin, je m'appuie encore sur la discussion qui eut lieu aux chambres, quand on leur présenta la loi du 3 mai 1841, discussion à la suite de laquelle il fut entendu que le directeur du Jury pourrait poser des questions, ou ne pas en poser, selon qu'il le jugerait convenable. Il y a, dans l'un et l'autre cas, analogie parfaite. Ainsi donc, le magistrat directeur fera son résumé toutes les fois qu'il le croira utile : il s'en dispensera quand il lui paraîtra être sans résultats (1).

351. Le procès-verbal contiendra la mention du résumé, lorsqu'il aura été fait. Le greffier qui omettrait cette mention, manquerait à ses devoirs, car le procès-verbal doit présenter le récit fidèle de ce qui s'est passé pendant la séance. Cependant, s'il oubliait d'en parler, je ne pense pas qu'il y eût nullité, par la raison que la mesure n'étant point obligatoire, peu importerait que le procès-verbal n'en relatât pas l'accomplissement. On ne serait pas admis à se faire grief de l'inexécution d'une formalité que la loi n'exige pas.

352. J'en dirai autant de la position des questions. L'art. 38 n'a pas rappelé la disposition de l'art. 337, c. inst. crim., mais ce n'est pas à dire pour cela que ce dernier article soit tout à fait inapplicable au Jury spécial. Le contraire résulte des discussions qui eurent lieu aux chambres lors de la présentation de la loi du 3 mai 1841. Il fut convenu que le magistrat directeur devait poser les questions à résoudre au Jury, et si cette obligation ne fut pas écrite dans l'art. 38, c'est qu'on recula devant les difficultés qu'eût présentées la rédaction de l'article ainsi modifié, et, surtout, devant la crainte d'élargir le cercle des ouvertures en cassation (2).

Ainsi, en principe, la position des questions n'est pas obligatoire. Cependant, il se présentera des cas où le magistrat direc-

(1) V. Dalloz, dict. G. loc. cit. n. 397.
(2) Delalleau. N° 1038 et suivants. p. 668. — Dict. G· loc. cit. n. 396

ART. 38. teur ne devra pas négliger d'indiquer au Jury les points sur lesquels il est appelé à prononcer. L'art. 39 en offre plusieurs exemples. Il est certain que, dans les divers cas prévus par cet article, la délibération du Jury ne peut que gagner à être éclairée par la position des questions qu'il doit résoudre. Mais, je le répète, c'est affaire de pure convenance de la part du magistrat directeur, et non pas une obligation. De quelque manière qu'il se décide, sa conduite ne donnera pas ouverture à cassation. Jugé, en ce sens, par arrêt de la Cour suprême, du 1er mars 1843 (1).

353. Les questions seront-elles posées par écrit, et les réponses inscrites à la suite de chaque question ? Cela est praticable, bien qu'on ne le fasse jamais (2). Du contraire ne résulterait pas nullité. La raison en est sensible : la position des questions n'étant pas indispensable, peu importerait la manière dont elles seraient posées.

354. La position des questions peut donner lieu à de nouveaux débats. On comprend que les parties auront quelquefois intérêt à ce que telle ou telle question ne soit pas posée, ou à ce qu'elle soit posée d'une manière différente. Dans ce cas, il y aurait abus de pouvoir à les empêcher de présenter leurs observations. C'est ce que le directeur du Jury se gardera bien de faire ; il leur donnera donc toute latitude pour discuter la position des questions (3).

355. Le procès-verbal devra mentionner les questions dans les termes mêmes où elles ont été posées. Cela pourra faire double emploi avec les questions dont l'original, répondu par le Jury, reste joint à la procédure ; mais le procès-verbal ne serait pas complet s'il ne les contenait pas. Dans le cas où ces questions ont été l'occasion d'un nouveau débat, cette circonstance y sera également relatée.

356. Pour en finir à ce sujet, je dirai que je ne me suis occupé

---

(1) Dalloz, 1843. 1.161.
(2) Dict. G. loc. cit. n. 420.
(3) Delalleau. N° 1040. p. 669.

du résumé des débats et de la position des questions que d'une ART. 38. manière spéculative. En fait, les magistrats directeurs négligent de remplir ces deux formalités, dont la loi spéciale ne leur impose pas l'obligation. Moi-même, j'ai suivi le courant et, quand la nécessité l'a exigé, je me suis borné à indiquer, de vive voix, au Jury, quelles étaient les questions qu'il avait à résoudre. Une seule fois, j'ai fait un résumé, et jamais je n'ai posé de questions par écrit. Cependant, dans un traité destiné principalement aux directeurs de Jury, il m'a semblé convenable de leur indiquer, non-seulement ce qu'ils devaient faire, mais encore ce qu'ils pouvaient faire. Cela leur aidera, le cas échéant, à savoir jusqu'où ils peuvent aller et où ils doivent s'arrêter.

357. La clôture des débats, prononcée par le magistrat directeur, doit faire l'objet d'une mention spéciale au procès-verbal, sinon il y aurait nullité, l'art. 42 ayant ouvert la voie du recours en cassation pour violation de l'art. 38. Mais la clôture, sans y être expressément déclarée, peut résulter des termes employés par le procès-verbal. La jurisprudence de la Cour de cassation nous en fournit plusieurs exemples.

Ainsi, un arrêt, du 25 juillet 1855, porte que la clôture des débats est suffisamment constatée par la mention au procès-verbal, de la lecture faite au Jury des art. 38 et 51 de la loi du 3 mai 1841 (1). Il paraît que, dans l'espèce, il s'agissait, pour le règlement de l'indemnité, de prendre en considération l'augmentation de valeur que l'exécution de certains travaux devait apporter au restant de la propriété. Quant à la clôture des débats, résultant de la lecture de l'art. 38, je ne puis m'empêcher de dire qu'elle n'en était qu'une conséquence très éloignée.

Un autre arrêt, en date du 27 novembre 1855, décida que la clôture des débats résulte encore de l'énonciation, faite au procès-verbal, de l'invitation adressée par le directeur au Jury de se retirer dans la salle de ses délibérations (2). Enfin, un troisième arrêt, rendu le 11 août 1857, dit qu'elle résulte suffisamment

(1) Dalloz, 1855. 1.374.
(2) Ibid., 1855. 1.456.

ART. 38. de la mention, au procès-verbal, de la déclaration que le Jury, se trouvant en état de statuer, s'est retiré en la chambre du Conseil (1). Ces deux arrêts sont plus rationnels ; en effet, des termes du procès-verbal on a pu induire que la clôture des débats avait été réellement prononcée, quoiqu'il n'en constât pas d'une manière expresse. Quoi qu'il en soit, j'engage les directeurs de Jurys à ne pas souffrir que leurs procès-verbaux présentent la moindre équivoque sur ce point essentiel.

358. Après la clôture des débats, le Jury ne peut procéder à aucun acte d'instruction. La Cour suprême a constamment réprimé les infractions à cette règle. Elle jugea, par arrêt du 9 décembre 1856, rappelé ci-dessus (2), que le fait, par le Jury, d'appeler dans la salle des délibérations l'une des parties, sans y appeler l'autre partie, constitue une continuation des débats, après clôture, sans publicité et non contradictoire, et entraîne nullité de la décision (3).

De même, un second arrêt, en date du 16 décembre 1862, cassa la décision du Jury, parce que, après la clôture et lorsque les jurés s'étaient retirés dans leur chambre pour délibérer, ils avaient appelé et entendu plusieurs personnes, hors la présence du magistrat directeur et des parties, à huis clos et sans discussion publique (4).

Ainsi qu'on le voit, ces deux arrêts n'ont pas cassé pour continuation des débats après clôture, car il était facultatif au magistrat directeur de les rouvrir, comme nous le dirons tout à l'heure ; mais pour défaut de publicité et de présence du directeur du Jury.

La règle se trouva violée lorsque le chef du Jury rentra dans dans la salle d'audience pour faire tracer un plan qui, étant dressé, constitua un document nouveau, sur lequel les parties

---

(1) Dalloz, 1857. 1.329.
(2) V. n. 323.
(3) Dalloz, 1856. 1.437.
(4) Ibid., 1862. 1.534. — V. n. 323.

devaient être mises en demeure de s'expliquer. Jugé, en ce sens, art. 38. par arrêt du 1ᵉʳ décembre 1857 (1).

Le Jury s'étant avisé d'appeler un agent-voyer dans la salle de ses délibérations, sa décision fut cassée, par arrêt du 30 juillet 1860 (2). Il aurait dû prier le magistrat directeur de rouvrir les débats, entendre publiquement l'agent-voyer, dont la déposition lui paraissait indispensable, et retourner dans la chambre du Conseil, après nouvelle clôture.

Enfin, l'audition, par le Jury, dans la salle de ses délibérations, de l'une des parties ou de ses représentants, hors la présence des autres parties, et sans même les appeler, est une cause de nullité de la décision du Jury, non seulement lorsque cette audition a eu lieu pendant le délibéré qui suit la clôture des débats, mais aussi lorsqu'elle a été faite durant le délibéré sur incident, par exemple, sur le transport des lieux. Ainsi jugé, par arrêt du 13 avril 1863 (3). Dans le premier cas il y aurait désemparé ; dans le second il y eut violation de la règle qui prescrit la publicité des débats.

359. Lorsque l'instruction ne lui paraît pas complète et qu'il a besoin de quelque renseignement nouveau, rien n'empêche le Jury de manifester son désir au magistrat directeur et de provoquer la réouverture des débats. C'est ce qui eut lieu dans les espèces jugées par les arrêts de la Cour de cassation, des 18 novembre 1846 et 4 et 25 juillet 1855, ci-dessus cités (4). Dans ce cas, l'ordonnance de nouvelle clôture pourra résulter des circonstances.

360. Immédiatement après avoir prononcé la clôture des débats, le magistrat directeur ordonne que le Jury se retirera dans sa chambre pour délibérer. Mais, auparavant, il sera bon de prévenir les jurés qu'ils doivent, préalablement à toute délibération, désigner leur président. C'est la première chose qu'ils ont à faire. En effet, sans parler de la disposition impérative de

(1) Dalloz, 1858. 1. 82.
(2) Ibid., 1860. 1. 407.
(3) Ibid., 1863. 1. 256.
(4) V. n. 336 et 339.

ART. 38. l'art. 38 portant que les jurés désigneront leur président *à l'instant même*, il est deux bonnes raisons pour qu'ils se conforment à la disposition de cet article. La première, c'est que toute assemblée délibérante a besoin d'un chef pour la guider ; et la seconde, que le président du Jury, ayant voix prépondérante, en cas de partage, et faisant pencher la balance du côté où il se range, il est nécessaire de le nommer avant de procéder à la délibération.

361. Cette nomination aura lieu du commun accord des jurés. S'ils ne pouvaient en convenir, ils recourraient à la voie du vote individuel; car, bien que l'art. 38 n'en parle pas, il est nécessaire de recourir à ce procédé lorsque les avis ne sont pas unanimes. Dès l'instant qu'une assemblée ne peut se constituer du consentement de tous ses membres, il ne lui reste qu'à compter les suffrages.

362. Il n'est pas besoin que la désignation du chef des jurés soit faite sous la forme d'une délibération spéciale expressément constatée, l'art. 38 n'imposant pas au Jury une pareille obligation. Tels sont les termes d'un arrêt de la Cour de cassation, en date du 25 juillet 1855 (1). Il suffit qu'elle résulte du procès-verbal des débats.

363. L'obligation pour les jurés de nommer un président, ne concerne que la délibération qui suit la clôture des débats, et non celle qui, avant cette clôture, a pour but de prononcer sur une mesure préparatoire ou d'instruction. Ainsi jugé, par arrêt de la Cour de cassation, des 7 avril 1845 et 19 août 1846 (2). Ils pourront, par conséquent, avant de se donner un chef, ordonner leur transport sur les lieux, l'audition de témoins, ou telle autre mesure d'instruction qu'ils jugeront convenable.

364. Mais la nomination du président peut être faite avant la clôture des débats. Par exemple, la Cour de cassation jugea, par arrêt du 5 mars 1845, que les jurés ne sont pas tenus d'attendre la clôture de l'instruction et leur entrée dans la chambre des

(1) Dalloz, 1855. 1.374.
(2) Ibid., 1845. 1.207. — 1846. 1.318.

délibérations pour nommer leur président ; et qu'ils peuvent art. 38. faire cette nomination à une époque antérieure, par exemple, au moment où ils ont une délibération à prendre sur une mesure d'instruction préparatoire (1). Il a encore été jugé que le président nommé par le Jury, lors de la délibération relative à la décision préparatoire, devait continuer à le présider lors de la délibération relative au règlement de l'indemnité (2). Il résulte de ces arrêts que le président peut être nommé dans le cours des débats. C'est ce que la Cour suprême a expressément décidé par un autre arrêt du 4 janvier 1860 (3).

365. Il n'est pas indispensable que la nomination du président ait lieu dans la chambre du Conseil et en secret. La Cour de cassation a décidé qu'il n'y avait pas nullité de ce que le président avait été désigné en audience publique et avant que le Jury entrât dans la chambre de ses délibérations. Ces arrêts sont à la date des 22 juillet 1839 et 24 mars 1841 (4). Un troisième arrêt, qui est du 11 juin 1856, a persévéré dans cette manière de voir, en disant formellement que la désignation du président peut avoir lieu en séance publique, même après la clôture de l'instruction (5). Cet arrêt a précisé la question, qui n'avait pas été serrée d'aussi près par les arrêts des 22 juillet 1839 et 24 mars 1841. En effet, ceux-ci contiennent des restrictions de nature à faire supposer que la Cour n'aurait pas jugé de même dans des circonstances non identiques. Dans l'espèce de ces arrêts, la nomination du président fut tenue pour régulière parce que, de certaines énonciations contenues dans le procès-verbal, il résulta qu'elle avait été confirmée par les jurés dans la chambre du Conseil. Maintenant, l'arrêt du 11 juin 1856 ne laisse plus subsister de doutes.

366. La désignation du président n'étant, ainsi que je l'ai dit

---

(1) Dalloz, 1845. 1.171.
(2) Arrêt. C. c. 19 janvier 1835. — Dalloz, dict. G. loc. cit., n. 400.
(3) Ibid., 1860. 1.40.
(4) Ibid., dict. G. loc. cit. n. 403-404.
(5) Ibid., 1856. 1.196.

ART. 38. ci-dessus (1), soumise à aucune forme particulière, est portée à la connaissance du public par la remise que, en conformité de l'art. 41, le chef du Jury doit faire au magistrat directeur de la décision rendue par le Jury. Ce seul fait suffit à attester sa qualité. On est même allé plus loin ; on a prétendu qu'on devait considérer comme président du Jury celui qui, sans désignation préalable, donnerait lecture de la décision intervenue, pourvu qu'il n'y eût pas de réclamations de la part de ses collègues (2). Ce serait alors une espèce de nomination tacite faite en vertu d'un consentement unanime.

367. Mais cette nomination doit être consignée au procès-verbal, à peine de nullité. Un oubli, sur ce point, compromettrait la validité de la décision du Jury. En retour, foi est due à cette pièce ; ainsi, on ne serait pas reçu à soutenir que les jurés ne se sont pas nommé un président, quand le procès-verbal déclare le contraire. Jugé en ce sens par la Cour suprême, le 15 avril 1840 (3). Dans cas, l'inscription de faux était la seule voie pour faire tomber le procès-verbal.

368. Les jurés délibèrent sans désemparer, c'est-à-dire que, une fois entrés dans la chambre de leurs délibérations, ils n'en sortiront que pour rendre leur verdict. C'est à peu près de la même manière que s'explique l'art. 343, C. inst. crim., lorsqu'il dit que les jurés ne pourront sortir de leur chambre qu'après avoir formé leur déclaration. Mais, quoiqu'il ait été jugé plusieurs fois par la Cour suprême que la violation de cet article ne donnerait pas ouverture à cassation, parce qu'il n'est pas prescrit à peine de nullité, il n'en serait pas de même pour l'art. 38 de la loi du 3 mai 1841, dont toutes les dispositions doivent être observées rigoureusement. Ainsi, le 20 août 1845, la Cour de cassation jugea que les jurés ne devaient pas communiquer au dehors pendant la durée de leur délibération (4). D'après la

(1) V. n. 362.
(2) Delalleau. n. 589. p. 381.
(3) Dalloz, dict. G. loc. cit. n. 405.
(4) Ibid., 1845. 1. 359.

même Cour, cette prohibition de communiquer existe du moment où la clôture des débats est prononcée. C'est ce qui fut jugé par arrêt du 26 avril 1843 (1). Par conséquent, le point de départ et celui d'arrivée sont fixés d'une manière précise : interdiction de communiquer, depuis la clôture des débats jusqu'à la formation de la décision du Jury. Il résulte de là que l'obligation de délibérer, sans désemparer, n'est pas applicable aux actes d'instruction antérieurs à la clôture des débats, lesquels peuvent être ajournés, par le Jury, à plusieurs jours d'intervalle. C'est en ces termes que s'exprime un arrêt de la Cour suprême du 5 août 1844 (2).

Elle ne s'appliquerait pas davantage aux réunions que les jurés auraient tenues, après chaque séance, pour recueillir des notes et des souvenirs : ces réunions ne pouvant, aux termes d'un arrêt de la même Cour, du 20 mars 1855, être considérées comme des délibérations anticipées (3).

369. Mais il y aurait nullité et, par suite, cassation de la décision du Jury si l'on pouvait seulement soupçonner qu'un des jurés a communiqué au dehors. Cela fut jugé par arrêt de la Cour de cassation, en date du 19 février 1855. Il y est dit que, lorsqu'il est allégué que, pendant la délibération, l'un des jurés a conféré avec l'une des parties, et que l'existence de ce fait demeure incertaine, la décision du Jury doit être annulée pour infraction à l'art. 38 (4).

Cette décision est sévère, car on aurait pu soutenir que la communication n'avait pas existé, puisqu'elle était douteuse, et qu'on ne peut asseoir une cassation que sur la certitude de la violation de la loi. En voici une autre plus juridique, car elle se justifie d'elle-même. Par arrêt du 29 juillet 1862, la Cour suprême a jugé que la communication d'un juré, pendant la délibération, avec des personnes se trouvant dans la salle d'au-

(1) Dalloz, 1843. 1.266.
(2) Ibid., 1844. 1.368.
(3) Ibid., 1855. 1.61.
(4) Ibid., 1855. 1.132.

ART. 38. dience, et notamment avec des parties intéressées à la cause, entraîne nullité de la décision, et que, si le Jury a procédé par catégories, la nullité peut être demandée par tous les expropriés, quoique le vice n'ait été constaté que sur la demande de l'un d'eux (1). On trouve un autre exemple de désemparé dans l'arrêt du premier décembre 1857, cité ci-dessus (2).

370. Le désemparé des jurés ne peut guère se constater autrement que par l'acte qui en est demandé par les parties et accordé par le magistrat directeur. Il devra être fait mention expresse de l'un et de l'autre dans le procès-verbal. Cela résulte d'un arrêt de la Cour de cassation, en date du 19 février 1855, portant que le magistrat directeur doit, s'il en est requis, constater que l'un des jurés a communiqué avec l'une des parties, pendant la délibération (3).

371. Bien que la disposition de l'art. 38, relative au désemparé, doive être rigoureusement appliquée, cependant il est des cas où sa violation n'entraîne pas nullité. Cela dépendra des circonstances : si, par exemple, un juré est obligé de quitter momentanément la salle des délibérations. Ainsi, la Cour suprême a dit, dans un arrêt en date du 5 mars 1856, que le Jury peut être considéré comme ayant délibéré sans désemparer, quoique l'un des jurés soit sorti de la chambre du Conseil, pendant la délibération, si sa sortie a été motivée par une nécessité de fait (4).

372. Cet arrêt peut braver la critique, car il est des nécessités auxquelles la nature humaine doit obéir; tout ce qu'on peut exiger, en pareil cas, c'est que le juré ne communique pas avec les parties.

Mais il est un peu plus difficile de donner une approbation entière à deux autres arrêts de la même Cour. Le premier, rendu le 7 janvier 1845, porte que les jurés peuvent, après la clôture

(1) Dalloz, 1862. 1.377.
(2) V. n. 358.
(3) Dalloz, 1855. 1.132.
(4) Ibid., 1856. 1.119.

des débats, s'ajourner au lendemain ; et qu'ils peuvent encore ART. 38. suspendre leur délibération pour aller prendre un repas (1). Sans doute, nous ne sommes pas en Angleterre où, à ce que l'on prétend, on met les jurés sous clé jusqu'à ce qu'ils aient délibéré ou déclaré qu'ils ne peuvent s'accorder ; mais, sans soumettre les jurés français à de semblables exigences, ne peut-on pas dire que l'arrêt du 7 janvier 1845 a méconnu la volonté de l'art. 38 ? D'après cet article, la délibération doit suivre immédiatement la clôture des débats ; or, c'est le violer que de mettre un intervalle quelconque entre ces deux opérations. Dans le cas de cet arrêt, il était facile de se conformer à l'art. 38, en laissant les débats ouverts et en les clôturant le lendemain, à la reprise de la séance. De même, on pouvait fort bien permettre aux jurés d'aller dîner, et ne clôturer les débats qu'après leur retour.

Le second arrêt, qui est du 18 avril 1854, est allé plus loin ; cependant il contient un correctif qui permet de supposer que la décision aurait été différente, s'il y avait eu opposition. Il a jugé que les jurés peuvent suspendre leur séance, pour prendre du repos, alors que cette suspension a été prononcée en présence des parties et sans réclamation de leur part, et qu'il n'est point dit qu'il y ait eu communication entre un ou plusieurs jurés et les parties ou leurs conseils (2). Dans cette espèce, deux circonstances paraissent avoir déterminé la Cour de cassation : d'un côté, les parties ne s'étaient pas opposées à l'ajournement, et de l'autre, on tint pour constant que les jurés n'avaient communiqué avec aucun des intéressés. A la rigueur, cela suffit à justifier l'arrêt.

373. Mais la communication antérieure à la délibération ne constitue pas un désemparé. C'est ce que la Cour suprême jugea par arrêt du 7 décembre 1857 (3). Dans l'espèce, il s'agissait d'un juré qui, pendant le trajet du Jury, de la salle d'audience

(1) Dalloz, 1845. 1. 84.
(2) Ibid., 1854. 1. 161.
(3) Ibid., 1858. 1. 81.

ART. 38. à la chambre des délibérations, avait communiqué avec l'une des personnes se trouvant à l'audience. L'arrêt, statuant en fait, établit que les paroles prononcées par le juré n'avaient pas été entendues par la personne à laquelle elles s'adressaient, et que le Jury, soit qu'il eût ignoré l'incident, soit qu'il l'eût considéré comme sans importance, avait formellement déclaré avoir délibéré sans désemparer. L'espèce jugée, ainsi que les termes employés par la Cour, prouvent que l'arrêt du 7 décembre 1857 ne doit pas faire jurisprudence.

374. Il tombe sous les sens que la communication postérieure à la délibération ne peut tirer à conséquence. Par suite, un arrêt de la Cour suprême, du 16 février 1858, jugea que le fait, par le Jury, d'être sorti de sa salle et de n'y être revenu qu'après une demi-heure d'absence, ne constituait pas, si irrégulier qu'il fût, une nullité, lorsqu'il était constaté qu'au moment où cette sortie avait eu lieu, la délibération était terminée, et que la décision du Jury avait été signée par chacun des jurés et remise au chef du Jury (1). Jugé encore par arrêt du 7 janvier 1862, que le fait, par l'un des jurés, d'être sorti avant ses collègues de la salle des délibérations et de s'être rendu dans la salle d'audience, où il a communiqué avec plusieurs personnes, n'est pas une cause de nullité, s'il résulte du procès-verbal où il a été donné acte de ce fait, qu'au moment où il s'est produit, la délibération du Jury était terminée, et la décision prise en l'état où elle a été rendue (2). Il n'y a rien à dire contre ces arrêts. Cependant il vaudra beaucoup mieux que les jurés ne communiquent au dehors qu'après que leur décision a été lue et rendue publique. Mais cela dépend de leur bonne volonté, car, à moins de les faire enfermer dans leur salle, le magistrat directeur est impuissant à empêcher les jurés de désemparer.

375. L'art. 38 ne dit pas que la délibération sera secrète, mais la chose va de soi. Par conséquent, la présence d'une personne étrangère au Jury, dans la chambre du Conseil, pen-

---

(1) Dalloz, 1858. 1.325.
(2) Ibid., 1862. 1.377.

dant qu'Il délibère, entraînerait nullité. Cela fut jugé par la ART. 38.
Cour de cassation, le 18 mars 1844. Il est dit dans l'arrêt que,
la présence, dans la chambre des délibérations, après la clôture
de la discussion, d'un tiers appelé par les jurés, emporte nullité de la décision du Jury (1). Un autre arrêt, en date du 30
juillet 1860, cassa la décision du Jury parce que, après la clôture de l'instruction, il avait invité un agent-voyer à se rendre
dans la salle des délibérations (2).

376. Il n'y a pas même d'exception à cette règle pour le magistrat directeur, si ce n'est au cas de la loi du 23 mai 1836 (3).
Cependant, il est des circonstances où son introduction dans la
chambre des délibérations n'entraîne pas nullité, bien entendu,
pourtant, qu'il n'aura ni assisté, ni pris part à la délibération (4).

A bien plus forte raison, il n'y aura pas nullité lorsque le
magistrat directeur n'est entré dans la chambre des délibérations qu'après avoir été averti que le Jury a rendu sa décision;
—ainsi jugé, par arrêt de la Cour suprême, le 15 avril 1840 (5); —
ou s'il y est entré sur l'invitation du Jury, ou bien, encore,
pour s'entendre avec lui sur l'exécution d'une mesure d'instruction. Tels sont les termes d'un autre arrêt du 7 avril
1845 (6). Dans l'espèce de cet arrêt, il paraît qu'il n'avait pas été
nommé de président du Jury, puisque le magistrat directeur
exprima lui-même le résultat de la délibération. La Cour refusa
néanmoins de voir, dans cette circonstance, une violation du
secret des délibérations du Jury. Enfin, un dernier arrêt du 19
août 1846, a décidé que le magistrat directeur n'est pas réputé
s'être immiscé dans les délibérations du Jury pour l'avoir averti
que, dans le cas où il croirait devoir s'éclairer par une visite

(1) Dalloz, 1844. 1.186.
(2) Ibid., 1860. 1.407.
(3) V. n. 662.
(4) Arrêt. C. c. 2 janvier 1837. — Dalloz, dict. G. loc. cit. n. 408. — V.
arrêts. 27 mars - 30 mai 1843. — Dalloz, 1843. 1.189 - 336.
(5) Ibid., Dict. G. loc. cit. n. 407.
(6) Ibid. — Répertoire. n. 520.

ART. 38. dès lieux, cette visite serait plus utilement faite avant la discussion (1).

Voilà quels sont, jusqu'à présent les monuments de la jurisprudence, relatifs au magistrat directeur, par rapport aux conséquences que peut avoir son introduction dans la chambre du Conseil pendant que le Jury délibère. On remarquera qu'ils ne se rapportent pas présisément à la question ; car, dans toutes les espèces que j'ai citées, les débats n'étaient pas clos et le Jury délibérait sur l'exécution de certaines mesures à prendre, telles par exemple, qu'une visite des lieux ou tout autre moyen d'instruction. En pareille occurrence, je tiens la présence du magistrat directeur à la délibération pour indifférente, par la raison qu'elle ne peut influer en rien sur la décision future, et que, en outre, il est nécessaire que magistrat directeur et Jury s'entendent sur le mode d'exécution de la mesure proposée. Ainsi, s'agissant d'une visite des lieux, il règlera de concert avec le Jury le jour et l'heure où elle devra avoir lieu.

Mais il n'en est plus de même quand les débats sont clos et que le Jury est entré dans la chambre du Conseil. Dès ce moment, toute communication du Jury avec l'extérieur est défendue, et le magistrat directeur, en pénétrant dans la salle des délibérations, viole l'art. 38 qui ordonne au Jury de délibérer sans désemparer, en même temps qu'il s'immisce dans le secret de ses délibérations, contrairement aux convenances, et, surtout, aux prescriptions, sinon formelles, au moins implicites de la loi.

En conséquence, j'engage les magistrats directeurs à s'abstenir de toute démarche de cette nature. Si, après que le Jury est entré dans la chambre du Conseil, il se trouve avoir besoin de quelque explication, de quelque renseignement, et fait prier le magistrat directeur de se rendre auprès de lui, que celui-ci se garde bien d'obtempérer à cette invitation, car il pourrait s'en suivre nullité. Qu'il n'oublie pas que l'épée de Damoclès est toujours suspendue sur sa tête ; dans ce cas, il est un moyen

(1) Dalloz. — Répertoire. V°. Exprop. n. 520.

fort simple de parer à tous les inconvénients et de conjurer ART. 38.
cette menace formidable. Qu'il rappelle les jurés dans la salle
d'audience, qu'il rouvre les débats, qu'il leur donne ou leur
fasse donner publiquement et contradictoirement les rensei-
ments qu'ils demandent, et que, après nouvelle clôture, il les
renvoie dans leur chambre. De cette manière, et en ayant soin
de mentionner le tout au procès-verbal, il pourra braver un
pourvoi en cassation.

Il a été jugé, par arrêt du 24 novembre 1862, que le fait par
le président du Jury d'être rentré dans la salle d'audience pendant la délibération du Jury, et de s'être mis en communication avec les agents de l'administration, en l'absence des autres
jurés, des parties et du magistrat directeur, constitue un désemparé et entraîne nullité de la décision (1).

377. Le Jury fixe le montant de l'indemnité. Telle est sa
mission. La base de sa décision doit donc être la valeur des terrains soumis à l'expropriation, ou bien, pour employer le langage de la Cour suprême, il ne doit apprécier l'indemnité que
eu égard à la valeur du terrain exproprié (2). De plus, l'indemnité doit être fixée d'après la demande prise dans son ensemble,
et non d'après l'un des éléments complexes qui la caractérisent(3);
ce qui revient à dire que toutes les causes qui augmentent ou
amoindrissent le préjudice causé à l'exproprié doivent être
prises en considération, en même temps, et non point les unes
à l'exclusion des autres.

L'indemnité portera sur le terrain tout entier, sans en rien
excepter. Ainsi, aux termes d'un arrêt de la Cour de cassation,
du 21 décembre 1858, elle doit comprendre, non seulement la
valeur de la superficie, mais encore celle du tréfonds, par
exemple, celle d'une mine (4), à moins que l'exproprié ne se fût
reservé le tréfonds; dans ce cas, l'indemnité ne devrait pas por-

(1) Dalloz, 1863. 1.252.
(2) Arrêt. 18 janvier 1854. — Dalloz, 1854. 1.315.
(3) Arrêt. 26 juin 1844. — Ibid., 1844. 1.320.
(4) Ibid., 1859. 1.25.

ART. 38. ter sur ce chef. Jugé, en ce sens, par un autre arrêt, en date du 8 novembre 1859 (1).

378. La décision qui fixe le montant de l'indemnité doit, à peine de nullité, porter sur tous les chefs de la demande. C'est ce qui résulte d'un arrêt de la Cour de cassation, en date du 10 mars 1858 (2). Un autre arrêt de la même Cour, du 28 mars 1859, a jugé dans le même sens. Il y est dit que la décision du Jury qui, sur une demande d'indemnité renfermant plusieurs chefs, n'accorde d'indemnité que pour l'un d'eux, ou n'explique pas les diverses causes d'indemnité comprises dans le chiffre qu'elle a alloué, est nulle. Dans l'espèce, un locataire principal demandait des indemnités pour trouble apporté à son industrie, pour diminution de jouissance des lieux loués et pour dépréciation du terrain restant. Le Jury ne lui ayant alloué l'indemnité que pour le trouble apporté à son industrie, sans déclarer que cette indemnité s'étendait aux autres chefs de demande, sa décision fut cassée (3). Un autre arrêt, du 19 avril 1858, porte que la décision du Jury qui, intervenue sur une demande composée de chefs distincts, ne donne aucune solution, même implicite, sur un ou plusieurs de ces chefs, est nulle (4).

Le principe voulant que le Jury statue sur tous les chefs d'indemnité qui lui sont soumis se retrouve dans un arrêt de la Cour suprême, rendu le 21 mars 1854; mais il contient une restriction, en ce sens, qu'il y est dit que le rejet d'un ou de plusieurs chefs peut, néanmoins, résulter implicitement de la décision portée sur d'autre chefs (5). En d'autres termes, du cas de doute et d'ambiguité, naît une question d'interprétation de la décision du Jury appartenant à la Cour régulatrice.

379. Ce principe doit être appliqué rigoureusement toutes

---

(1) Dalloz, 1860. 1.414.
(2) Ibid.. 1858. 1.128.
(3) Ibid., 1859. 1.163.
(4) Ibid., 1858. 1.322.
(5) Ibid., 1854. 1.125. — V. Arrêt. 19 avril 1858. ci-dessus.

les fois que les indemnités sont demandées à des titres différents ; alors la décision du Jury ne peut plus être collective ;
par exemple, quand le propriétaire et le fermier interviennent
chacun de son côté. Il est évident que, dans ce cas, il y aurait
nullité si le Jury n'accordait qu'une seule somme, sans faire la
part de chacun des indemnitaires. C'est ce qui fut reconnu, par
arrêt de la Cour suprême, du 3 janvier 1844 (1). De même, il
a été jugé que le partage d'un immeuble, entre co-héritiers,
donne lieu à autant d'indemnités distinctes qu'il y a de co-par-
tageants (2).

380. Mais la jurisprudence de la Cour suprême fait exception au principe lorsque les indemnités sont réclamées pour des
causes diverses, et non plus à des titres différents. Par exemple, si un propriétaire demande ces indemnités qu'il spécifie
de la manière suivante : tant pour le terrain, tant pour les
constructions, tant pour les arbres, etc., alors il est facultatif
au Jury de n'accorder qu'une seule indemnité pour le tout,
à condition, néanmoins, qu'il résultera de sa décision que son
intention a été de statuer sur tous les chefs de demande, car,
à défaut, il y aurait ouverture à cassation.

Ainsi, il faut distinguer. Les indemnités sont-elles demandées à des titres différents, c'est-à-dire, par des expropriés ayant
chacun des intérêts séparés ; dans ce cas, le Jury doit faire une
réponse particulière pour chacun d'eux et leur allouer une
indemnité distincte. Ainsi, lorsque, de deux propriétaires par
indivis, l'un demande une indemnité à raison de la dépossession d'une industrie personnelle par lui exploitée dans l'immeuble exproprié, la décision allouant une indemnité unique,
est nulle. Jugé, en ce sens, par arrêt du 1ᵉʳ juillet 1862 (3).
Sont-elles demandées par le même individu et pour des causes
diverses ; alors il lui est permis de n'allouer qu'une indemnité

(1) Dalloz, 1844. 1.89. — V. Arrêt. C. c. 1ᵉʳ juillet 1862. — Dalloz, 1862.
1.382.

(2) Arrêt. C. c. 5 juin 1860. — Dalloz, 1860. 1.404.

(3) Ibid., 1862. 1.382.

ART. 38. collective, pourvu que sa réponse prouve qu'il a réellement entendu statuer sur tous les chefs de demande.

381. A ce sujet, il est bon de signaler une prétention exorbitante mise en avant par quelques expropriés. J'ai vu des propriétaires, occupant leur maison, demander une double indemnité; la première, en qualité de propriétaires, et la seconde, en qualité de locataires. Le Jury ne doit pas subir une pareille exigence, que la Cour de cassation a proscrite par son arrêt du 18 décembre 1861. Elle a jugé, en termes exprès, que le propriétaire, qui occupe son immeuble, ne peut être considéré comme ayant la double qualité de propriétaire et de locataire, et qu'il n'a droit à une indemnité que comme propriétaire (1). En effet, c'est à ce dernier titre qu'il occupait sa maison.

382. La jurisprudence de la Cour suprême nous fournit une foule d'exemple du cas où le Jury a accordé une seule indemnité pour plusieurs demandes faites par le même individu. Ainsi, un arrêt du 5 mai 1856, a décidé que, lorsqu'il y a diverses causes d'indemnité, le Jury peut allouer une indemnité collective, pourvu qu'il apparaisse clairement qu'il a statué sur tous les chefs de demande (2).

Un autre arrêt, à la date du 20 août 1862, porte que le Jury, saisi d'une demande d'indemnité composée de plusieurs chefs s'appliquant, l'un à la valeur du terrain exproprié, l'autre à la dépréciation du terrain restant, et un dernier à la privation d'une chûte d'eau, n'est pas tenu de statuer sur chacun de ces chefs par dispositions distinctes ou séparées; qu'il peut les comprendre tous dans une allocation totale, et, par suite, que la décision accordant une indemnité unique est valable, s'il résulte des documents de la procédure que toutes les parties de la demande sont entrées dans les éléments de l'appréciation du Jury (3); ou bien, pour me servir des expressions d'un arrêt

(1) Dalloz, 1862. 1.376.
(2) Ibid., 1856. 1.302. — V. arrêt. 2 mars 1853. — Ibid., 1853. 1.136.
(3) Ibid., 1862. 1.383.

rendu le 16 décembre 1861. si la décision du Jury résout toutes ART. 38. les questions qui lui ont été soumises (1).

383. Telle est la condition qui rend l'indemnité collective valable. L'exproprié n'a rien de plus à exiger; car je doute très fort que son insistance à obtenir une allocation distincte et séparée sur chacun des chefs de sa demande, s'opposât à ce que le Jury les appréciât en bloc. Mais il ne sera pas recevable à se plaindre s'il a donné son consentement à ce qu'une indemnité unique lui soit allouée. La Cour de cassation s'est prononcée deux fois en ce sens, par arrêts des 6 décembre 1859 (2) et 24 juillet 1860 (3). Dans le cas du premier arrêt, il s'agissait d'un exproprié qui réclamait deux indemnités distinctes pour deux emplacements qu'il avait loués dans deux maisons différentes, appartenant à des propriétaires différents. Si son consentement n'était pas intervenu, il y aurait eu lieu nécessairement à demander au Jury deux réponses séparées. Dans la seconde espèce, l'exproprié avait fourni son consentement tacite, puisque dans sa demande, qu'il disait être fondée sur plusieurs titres, il ne réclamait qu'une seule indemnité. Dans ce dernier cas, aux termes d'un arrêt de la Cour de casssation, du 8 août 1860, la décision qui ne distingue pas est valable (4). Joignez à cela un autre arrêt rendu le 28 mai 1861 (5).

384. L'énumération des diverses causes d'indemnité peut faire naître, par la suite, des difficultés entre l'expropriant et l'exproprié, sur la question de savoir quelles seront les conséquences de la déclaration du Jury relativement à certains travaux à faire dans l'intérêt des terrains avoisinants. Par exemple, le 5 juin 1860, la Cour de cassation jugea que l'indemnité allouée avec énumération de ses diverses causes, parmi lesquelles figure la dépréciation d'immeubles restants, est réputée

---

(1) Dalloz, 1862. 1.376. — V. arrêt. 13 février 1860. — Ibid., 60. 1.408.

(2) Ibid., 1860. 1.168.

(3) Ibid., ibid. 1.406.

(4) Ibid., 1861. 1.132.

(5) Ibid,, 1861. 1.186.

ART. 38. comprendre, sous cette dernière énonciation, le chef d'indemnité fondé sur la nécessité, pour l'exproprié, de construire un chemin nouveau; cette nécessité étant un des éléments de dépréciation des terrains demeurés en dehors de l'expropriation (1). Il devait en être ainsi, à moins que le jury ne se fût catégoriquement expliqué d'une manière contraire dans sa réponse.

385. Il a été jugé, par arrêt de la Cour de cassation, du 6 janvier 1862, que la règle suivant laquelle l'indemnité fixée par le Jury doit comprendre tous les chefs de demande ne s'applique pas au chef portant sur un dommage éventuel subordonné à des travaux ultérieurs; et, dès lors, que le magistrat directeur a pu refuser de surseoir aux débats jusqu'à la production d'un avant-projet faisant connaître ces travaux et permettant d'apprécier leurs conséquences dommageables (2). Dans l'espèce, l'exproprié se plaignait que, par suite des travaux à exécuter, on devait changer les conditions hydrauliques d'un sien moulin, et il demandait un avant-projet et un sursis pour le produire. Le sursis fut repoussé par décision du magistrat directeur, sur le motif que le Jury n'avait pas à s'occuper du trouble éventuel qui pourrait être apporté aux conditions hydrauliques du moulin, ni à la dépréciation qui pourrait être la suite des travaux à faire, *tous droits réservés*. Cette ordonnance ainsi que la décision du Jury furent maintenues. De même, le défaut de décision du Jury sur des offres de l'administration qui n'ont été acceptées par l'exproprié que sous des conditions non accueillies, n'entraîne pas nullité. C'est ce qui fut jugé par arrêt du 14 août 1855 (3). En effet, la condition mise à l'acceptation de l'offre faisait qu'il n'était pas intervenu de contrat.

386. La loi du 3 mai 1841 a voulu que l'exproprié fût dédommagé de toutes les pertes qui sont la conséquence directe de l'expropriation. Ainsi, l'indemnité doit s'étendre aussi bien aux dommages qu'il en éprouve, qu'au paiement du terrain dont il

(1) Dalloz, 1860. 1.411.
(2) Ibid., 1862. 1.304.
(3) Ibid., 1855. 1.416.

est privé. Mais elle ne doit pas s'appliquer aux dommages qui en découlent indirectement et qui n'en sont qu'une conséquence éloignée, sujette à contestation. Je viens d'en donner un exemple au numéro précédent.

Cependant, dans cette dernière hypothèse, le droit de l'exproprié à réclamer une indemnité est ouvert, seulement il ne pourra s'exercer que plus tard, c'est-à-dire, lorsque le fait dommageable se sera réalisé. C'est ce que l'arrêt du 6 janvier 1862, ci-dessus cité, a déclaré, en disant que les changements pouvant survenir aux conditions hydrauliques d'un moulin ne devaient pas être appréciées par le Jury, *tous droits réservés*.

Il suit de là que, en matière de dommages, le Jury ne devra accorder d'indemnité que pour ceux qui se manifestent actuellement, et qu'il lui est interdit de s'occuper de ceux qui n'existent que dans un contingent futur, sauf au magistrat directeur à donner aux parties actes de leurs réserves. Par cette raison, la Cour de cassation décida, le 6 février 1854, que l'indemnité due aux propriétaires d'un terrain traversé par un chemin de fer, ne devait comprendre que la dépréciation résultant de l'établissement de ce chemin; et que le Jury ne pouvait y faire entrer le dommage à souffrir pour le cas où l'administration empêcherait, dans cette portion de terrain, l'ouverture d'une carrière en deçà de la distance légale; l'appréciation de ce dommage éventuel devant rester entière entre les parties (1).

387. Le Jury devra, à plus forte raison, refuser l'indemnité quand le dommage ne résulte pas du fait de l'expropriation et qu'il n'est pas même éventuel. En voici un exemple pris dans un arrêt de la Cour suprême, en date du 20 août 1856. Il y est dit que le Jury est incompétent pour connaître d'une demande en réparation de dommages étrangers à l'expropriation; par exemple de ceux pouvant résulter de travaux à exécuter par l'exproprié, tels que le raccordement d'un chemin avec un au-

---

(1) Dalloz, 1854. 1.58. — V. arrêts. C. c. 3 janvier 1855. — Dalloz, 1855. 1.33 — et 29 avril 1856. Ibid., 1856. 1.241. — 26 janvier 1863. 1.133.

ART. 38. tre (1). Par exemple, encore, en cas d'expropriation d'immeuble appartenant à une société, le préjudice résultant pour l'un des expropriés de la privation des avantages qu'il avait comme gérant de la société dissoute, ne peut servir de base à une réclamation d'indemnité (2). Dans l'espèce, la prétention du gérant s'étant manifestée aux débats, le magistrat directeur la rejeta, tant par le motif que le gérant n'était pas un véritable intéressé, que parce qu'il n'avait pas introduit sa prétention dans le délai de l'art. 21.

En vertu du principe portant que le Jury n'est compétent que pour statuer sur les indemnités résultant de l'expropriation, la même Cour jugea, par arrêt du 21 avril 1856, qu'il ne pouvait apprécier le dommage causé à une propriété non expropriée (3). Cela est évident. Dans ce cas, il ne restait au propriétaire qui avait souffert le préjudice qu'à se pourvoir devant les tribunaux administratifs.

388. Mais il faudrait bien se garder de confondre l'hypothèse du dommage éventuel avec celle où il y a litige sur l'existence du dommage, et où, par conséquent, aux termes de l'art. 39, le Jury doit fixer l'indemnité, indépendamment du litige. Peut-être la distinction entre ces deux hypothèses est-elle un peu subtile, mais elle n'en est pas moins réelle. En effet, si le litige sur le fond du droit fait nécessairement supposer l'éventualité, puisqu'il dépend d'un jugement, événement incertain s'il en fut, et que, sous ce rapport, la question se rapproche beaucoup de celle où il s'agit d'un dommage futur et par conséquent pouvant très bien ne pas se réaliser, d'un autre côté, la situation n'est pas la même. Quand le droit à l'indemnité est contesté, rien n'empêche le Jury de se prononcer sur la question dont il est saisi, quoiqu'une espèce d'incertitude s'attache à l'efficacité de sa décision : il a tous les éléments nécessaires

(1) Dalloz, 1856. 1.332.

(2) Arrêt. 16 décembre 1862. — Ibid., 1863 1.254.

(3) Dalloz, 1856. 1.158. — Arrêt. C. c. 8 juillet 1862. — Dalloz, 1862. 1.379. V. pourtant n. 391.

pour la préparer, et peu lui importe que, soumise aux chances ART. 38. d'un débat judiciaire, elle sorte ou ne sorte pas à effet.

Il n'en est plus de même s'agissant d'un dommage éventuel, c'est-à-dire, d'un dommage qui peut se réaliser ou bien demeurer dans le néant. Ici, le fait essentiel fait défaut, et il serait bien habile le Jury qui, s'attribuant le privilège de connaître l'avenir, trouverait, dans une demande ainsi formulée, les moyens d'apprécier et de fixer l'indemnité réclamée. En un mot, dans cette hypothèse, les éléments d'appréciation manquant, il est impossible qu'une décision intervienne. C'est pourquoi la jurisprudence dénie au Jury le droit de la porter, *sous toutes réserves.* Au reste, la question se présenta, il y a longtemps, devant la Cour suprême, et elle y fut tranchée dans le sens que j'indique. Un arrêt du 17 décembre 1845, mettant en regard l'une de l'autre les deux hypothèses, porte que le Jury doit, dans la fixation de l'indemnité, comprendre par une évaluation distincte la somme applicable aux indemnités réclamées dans l'hypothèse d'un dommage sur l'existence duquel il y a litige; mais que cette obligation n'existe pas, à l'égard des indemnités prétendues, dans l'éventualité d'un dommage futur, à naître d'un événement ultérieur (1).

389. L'usage veut et le bon sens indique que le mobilier reste en dehors de l'expropriation. Par conséquent, il ne doit pas entrer dans l'appréciation de l'indemnité. La Cour de cassation, appelée à se prononcer sur ce point, l'a ainsi jugé par arrêt du 4 mars 1861. Il y est dit que le Jury n'a pas besoin de s'en expliquer (2). L'arrêt s'appliquait à un mobilier industriel.

390. De même, il n'est pas nécessaire que le Jury statue sur les chefs à l'occasion desquels les parties ont fait de simples réserves. Ainsi jugé, par arrêt de la Cour de cassation, en date du 20 août 1860 (3). La chose va de soi. En effet, la réserve

(1) Dalloz, 1846. 1.30. — Arrêt. C. c. 16 juillet 1844. — Dalloz, 1844. 1.307. — V. n. 458-459. — V. Arrêt. 3 mars 1863. — Dalloz, 1863. 1.254. Lequel a jugé la question *in terminis.*

(2) Ibid., 1861. 1.183.

(3) Ibid., 1860. 1.415.

ART. 38. dont on demande acte, prouve suffisamment que la partie n'avait pas l'intention de soumettre à la décision du Jury le fait que la réserve concernait. Le Jury, dès lors, n'a pas à s'en préoccuper.

391. L'indemnité s'étend à toutes les conséquences directes ou indirectes des travaux entrepris lorsqu'elles peuvent être appréciées, elle doit donc comprendre la dépréciation subie par un immeuble non touché par l'expropriation. Par exemple, en nivelant une rue, en rectifiant un chemin, on masque et obstrue le rez-de-chaussée de votre maison, vous avez droit à une indemnité, laquelle doit être fixée par le Jury. C'est ce que la Cour de Cassation vient de juger par arrêt du 8 juillet 1862. Cet arrêt porte que, c'est au Jury que doit être soumise l'évaluation du dommage occasionné par les travaux en vue duquel l'expropriation a été prononcée, si ces travaux ont eu pour résultat direct et certain de produire une dépréciation dans la portion de propriété non frappée d'expropriation (1).

Cette décision se fonde sur ce que l'effet des travaux étant permanent, il y avait dépréciation actuelle, certaine et durable. Mais il n'en serait plus ainsi, si la dépréciation n'était que temporaire. Dans ce cas, le Jury n'aurait pas à en connaître. Cela résulte encore d'un arrêt de la même Cour, en date du 23 juin 1862, lequel dit que le Jury est incompétent pour connaître des dommages causés à l'exproprié, non par l'effet de l'expropriation, mais comme conséquence des travaux exécutés par l'administration. Il s'agissait, dans l'espèce, d'une demande en indemnité pour non jouissance, pendant la durée des travaux, de la propriété restant à l'exproprié. Il fut dit que l'appréciation de ces dommages, provenant du fait du ministère de la guerre, appartenait exclusivement à l'autorité administrative (2). Entre cette espèce et la précédente il y a cette différence que, dans le cas de la seconde, le dommage n'était pas permanent, circonstance qui fit repousser la compétence du Jury.

(1) Dalloz, 1862. 1. 381.
(2) Ibid., ibid. 1. 380. — V. n. 387.

392. Le Jury n'est pas tenu de statuer sur une demande en indemnité fondée sur une erreur dont la preuve lui est acquise. Cela ne paraît pas douteux ; cependant la proposition a besoin d'être appuyée par un exemple. Le voici , tel qu'il résulte d'un arrêt de la Cour suprême, rendu le 18 mars 1857 (1). Je vais en citer la rubrique. Elle porte que , en matière d'expropriation , le Jury n'est compétent que pour fixer les indemnités dues par suite de l'expropriation elle-même, et non celles dues par l'effet d'une erreur de l'expropriant sur l'étendue de l'expropriation : que le locataire d'une maison non expropriée n'est pas recevable à se présenter devant le Jury pour réclamer une indemnité , à raison du préjudice que lui aurait causé la signification de congé à lui faite par l'expropriant , dans l'opinion depuis reconnue erronée , que l'expropriation d'un terrain servant de passage entre cette maison et la voie publique , entraînait la résiliation de son bail ; que cette demande d'indemnité devait être portée devant les tribunaux ; que le Jury ne pouvait , en pareil cas, que fixer, au profit du propriétaire du terrain exproprié , une indemnité alternative se référant, tant à l'hypothèse où la suppression du passage serait considérée par les tribunaux comme une cause de résiliation du bail, soit à celle où , malgré la privation du passage , le bail serait maintenu.

Il a été jugé, par arrêt du 6 mai 1862, que la décision du Jury portant règlement d'indemnité, n'est soumise à aucun recours, même sous prétexte que le Jury aurait été trompé sur la nature de la propriété frappée d'expropriation (2). Cet arrêt se justifie suffisamment par les circonstances de fait dans lesquelles il fut rendu. Il résulte, en effet, de son texte , que la nature du terrain exproprié n'avait été nullement contestée devant le Jury , et que , par conséquent, le moyen présenté à l'appui du pourvoi n'était qu'une mauvaise chicane. Au reste , en eût-il été autrement, ce moyen n'aurait pas été plus heureux , par la raison que le Jury, n'étant pas obligé de motiver ses décisions ,

(1) Dalloz, 1857. 1.118.
(2) Ibid., 1862. 1.207.

ART. 38. on doit supposer qu'il a gradué l'indemnité sur la nature du terrain auquel elle s'appliquait.

393. Il n'est pas toujours facultatif au Jury de prendre pour l'un des éléments de sa décision la dépréciation soufferte par le restant de l'immeuble exproprié. Un exemple, peut-être unique, de pareille limitation aux pouvoirs du Jury se trouve dans les dispositions de la loi du 16 septembre 1807, relative aux édifices soumis au recul. La Cour de cassation a jugé, par arrêt du 21 février 1849 (1), que les bases d'indemnité déterminées par cette loi, n'ont pas été abrogées par la loi du 3 mai 1841 ; et que, en conséquence, l'indemnité due pour les terrains abandonnés à la voie publique par suite du recul d'un édifice volontairement démoli, doit, conformément à l'art. 50 de la loi du 16 septembre 1807, être limitée à la valeur du sol abandonné, sans avoir égard à la dépréciation des terrains restants. Cette loi continue donc à être applicable à l'espèce particulière dont je parle. De plus, ce même arrêt décide que sa violation peut donner ouverture à cassation, bien que l'art. 42 de la loi du 3 mai 1841 n'ait pas prévu ce cas. La raison qu'il en donne, c'est que cette dernière loi ne concerne que les formalités qu'elle a établies.

394. On dit communément qu'erreur ne fait pas compte. Ce dicton est vrai en tout et partout. Ainsi une erreur, reconnue par les parties, doit être prise en considération par le Jury dans le règlement de l'indemnité. Statuant dans cette hypothèse, la Cour suprême décida, par arrêt du 12 août 1857, que la rectification, dans l'assignation devant le Jury, de la contenance erronée donnée par le jugement d'expropriation, à l'immeuble exproprié, est réputée acceptée par l'exproprié, quand il n'a pas réclamé dans les débats (2). Il en sera de même, dans tous les cas, lorsque l'erreur résultera de l'addition fautive des chiffres des diverses offres. La même Cour s'en est exprimée, en termes précis, dans un arrêt en date du 16 mai 1860. Il y est dit que l'indemnité accordée peut être inférieure à la somme offerte,

(1) Dalloz, 1849. 1.138.
(2) Ibid., 1857. 1.330.

quand le chiffre des offres résulte d'une erreur d'addition (1). ART. 38.
Cette circonstance justifiait la décision du Jury qui , sans cela ,
aurait été rendue contrairement à la disposition finale de l'art. 39.

395. Le Jury doit statuer sur toutes les demandes, en se ba-
sant sur les conclusions prises par les parties. Il est cependant
des cas où quelques chefs peuvent être laissés de côté, faute par
l'expropriant et par l'exproprié de s'entendre sur certains points.
Dans ce cas , il règlera purement et simplement l'indemnité ,
sans se préoccuper d'autre chose. En voici un exemple. La Compagnie chargée de l'établissement d'un chemin de fer avait
offert, à l'un des expropriés, de faire un chemin latéral à la voie
ferrée, sur certaines parcelles, en lui donnant la largeur de
quatre mètres. L'exproprié accepta ces offres , mais à condition
que ce chemin aurait une largeur de six mètres. L'affaire ayant
été portée devant le Jury, celui-ci ne prit pas en considération
l'offre qui avait été faite, et se borna à fixer l'indemnité pour
les terrains occupés. Il y eut pourvoi de l'exproprié ; mais ce
pourvoi fut rejeté par arrêt du 14 août 1855. On y lit que, Mou-
nier (l'exproprié) n'avait accepté les offres relatives au chemin à
établir, qu'en demandant que sa largeur fût portée à six mètres :
que, dans cet état, la condition mise par lui à son acceptation
n'étant pas accueillie, les offres de la Compagnie restaient sans
effet ; que, dès lors, le Jury n'avait plus qu'à statuer, comme il
a fait, sur l'indemnité due pour le terrain occupé par l'assiette
du chemin de fer ; et que, en le faisant, il n'a violé aucune
loi (2).

396. Le Jury n'est compétent que pour statuer sur les indemnités résultant de l'expropriation ; en d'autres termes , il n'est
saisi du droit de fixer les indemnités qu'à l'égard des immeubles désignés au jugement d'expropriation. En vertu de ce principe, la Cour suprême jugea, par arrêts des 29 juin 1858 (3) et
26 décembre 1859 (4), que la décision portant sur des terrains

(1) Dalloz , 1860. 1.410.

(2) Ibid. , 1855. 1.416.

(3) Ibid. , 1858. 1.326. — V. n. 387.

(4) Ibid. , 1860. 1.39.

ART. 38: non compris au jugement d'expropriation est nulle, et que la nullité est encourue pour le tout, si une indemnité a été accordée pour les terrains expropriés et non expropriés, lors même que l'expropriant renoncerait au chef de la décision relatif à ces derniers terrains.

Il y a mieux. Lors même qu'il s'agirait des terrains expropriés, il faudrait qu'ils eussent été l'objet d'une offre et d'une demande. La Cour suprême s'est prononcée en ce sens, par arrêt du 11 juin 1860, en disant que le Jury n'est tenu de statuer qu'à l'égard des parcelles dont l'expropriation a donné lieu à des offres et à une demande d'indemnité (1).

Cet arrêt est dans le vrai; seulement, quant à leur importance, il assimile l'offre à la demande, ce qui n'est pas exact. Le défaut d'offres, entraînant cassation, rendrait le Jury inhabile à statuer, puisqu'il y aurait violation de l'art. 23 de la loi du 3 mai 1841; tandis que l'exproprié, qui ne fait pas connaître ses prétentions, est seulement passible des frais. Hors de là, le principe proclamé par l'arrêt du 11 juin 1860 est incontestable.

397. On est allé plus loin. La Cour de cassation a jugé que, malgré le consentement donné par les parties à ce que le Jury réglât l'indemnité due pour un immeuble non compris dans l'expropriation, il y aurait nullité. L'arrêt, qui est à la date du 27 août 1856, porte ce qui suit : il y est dit que la compétence du Jury est fixée aux immeubles ou portions d'immeubles désignés dans le jugement d'expropriation ; que la décision statuant sur une demande d'indemnité formée à raison d'un immeuble non compris au jugement d'expropriation est nulle, malgré le consentement donné par les parties à ce que l'affaire soit portée devant ce Jury (2). Dans l'espèce, on avait soumis au Jury une affaire qui n'était comprise, ni dans la circonscription indiquée au jugement d'expropriation, ni au tableau y annexé. Il s'ensuit que le Jury devant lequel elle avait été

(1) Dalloz, 1860. 1.405.
(2) Ibid., 1856. 1.334.

portée ne pouvait pas en connaître, puisqu'il n'en avait pas été art. 38. saisi au moment de sa convocation (1), qu'elle appartenait à un autre Jury, et que le consentement des parties était insuffisant pour couvrir une irrégularité tellement grave, qu'elle intervertissait, en quelque sorte, l'ordre des juridictions.

398. Mais il est facultatif aux parties d'amplier les pouvoirs du Jury, et, ainsi que le dit un arrêt de la Cour de cassation, du 17 décembre 1856, il devient compétent, pour régler l'indemnité due à raison de cession volontaire d'immeubles non compris dans le jugement d'expropriation, par cela seul qu'il existe un lien de connexité entre cette cession et l'expropriation à l'occasion de laquelle elle est intervenue (2). Cette connexité, qui manquait dans l'espèce de l'arrêt du 27 août 1856, consistait en ce que la parcelle cédée faisait corps avec l'immeuble dont une partie avait été soumise à l'expropriation.

Tous les arrêts rendus sur cette question ont statué dans le même sens. On y retrouve la connexité dont parle l'arrêt du 17 décembre 1856. Ainsi, la Cour suprême jugea, le 12 août 1857, que l'indemnité peut être accordée pour une contenance supérieure à celle déterminée par le jugement d'expropriation, s'il est établi que l'exproprié a consenti à ce que son terrain fût compris dans les travaux avec cette augmentation de contenance (3). Il est évident qu'il s'agissait d'un immeuble dont une parcelle avait été prise par l'expropriation. Un arrêt plus récent, en date du 5 mars 1862, a jugé de la même manière (4).

Il y a consentement, lorsque l'exproprié, loin de contredire la demande en augmentation de contenance faite par l'administration, y répond en augmentant sa demande dans la proportion des offres nouvelles. Ainsi jugé par arrêt du 31 décembre 1850 (5).

---

(1) Art. 44. — Loi 3 mai 1841.
(2) Dalloz, 1857. 1.45.
(3) Ibid., ibid., 1.329.
(4) Ibid., 1862. 1.378. — V. arrêt. 31 décembre 1861. — Ibid., 1862. 1.304.
(5) Dalloz, 1851. 1.286.

ART. 38. Dans ce cas, lorsque, du consentement des parties, des terrains sont ajoutés à l'expropriation, il n'est pas nécessaire qu'il soit fait de nouvelles offres et de nouvelles demandes. Jugé, en ce sens par arrêt du 24 juin 1857 (1).

399. Mais pour que le consentement donné par l'exproprié soit valable, en pareil cas, il faut qu'il ait un droit privatif de tout autre sur l'immeuble dont une parcelle a été détachée. Cela se comprend, car s'il lui est permis de s'engager lui-même, il ne peut obliger un tiers, son co-intéressé, qui ne lui en a pas donné mandat. En conséquence, par arrêt de la même Cour, rendu le 19 novembre 1856, il fut jugé que le consentement donné devant le Jury par un exproprié, n'oblige pas le co-propriétaire de cet exproprié, s'il n'est pas justifié de l'existence d'un mandat exprès; et que, dans ce cas, la décision du Jury, nulle à l'égard de l'un, doit être annulée pour le tout (2). Le même arrêt dit encore que le consentement de l'exproprié, à l'augmentation de contenance, doit être établi, c'est-à-dire qu'il doit en conster au procès-verbal. Je crois, en effet, que cela est indispensable.

Déjà, en ce qui touche la cession amiable des terrains expropriés, la question avait été jugée de la même manière, par arrêt du Conseil d'Etat, du 19 janvier 1850. Bien que, dit cet arrêt, des terrains aient été cédés amiablement par le propriétaire, les formalités d'expropriation doivent être remplies à l'égard de ceux qui ont sur ces terrains des droits d'usage, de servitude ou autres droits prévus par les art. 21 et 39 de la loi du 3 mai 1841, et qui n'en consentent pas l'abandon volontaire; dans ce cas, le conseil de préfecture est incompétent pour régler l'indemnité (3). On voit que, en fait de cession amiable, la jurisprudence du Conseil d'Etat s'appuie sur les mêmes principes que celle de la Cour de cassation.

_____

(1) Dalloz, 1857. 1.292.
(2) Ibid., 1856. 1.396. — V. arrêt. C. c. 13 février 1861. — Ibid., 1861. 1.180. — V. arrêt. 26 novembre 1862. — Ibid., 1863. 1.252. — V. n. 313.
(3) Ibid., 1850. 3.7.

En cas de cession volontaire d'un immeuble, les intérêts de ART. 38. l'indemnité peuvent être alloués au propriétaire, sans que celui-ci l'ait demandé, à partir du jugement qui a donné acte de cette cession, alors que aucun débat n'a été élevé sur ce point : c'est là un simple complément de l'indemnité, et non une solution donnée par le Jury à un litige, contrairement à l'art. 39. Ainsi jugé, par arrêt du 30 juin 1856 (1).

400. J'ai dit ci-dessus que le pouvoir général du mandataire obligeait le mandant, et j'ai cité un arrêt de la Cour de cassation qui l'a ainsi jugé (2). Mais cela ne doit s'entendre que du cas où le mandataire se renferme dans son mandat ; s'il en sort, tout ce qu'il fait devient nul. Or, il en sort évidemment en faisant une cession de terrain qu'il n'a pas mission de consentir. En conséquence, la même Cour jugea, par arrêt du 3 janvier 1848, que le mandat donné par l'exproprié pour poursuivre le réglement de l'indemnité due à raison de parcelles de terrain dont l'expropriation a été prononcé, est insuffisant pour autoriser le mandataire à consentir la cession d'un autre parcelle non comprise dans le jugement d'expropriation ; et que, par suite, la décision du Jury est nulle, si le réglement d'indemnité qu'elle renferme porte à la fois sur ces parcelles expropriées et sur celle qui ne l'a pas été (3). Un second arrêt, du 15 janvier 1849, est venu confirmer cette jurisprudence (4).

401. L'indemnité accordée par le Jury peut être conditionnelle. J'en trouve un exemple dans un arrêt de la Cour suprême, rendu le 9 juillet 1856. D'après cet arrêt, le Jury peut allouer une somme fixe, en cas de réalisation d'un événement. Ainsi, après avoir alloué une indemnité de 4 fr. par mètre, il accorda une somme de 20,000 fr. pour le cas où un certain passage ne deviendrait pas une voie publique (5). Cette décision fut main-

---

(1) Dalloz, 1856. 1.263.
(2) V. n. 312.
(3) Dalloz, 1848. 1.153.
(4) Ibid., 1849. 1.83.
(5) Ibid., 1856. 1.293. — V. Jur. gén. v° exprop. n. 629.

ART. 38. tenue par l'arrêt précité, dont voici les termes. Il fut jugé que, la destination future de l'immeuble exproprié est un des éléments d'appréciation de la valeur actuelle de cet immeuble ; qu'ainsi, un Jury a pu accorder une indemnité de 4 fr. par mètre au propriétaire exproprié, plus une autre indemnité de 20,000 fr. pour un cas prévu, mais non réalisé ; que, ce cas se réalisant, l'indemnité se rapporte directement au dommage subi.

402. La décision du jury n'est soumise a aucune forme sacramentelle. Jugé, en ce sens, par la Cour de cassation, le 21 août 1843 (1). Il suffit, pour sa validité, qu'elle satisfasse à tous les chefs de demande et qu'elle ne présente aucune ambiguité. Nous allons énumérer dans un instant les autres qualités qu'elle doit avoir.

403. L'autorité judiciaire est seule compétente pour interpréter la décision du Jury quand elle fait naître des questions qui se rattachent à l'exécution de la loi du 3 mai 1841. Cette proposition est un peu obscure, mais elle va s'éclaircir par un exemple pris dans la jurisprudence du Conseil d'État. Il fut jugé, par arrêt du 7 février 1856, que le Conseil de préfecture excède sa compétence en statuant sur la demande d'indemnité formée contre une compagnie de chemin de fer par un propriétaire exproprié partiellement pour l'établissement de ce chemin, à raison de la non ouverture d'une rue que, lors de l'expropriation, l'État, aux droits duquel se trouvait cette compagnie, se serait engagé à ouvrir le long du terrain restant à ce propriétaire, et qui devait procurer à celui-ci des avantages que le Jury aurait, suivant lui, pris en considération pour lui accorder une indemnité considérable (2). Par les motifs ci-dessus exprimés, l'arrêté du Conseil de préfecture, statuant sur la demande de l'exproprié, fut cassé. Cela devait être, car il avait jugé une question qui, sur le vu de son seul énoncé, était de

(1) Dalloz, 1843. 1.450.
(2) Ibid., 1856. 3.70. — V. n. 436.

là compétence de l'autorité judiciaire. Des précédents , cités par ART. 38: l'arrêtiste, confirment cette jurisprudence.

404. L'indemnité doit être pécuniaire, c'est-à-dire, consister en une somme d'argent représentant la valeur de l'immeuble exproprié et du préjudice souffert. Elle ne pourrait être convertie en redevances annuelles et temporaires. Ainsi jugé , par arrêt de la Cour suprême , du 19 décembre 1838 (1). Cependant, par un autre arrêt , en date du 7 avril 1858 , la même Cour a admis que l'indemnité consistant dans l'allocation , à un fermier, d'une somme déterminée à prendre annuellement , pendant la durée du bail , sur l'indemnité accordée au propriétaire, était définitive et ne pouvait, dès lors, être annulée comme subordonnée à des vérifications ultérieures (2). Probablement, la Cour se décida sur cette considération que, le droit du fermier s'ouvrant chaque année, il suffisait d'une allocation annuelle , pendant toute la durée du bail, pour l'indemniser.

405. Tel est le principe que le Jury ne doit jamais perdre de vue. Mais les parties peuvent y déroger. Ainsi , quatre arrêts de la Cour de cassation , des 16 avril, 21 et 29 juillet, et 13 août 1862 , disent que l'indemnité doit être fixée uniquement en argent, à moins que l'exproprié, d'accord avec l'expropriant, n'ait consenti à être payé en d'autres espèces (3).

Le consentement des parties doit être exprès , et constaté par le procès-verbal , faute de quoi il y aura nullité. Par conséquent, le 7 avril 1858, la même Cour jugea que l'option laissée à l'expropriant , sans que l'acceptation de l'exproprié eût été constatée , de fournir l'indemnité en argent ou en travaux, entraînait nullité de la déclaration du Jury (4).

De même , est nulle , comme fixant l'indemnité partie en argent et partie en nature , la décision du Jury qui réserve à

---

(1) Dalloz, Dict. G. loc. cit. n. 424.
(2) Ibid., 1858. 1.171.
(3) Ibid., 1862. 1.379.
(4) Ibid., 1858. 1.171. — Arrêt. C. c. 18 février 1857. Dalloz, 1857. 1.71.

ART. 38. l'exproprié des récoltes ou des arbres, non demandés ni même offerts (1).

Ou bien, encore, la décision qui fixe l'indemnité en considération de la conservation, par l'exproprié, de matériaux de démolition dont l'abandon était proposé par l'expropriant, sans qu'il fût constaté que l'exproprié eût accepté cet abandon (2). Il est cependant un cas où l'abandon des matériaux, non accepté, ne peut entraîner nullité, c'est lorsqu'il est fait en sus des offres. C'est alors un don que l'expropriant fait à l'exproprié. Ceci résulte d'un arrêt de la Cour de cassation, en date du 26 octobre 1859, dans lequel on lit que, l'indemnité en argent demeure précise quoique, dans le courant des débats, l'expropriant ait obtenu acte de ce que les matériaux provenant de la démolition appartiendraient aux expropriés, si l'allocation de ces matériaux ne fait pas partie des offres et ne figure pas parmi les élémens de l'indemnité (3). Je ne puis approuver cet arrêt qu'autant qu'on admettra que le Jury ne prit point l'abandon des matériaux en considération, et qu'il fixa le chiffre de l'indemnité comme si l'offre de les abandonner n'avait pas été faite. S'il en avait fait un des éléments d'appréciation, il y aurait eu nullité pour défaut de consentement de l'exproprié à les accepter.

Il vient d'être jugé, par arrêt du 23 juin 1862, que le Jury ne peut ordonner des travaux de clôture alors que l'exproprié ne concluait qu'à une indemnité pour ce chef (4). La décision du Jury fut cassée, par le motif qu'il ne pouvait, à moins de consentement exprès de la part de toutes les parties, substituer à l'indemnité en argent l'obligation imposée à l'expropriant de faire certains travaux ayant pour objet la réparation, en tout ou en partie, du préjudice causé par l'expropriation.

406. Mais l'exproprié n'a pas le droit de se plaindre quand la

_____

(1) Arrêt. C. c. 16 avril - 29 juillet 1862. — Dalloz, 1862. 4.379.
(2) Arrêt. C. c. 24 juillet 1862. — Ibid., 1862. 1.379.
(3) Ibid., 1859. 1.496.
(4) Ibid., 1862. 1.379.

décision du Jury lui donne le choix entre divers modes de payement. Il ne peut, dit la Cour suprême, dans un arrêt du 2 février 1858, à défaut d'intérêt, se faire grief de la violation de la
règle qui veut que l'indemnité soit pécuniaire, si le mode de
libération est pour lui facultatif (1).

Il en sera de même, si l'option est laissée à l'administration,
bien entendu que, dans tous les cas, l'indemnité sera pécuniaire. Par exemple, la Cour suprême jugea, par arrêt en date
du 18 juin 1861, que l'indemnité fixée alternativement à deux
sommes d'argent, selon que l'administration ferait ou ne ferait
pas des travaux qu'elle se réservait le droit d'imposer à l'expropriant ou à l'exproprié, conservait son caractère d'indemnité
en argent et était définitive (2). Il fut encore jugé, par autre
arrêt du 19 janvier 1852, que le Jury peut laisser à l'administration le soin de construire un mur, ou de payer une somme
déterminée à l'exproprié (3). Mais pour faire concorder ce dernier arrêt avec celui du 23 juin 1862, ci-dessus cité, il faut dire
que, dans l'espèce jugée le 19 janvier 1852, l'exproprié avait,
sans doute, conclu expressément à la construction du mur. La
décision aurait été différente s'il s'était borné à demander une
indemnité pour cet objet.

407. Il est rare qu'une expropriation n'entraîne pas après elle
l'obligation de faire certains travaux étrangers au fait même
de l'expropriation, tels que aqueducs, viaducs, reconstruction
de murs de clôture, établissement de chemins nouveaux, ou
raccordement de ceux-ci avec les chemins anciens. La confection de ces travaux doit être l'objet d'une entente préalable
entre l'expropriant et l'exproprié, c'est-à-dire, que l'un doit les
offrir et l'autre les accepter ; le Jury est tenu de les prendre en
considération pour la fixation de l'indemnité, mais il ne peut
les ordonner, car sa mission consiste à faire indemniser pécu-
niairement l'exproprié du préjudice que lui cause l'expropria-

(1) Dalloz, 1858. 1.83.
(2) Ibid., 1861. 1.288.
(3) Ibid., 1852. 1.31.

ART. 38. tion. C'est par ce motif que la Cour suprême jugea, par arrêt en date du 14 août 1855, que le Jury n'est pas compétent pour ordonner l'établissement, par l'administration, d'un chemin de communication entre une partie de terrain enclavée, restant à l'exproprié, et la voie publique : et que, par suite, lorsque l'exproprié l'a saisi de conclusions à ces fins, il doit se borner à l'allocation d'une somme d'argent. Tout ce qu'il pourrait faire, dans ce cas, ce serait d'allouer une indemnité alternative, par exemple, d'accorder, en sus, la somme de 1000 fr., si le chemin n'était pas fait. Le même arrêt ajoute que l'exproprié n'a pu se faire grief de ce qu'on lui a accordé une indemnité pure et simple, lorsque c'est l'administration et non lui qui y avait conclu. Évidemment, faute d'entente préalable, le Jury ne pouvait faire autrement (1).

408. L'offre de travaux à faire, acceptée par l'exproprié, constitue un contrat judiciaire. C'est ainsi que s'exprime la Cour suprême, dans son arrêt en date du 20 août 1860 (2). Ce contrat, par conséquent, oblige les parties, et il constitue un des éléments d'appréciation au moyen desquels le Jury arrive à la fixation de l'indemnité. Mais il faut que l'acceptation de l'exproprié soit constante, sinon les opérations seraient viciées de nullité. En effet, par arrêt du 7 avril 1858, la Cour de cassation jugea que, l'option laissée à l'expropriant, sans que l'acceptation de l'exproprié soit constatée, de fournir l'indemnité en argent ou en travaux, entraîne nullité de la déclaration du Jury (3). Il ne faut pas perdre de vue que l'indemnité doit toujours être pécuniaire et que ce n'est que par exception, eu égard aux conventions des parties, qu'on permet qu'elle soit soldée en travaux.

409. En matière de travaux à exécuter, l'indemnité peut être alternative, en ce sens qu'on peut la fixer à deux sommes d'argent différentes, selon que l'administration fera ou ne fera pas

---

(1) Dalloz, 1855. 1.416.
(2) Ibid., 1860. 1.415.
(3) Ibid., 1858. 1.171.

certains travaux. Tels sont les termes d'un arrêt de la Cour de ART. 38.
cassation du 18 juin 1861 (1). L'expropriant se trouvera avoir
alors le choix du mode de libération. Bien entendu que, dans
ce cas, il aura saisi le Jury de conclusions expresses sur ce
point.

Il est une observation à faire sur l'arrêt du 18 juin 1861. Cet
arrêt semble douter que, dans le cas dont il s'occupe, l'indemnité soit alternative, puisqu'il explique le sens dans lequel on
doit entendre ce mot. Cependant le caractère alternatif est bien
le seul qui appartienne à cette espèce d'indemnité, car elle présente deux modes de libération, au choix de l'expropriant. Je ne
puis trouver d'autre raison au doute de la Cour, si ce n'est le
désir de ne pas confondre le cas prévu par son arrêt avec celui
dont s'agit au 4ᵐᵉ § de l'art. 39. L'hypothèse prévue par ce paragraphe se réalise lorsqu'il y a litige sur le fond du droit, c'est-
à-dire, quand le droit à l'indemnité est contesté. Alors le Jury,
sans se préoccuper de savoir si le droit est fondé ou non ; fixe
l'indemnité. C'est cette indemnité que, dans le langage du
droit, on est convenu d'appeler alternative et qui s'applique à
une espèce tout-à-fait différente de celle sur laquelle a statué
l'arrêt du 18 juin 1861.

Il a été jugé, en outre, que le paiement de l'indemnité ne
peut être subordonné à aucune condition. Par exemple, que le
Jury, après avoir fixé l'indemnité pour la privation d'un cours
d'eau, ne pouvait en subordonner le paiement au cas où l'administration ne rétablirait pas ce cours d'eau. Dans ce cas,
ainsi qu'il est dit par un arrêt du 7 février 1837, l'indemnité,
qui doit être d'une somme d'argent, se trouverait par là convertie en une faculté de faire des travaux après l'expropriation
du détenteur, qui se verrait soumis à une éventualité pour un
paiement qui doit toujours être préalable à toute dépposses-
sion (2).

De même, le Jury excède ses pouvoirs lorsque, au lieu d'une

(1) Dalloz, 1861. 1.288.
(2) Delalleau. n. 1050. p. 673.

ART. 38. indemnité totale en argent, il ordonne l'exécution de travaux et en met la dépense à la charge de l'expropriant ; car il n'a aucun pouvoir pour décider que ces travaux seront faits par cette partie plutôt que par l'exproprié. Il doit se borner à les apprécier dans le règlement de l'indemnité. Ainsi jugé, par arrêt du 26 mai 1840 (1).

410. Il est constant, d'après ce que j'ai dit ci-dessus, que le Jury ne peut prescrire aucuns travaux à l'administration ; s'il agissait autrement, il commettrait un excès de pouvoir qui serait bien vite réprimé. Mais il ne lui est pas interdit de manifester ses désirs, quant au mode d'exécution ; du moins, son verdict n'encourra pas nullité. Cela résulte d'un arrêt de la Cour de cassation, du 31 juillet 1860. Il porte que, le vœu du Jury, relatif au mode d'exécution n'entraîne pas nullité (2). En effet, l'administration n'était pas tenue d'y obtempérer ; ce vœu était donc insignifiant.

411. Il est un autre mode d'indemnité fréquemment en usage : Je veux parler de l'abandon des matériaux fait par l'expriant. Cet abandon sera encore une des bases de l'évaluation faite par le Jury. Mais il faut qu'il soit consenti et accepté par les parties. A défaut d'acceptation, il ne suffirait pas que l'offre en eût été faite dans l'origine, c'est-à-dire dans la notification adressée à l'exproprié, en vertu de l'art. 23. Dans ce cas, l'offre devrait être renouvelée à l'audience même, et acceptée par l'exproprié ; sinon le Jury ne pourrait la prendre en considération. Cela résulte d'un arrêt de la Cour de cassation, du 26 août 1861, portant que, l'offre, par l'expropriant, d'abandonner les matériaux doit être renouvelée devant le Jury spécial (3). Evidemment, l'exproprié ne s'était pas expliqué sur ce point dans sa demande.

Il est arrivé quelquefois que l'abandon des matériaux a eu lieu gratuitement. Alors cette circonstance n'influe en rien sur le

(1) Delalleau. n. 1049. p. 672.
(2) Dalloz, 1860. 1.407.
(3) Ibid., 1861. 1.399.

caractère de l'indemnité et elle n'en demeure pas moins pécuniaire. Il résulte d'un arrêt de la même Cour, en date du 26
décembre 1859, que l'indemnité en argent demeure précise,
quoique, dans le courant des débats, l'expropriant ait obtenu
acte de ce que les matériaux provenant des démolitions appartiendraient aux expropriés, si l'allocation de ces matériaux ne
fait pas partie des offres et ne figure pas parmi les éléments de
l'indemnité (1). Jugé de même par autre arrêt du 4 juin 1856,
que la proposition, faite par l'administration, en dehors de ses
offres d'indemnité, de laisser aux expropriés les matériaux de
démolition, à la charge de les faire enlever dans un certain
délai, n'enlève pas à l'indemnité le caractère d'une indemnité
pécuniaire (2).

Cette conséquence est incontestable, mais à une condition :
c'est que l'offre ait été acceptée par l'exproprié. Dans le cas inverse, le Jury l'obligerait à enlever les matériaux, ce qu'il lui
est interdit de faire.

412. En général, le mobilier ne fait pas partie de l'expropriation (3). Cependant, le Jury peut permettre à l'exproprié d'enlever certains objets placés à demeure fixe, en admettant toujours
qu'il en aura fait la demande. Un arrêt du 13 juin 1852, s'en
explique en ces termes : il porte que le Jury peut, tout en fixant
en argent l'indemité due à l'exproprié, lui laisser la faculté
d'enlever les objets d'exploitation susceptibles d'être détachés
du fonds, et que cela n'empêche pas l'indemnité d'être définitive (4).

Dans l'espèce, il s'agissait d'une pépinière. Il en est de même
quand le locataire s'en est réservé la disposition. Jugé, en conséquence, par arrêt du 30 août 1858, que, en cas d'expropriation d'un immeuble sur lequel se trouvent des constructions
élevées par le locataire avec faculté de les enlever à la fin du

(1) Dalloz, 1859. 1.496.
(2) Ibid., 1856. 1.196.
(3) V. n. 389.
(4) Dalloz, 1852. 1.202.

ART. 38. bail, sauf le droit réservé au bailleur de les garder moyennant estimation, le consentement donné par l'expropriant à l'enlèvement immédiat de ces constructions, en laisse la valeur en dehors de l'indemnité, et que, par suite, cette indemnité, fixée en argent, sans y comprendre les constructions, n'est pas réputée consister, pour partie, en matériaux, contrairement à la règle qui veut que l'indemnité soit exclusivement pécuniaire (1).

413. Tous les préjudices actuels et certains, résultant de l'expropriation, doivent être appréciés par le Jury. Je fais cette observation parce que, bien souvent, la propriété du sol n'est pas la seule à se trouver intéressée. Je trouve un exemple de l'application de ce principe dans un arrêt du Conseil-d'Etat, du 26 août 1858. Il porte que, l'indemnité que la compagnie chargée de l'exécution d'une voie ferrée doit au propriétaire d'un chemin coupé par cette voie, doit être réclamée devant le Jury (2). Il en sera de même dans tous les cas analogues.

414. L'indemnité sera déterminée, c'est-à-dire qu'elle désignera clairement l'objet auquel elle s'applique. Par exemple, 10,000 fr. pour dix ares de terrain; 1,000 fr. pour cinquante arbres; ainsi de suite. Que si le Jury ne totalise pas la somme qu'il alloue, il doit rendre sa décision de telle sorte que le total puisse s'obtenir à l'instant au moyen d'une simple opération d'arithmétique; par exemple, dix ares de terrain à 1,000 fr. l'une; cinquante oliviers à 20 fr. l'un. En un mot, sa décision doit être conçue de manière que, sans attendre plus longtemps, le montant de l'indemnité puisse être fixé. Il se tromperait, et sa décision encourrait cassation, si la quotité de la somme allouée ne pouvait être définitivement connue qu'après l'exécution des travaux. Elle serait vicieuse, si elle s'exprimait d'une manière vague et indéterminée, si elle allouait 1,000 fr. par are de terrain occupé, 20 fr. par arbre abattu, sans qu'il constât du nombre d'ares dont l'administration devra s'emparer, ni du

(1) Dalloz, 1858. 1.328.
(2) Ibid., 1859. 3.36.

nombre d'arbres qu'elle devra couper. Je le répète, il faut que ART. 38. tout de suite, sur le vu de la décision du Jury, on sache avec précision quel est le montant de l'indemnité. Ainsi, il a été jugé par la Cour de Cassation, que l'indemnité est clairement déterminée quand le Jury l'a fixée à une somme désignée, avec les intérêts, à partir de la prise de possession. Deux arrêts, en date du premier juillet 1845 (1) et 16 février 1846 (2), se sont expliqués sur ce point d'une manière positive.

Le montant de l'indemnité est suffisamment exprimé au moyen d'un chiffre monétaire multiplié par une mesure de terrain : par exemple, dix centimes par mètre carré, si, d'ailleurs, la contenance du terrain est certaine. Jugé, en ce sens, par arrêt de la même Cour, en date du 2 décembre 1851 (3). On use de ce procédé lorsque plusieurs personnes ont des droits indivis sur la parcelle expropriée. On comprend que, dans ce cas, il est impossible au Jury d'allouer une somme fixe à chacun des intéressés. C'est ainsi que je fis procéder une fois le Jury, s'agissant de terrains dont la contenance était certaine, mais sur lesquels des co-propriétaires, en état d'indivision, réclamaient des droits qui n'étaient pas fixés. Au reste, ce procédé a été reconnu régulier par la Cour suprême. Elle jugea, par arrêt du 31 décembre 1850, que l'indemnité peut être fixée à tant l'are, lorsque, par suite de l'indivision existant entre l'exproprié et l'Etat, relativement au terrain frappé d'expropriation, la quotité de leurs droits respectifs sur le terrain est incertaine (4).

Dans une affaire d'expropriation, il avait été convenu entre les parties que les parcelles seraient estimées à tant par mètre, sauf à faire procéder plus tard à un arpentage contradictoire. Le magistrat directeur rendit une ordonnance prescrivant l'arpentage ; il eut lieu, et le Jury fixa une indemnité totale pour chaque parcelle. Sa décision ayant été attaquée, fut maintenue

(1) Dalloz, 1845. 1.350.
(2) Ibid., 1846. 1.64.
(3) Ibid., 1852. 1.9.
(4) Ibid., 1850. 1.286.

ART. 38. par le motif que le Jury avait eu soin de déclarer que l'estimation avait eu lieu à tant par mètre. Il devait en être ainsi ; car, appliquant la convention au résultat du partage, il avait totalisé lui-même la somme revenant à chaque co-intéressé. L'arrêt est à la date du 26 juin 1855 (1).

415. Mais l'incertitude sur la contenance du terrain exproprié entraînerait nullité de la décision du Jury ; car, ainsi que le dit l'arrêt du 2 décembre 1851 cité dans le numéro précédent, l'allocation à tant par mesure n'est valable qu'autant que la contenance du terrain est certaine. Ainsi, le 9 février 1846, la Cour de Cassation jugea que la décision du jury dans laquelle l'indemnité est incertaine et subordonnée à une opération ultérieure est nulle (2). Le vrai motif de l'arrêt, c'est qu'on ne peut savoir si l'indemnité n'est pas supérieure à la demande (3).

Cet arrêt n'est nullement contraire à celui du 26 juin 1855 que je viens de rapporter, par la raison que la mensuration du terrain fut faite pendant la session, et que ce fut sur le résultat de cette mensuration que le Jury fixa l'indemnité. Il en eût été autrement si cette opération avait été renvoyée à une époque plus éloignée, par exemple, après la session. C'est ce que l'arrêt du 9 février 1846 a entendu, en disant que l'indemnité, subordonnée à une opération ultérieure, était incertaine et nulle ; par conséquent, il ne peut y avoir incertitude sur le point de savoir si l'indemnité est déterminée, toutes les fois que la contenance du terrain conste d'une manière positive.

Je trouve deux arrêts de la Cour de Cassation, rendus la même année, qui, au premier abord, paraissent difficilement conciliables. Le premier, portant la date du 27 février 1860, a décidé que l'indemnité, fixée au moyen d'un chiffre monétaire à multiplier par un nombre soumis à une vérification ultérieure, est valable, si ce nombre est l'objet d'un litige (4). Le

(1) Dalloz, 1855. 1.285.
(2) Ibid., 1846. 1.79.
(3) Arrêt. C. c. 21 mai 1860. — Ibid., 1860. 1.251.
(4) Ibid., 1860. 1.409.

second dit que, la décision qui alloue une somme fixe, alors ART. 38. que l'exproprié demande une somme indéterminée et dépendant du nombre, encore inconnu au moment où a statué le Jury, des mètres de clôture de l'immeuble exproprié, est nulle, parce qu'on ne peut savoir si l'indemnité n'est pas supérieure à la demande (1). Cet arrêt est du 21 mai 1860. En comparant ces deux arrêts, on est frappé de l'analogie qu'ils présentent. En effet, dans les deux espèces, il s'agissait, pour le Jury, d'apprécier des terrains dont on ignorait la contenance.

Je comprends le premier arrêt. Bien que le nombre fût soumis à une vérification ultérieure et, par conséquent, incertain, l'arrêt maintint la décision du Jury, parce qu'il y avait litige sur ce nombre, et que, dans ce cas, aux termes du 4e § de l'art. 39, il y avait lieu d'accorder une indemnité éventuelle. Le Jury ne pouvait guère faire autrement, si ce n'est d'évaluer à tant la mesure. Evidemment, il lui était impossible de l'apprécier en bloc.

Le second arrêt semble être en opposition directe avec celui du 27 février 1860, puisqu'il s'agit également d'appréciation d'un terrain dont la contenance est inconnue. Cependant, après réflexion, il s'explique, et l'antinomie apparente que je signalais s'évanouit. Dans la première espèce le Jury avait agi sagement. Ne pouvant évaluer le terrain en entier, il l'avait évalué à tant la mesure; tandis que, dans la seconde espèce, prenant sur lui de trancher une question pour laquelle le premier et le seul élément de décision manquait, à savoir l'étendue réelle de la clôture, il se permit de fixer l'indemnité, comme s'il y avait eu certitude sur ce point. A cela, la Cour de Cassation répondit : Non, vous n'aviez pas le droit d'agir ainsi, parce que, dans l'état d'incertitude où vous étiez, tant sur l'étendue de la clôture que sur la quotité de la somme demandée, vous ne pouviez savoir si l'indemnité accordée ne serait pas supérieure à la demande.

Assurément le Jury aurait pu se transporter sur les lieux,

(1) Dalloz, 1860. 1.251.

ART. 38. voir par lui-même , et se fixer sur la valeur de la clôture ; mais ne l'ayant pas fait, il lui était impossible, de son siége, d'apprécier, d'une manière même approximative, le montant de l'indemnité. Dès lors, prenant en considération ce point de fait, que les parties n'étaient nullement d'accord sur l'étendue de la clôture, circonstance qui créait un litige, il ne lui restait qu'à apprécier cette clôture à tant par mètre, en laissant aux parties le soin d'arriver à une fixation définitive de l'indemnité par une mensuration ultérieure.

Il est vrai que reste le dernier et le meilleur argument. Les arrêts des 2 décembre 1851 et 9 février 1846, ci-dessus cités, disent que l'allocation , à tant la mesure , n'est valable qu'autant que la contenance du terrain est certaine; or, cette circonstance caractéristique ne se rencontre pas dans l'espèce de l'arrêt du 21 mai 1860 , pas plus que dans celle de l'arrêt du 27 février de la même année. Par conséquent, faute de connaître l'étendue de la clôture, le Jury ne pouvait l'apprécier, ni en bloc, ni à la mesure.

J'avoue que, à cela, je n'ai rien à répondre, et que je ne me charge pas de concilier deux systèmes aussi franchement opposés que ceux créés, d'un côté, par les arrêts des 9 février 1846 et 2 décembre 1851 , et de l'autre par l'arrêt du 27 février 1860. Tout ce que l'on peut faire , c'est de choisir. Quant à moi, si j'avais à me prononcer, je me deciderais pour le dernier système. Je ne vois pas quel mal il y aurait et , surtout, quelle loi on violerait, en permettant au Jury de fixer l'indemnité à tant la mesure , lorsque la contenance du terrain est incertaine , et de renvoyer la mensuration à une époque plus éloignée. Sans doute, ce mode pourrait avoir des inconvénients, par exemple , dans le cas prévu par l'article 49 de la loi du 3 mai 1841 , où le magistrat directeur ordonne la consignation de l'indemnité. Mais il n'y a pas de milieu ; ou il faut casser impitoyablement toutes les décisions du Jury allouant des indemnités pour des terrains dont la contenance est incertaine ; ou bien , considérant la question sous le point de vue pratique, l'autoriser, dans ce cas, à régler l'indemnité à tant la mesure.

Au reste, la Cour de cassation paraît tendre à revenir à ce der- ART. 38.
nier système ; son arrêt du 27 février 1860 en est la preuve.

Je dois dire que l'argument principal de l'arrêt du 21 mai
1860 me touche beaucoup moins que l'antagonisme flagrant
dont je viens de parler. Excellent pour le cas où la demande
est déterminée, il est sans portée dans celui où cette demande
manque de précision. Il est évident que si, dans la première
hypothèse, en fixant l'indemnité à tant la mesure et en en faisant dépendre la quotité d'une mensuration ultérieure, on
s'expose à dépasser le chiffre de la demande, ce qui est expressément défendu par le 5ᵉ § de l'article 39 ; dans la seconde
hypothèse, on ne risque pas de rencontrer le même inconvénient. Il serait difficile, en effet, de dépasser une demande
dont le chiffre n'est pas connu.

Il résulte de là que la solution que je proposais plus haut
ne doit être adoptée que dans le cas où, la contenance du terrain étant incertaine, la demande en indemnité est également
indéterminée. Mais qu'on devra la repousser quand le chiffre de
la demande sera spécifié. On risquerait alors de violer le 5ᵉ §
de l'art. 39.

J'ajoute que l'indemnité à tant la mesure, a été autorisée,
par la Cour de cassation, dans son arrêt du 29 juillet 1852. Il y
est dit que, en cas de contestation sur le point de savoir si une
indemnité est due, le Jury peut, en renvoyant les parties à se
pourvoir devant qui de droit, régler l'indemnité à raison de
tant par mètre carré, s'il y a incertitude sur la contenance de
la parcelle expropriée, et, par suite, impossibilité de régler
l'indemnité en bloc, quant à présent (1).

Voilà le point où en est le débat sur cette quande question.
Maintenant examinez et jugez.

416. Une des conditions les plus essentielles de l'indemnité,
c'est qu'elle soit définitive ; en d'autres termes, qu'elle termine
le procès d'une manière irrévocable. Sauf pour le cas de l'indemnité éventuelle ou alternative, dont il sera question plus

(1) Dalloz, 1852. 1.172.

ART. 38. tard, la décision du jury doit statuer sur tous les points litigieux, trancher tous les différends, et faire en sorte qu'il ne reste plus rien à juger. La moindre omission, le plus léger oubli, entraînerait cassation.

Je trouve dans la jurisprudence de la Cour suprême un exemple assez curieux d'une indemnité définitive, bien que non immédiatement réalisable. Il fut jugé, par arrêt du 7 avril 1858, que l'indemnité, consistant dans l'allocation à un fermier d'une somme déterminée à prendre annuellement, pendant la durée du bail, sur l'indemnité accordée au bailleur, était définitive et ne pouvait être annulée comme subordonnée à des vérifications ultérieures (1). Dans ce cas, en effet, il y avait certitude complète sur la quotité de l'allocation accordée au fermier, et l'indemnité était réellement définitive.

Une décision du même genre est contenue dans un autre arrêt, en date du 11 août 1857. Il y est dit que, la décision qui alloue, à titre d'indemnité, aux divers locataires d'une maison expropriée, la jouissance des lieux loués jusqu'à une époque déterminée, est régulière (2). Elle était, par conséquent, définitive, puisqu'elle indemnisait complètement les locataires du préjudice qu'ils éprouvaient.

La Cour de cassation exige que l'indemnité soit définitive, mais elle n'a pas toujours attaché le même sens à ce qualificatif. Par exemple, le 16 février 1846, elle jugea que l'indemnité consistant en une somme déterminée, plus une autre somme, si l'administration ne faisait pas certains travaux, était nulle, soit en ce qu'elle n'était pas définitive, soit en ce qu'elle n'était pas purement pécuniaire (3).

Elle est revenue depuis lors sur cette question. Ainsi, par arrêt du 19 janvier 1852, elle reconnut que l'indemnité était définitive dans une espèce où le Jury avait laissé à l'administration le soin de construire un mur, ou de payer une somme

(1) Dalloz, 1858. 1.171.
(2) Ibid., 1857. 1.329.
(3) Ibid., 1846. 1.64.

déterminée (1). Même décision en ce qui concernait l'enlève- ART. 38.
ment de certains objets susceptibles d'être détachés du fonds (2).

417. Il est à peine besoin de dire que le Jury n'est pas tenu
de motiver ses décisions. Il suffit que, aux termes de sa déclaration, l'indemnité par lui allouée dédommage complétement
le propriétaire exproprié, tant pour les terrains qu'on lui enlève, que pour les autres préjudices résultant de l'expropriation.
Il ne doit de compte à personne, et, lors même qu'il se tromperait, lors même que la somme par lui allouée serait évidemment insuffisante, sa décision resterait à l'abri de tout recours.
Déjà j'ai donné des exemples de l'omnipotence du Jury en parlant de la faculté, qui lui est universellement attribuée, d'apprécier, soit en détail, soit en bloc, les diverses causes de préjudice concernant le même individu. Je veux en citer un autre
qui pose la question et la résout d'une manière topique. Par
arrêt du 19 mars 1849, la Cour suprême jugea que, le Jury qui
accorde une indemnité, pour matériaux, n'est pas tenu de
faire connaître les bases de son évaluation en indiquant le poids
et la quantité des matériaux (3). Attendu, dit l'arrêt, que le
Jury a évalué à 3,000 fr. l'indemnité due pour les matériaux,
se trouvant sur la totalité du terrain, pour le cas où il serait
jugé que l'expropriation doit les comprendre : — Attendu
qu'aucune disposition de loi n'obligeait le Jury à déclarer s'il
avait pesé et mesuré les matériaux ; et qu'en les évaluant, sans
faire connaître les élémens de son évaluation, il n'a ni excédé
ses pouvoirs ni violé aucune loi.

418. Il n'est pas indispensable que le Jury désigne l'immeuble à l'occasion duquel il alloue une indemnité ; lorsque la
désignation est faite par le jugement d'expropriation. Ainsi jugé,
par arrêt de la Cour suprême, en date du 5 juin 1861 (4). En
effet, il est impossible de se méprendre sur les intentions du
Jury, ainsi que sur l'objet auquel s'applique l'indemnité.

(1) Dalloz, 1852. 1.31.
(2) Ibid. — Arrêt. C. c. 13 juillet 1852. — Ibid., 1852. 1.202.
(3) Ibid., 1850. 5.218.
(4) Ibid., 1861. 1.288.

ART. 38:   419. L'indemnité doit porter sur toute la parcelle expropriée, et non sur une partie de cette parcelle, lors même que, du consentement du propriétaire, l'administration n'aurait exécuté des travaux que sur la partie de parcelle évaluée. Tel est le sens d'un arrêt de la Cour de cassation, rendu le 28 mai 1845 (1). Le motif de cet arrêt est, qu'il n'appartenait point au Jury de modifier la mission à lui conférée en vertu du jugement d'expropriation, et que son devoir était d'évaluer en son entier la parcelle expropriée.

En thèse générale, cet arrêt est bien rendu; mais, dans l'espèce, peut-être a-t-il poussé un peu trop loin les conséquences d'un principe juste en lui-même. Car, si le propriétaire avait consenti à ce que l'administration n'occupât qu'une partie de la parcelle expropriée, ne pourrait-on pas en induire qu'il désirait garder la partie restante? Et cette présomption n'était-elle pas suffisante pour mettre la décision du Jury à l'abri d'une cassation? Il n'y aurait eu préjudice que dans le cas où le propriétaire aurait refusé de scinder sa propriété. D'un autre côté, on peut dire que le jugement d'expropriation a définitivement dépouillé le propriétaire, et qu'il ne peut rentrer dans sa propriété qu'en suivant les formes établies par la loi (2).

Un arrêt bien postérieur, rendu par la même Cour, le 23 décembre 1861, semble me donner raison. Il pose, en principe, que l'étendue des immeubles expropriés ne peut être augmentée ou restreinte que du consentement des parties (3). Par conséquent, aux termes de cet arrêt, la restriction de la parcelle ne donnerait plus ouverture à cassation.

420. L'indemnité doit comprendre non seulement la valeur de la superficie, mais encore celle du tréfonds, par exemple, d'une mine, et ce, lors même que le jugement d'expropriation n'en ferait pas mention. Jugé, en ces termes, par arrêt de la Cour de cassation, du 21 décembre 1858 (4). La proposition con-

---

(1) Dalloz, 1845. 1.302.
(2) V. art. 60 et suiv. — Loi. 3 mai 1841.
(3) Dalloz, 1862. 1.304.
(4) Ibid., 1859. 1.25.

tenue dans cet arrêt se justifie d'elle-même, car, ordinaire- ART. 38.
ment, celui qui achète une propriété acquiert fonds et superficie.
Mais les conventions des parties peuvent changer cet état de
choses, et rien n'empêche l'exproprié, quand l'administration
y consent, de se réserver le tréfonds. Alors l'indemnité ne portera que sur la superficie. C'est ce qui fut décidé par un autre
arrêt, en date du 8 novembre 1859 (1).

421. L'opinion du Jury ne peut se manifester que par le vote
de chacun de ses membres, il faut donc savoir quel moyen on
employera pour recueillir ce vote. Quand à moi, le mode de
voter me paraîtrait indifférent et j'admettrais aussi bien le
scrutin secret, ainsi que le vote oral, si une considération
toute puissante, dont je parlerai tout à l'heure (2), ne mi-
litait en faveur du dernier système. En effet, aucun grand
intérêt n'est engagé dans cette question. Qu'importe à l'ordre public, qu'importe aux parties, que le Jury ait voté oralement ou bien au scrutin secret? Ce qui leur importe, c'est
de savoir si la décision, contient tous les éléments qui doivent
la constituer et si elle a été prise à la majorité. Pousser plus loin
les investigations, paraît inutile.

422. Quel que soit le mode adopté, si plusieurs questions sont
soumises au Jury, le président les posera séparément, et ne
passera à la seconde qu'autant que la première aura été résolue.
C'est le moyen de simplifier les opérations et de rendre la délibération prompte et régulière.

423. L'art. 38 dit que la décision du Jury est prise à la majorité des voix. Il entend parler de la majorité absolue : Ainsi,
7 sur 12, 6 sur 11, 6 sur 10, 5 sur 9, formeront majorité. Mais
le chiffre de cette majorité doit-il être indiqué dans la décision du
Jury?

424. Je ne le crois pas, et je dois dire que j'ai toujours vu
pratiquer le contraire. D'abord, l'art. 38 n'en parle pas, puisqu'il se contente de dire que la décision sera prise à la majorité,

(1) Dalloz, 1860. 1.414.
(2) V. n. 427.

ART. 38. ce qui semble exclure une précision plus grande, portant sur le chiffre de cette majorité. Mais il y a une raison déterminante à l'appui de cette opinion; elle se tire de l'art. 347 du Code d'instruction criminelle, modifié par la loi du 9 septembre 1835. Cet article, en effet, même avant la modification qu'il a subi, exigeait que la décision du Jury se formât à la majorité, et défendait expressément, à peine de nullité, que le nombre de voix pût y être exprimé; disposition que la loi du 9 septembre 1835 a répétée. Or, si l'on applique ici le principe dont j'ai souvent parlé, principe qui rend les dispositions du Code d'instruction criminelle sur le Jury, communes à la loi du 5 mai 1841, on peut sans crainte avancer que les décisions du Jury d'expropriation n'ont pas besoin de faire connaître à quelle majorité elles sont formées.

Cependant, lors même qu'elle y serait indiquée, il n'en résulterait pas nullité. C'est ce que la Cour de cassation jugea par arrêt du 26 avril 1843 (1). Il y fut dit que, s'il convient que, lorsque la décision du Jury a été prise à l'unanimité, il n'en soit pas fait mention, aucune disposition de la loi n'attache la peine de nullité à une telle mention. En effet, dans le silence de la loi spéciale on ne saurait trouver une cause de nullité dans la mention du chiffre de la majorité, et résoudre la question par les dispositions du Code d'instruction criminelle, serait pousser un peu trop loin la conformité existante entre l'art. 347 de ce Code et l'art. 38 de la loi du 3 mai 1841.

425. En retour, le défaut de mention que la décision du Jury a été prise à la majorité, n'entraînera pas nullité. Ainsi jugé par deux arrêts de la Cour de cassation, l'un du 29 août 1854 (2), et l'autre du 24 décembre 1861 (3). L'arrêt du 29 août n'a que deux considérants, tous deux méritant d'être rapportés; — attendu, dit-il, que ledit article (38) ni aucun autre n'exige la mention dont s'agit; — attendu que si elle (la décision) n'était

(1) Dalloz, 1843. 1. 266.
(2) Ibid., 1854. 1. 320.
(3) Ibid., 1862. 1. 272.

pas rendue à la majorité, elle n'existerait pas, et qu'on ne saurait admettre que tous les jurés aient constaté, par leur signature, l'existence d'une décision qui ne serait l'œuvre que de la minorité d'entre eux. Le second arrêt est également fondé sur les mêmes motifs. Ils sont irréfragables, mais on pourrait les appliquer à bien d'autres espèces dans lesquelles on les rejette impitoyablement.

La décision du Jury fait foi. En conséquence, la mention portant qu'elle a été prise à la majorité des voix, ne peut être infirmée par des certificats collectifs ou individuels des jurés, tendant à établir le contraire. Jugé, en ce sens, par arrêt du 9 janvier 1855 (1). Dans l'espèce, la décision était revêtue de la signature des douze jurés.

426. Les questions posées au Jury, quoique simples et, en apparence, aisées à résoudre, car il s'agit seulement de rechercher la valeur d'une parcelle de terrain, peuvent cependant donner lieu à de longues discussions et nécessiter plusieurs tours de scrutin, avant que chacune d'elles ait été répondue par la majorité. Le seul point qui soit constant, c'est qu'il faut allouer une indemnité au propriétaire pour le terrain dont il est dépossédé; mais l'appréciation de cette indemnité ne sera pas toujours facile, et il arrivera, plus d'une fois, qu'on ne pourra y parvenir tout d'un coup. Dellalleau fait, à ce sujet, une observation fort juste. « Rien de plus aisé, dit-il, que de décider si un accusé est coupable ou innocent, puisqu'il s'agit uniquement de répondre *oui* ou *non* à la question de culpabilité. Mais, en matière d'expropriation, bien que chaque juré soit d'avis qu'une indemnité est de droit, il peut très bien se faire qu'ils ne soient pas d'accord sur le montant de cette indemnité et qu'il y ait autant de chiffres différents que de jurés. Exiger que la majorité se rencontre dans l'expression d'un chiffre, serait, peut-être, trop exiger; cependant comment faire pour arriver à un résultat, sans passer par un nouveau scrutin (2) ? »

---

(1) Dalloz, 1855. 1. 96.
(2) N° 593. — p. 386.

ART. 38.   A mon sens, la difficulté a été très bien résolue par cet auteur. Il pose en principe que, toutes les fois qu'il se forme plus de deux opinions, le vote des jurés qui ont été d'avis d'allouer l'indemnité la plus forte, doit être réuni à ceux des jurés qui ont été d'avis des indemnités successivement les plus élevées, jusqu'à ce que leurs voix réunies forment la majorité des suffrages (1). De cette manière, on évitera un nouveau tour de scrutin, à moins qu'on ne voulût se conformer à l'art. 117, C. proc. civ. qui prescrit, dans ce cas, de recueillir de nouveau les opinions. Quant à moi, je suis d'avis que cela serait complètement inutile.

Après avoir posé la règle, Delalleau donne une exemple afin de la faire comprendre. Il suppose que les douze jurés sont présents, et que leurs évaluations ont été faite de la manière suivante :

Le 1er Juré a alloué . . . . 40,000 fr.
2me 48,000
3me 35,000
4me 38,000
5me 36,000
6me 50,000
7me 43,000
8me 39,000
9me 37,000
10me 40,000
11me 45,000
12me 42,000

Voici, d'après lui, comment devra se former la majorité. Pour une indemnité de 50,000 fr. il n'y a qu'une seule voix, celle du sixième juré. Il y a donc, pour cette évaluation, une grande minorité, et il est évident que l'indemnité de 50,000 fr. n'est pas admise par le Jury. Le deuxième juré a été d'avis d'une indemnité de 48,000 fr. ; le sixième juré, qui voulait la porter à 50,000 est, à plus forte raison, d'avis d'allouer 48,000 fr. ;

(1) N° 593. — p. 388.

mais cette évaluation ne réunit que deux voix et n'est pas ART. 38. non plus admise. Par la même raison ; on peut dire qu'il y a trois voix pour l'indemnité de 45,000 fr., celles des deuxième , sixième et onzième jurés; quatre voix pour 43,000 fr., celles des deuxième, sixième, septième et onzième jurés ; cinq voix pour 42,000 fr., celles des deuxième, sixième, septième, onzième et douzième jurés ; enfin, sept voix pour une indemnité de 40,000 fr., celles des premier, deuxième, sixième, septième, dixième, onzième et douzième jurés. Il y a donc, en réalité, majorité pour l'évaluation à 40,000 fr. , puisqu'elle est adoptée par sept jurés , et que cinq seulement ont été d'avis d'allouer une indemnité moins élevée (1).

427. L'art. 38 dit que, en cas de partage; la voix du président du Jury est prépondérante. Il devra, en conséquence, opiner le dernier. Il faudra, en outre, que le vote ait lieu oralement. En effet, si après le vote au scrutin secret, le partage est déclaré , il en résultera que la voix du président du Jury aura perdu sa prépondérance, car comment la distinguer des autres voix , à moins d'admettre qu'il pourra voter une seconde fois? Dire que la voix du président d'une assemblée est prépondérante , c'est, en quelque sorte, l'obliger à la réserver jusqu'à ce que le résultat des suffrages des autres membres de l'assemblée soit connu, afin qu'il puisse, le cas de partage échéant, faire pencher la balance vers le côté où il se portera. Mais, s'il opine avec ses collègues, au scrutin secret, les effets de ce privilège ne pourront plus se produire. Aussi, le président opine-t-il toujours le dernier ; précaution nécessaire, surtout quand sa voix est prépondérante.

Ce qui précède tend à prouver que , en général et contrairement à l'opinion de Delalleau (2), on doit préférer le vote oral au vote par scrutin secret.

428. Il est bien entendu que la prépondérance n'existe qu'au cas où il y a réellement partage, c'est-à-dire, lorsque les jurés, y

(1) N° 593. p. 387.
(2) N° 592. p. 385.

ART. 38. compris le président, se trouvent divisés en deux parties égales. Alors le partage se vide par le vote du président, et la victoire demeure au parti pour lequel il vote. Mais, si la majorité est acquise à une opinion par l'effet du premier vote, elle ne peut être déplacée par l'adjonction du président à la minorité. Dans ce cas, son suffrage perd sa prépondérance et ne compte que pour un suffrage unique, tandis qu'il en vaut deux quand il y a partage. Par exemple, supposons que les jurés aient délibéré, cinq contre quatre, six contre cinq, la majorité est définitivement fixée, et ce serait en vain que le président du Jury, ayant voté avec la minorité, tenterait de déplacer la majorité. Cette prétention devrait être repoussée, car, au premier vote, la majorité se serait manifestée.

429. La décision du Jury doit conster par écrit, c'est-à-dire, qu'elle sera écrite par l'un des jurés et signée par tous ceux qui ont pris part à la délibération. Cependant l'omission de la signature d'un juré n'entraînerait pas nullité (1).

Il est à peine besoin de faire remarquer que cette décision ne doit contenir rien d'étranger à la question dont est saisi le Jury. Cependant, la contravention à cette règle ne donnerait pas ouverture à cassation. Par exemple, un arrêt de la Cour suprême, déjà cité, en date du 31 juillet 1860, reconnaît que la décision n'est pas nulle par cela que le Jury a exprimé un vœu étranger à la fixation de l'indemnité (2).

De même le Jury n'a pas à se préoccuper des conséquences qu'une question réservée et pendante pourrait exercer sur sa décision. Appelé à fixer l'indemnité, il n'a à s'inquiéter de rien autre. Sur ce motif, la Cour de cassation jugea, par arrêt du 23 août 1854, que la décision du Jury, rendue en vertu d'un jugement d'expropriation déféré à la Cour suprême, avait pu ne pas prévoir le cas d'annulation du jugement attaqué (3). J'irai plus loin, je dirai que le Jury ne devait pas prévoir cette hypothèse,

(1) V. n. 509.
(2) Dalloz, 1860. 1.407.
(3) Ibid., 1854. 1.319.

et que, en la prévoyant et s'y arrêtant, il aurait été bien embar- ART. 38.
rassé, car, alors, il n'aurait pas dû accorder d'indemnité. A quoi
bon porter une décision, quand on sait qu'elle sera cassée !

430. La décision est remise au magistrat directeur par le
président du Jury, et lue ensuite par le greffier, les jurés étant
rentrés en audience publique. Il est vrai que cette lecture n'est
pas prescrite par les art. 38 et 41, mais il convient qu'elle soit
faite, car il faut que les parties sachent, à l'instant même, quelle
est la décision du Jury. J'applique ici l'art. 357, C. inst. criminelle.

Mais il suffit d'une seule lecture. Cette observation était rendue nécessaire par les nombreux rapports existant entre le Code
d'instruction criminelle et la loi du 3 mai 1841. On sait que ce
Code exige que la déclaration du Jury soit lue deux fois en audience publique. La première lecture est faite par le chef du
Jury, en l'absence de l'accusé, et en vertu de l'art. 348; la seconde est donnée par le greffier, en présence de l'accusé, et
pour obéir aux prescriptions de l'art. 357. Il convenait que cette
seconde lecture eut lieu parce que l'accusé était absent lors de
la première. Mais on comprend que, en matière d'expropriation,
une seule lecture de la décision du Jury est suffisante, par la
raison que les parties y ont assisté, ou ont pu y assister, et que
la répétition en serait inutile.

431. La décision du Jury doit être rendue à l'audience et
sous l'autorité du magistrat directeur. Elle est nulle si, prise
sur les lieux et adressée à ce magistrat, elle a été rendue publique à une audience à laquelle le Jury n'assistait pas. Ainsi jugé,
par arrêt de la Cour de cassation, du 11 août 1845 (1). De même,
serait nulle, pour défaut de publicité, la décision rendue dans
un lieu autre que celui désigné pour les séances du Jury, bien
que l'accès de ce lieu eût été ouvert au public. Cela résulte d'un
arrêt de la même Cour, en date du 20 août 1856 (2). Jugé en-

(1) Dalloz, 1845. 1.360.
(2) Ibid., 1856. 1.332.

ART. 38. core, le 9 avril 1862, qu'on ne peut changer le lieu des séances, qu'en se conformant à l'article 31 (1).

432. La décision du Jury, lue publiquement par le greffier, n'est pas tellement acquise aux parties, qu'on ne puisse la rectifier si, par hasard, elle est vicieuse. Quoique, en général, elle soit irréfragable et ne puisse être annulée que par la cour de cassation, dans les cas prévus par la loi, cependant elle peut être modifiée. Il est vrai que la loi du 3 mai 1841 ne s'occupe nulle part de cette espèce de révision de la déclaration du Jury d'expropriation; mais il est à remarquer que le Code d'instr. criminelle ne s'en occupait pas davantage pour la décision du Jury criminel, et pourtant il est d'usage, attesté par les auteurs et par la jurisprudence, que les décisions de ce Jury sont sujettes à être annulées ou modifiées dans d'autres cas que ceux auxquels ce code a pourvu, et que, par conséquent, on ne devra pas s'étonner s'il en est de même des décisions du Jury d'exposition. Telle est l'opinion de Delalleau : Il dit que, lorsque le magistrat directeur trouve la décision du Jury vicieuse, il le renvoie dans la salle de ses délibérations, pour rectifier, expliquer ou compléter sa déclaration, après avoir, s'il y a lieu, entendu les observations des parties. Il fait ensuite remarquer qu'un amendement, présenté dans ce sens à la Chambre des députés, fut rejeté sur l'observation faite par le rapporteur que, les formalités relatives au Jury criminel, et non abrogées par la loi nouvelle, devaient être appliquées au Jury spécial (2). La Cour de cassation, appelée à se prononcer sur cette question, l'a décidée, avec tout le poids de son autorité, par arrêt du 20 août 1860. Il porte que, le renvoi du Jury dans la salle de ses délibérations pour réparer un oubli portant sur un point où il existait entre les parties un contrat judiciaire, n'entraîne pas nullité (3).

433. Il y a trois cas où la décision du Jury peut être annulée

(1) Dalloz, 1862. 1.379.
(2) N° 598, p. 389.— V. Dalloz. Dict. G. loc. cit. n. 422.
(3) Dalloz, 1860. 1.415.

et les jurés renvoyés dans leur chambre pour délibérer de nouveau et fournir une nouvelle décision ; ce sont ceux où la première décision est incomplète, irrégulière, ou contradictoire. Elle est incomplète, lorsque le Jury a oublié de statuer sur toutes les questions qui lui ont été soumises, ou résultant des pièces à lui communiquées : elle est irrégulière, quand le Jury dénature, par ses réponses, le caractère du fait qu'il est chargé d'apprécier, par exemple, si, par suite d'une erreur, il accorde une indemnité définitive ; là où il aurait dû en allouer une éventuelle : elle est contradictoire, lorsque les diverses parties de la décision du Jury ne peuvent se concilier entre elles.

434. Dans ces divers cas, le Jury doit être renvoyé dans sa chambre pour fournir une nouvelle décision. Ce renvoi sera prononcé par le magistrat directeur, sous forme d'ordonnance motivée, et il sera ordonné immédiatement après la lecture de la décision du Jury. J'avais cru un instant que le renvoi pourrait être ordonné avant la lecture, au moment où la décision est remise au magistrat directeur par le chef du Jury ; mais cette communication, pour ainsi dire, officieuse, est impraticable, par la raison que le magistrat directeur ne pourra ordonner le renvoi du Jury dans sa chambre, sans que, au préalable, il n'ait mis les parties en demeure de présenter leurs observations sur la convenance de la mesure. Au reste, l'arrêt du 20 août 1860 prouve que la décision du Jury, lue en audience publique, n'est pas acquise aux parties, dans le sens absolu du mot.

435. L'ordonnance de renvoi sera insérée au procès-verbal, et l'on devra conserver et joindre aux pièces de la procédure la décision annulée, afin qu'on puisse la soumettre à la Cour de cassation, si l'on se pourvoit de ce chef contre la nouvelle décision. Car les magistrats directeurs ne sont pas investis d'un pouvoir discrétionnaire, à cet égard, et il n'y a que la production de la pièce annulée qui puisse apprendre à la Cour suprême s'ils se sont conformés aux règles du bon sens, ou s'ils ont mal apprécié la décision du Jury.

436. Le Jury pourrait-il, par une délibération subséquente, expliquer sa décision, après qu'elle aura été lue et acquise aux

ART. 38. parties. Je ne le crois pas, par le motif que la mission du Jury est finie dès qu'il a rendu sa décision. Cependant, la Cour de cassation a jugé que, en supposant que la déclaration explicative du Jury constituât un excès de pouvoir, cet excès de pouvoir n'intéressait pas l'ordre public, et ne pouvait, par conséquent, être opposé comme moyen de cassation par celui qui a provoqué la déclaration. L'arrêt est du 7 février 1837 (1). Dans l'espèce, il est bien rendu, en vertu de l'axiome, *volenti non fit injuria;* mais, si la partie adverse s'était pourvue, il est permis de croire que la décision aurait été différente. Le brocard n'eut plus été de mise. Pour ma part, lorsqu'une décision du Jury, non attaquée en temps utile, contient des erreurs, ou des ambiguités, j'aimerais mieux, me conformant à l'arrêt du Conseil d'état, du 7 février 1856, dire que l'interprétation de cette décision doit appartenir à l'autorité judiciaire (2). Nulle autre autorité n'en aurait le droit.

437. Je n'ai pas besoin de dire que le procès-verbal de la séance devra constater l'accomplissement des formalités prescrites par l'article 38, et relater les diverses mesures que le magistrat directeur croira devoir prendre dans l'intérêt de la bonne et prompte expédition des affaires portées sur le rôle de la session. C'est à quoi il devra spécialement veiller.

438. L'observation de l'article 38 est prescrite à peine de nullité (3). Raison de plus pour ne point s'en écarter.

439. Il peut y avoir lieu par le Jury à surseoir, dans le cas où s'élève une question préjudicielle; si, par exemple, le propriétaire exproprié excipe de l'existence d'une instance administrative, du sort de laquelle dépend la conservation de constructions, que l'administration prétend avoir été élevées en contravention à la législation sur les servitudes militaires. Ce sera alors au magistrat directeur à ordonner le sursis. J'induis cette faculté d'un arrêt de la cour de cassation, en date du 8

(1) Dalloz, Dict. G. loc. cit. n. 423.
(2) V. n. 403.
(3) V. art. 42.

novembre 1843, qui prévoit expressément le cas de sursis (1). ART. 38. Je préfèrerais, néanmoins, dans cette hypothèse, faire fixer par le Jury une indemnité alternative. Ce mode de procéder suffit à toutes les situations.

(1) Dalloz, 1844. 1.29.

Art. 39.

Le Jury prononce des indemnités distinctes en faveur des parties qui les réclament à des titres différents, comme propriétaires, fermiers, locataires, usagers et autres intéressés dont il est parlé à l'art. 21.

Dans le cas d'usufruit, une seule indemnité est fixée par le Jury, eu égard à la valeur totale de l'immeuble : le nu-propriétaire et l'usufruitier exercent leurs droits sur le montant de l'indemnité, au lieu de l'exercer sur la chose.

L'usufruitier sera tenu de donner caution ; les père et mère ayant l'usufruit légal des biens de leurs enfants en seront seuls dispensés.

Lorsqu'il y a litige sur le fond du droit ou sur la qualité des réclamants, et toutes les fois qu'il s'élève des difficultés étrangères à la fixation du montant de l'indemnité, le Jury règle l'indemnité, indépendamment de ces litiges et difficultés, sur lesquels les parties sont renvoyées à se pourvoir devant qui de droit.

L'indemnité allouée par le Jury ne peut, en aucun cas, être inférieure aux offres de l'administration, ni supérieure à la demande la partie intéressée.

SOMMAIRE

456. Désaccord sur la contenance du terrain ; fixation d'une indemnité alternative.

457. Faculté, pour le magistrat directeur, de poser des questions ne rentrant pas précisément dans les termes du jugement d'expropriation.

458. Distinction entre l'indemnité alternative et l'indemnité éventuelle. Exemple d'indemnité alternative.

459. De l'indemnité éventuelle. Sa nature. Il n'y a lieu à allouer une indemnité qu'autant qu'il est probable que le fait, sur lequel elle repose, s'est produit : *Contra*, s'il demeure dans le futur contingent. Quand l'indemnité est allouée, le magistrat directeur en ordonne le dépôt.

460. Exemple d'indemnité éventuelle.

461. Autre exemple.

462. Lorsque, à une demande principale, est jointe une demande accessoire, et que celle-ci est contestée, il y a lieu à fixation d'une indemnité éventuelle sur ce dernier chef. Exemple d'un cas où le litige sur le fond du droit n'existait pas.

463. Autre exemple de litige sur le fond du droit.

464. Du cas où partie de l'immeuble exproprié est revendiquée par un tiers. Fixation de deux indemnités, dont l'une est éventuelle. De l'indemnité réclamée par un tiers non partie à l'expropriation.

465. Dans le cas prévu par l'article 50, il peut y avoir lieu à indemnité éventuelle.

466. Il n'y a pas solution à un litige sur le fond du droit quand, s'agissant de cession d'un immeuble, le Jury alloue les intérêts de l'indemnité au cédant, sans que celui-ci les ait demandés.

467. Si le caractère définitif et certain de l'indemnité est constant, l'expropriant ne peut se plaindre de ce que le mode de fixation de l'indemnité peut donner lieu à un litige entre l'exproprié et un tiers.

468. Pour qu'il y ait lieu à indemnité éventuelle, il faut que la question litigieuse ait été expressément soulevée.

469. Du concours du propriétaire et du locataire. Du cas où celui-ci prétend demeurer en possession de la partie des lieux loués, non atteinte par l'expropriation. Le défaut de conclusions expresses ne lui préjudicie pas, pourvu qu'il ait manifesté son intention. Le défaut d'offre constitue un litige sur le fond du droit.

470. Le Jury ne peut dire qu'il a reconnu l'impossibilité, pour le locataire, de conserver la possession de partie des lieux loués. Il statuerait sur une question litigieuse.

471. Il y a lieu à indemnité alternative quand il y a litige sur la durée du bail.

472. Il y aura litige quand la contestation portera, soit sur l'existence du bail, soit sur sa durée. Mais le locataire doit poser ses prétentions.

COMMENTAIRE.

ART. 39. 440. Le désir de présenter au lecteur, sous un ordre méthodique, tout ce qui se rattache à la décision du Jury, tant sous le rapport de la forme que sous celui du fond, m'a engagé à faire une transposition et à anticiper sur ce que j'avais à dire en traitant de l'art. 39 de la loi du 3 mai 1841. Par conséquent, on sait déjà ce que le législateur a entendu par les mots *indemnités distinctes* qu'il emploie. J'ai fait voir, en effet, dans quels cas il y avait lieu, par le Jury, de prononcer des indemnités distinctes; de même que j'ai montré que, en certaines circonstances, il lui était facultatif d'allouer une indemnité collective, c'est-à-dire, d'apprécier et évaluer en bloc les divers chefs de demandes faits par un exproprié. Je n'ai donc pas à y revenir.

441. Les diverses personnes qui ont droit à des indemnités sont, aux termes de l'art. 39 : 1° les propriétaires; 2° les fermiers; 3° les locataires; 4° les usagers et autres intéressés dont il est parlé à l'art. 21, ce qui comprend les usufruitiers, ainsi que ceux qui réclament des servitudes sur l'immeuble exproprié.

442. La première chose à dire sur cet article, consiste à distinguer entre les usagers dont les droits sont réglés par le code civil, et ceux dont les droits sont régis par des lois spéciales, ce qui doit

s'entendre des usagers sur les bois et forêts. Quant à ceux-ci , ART. 39.
le propriétaire n'est pas tenu de les appeler et de les faire connaître ; ils doivent veiller eux-mêmes au maintien de leurs
droits et il n'est pas besoin de les y provoquer. J'en ai donné la
raison plus haut (1). Mais les uns et les autres doivent , expressément, réclamer une indemnité. Il ne suffirait pas que leur
existence eut été denoncée à l'administration (2). Ceci, au reste ,
s'applique à tous les indemnitaires que l'exproprié est obligé
d'appeler et de faire connaître.

443. Les personnes que je viens de nommer sont les seules
qui aient qualité pour se présenter devant le Jury, afin de réclamer des indemnités. On comprend tout de suite et leur intérêt et leur droit. Mais on est embarrassé pour savoir ce que
l'art. 39 a voulu dire par *les autres intéressés,* au sujet desquels
il renvoye à l'art. 21. Il est vrai que cet article, après avoir fait
une énumération semblable à celle de l'art. 39, ajoute que , *le
propriétaire devra appeler ceux qui peuvent réclamer des servitudes ;* d'où il s'ensuit que ceux qui possèdent des servitudes
sur l'immeuble exproprié ont le droit de se présenter devant le
Jury afin d'y faire régler l'indemnité qui leur est due, car l'évaluation d'une servitude ne peut être faite qu'en argent. Mais il dit,
dans son second paragraphe, que *les autres intéressés seront en
demeure de faire valoir leurs droits ,* expressions ne pouvant
s'appliquer aux personnes dont je viens de parler et qui feraient
supposer qu'il est des intéressés, autres que ces personnes ,
admis à faire des réclamations et auxquelles le Jury devra accorder des indemnités.

J'ai cherché à me rendre compte de la portée de cette disposition et à la rattacher à des exemples autres que ceux donnés par
les art. 21 et 39. Je ne vois, en réalité , que les créanciers hypothécaires que l'on puisse entendre par ces mots , autres intéressés. Ils sont appelés à jouer un rôle dans la procédure

---

(1) V. n. 23.
(2) Arrêt. C. c. 26 avril 1843. — Dalloz , 1843. 1.266.

ART. 39. faite devant le Jury, ainsi que l'atteste l'art. 21 de la loi du 3 mai 1841 (1).

En étudiant cette loi, on trouve que les créanciers hypothécaires peuvent être appelés à figurer devant le Jury en une double qualité, ou, si on l'aime mieux, que les événements créeront quelquefois pour eux deux situations différentes. Quelques observations suffiront à expliquer cette espèce de dualisme.

Supposons, par exemple, que le propriétaire, devançant le jugement d'expropriation, ait traité avec l'administration et qu'il lui ait cédé son terrain, moyennant un prix convenu. Ce propriétaire, par l'effet du traité, devient complètement désintéressé ; mais on n'en peut dire autant de ses créanciers, lesquels, privés du droit de surenchérir, seraient obligés d'accepter le traité passé par leur débiteur et de suivre, par conséquent, sa foi, si la loi du 3 mai 1841 n'y avait pourvu. Par son article 17, § 3°, elle donne aux créanciers le droit d'exiger que l'indemnité soit fixée par le Jury. Dans ce cas, en ce qui les concerne, le traité antérieur est considéré comme non avenu. Dès lors, on procédera envers eux de la même manière qu'on procéderait envers le propriétaire, s'il était en cause.

Mais, si les choses ont suivi leur cours le plus ordinaire, c'est-à-dire si le propriétaire, refusant de traiter avec l'administration, comparait devant le Jury pour faire régler son indemnité, alors la position du créancier change. De partie principale qu'il était, dans l'espèce précédente, il devient partie jointe, à laquelle l'administration sera bien tenue de notifier des offres, s'il se manifeste, mais qui ne sera recevable à intervenir devant le Jury que pour y discuter le chiffre de l'indemnité, chiffre qu'il a intérêt à faire élever le plus haut possible. Voilà, dans cette hypothèse, quel sera le rôle du créancier hypothécaire, et quel pourra être aussi celui du créancier chirographaire, dont j'ai parlé ci-dessus (2).

(1) V. n. 43.
(2) V. n. 45.

444. Dans le cas d'usufruit, le Jury ne doit pas allouer des ART. 39. indemnités distinctes au propriétaire et à l'usufruitier. Il fixera, pour tous les deux, une seule indemnité, eu égard à la valeur totale de l'immeuble, et c'est sur cette somme qu'ils exerceront leurs droits. Il y aurait nullité, s'il s'avisait d'accorder une indemnité particulière au propriétaire, quelque minime qu'elle fût, car l'usufruitier n'en jouirait pas et se trouverait, par conséquent lésé dans ses intérêts. Il faut remarquer qu'il ne s'agit pas ici de deux droits existants et s'exerçant simultanément sur la chose, droits que l'expropriation anéantit, ainsi qu'il arrive dans le cas de concours du propriétaire et du fermier. En réalité, le droit du propriétaire, en ce qui concerne l'émolument, ne subsiste qu'en expectative et ne peut encore s'exercer, tandis que celui de l'usufruitier est dans toute sa force. Sous ce point de vue, on ne doit pas se préoccuper du premier ; ses intérêts sont complétement garantis par la fixation de l'indemnité et, surtout, par l'obligation imposée à l'usufruitier de donner caution (1).

445. L'art. 39 ajoute que l'usufruitier sera tenu de donner caution. C'est une mesure de prudence où ni le Jury ni le magistrat directeur n'ont rien à voir et dans l'exécution de laquelle on se conformera aux règles du droit civil. Je ferai observer seulement que le cautionnement est obligatoire, lors même que, par son titre, l'usufruitier en aurait été dispensé (2). En effet, l'usufruit, portant sur un immeuble, le droit du nu-propriétaire, se trouve suffisamment garanti, dans tous les cas, et le cautionnement est inutile ; mais il n'en serait plus de même si on permettait à l'usufruitier de toucher l'indemnité représentant tout ou partie de cet immeuble, et ce, sans donner caution. Il est évident qu'il pourrait en abuser.

Mais il n'est pas tenu de donner caution pour des indemnités accessoires, telles que, pertes de récoltes, frais de déménage-

---

(1) V. Dalloz. Dict. G. loc. cit. n. 431·
(2) Ibid., ibid., n. 434.

ART. 39. ment, etc. Le propriétaire n'a rien à prétendre aux indemnités de cette sorte (1).

446. Enfin, aux termes de l'art. 39, les père et mère, ayant l'usufruit légal des biens de leurs enfants mineurs, ne sont pas tenus de fournir caution.

447. Malgré les rapports existants entre l'usufruit, l'usage et l'habitation, et quoique les mêmes règles paraissent leur être communes, je crois que, en cas d'usage et d'habitation, des indemnités distinctes doivent être accordées, en même temps, au propriétaire, à l'usager, à l'habitant. S'il y a beaucoup d'affinité entre un usufruitier et un usager, il existe en même temps des différences entre eux quant à l'étendue de leurs droits. Or, comme les résultats que ces divers droits produisent ne sont pas identiques, cette disparité doit les faire ranger chacun dans une classe à part, en ce qui concerne les effets de l'expropriation. Ordinairement l'usufruit affecte la totalité de l'immeuble ; il est absolument privatif, quant à l'émolument, c'est-à-dire, que le nu-propriétaire ne peut exercer aucun des droits utiles inhérents à la propriété. Il en est de même lorsqu'il porte sur partie de l'immeuble ; il est toujours exclusif à l'encontre du propriétaire. Les mêmes caractères ne se rencontrent pas dans l'usage. Ainsi que l'usufruit, il s'exerce sur tout ou partie du domaine, mais il n'est pas exclusif, en ce sens que, s'il limite les droits du propriétaire, quant à la jouissance, il ne le repousse pas absolument. Il suit de là que si, dans le cas d'usufruit, il y avait nécessité d'exiger qu'une seule indemnité fût fixée, la même raison de décider n'existait pas, dans le cas d'usage. Lorsqu'il s'agit d'usufruit, on n'alloue pas d'indemnité séparée et particulière au nu-propriétaire, pour non jouissance, parce qu'on lui accorderait une chose à laquelle il n'a aucun droit, l'usufruitier devant jouir de toute la propriété, ou de ce qui la représente. Mais il en est autrement pour celui dont la propriété est grevée d'un droit d'usage. Dans cette dernière hypothèse, le propriétaire n'est pas privé absolument de la jouissance de

(1) V. Dalloz, dict. G. loc. cit. n. 434.

sa chose, son droit n'est pas suspendu pour un temps indéterminé ; il est seulement limité et amoindri par un autre droit tout à fait distinct et séparé, que le Jury peut et doit , par conséquent, apprécier d'une manière distincte du premier. Ce n'est que lorsque le propriétaire ne jouit de rien , qu'il ne doit rien recevoir, en l'état ; mais lorsqu'il dispose de sa chose , sinon entièrement, du moins d'une manière limitée, il faut, de toute nécessité, lui allouer une indemnité pour le dédommager de ce qu'il perd. D'un autre côté, on peut en dire autant de l'usager : son droit était ouvert concurremment avec celui du propriétaire, il s'en trouve privé par le fait de l'expropriation, il doit en être dédommagé par une indemnité distincte et séparée.

Au reste, l'art. 39 me fournit un argument très concluant. Cet article a voulu que, en cas d'usufruit, une seule indemnité fût fixée par le Jury, et il n'a point répété cette disposition lorsqu'il s'est agi de l'usage et de l'habitation ; ce qui prouve qu'il n'a pas entendu la leur rendre commune. Or, si malgré l'affinité étroite qui existe entre l'usufruit et l'usage, l'art. 39 est rédigé de telle sorte que , ce qui concerne l'usufruit, relativement à la fixation de l'indemnité, ne soit pas applicable à l'usage , on doit en conclure que telle n'a pas été son intention ; que l'indemnité unique, fixée pour la privation de l'usufruit, est une exception à la règle dans laquelle doivent rentrer tous les autres cas, c'est-à-dire , que des indemnités dictinctes et séparées seront allouées au propriétaire et à l'usager.

L'auteur du dictionnaire général et raisonné de Jurisprudence pense que l'usager a droit à une partie des intérêts de l'indemnité. Voici comment il s'exprime : — Celui qui jouit d'un droit d'habitation ou d'un droit d'usage, n'a pas droit à la totalité des intérêts de l'indemnité, parce qu'il n'avait pas droit, avant l'expropriation, à tous les produits de l'immeuble (1). — Il résulte de là qu'il aurait droit à une partie de ces intérêts.

Il faut avouer , néanmoins, que le chiffre de l'indemnité sera fort difficile à fixer, attendu l'incertitude qui existera sur la

(1) V. Dalloz, dict. G. loc. cit. n. 434.

ART. 39. durée de l'usage. Le Jury pourra, sans trop de peine, l'apprécier pour une année, eu égard aux circonstances dans lesquelles il s'exerce, mais il lui sera impossible de l'évaluer en bloc, à moins de se jeter dans le domaine des suppositions et des probabilités. Pour parer à cet inconvénient, je ne vois guère d'autre moyen, si ce n'est d'allouer, sur le montant de l'indemnité, une somme annuelle, représentant la valeur de l'usage, laquelle serait comptée à l'usager. Ce procédé, reconnu légitime, en ce qui touche les rapports entre propriétaire et fermier (1), est d'autant plus applicable au cas actuel, qu'on n'en trouve pas d'autre.

448. Le Jury n'étant pas tenu de motiver sa décision, ni de spécifier les divers éléments de l'indemnité, le règlement de cette indemnité rencontrera fort peu d'obstacles lorsque le propriétaire se présentera seul devant le Jury. Mais la situation se compliquera si l'immeuble exproprié est commun à plusieurs propriétaires ou si le propriétaire se trouve en concours avec une des personnes dont parle l'art. 39. Dans ce dernier cas, le Jury doit faire la part de chacun des réclamants, dans la mesure des droits de ceux-ci. Mais il ne doit pas s'abstenir, lors même que les droits des expropriés ne seraient point certains. Quelles que soient les discussions qui s'élèvent pendant l'instruction, et en supposant qu'elles ne se rapportassent pas à la fixation de l'indemnité, seul point sur lequel le Jury soit compétent à statuer, il n'en doit pas moins régler l'indemnité, sauf aux parties à se pourvoir devant les tribunaux. Le Jury n'a pas à se préoccuper du point de savoir si la propriété appartient à celui qui s'en dit le maître, ou si l'indemnité doit être accordée à celui qui la réclame. Tout ce qu'il a à faire, lorsqu'il y a débat sur une pareille question, c'est de fixer l'indemnité, en laissant aux parties le soin de faire vider leurs différents. Dans ce cas, le magistrat directeur les renverra devant qui de droit; le Jury ne devant s'occuper de rien en dehors du règlement de l'indemnité.

(1) V. n. 404.

A ce sujet, l'art. 39 s'explique d'une manière suffisamment précise. Il veut que le Jury règle l'indemnité, indépendamment du litige sur le fond du droit, ou sur la qualité des parties, et toutes les fois qu'il s'élève des difficultés étrangères à la fixation du montant de l'indemnité ; expressions qui comprennent tous les cas possibles, car il n'en est pas qui ne rentre dans l'une de ces catégories.   ART. 39.

449. Lorsqu'un litige s'élève, le Jury, tout en en laissant la connaissance à l'autorité compétente, doit statuer sur la fixation de l'indemnité, de manière à ne laisser en réserve aucune question litigieuse, et à terminer les débats entre les parties. Ainsi la Cour de cassation jugea, par arrêt du 31 décembre 1838, que la disposition par laquelle le Jury, après avoir fixé des indemnités distinctes pour chacun des locataires et fermiers, statue que « *ces indemnités ne sont déterminées qu'à raison du trouble qu'ils éprouvent, et qu'ils s'entendront pour la diminution du prix ou la résiliation de leurs baux comme bon leur semblera, avec les propriétaires, tous les droits respectifs demeurant reservés,* » est illégale, en ce qu'elle a pour effet de réserver des procès que la loi a voulu prévenir (1).

Cela revient à dire que le Jury doit prévoir toutes les situations, pourvoir éventuellement à la solution de toutes les questions litigieuses et régler une indemnité pour chacune d'elles. Il faut que, dans aucun cas, on ne soit obligé de revenir devant lui. Cela résulte de la discussion qui eut lieu à la Chambre des députés, à l'occasion de la loi du 3 mai 1841. Un membre proposa d'ajouter au 4ᵉ § de l'art. 39 la disposition suivante : — S'il y a lieu, le Jury établit hypothétiquement des indemnités correspondant à l'éventualité des décisions à intervenir sur les points contestés. — Le rapporteur répondit : « la Cour de cassation a décidé que le Jury devait régler l'indemnité pour tous les cas qui pourraient résulter de la décision au fond que les tribunaux rendraient : nous croyons que cela est indispensable ; nous croyons que le Jury n'aurait pas rempli l'obligation que

(1) Dalloz, dict. G. loc. cit. n. 443.

ART. 39. lui impose notre article si, en réalité, il n'avait pas prévu toutes les décisions qui peuvent être rendues, et réglé pour chacune une indemnité. Il ne faut pas que, dans aucun cas, on soit obligé de revenir devant le Jury ; mais nous croyons que cela résulte suffisamment des termes généraux de l'article, et la Jurisprudence l'a ainsi compris. Il n'est pas nécessaire de mettre dans la loi tout ce que la Jurisprudence a reconnu (1). » — Par suite, l'amendement fut retiré comme inutile (2).

Depuis lors, la Cour de cassation a persévéré dans la voie qui lui était tracée par l'art. 39. Je pourrais en citer une foule d'exemples ; mais je me bornerai à en rapporter un seul dans lequel la question est catégoriquement posée. Elle jugea, par arrêt du 22 juin 1852, que le Jury doit fixer l'indemnité, alors même que le fond du droit est litigieux, sauf à en faire l'évaluation en vue de toutes les situations qui peuvent résulter pour l'exproprié de la décision à intervenir sur le litige (3). Dans l'espèce, l'exproprié prétendait faire prendre à l'Etat le tréfonds d'une propriété dont l'administration ne voulait exproprier que la surface. Il fut dit que le Jury devait fixer une indemnité alternative.

450. Mais la fixation d'une indemnité éventuelle n'est nécessaire que si le litige se produit effectivement devant le Jury. Il ne suffirait pas que l'exproprié signalât la possibilité ultérieure de ce litige. Ainsi jugé, par la Cour suprême, le 15 décembre 1856 (4). Par conséquent, il faut que l'exproprié y ait expressément conclu. Dans le cas contraire, le Jury ne devrait pas accorder d'indemnité. Jugé, en ce sens, par arrêt du 1er mars 1843 (5). De même, le moyen pris, devant le Jury, de l'existence d'un litige donnant lieu à renvoi devant les juges compétents, ne peut être proposé devant la Cour de

---

(1) Delalleau. N°. 1063. p. 675.
(2) Dalloz, dict. G. loc. cit. n. 436.
(3) Ibid., 1852. 1.176.
(4) ibid., 1857. 1.44.
(5) Ibid., 1843. 1.161.

cassation, si le renvoi et la fixation de deux indemnités n'ont art. 39. pas été demandés au Jury. Tels sont les termes d'un arrêt de la même Cour, en date du 27 avril 1859 (1).

On rencontre quelque fois des espèces donnant lieu à des distinctions subtiles. Par exemple, il faudrait bien se garder de confondre le dommage sur l'existence duquel il y a litige, avec celui qui est purement éventuel, parce qu'il doit naître d'un événement ultérieur. Un arrêt de la Cour de cassation, en date du 17 décembre 1845 (2), distingue les deux hypothèses. Dans le premier cas, le Jury devra fixer une indemnité, tandis que dans le second il sera obligé de s'abstenir. On comprend la différence qu'il y a entre les deux situations. Quand l'exproprié réclame une indemnité pour des dommages qu'il prétend lui avoir été causés, il soulève une question de fait, dont l'actualité ne peut être méconnue; ce sera donc le cas d'allouer une indemnité. S'il est prouvé, par la suite, que le dommage n'existe pas, l'allocation demeurera non avenue. Mais quand il se borne à réclamer pour un dommage futur, pouvant résulter d'un événement ultérieur, il ne se trouve plus dans la même position. Il est impossible que le Jury fixe une indemnité applicable à un prétendu dommage qui, peut-être, ne se réalisera jamais. Tout ce qu'on peut faire, ce sera de donner à l'exproprié acte de ses réserves.

451. La fixation d'une indemnité éventuelle, dans les cas prévus par la loi, n'est point facultative pour le Jury ; elle est au contraire obligatoire. En conséquence, la Cour suprême jugea, par arrêt du 15 novembre 1858 (3), que la décision qui refuse d'allouer une indemnité, au lieu d'en accorder une éventuelle, est nulle. Au reste, la nullité résultait, dans ce cas, de la confrontation des art. 39 et 42 de la loi du 3 mai 1841.

452. De même, est nulle la décision qui accorde une indemnité dont l'allocation peut donner lieu à un litige ultérieur. En

(1) Dalloz, 1859. 1.207.
(2) Ibid., 1846. 1.30.
(3) Ibid., 1859. 1.25.

ART. 39. d'autres termes, la nullité serait encourue si l'on substituait, mal à propos, une indemnité définitive à une indemnité qui aurait dû être éventuelle. Il y aurait également violation de l'art. 39. Cela résulte d'un arrêt, en date du 3 février 1858 (1).

Il vient d'être jugé, tout récemment, par arrêt rendu le 27 janvier 1863 que, dans le cas où la sincérité des titres constitutifs du droit de l'exproprié est l'objet d'une contestation qui met en question le droit lui-même, et non pas seulement l'évaluation de l'indemnité, le litige conserve son caractère sur le fond du droit, malgré l'offre d'une indemnité, si le chiffre de la somme offerte n'est pas sérieux, et si, par exemple, il a été offert une indemnité de un franc ; et que, dans ce cas, le Jury est tenu d'allouer une indemnité éventuelle, avec renvoi devant les juges compétents (2). Dans l'espèce, le Jury avait accueilli les offres de l'Administration et alloué une indemnité de un franc. En agissant ainsi, il avait décidé que le droit de l'indemnitaire était certain, question qu'il n'avait pas mission de juger.

453. Il n'est pas absolument indispensable que le Jury s'explique d'une manière précise sur l'éventualité de l'indemnité qu'il alloue, cette éventualité peut résulter des circonstances et des termes employés par le Jury. Un arrêt de la Cour de cassation, du 22 août 1855, statuant sur une question identique, porte que le caractère éventuel de l'indemnité peut résulter implicitement du mode d'allocation de cette indemnité, et qu'il n'est pas nécessaire qu'il y ait, à cet égard, une déclaration expresse (3). Dans l'espèce, le Jury avait statué distinctement sur les divers chefs d'indemnité, sans dire que ces indemnités étaient éventuelles; il avait même totalisé les chiffres de ces indemnités. Sa décision fut maintenue par le motif qu'une indemnité n'était accordée sur chaque chef que dans l'hypothèse où il ne serait pas jugé plus tard que, de ce chef, aucune indemnité n'était due. Ainsi, d'après cet arrêt, il suffit qu'un

(1) Dalloz, 1858. 1.126.
(2) Ibid., 1863. 1.132.
(3) Ibid., 1855. 1.396.

litige s'élève sur le fond du droit pour que l'indemnité allouée ART. 39.
soit éventuelle, sans que le Jury ait besoin de s'en expliquer.

454. En cas de fixation d'une indemnité éventuelle, le Jury
n'est pas tenu de prononcer lui-même le renvoi du litige, bien
que l'art. 49 semble lui en imposer l'obligation. Ce soin concerne
le magistrat directeur qui doit, en même temps, ordonner le
dépôt de la somme allouée. Ainsi jugé par arrêt du 25 juillet
1855 (1). Il y aurait nullité si, dans ce cas, il n'ordonnait pas
la consignation. C'est ce que la Cour de cassation jugea par
l'arrêt du 22 août 1851, ci-dessus cité (2).

455. Le renvoi ne peut être ordonné que sur les conclusions
des parties, mais ce n'est pas sur ces conclusions que le Tribunal
de renvoi doit se guider pour statuer sur le litige. La décision
du Jury est le seul document qu'il soit tenu de consulter avant
de rendre sa sentence. La Cour suprême s'en est catégoriquement expliquée, dans son arrêt du 24 août 1858. Il y est dit que
en cas de fixation d'une indemnité éventuelle, les Tribunaux
devant lesquels la contestation est renvoyée ne peuvent en connaître que dans les termes résultant de la décision du Jury, et
non dans ceux résultant des conclusions des parties (3).

456. Tels sont les principes qui doivent guider le Jury, ainsi
que le magistrat directeur, quand il y a lieu de fixer une indemnité éventuelle ou alternative. J'arrive maintenant à l'application de ces principes, c'est-à-dire, que je vais en donner des
exemples pris dans la jurisprudence de la Cour suprême. C'est,
à mon avis, la meilleure manière de faire comprendre le sens
de la loi, car la Cour régulatrice en est le meilleur interprète.

Quand les parties ne sont pas d'accord sur la contenance du
terrain, il y a lieu à la fixation d'une indemnité alternative.
Deux fois la question a été jugée en principe, et de telle sorte
qu'il est impossible de conserver la plus légère hésitation sur ce
point. Un premier arrêt, en date du 16 août 1858, a décidé que,

(1) Dalloz, ibid., 1.374.
(2) V. n. 453.
(3) Dalloz, 1858. 1.364.

ART. 39. la contestation sur l'exactitude de la contenance de l'immeuble exproprié, rend nécessaire la fixation d'une indemnité alternative évaluée, tout à la fois, d'après le jugement d'expropriation et d'après la prétention de l'expropriant; et que le refus du magistrat directeur de poser cette question alternative, sous prétexte que le Jury doit être interrogé dans les termes du jugement d'expropriation, emporte nullité de sa décision (1). Un autre arrêt, du 1ᵉʳ août 1860, a jugé dans le même sens (2).

457. Ces arrêts, le premier surtout, sont extrêmement importants. En premier lieu, il nous apprennent que le magistrat directeur peut quelquefois, selon que les circonstance l'exigent, poser des questions qui ne rentrent pas précisément dans les termes du jugement d'expropriation; et que, en agissant ainsi, sur la provocation des parties, il ne dépasse pas les limites de ses attributions. Cela devait être, mais il était bon d'en prendre note.

458. Secondement, l'arrêt du 16 août 1858, établit d'une manière précise la différence existant entre l'indemnité alternative et l'indemnité éventuelle, deux choses qu'il faut bien se garder de confondre, sous peine de brouiller les idées qui s'attachent aux mots. Ainsi, l'indemnité alternative est celle qui aurait dû être allouée dans l'espèce de l'arrêt, parce qu'elle s'appliquait à deux hypothèses dont l'une ou l'autre devait se réaliser. Je rends ma pensée sensible par un exemple. Ainsi, je suppose que le jugement d'expropriation portât sur une contenance de terrain fixée à cent mètres. L'expropriant prétend qu'il y a eu erreur de mensuration, et que la parcelle ne contient que quatre-vingt-dix mètres. L'exproprié soutient le contraire, et s'en tient aux termes du jugement d'expropriation. Dans ce cas, le Jury, incertain qu'il est sur le point de savoir lequel des deux systèmes triomphera, statue successivement et séparément sur cette double prétention, évalue d'une manière distincte la parcelle expropriée, en prenant pour base

(1) Dalloz, 1858. 1. 327.
(2) Ibid., 1860. 1. 408.

la contenance que chacune des parties lui attribue , et alloue ART. 39.
une indemnité alternative, c'est-à-dire, s'appliquant à l'une ou
à l'autre des deux hypothèses.

Tel est le mode à employer en pareille occurence , il ressort
nettement de l'arrêt du 16 août 1858. Je me hasarderai à en
proposer un autre , qui me paraît aussi rationnel et plus expé-
ditif. C'est de faire apprécier le terrain par le Jury à tant la
mesure. Nous avons vu déjà que ce mode , parfaitement légal,
était accepté par la Cour de cassation elle-même (1).

459. L'indemnité éventuelle , ainsi que le mot l'indique ,
est tout à fait différente. On entend par là une indemnité dont
le paiement est subordonné à la réalisation d'un événement ,
qui s'est produit , mais avec des conséquences impossibles à
apprécier pour le moment, d'une manière précise. Ainsi, on
coupe un chemin : nul ne peut dire si , d'après la configuration
des lieux, il sera possible de le rétablir, ou bien si le propriétaire
exproprié ne sera pas obligé de s'adresser à son voisin pour en
obtenir un autre. Dans cette hypothèse , il y aura lieu à une
indemnité éventuelle , c'est-à-dire, que le Jury , prévoyant le
cas où le chemin ne pourra pas être rétabli , allouera au propriétaire une indemnité suffisante pour s'en faire concéder un
autre sur les terrains environnants. Ainsi, encore, pour le dommage causé à l'exproprié. On ignore s'il existe , qu'elle sera son
étendue , puisqu'il y a litige sur le fait en lui-même. Dans ce
cas , l'indemnité à accorder sera purement éventuelle.

Mais pour qu'il y ait lieu à indemnité éventuelle, il faut qu'il
y ait probabilité sur le fait dont il s'agit de réparer les conséquences ; en d'autres termes, il faut que le fait se produise ,
ou puisse se produire actuellement ; s'il y a doute sur ce point,
si le fait demeure dans le futur contingent, ce n'est plus le cas
d'une indemnité éventuelle ; le Jury n'est plus tenu de le prendre
en considération , et tout ce qu'on peut faire, c'est de donner à
l'exproprié acte de ses réserves, afin de faire valoir ses droits, le

(1) V. n. 414.

ART. 39. cas échéant. J'en ai donné plus haut des exemples (1). En un mot, ainsi que le dit un arrêt de la Cour de cassation, du 15 décembre 1856, il ne suffit pas que l'exproprié signale la possibilité ultérieure du litige; il faut que le litige se produise effectivement devant le Jury (2).

Il est une autre différence, presque aussi capitale, entre l'indemnité alternative et l'indemnité éventuelle. Je la tire de l'art. 49 de la loi du 3 mai 1841 (3). Cet article, prévoyant le cas où le droit à l'indemnité est contesté, circonstance donnant à cette indemnité un caractère éventuel, cet article, dis-je, veut que le Jury fixe l'indemnité comme si elle était due, et que le magistrat directeur en ordonne la consignation. Il tombe sous les sens, après avoir lu cet article, que la consignation ne doit avoir lieu que dans l'hypothèse dont il s'occupe, c'est-à-dire, quand il y a litige sur le fond du droit et, par conséquent, éventualité à l'endroit de la décision judiciaire à intervenir, mais qu'elle est impraticable lorsque l'indemnité est alternative. En effet, on ne peut contraindre à consigner celui qui a le choix entre deux modes de libération.

460. La jurisprudence de la Cour suprême contient une foule d'exemples d'indemnités éventuelles. Je les rapporte, en partie, parce qu'ils font connaître le sens de la loi mieux que tous les commentaires.

Par arrêt du 19 juillet 1843, il fut jugé que, si le propriétaire et le fermier, à titre d'emphytéote, réclament chacun une indemnité spéciale, et que l'administration soutienne que, par l'assimilation de l'emphytéose à l'usufruit, il n'est dû qu'une indemnité pour eux deux, cette contestation doit être portée devant les tribunaux, et que le Jury sera tenu de fixer une indemnité éventuelle (4). Soit dit en passant, il me semble que l'assimilation entre l'emphytéote et l'usufruitier n'était pas très fondée.

(1) V. n. 385, 388, 450.
(2) Dalloz, 1857. 1.44.
(3) V. n. 573.
(4) Dalloz, 1844. 1.47. — Ibid., 1863. 1.251. — Arrêt. 24 nov. 1862.

461. Il y aurait encore lieu à fixer éventuellement une in- demnité, dans le cas où le droit n'aurait pas été dénié, lorsque, à raison de la nécessité d'établir des rampes pour donner accès à des propriétés coupées par un chemin vicinal construit en chaussée, la commune se serait engagée envers le propriétaire à construire ces rampes. Le Jury doit prévoir le cas où la commune ne ferait pas construire ces rampes. Ainsi jugé, par arrêt du 11 décembre 1843 (1). Dans l'espèce de cet arrêt, l'indemnité paraît alternative; cependant il n'en est rien, par la raison que la commune, liée par son obligation, ne pouvait opter, et qu'elle était tenue de construire les rampes dont s'agissait. Seulement le Jury aurait dû prévoir le cas où elle ne les aurait pas établies et fixer, en conséquence, une indemnité qui demeurait purement éventuelle.

462. Lorsqu'à la demande principale d'indemnité, pour expropriation d'une maison, est jointe une demande accessoire pour frais de déménagement et autres dommages, et que ce chef est contesté, le Jury doit se borner, sur ce point, à fixer provisoirement une indemnité spéciale; il ne peut, sans distinguer entre les deux chefs, allouer pour le tout une indemnité définitive. Jugé, en ce sens, par arrêt du 27 juin 1854 (2). D'après cet arrêt, on voit qu'une indemnité éventuelle peut fort bien concorder avec une indemnité définitive, et être allouée par la même décision. Mais la réclamation, par l'exproprié, d'une certaine indemnité, au cas où l'administration ne prendrait pas l'engagement de fournir un chemin pour la partie de l'immeuble non comprise dans l'expropriation, ne soulève pas, en cas de refus de l'administration de faire ce chemin, un litige sur le fond du droit, rendant nécessaire une indemnité éventuelle et alternative, — si l'exproprié avait compris cette réclamation dans sa demande, non en excipant de l'existence d'une servitude à son profit, mais comme simple élément d'indemnité. Ainsi jugé, par autre arrêt du 30 mars 1863 (3). Dans l'es-

(1) Dalloz, 1844. 1.65.
(2) Ibid., 1854. 1.343.
(3) Ibid., 1863. 1.255.

ART. 39. pèce , le Jury se borna à allouer une indemnité pure et simple, prix de la propriété expropriée, sans s'expliquer sur le droit de passage dont l'indemnitaire prétendait être privé. La Cour, considérant que le droit de passage n'était pas contesté, déclara qu'il ne pouvait y avoir litige sur le fond d'un droit, et maintint la décision du Jury qu'elle considéra comme ayant réglé définitivement l'indemnité.

463. L'allégation que l'indemnité réclamée par un exproprié se trouve comprise dans celle de son cessionnaire, crée un litige sur le fond du droit. Ainsi jugé, par arrêt du 23 avril 1855 (1).

464. Jugé, par arrêt du 21 août 1838, que, dans le cas où l'immeuble exproprié sur le détenteur est revendiqué en partie par un tiers, le Jury doit, à peine de nullité, fixer d'une manière distincte : 1° l'indemnité afférente à la totalité de l'immeuble.; 2° celle qui serait due à chaque partie litigante, si la revendication était admise (2). De même, il y a lieu à indemnité éventuelle, alors que le litige sur le fond du droit existe avec un tiers non partie à l'expropriation ; par exemple, s'il s'agit d'un droit de servitude réclamé par ce tiers. C'est ce qui fut jugé par arrêt du 22 avril 1856 (3) ; lequel décida, en outre, que le litige sur le fond du droit subsistait, malgré la décision intervenue en appel , quand il y avait pourvoi en cassation.

465. La prétention du propriétaire, qui n'est exproprié que pour partie, de faire acheter la totalité de sa propriété, doit être réputée constituer un litige sur le fond du droit. En conséquence, le Jury doit régler l'indemnité de manière à laisser le litige intact, c'est-à-dire fixer une indemnité pour l'hypothèse éventuelle où la prétention du propriétaire serait accueillie par les juges compétents. S'il se borne à faire porter son évaluation sur les portions de la propriété comprises dans le jugement d'expropriation, c'est comme s'il jugeait le litige lui-

(1) Dalloz, 1855. 1. 132.
(2) Ibid., Dict. G. n. 437.
(3) Ibid., 1856. 1. 158.

même. Alors il commet un excès de pouvoir. Cette décision ART. 39.
résulte d'un arrêt, en date du 25 mars 1839 (1). Renversant
l'exemple, on devrait en dire autant du cas où le Jury se permettrait d'évaluer la propriété en bloc, sans distinguer les parcelles frappées d'expropriation, de celles que le propriétaire
demanderait à faire acquérir par l'expropriant. Dans ces divers
cas, le magistrat directeur ne pourrait, sans méconnaître ses
devoirs, refuser de faire droit aux conclusions de la partie expropriée, et s'abstenir de poser au Jury la question d'indemnité
éventuelle. Jugé, en ce sens, par arrêt du 21 août 1838 (2).

466. Mais le Jury ne donne pas solution à un litige sur le
fond du droit lorsque, s'agissant de cession volontaire de l'immeuble, il alloue les intérêts de l'indemnité à l'adjudicataire,
sans que celui-ci l'ait demandé, pourvu qu'aucun débat n'ait
été élevé devant lui sur ce point : c'est là un simple complément de l'indemnité. Cela fut jugé par arrêt du 30 juin
1856 (3).

467. En principe, la décision qui accorde définitivement une
indemnité dont l'allocation peut donner lieu à un litige ultérieur est nulle. Cependant, il est des cas où pareille décision
doit être maintenue. C'est lorsque la partie qui prétend s'en
faire grief, n'y a pas intérêt, c'est-à-dire, quand la question
du fond ne la touche pas. On trouve un exemple de cette restriction dans un arrêt du 3 février 1858. Il porte que, l'expropriant ne peut se plaindre de ce que le mode de fixation de
l'indemnité peut donner lieu à un litige entre l'exproprié et un
tiers, si, quant à lui, le caractère défini et certain de cette
indemnité n'en est pas atteint (4). Rien n'est plus évident.

468. Pour qu'il y ait lieu à indemnité éventuelle, il faut que
la question litigieuse ait été expressément soulevée, sinon, la

---

(1) Dalloz, dict. G. loc. cit. n. 439. — V. arrêt. C. c. 19 mars 1849. —
Ibid., 1850. 5.218.

(2) Ibid., dict. G. loc. cit. n. 438. — Arrêt. C. c. 15 mai 1843. — Dalloz,
1843. 1.287.

(3) Ibid., 1858. 1.263.

(4) Ibid., ibid. 1.126.

ART. 39. décision du Jury sera maintenue. En conséquence, il fut jugé, par arrêt du 27 avril 1859, que le moyen pris de l'existence devant le Jury d'un litige donnant lieu à renvoi des parties devant le juge compétent, ne peut être proposé devant la Cour de cassation, si ce renvoi et la fixation de deux indemnités alternatives n'ont pas été demandés au Jury (1).

469. Le concours du propriétaire et du locataire fait, très souvent, surgir une foule de difficultés. Bien que, dans tous les cas, elles doivent être résolues d'après les mêmes principes, il ne sera pas mal de s'y appesantir.

Par exemple, il n'est pas toujours indispensable que le litige sur le fond du droit ressorte de conclusions expresses prises par les parties. Il peut en résulter implicitement. Dans ce cas, ainsi qu'il est dit dans un arrêt du 5 février 1840, il est du devoir du Jury de fixer, même d'office, une indemnité quand la matière y est disposée. Ainsi, d'après cet arrêt, il suffit qu'un locataire ait manifesté la prétention de rester dans la partie des lieux loués non atteinte par l'expropriation, pour que, à défaut même de conclusions, le Jury doive régler deux indemnités, l'une pour le cas où le locataire serait expulsé de la totalité des lieux, et l'autre pour celui où il n'en serait dépossédé que jusqu'à concurrence de l'expropriation (2).

A plus forte raison, l'indemnité doit-elle être réglée, lorsque le locataire en fait la demande expresse, quoique l'expropriant déclare n'avoir aucune offre à lui faire. Pareille déclaration, aux termes d'un arrêt de la Cour de cassation, en date du 19 juillet 1839, constitue un litige sur le fond du droit que le Jury doit laisser intact. (3). En effet, dire qu'on n'a pas d'offre à faire à un exproprié, c'est lui contester implicitement le droit à toute indemnité, et faire naître un litige sur le fond du droit : il en est de même, quand le locataire manifeste la prétention de se maintenir dans la partie restante des lieux loués. Cepen-

(1) Dalloz, 1859. 1.207.
(2) Ibid., dict. G. loc. cit. n. 442.
(3) Ibid., ibid. n. 440. — V. arrêt. 1er mars 1843. — Dalloz, 1843. 1.161.

dant., en pareille circonstance , je conseillerai aux parties de ART. 39. poser carrément leurs prétentions. Il est toujours dangereux de livrer la décision du Jury à l'interprétation.

470. D'après le même arrêt du 5 février 1840, le Jury commettrait un excès de pouvoir si, dans le cas où le locataire élève la prétention de garder le surplus des lieux loués , lorsqu'une partie seulement est atteinte par l'expropriation, si, dis-je , au lieu de fixer une indemnité pour ce cas , il n'allouait qu'une indemnité unique , en déclarant qu'il a reconnu l'impossibilité de conserver au locataire les lieux par lui occupés (1). Alors le Jury sortirait évidemment de sa mission.

471. Le Jury doit allouer une indemnité alternative dans le cas où il y aurait discussion sur la durée du bail. Cette contestation constituant un litige sur le fond du droit. Jugé, en termes précis, par deux arrêts , l'un du 7 avril 1845 (2) , et l'autre du 16 août 1858 (3). Dans ce cas , le Jury est sans compétence pour statuer sur la contestation et fixer une indemnité définitive , d'après la solution qu'il aura admise. Ainsi jugé , les 28 janvier et 14 avril 1857 (4).

472. Il résulte de là que toutes les contestations relatives, soit à l'existence, soit à la durée du bail, excèdent la compétence du Jury (5). Mais pour que le litige puisse naître, il faut que le locataire pose expressément ses prétentions. Il en sera de même, s'il réclame une indemnité à double titre. Par exemple , il fut jugé , par arrêt du 21 février 1853, que le locataire qui exerce la profession de marchand de vin et celle de logeur , ne peut se plaindre de ce qu'il ne lui a été alloué qu'une indemnité unique, à raison de la première de ses professions, s'il ne les a pas distinguées dans sa demande. Cet arrêt porte encore que le locataire, indiqué par erreur comme sous-locataire, ne peut arguer de cette

(1) Dalloz, dict. G. loc. cit. n. 441.
(2) Ibid. , 1845. 1.207.
(3) Ibid., 1858. 1.327.
(4) Ibid. , 1857. 1.47 - 166.
(5) V. n. 33.

ART. 39. inexactitude, si elle n'a exercé aucune influence sur la fixation de l'indemnité (1). En thèse générale, cette dernière proposition est vraie ; il est évident qu'une erreur qui ne préjudicie à personne doit être considérée comme non avenue. Mais la difficulté n'est pas là ; elle consiste en ce que, pour maintenir la décision du Jury, il a fallu l'interpréter, ce qui signifie qu'elle manquait de clarté et de précision. Or, ce sont là deux qualités tellement essentielles qu'elle ne peut subsister sans elles. Toute décision qui ne s'explique pas d'elle-même doit tomber.

Le principe sur lequel repose la première partie de l'arrêt du 21 février 1853 a été appliqué une seconde fois à l'encontre du locataire. Un arrêt, du 28 mai 1861, décide qu'une indemnité unique a pu être allouée au locataire principal exerçant une industrie, lorsque aucune contestation ne s'est élevée sur ce double élément d'indemnité (2) Il devait en être ainsi, dans tous les cas, car en supposant même que le locataire eut conclu particulièrement sur les deux chefs, il était loisible au Jury de n'allouer qu'une seule indemnité, pourvu qu'il constât de sa décision qu'il avait entendu statuer sur la double demande qui lui était faite.

Cependant l'intention, en ce qui concerne l'étendue de la décision du Jury, peut se présumer. Ainsi, un arrêt, du 27 mai 1851. a jugé que, lorsqu'un locataire réclame une indemnité à raison de deux établissements qu'il a dans la maison expropriée, la décision du Jury qui lui adjuge une somme moindre que celle réclamée est régulière, quoiqu'il n'y soit pas exprimé que l'indemnité a pour objet le double dommage (3). Evidemment, cet arrêt n'est qu'une décision d'espèce, car il est en opposition avec le principe voulant que le Jury réponde catégoriquement à toutes les questions qui lui sont posées. Par conséquent, je ne crois pas qu'il doive faire Jurisprudence.

(1) Dalloz, 1853. 1.51.
(2) Ibid., 1861. 1.286.
(3) Ibid., 1851. 1.172.

La nécessité de prendre des conclusions sur tous les points Art. 39. litigieux, ressort d'un autre arrêt, rendu le 30 août 1858 (1). Dans l'espèce, il s'agissait de l'expropriation d'un immeuble sur lequel le locataire avait été autorisé à élever des constructions, avec faculté de les enlever à la fin du bail, sauf le droit réservé au bailleur de les garder moyennant estimation. En conséquence, le Jury fixa l'indemnité en argent, sans y comprendre les constructions. Pourvoi de la part du locataire, fondé sur ce que la reprise des constructions, en en payant la valeur, était obligatoire pour l'expropriant, bien que facultative pour le bailleur ; prétention constituant un litige dont le Jury ne pouvait connaître. Mais le pourvoi fut rejeté, sur le motif que le locataire n'avait pris, à cet égard, aucunes conclusions devant le Jury. En effet, il était impossible que le Jury fixât une indemnité alternative ou éventuelle qu'on ne lui demandait pas, ou bien que, en la réglant, il prit en considération la valeur de constructions que le locataire était tenu d'enlever.

473. Ordinairement la décision du Jury désigne nominativement les personnes auxquelles il est alloué des indemnités. Cependant, cette indication n'est pas indispensable. On peut aussi les désigner par les qualités résultant des droits qu'elles possèdent sur l'immeuble exproprié. Par exemple, il fut jugé, par arrêt du 11 août 1857, que la décision, allouant, à titre d'indemnité, aux divers locataires d'une maison expropriée, la jouissance des lieux loués, jusqu'à une époque déterminée, est régulière, quoiqu'elle ne désigne pas nominativement ces locataires (2).

474. Les actes du propriétaire n'obligent point le locataire ; quant à celui-ci, c'est *res inter alios acta*. Sur ce motif, la Cour suprême jugea, par arrêt du 27 février 1854, que le jugement qui, en donnant acte au propriétaire d'une maison de son consentement à la démolition, renvoie au Jury pour fixation de l'indemnité due aux locataires pour *éviction complète*, n'a pas à

(1) Dalloz, 1858. 1.328.
(2) Ibid., 1857. 1.329.

ART. 39. l'égard de ces derniers l'autorité de la chose jugée sur la nécessité de cette éviction, et ne leur enlève pas le droit de conclure devant le Jury à une indemnité alternative pour éviction complète ou partielle ; et que, par suite, la décision du Jury qui, en présence de telles conclusions, ne fixe l'indemnité que pour éviction complète, est nulle (1). On serait surpris qu'une pareille question eût été portée devant la Cour de cassation, si l'on ne savait à quels misérables subterfuges s'arrête quelquefois l'esprit de chicane. Dans l'espèce, il s'agissait de savoir si la démolition partielle des lieux loués, en rendait le restant inhabitable ; question que le propriétaire n'avait pas le droit de résoudre à l'encontre de ses locataires. Son consentement à la démolition totale de l'immeuble ne pouvait donc leur être opposé.

475. L'art. 39 dit qu'il est accordé des indemnités distinctes aux parties qui les réclament à des titres différents. Il résulte de là que l'indemnité doit être réglée en la présence seule de la partie réclamante. Ainsi, le Jury peut et doit statuer sur les demandes du fermier ou du locataire en l'absence du propriétaire. L'appel de celui-ci, en tant qu'on le sommerait de se présenter pour assister au règlement de l'indemnité due à son locataire ou fermier, serait inutile, faute d'y avoir intérêt. La Cour de Cassation s'est prononcée en ce sens ; elle a jugé, par arrêt du 5 février 1840, que, lors du règlement de l'indemnité due aux locataires, il n'y a pas lieu de mettre en cause le propriétaire, qui a fait connaître ses locataires et qui devient, dès lors, étranger aux contestations qui peuvent s'élever entre eux et l'administration (2).

476. Le Jury ne peut déclarer que les indemnités qu'il alloue aux expropriés partiront du jour *indéterminé* où les travaux commenceront. C'est un soin qui ne le concerne pas. A l'administration seule appartient de fixer, par la prise de possession,

---

(1) Dalloz, 1854. 1. 125.
(2) Delalleau. n. 1060. p. 675.

l'époque de l'exigibilité de l'indemnité (1). De même le Jury ART. 39 n'est pas compétent pour fixer l'époque de laquelle courront les intérêts de l'indemnité qu'il alloue. Jugé en ce sens par arrêt de la Cour de Cassation du 20 mai 1845 (2).

477. Les terrains ne doivent jamais être payés aux propriétaires expropriés, que d'après leur valeur avant l'entreprise des travaux. L'on ne doit pas prendre en considération les avantages que le propriétaire aurait pu obtenir en modifiant, de quelque manière que ce soit, l'état de sa propriété, notamment en utilisant un cours d'eau pour rétablir une usine. Ainsi jugé, par arrêts du Conseil d'État des 21 août 1840, et 30 juin 1841 (3).

478. Le tableau des offres et des demandes fait en exécution des art. 23 et 24, indique quelles sont les personnes auxquelles sont dues des indemnités. En général, c'est aux personnes y dénommées que des indemnités peuvent être allouées, car il faut qu'il y ait une demande expresse. Le Jury, par conséquent, excéderait ses pouvoirs s'il mettait au nombre des indemnitaires un individu non porté sur le tableau dont il vient d'être parlé. C'est ce qui a été jugé par la Cour de cassation, dans les termes suivants : — Le magistrat directeur doit présenter comme liste des indemnitaires le tableau des offres faites en vertu de l'art. 23, et des demandes intervenues en exécution de l'art. 24. Par suite, en posant aux jurés des questions d'indemnité pour des individus (des fermiers par exemple), qui ne sont pas compris dans ce tableau, ce magistrat commet un excès de pouvoir, comme le Jury, en allouant à ceux-ci une indemnité, contrevient à l'art. 39. — L'arrêt est à la date du 10 août 1841 (4).

Mais cet arrêt ne s'applique qu'au cas où les prétendus indemnitaires sont repoussés par l'administration ; si celle-ci ne s'op-

---

(1) Delalleau, n. 1057. p. 674. — Arrêt. C. c. février 1846. — Dalloz, 1846. 1.64.

(2) Dalloz, 1845. 1.295.

(3) Delalleau. n. 1047. p. 672.

(4) Ibid.   n. 1050. p. 673.

ART. 39. pose pas à la demande, il est évident qu'elle aura consenti à ce que l'indemnité soit réglée par le Jury, et la décision intervenue sera irrévocable.

Un auteur que j'ai souvent cité, semble croire que, dans le cas où l'indemnitaire ne figure pas sur le tableau des offres et demandes, on ne pourrait lui opposer de fin de non recevoir, et qu'il y aurait alors lieu d'appliquer la disposition du 4ᵉ § de l'art. 39 (1).

Je ne puis partager cet avis, par la raison qu'il est en opposition directe avec le 1ᵉʳ § de l'art 37, lequel veut, à peine de nullité, que le magistrat directeur mette sous les yeux du Jury le tableau des offres et demandes. Or, comment se conformera-t-il à cette prescription si le prétendu indemnitaire est demeuré inconnu? Sans doute l'intervention de celui-ci sera régulière lorsque son existence aura été indiquée à l'administration, ou qu'il la lui aura manifestée par quelque acte : dans ce cas, il aura reçu des offres, et le défaut de demande ne pourra créer contre lui une fin de non recevoir. Mais la situation change quand l'indemnitaire n'a pas été désigné ou ne s'est pas fait connaître. Par sa faute ou par celle du propriétaire, — car ce que je dis ne s'applique guère qu'au locataire ou au fermier, — il est resté ignoré; son intervention ne pourrait être acceptée qu'au mépris des dispositions de la loi; il a donc perdu cette faculté, et il ne lui reste qu'à recourir contre qui de droit (2).

479. L'administration est mise, par l'effet du jugement d'expropriation, au lieu et place du propriétaire exproprié. Elle peut exercer les droits appartenant à celui-ci, sans qu'elle y ait été subrogée par une convention expresse. Cela se conçoit, car, dès que le jugement d'expropriation est rendu, l'administration est investie de la pleine propriété de la chose expropriée. Conformément à ce principe, la Cour royale de Paris jugea, par arrêt du 9 avril 1842, que, lorsque, par son bail, un locataire a renoncé envers le propriétaire à réclamer aucune indemnité

(1) Delalleau, n. 1053. p. 673.
(2) V. n. 34.

en cas d'expropriation, l'administration est fondée à se prévaloir de cette clause pour refuser toute indemnité à ce locataire ;
et qu'elle n'a pas besoin de justifier d'une subrogation légale
ou conventionnelle dans le droit du propriétaire (1).

480. Le 5me § de l'art. 39 est une innovation faite à la loi du
7 juillet 1833, dans laquelle cette disposition n'existait pas. Elle
a été ajoutée à cet article uniquement pour empêcher le Jury
d'accorder des indemnités exagérées. C'est une juste limite
mise à son omnipotence. M. Dufaure, rapporteur à la Chambre
des députés, justifie de la manière suivante cette innovation.
— Le principe *non ultra petita* est un principe de droit commun, dont le Jury, pas plus que toute autre juridiction, ne
semblait pouvoir s'affranchir. Le contraire est cependant arrivé ;
de déplorables abus, qui auraient compromis l'institution du
Jury, si elle avait pu être compromise, ont été signalés à
l'attention publique ; ils ont forcé d'écrire le principe dans
l'art. 39. L'indemnité ne peut être supérieure à la demande de la
partie intéressée, ni inférieure aux offres de l'administration.
La disposition dont il s'agit n'est pas, comme on a essayé de le
prouver, une atteinte au pouvoir du Jury. L'administration
doit prendre ses renseignements de manière à ne point faire
d'offres trop élevées ; le propriétaire connaît la valeur de sa
propriété ; il est parfaitement à même d'en demander le juste
prix (2).

481. En conséquence, et par application de ces principes,
la Cour de cassation a jugé, par arrêt du 21 juillet 1857, que la
décision allouant à l'exproprié une indemnité supérieure à sa
demande, ou inférieure aux offres de l'expropriant, était
nulle (3).

Telle est la règle, que des décisions postérieures sont venues
confirmer, et sur laquelle il est inutile d'insister davantage,

(1) Delalleau. n. 1059. p. 675.
(2) Ibid., n. 1064, p. 576.
(3) Dalloz, 1857. 1.305. — V. arrêts. C. c. 15 avril 1857. — Ibib.,
1857. 1.159.— Arrêt. 30 mars 1863. — Ibid.. 1863. 1.434.

ART. 39. car elle résulte d'une disposition suffisamment claire de la loi. Mais quelquefois les conclusions des parties en rendent l'application difficile. Je vais en donner des exemples.

Ainsi, la Cour suprême a jugé, à diverses reprises, que le Jury ne pourrait allouer une indemnité supérieure aux offres faites au propriétaire qui, au lieu de fixer le chiffre de sa demande, se borne à refuser les offres de l'administration et déclare s'en rapporter à la justice. Les motifs de ces décisions sont que, la loi ayant voulu déterminer un maximum que l'évaluation du Jury ne pourrait, en aucun cas, dépasser, il ne saurait dépendre de la volonté du propriétaire de supprimer cette garantie de la loi et de créer, par son silence, la faculté pour le Jury d'élever indéfiniment l'évaluation ; qu'il doit s'imputer à lui-même de n'avoir pas fait connaître au Jury le montant de sa prétention. L'arrêt, qui raisonne ainsi, est du 23 février 1842 (1). Il en est plusieurs autres qui ont statué de la même manière (2).

On pourrait, en retournant la question et la posant dans le sens inverse, demander ce qui arriverait si l'administration, déniant la qualité du réclamant, ne lui avait fait aucune offre. Dans ce cas, on pourrait dire que la loi, en déterminant un minimum, — c'est-à-dire, les offres, — au-dessous duquel le Jury ne peut jamais descendre, il ne pourrait dépendre de l'administration de diminuer, d'une manière indéfinie, ce minimum, et de permettre au Jury de réduire l'indemnité à un chiffre illusoire. Mais il est si peu à craindre que le Jury abuse de son pouvoir, afin de n'allouer qu'une indemnité insuffisante, que la question ne vaut pas la peine d'être agitée. Elle ne s'est jamais présentée devant la Cour suprême, bien qu'elle ait eu souvent à statuer sur des espèces où l'administration déniait le droit du réclamant et, par conséquent, ne lui avait pas fait des offres. Tout ce qui en est résulté, c'est de décider que, en pareil

(1) Delalleau. N° 1065. p. 676.
(2) Arrêts. 2 janvier 1849. — Dalloz, 1849. 1.74. — 2 décembre 1851. — Ibid., 1852. 1.9. — 22 août 1853. — Ibid., 1853. 1.284. 1854. 1.352.

cas; les dépens doivent être réservés, pour qu'il y soit statué ART. 39.
en même temps que sur le fond du droit (1).

482. Il est des cas où les conventions des parties dérogeant
aux règles contenues dans le 5ᵐᵉ § de l'art. 39, il arrivera que
l'indemnité sera inférieure aux offres. En voici un exemple tiré
d'un arrêt de la Cour de cassation, du 27 février 1860. Il y est
dit que, lorsque, après offre d'une certaine somme à titre d'indemnité, les parties consentent devant le Jury à ce que l'indemnité soit déterminée d'après un nombre, sur le total duquel
elles sont en désaccord, et, par exemple, à tant par chaque
pied d'arbre, pour une plantation d'arbres dont le nombre doit
être l'objet d'une vérification ultérieure, l'évaluation du Jury
cesse d'être limitée par les offres primitives, et peut, eu égard
au mode de calcul convenu, aboutir à un chiffre inférieur au
montant de ces offres. Le motif de l'arrêt est que, en l'état du
litige, l'évaluation du Jury avait cessé d'être limitée par le
montant des offres et demandes, et que le mode d'appréciation
déterminé par le contrat judiciaire formé devant lui, devenait
la règle (2).

483. On ne devrait pas s'arrêter à une erreur dans le chiffre
des offres, non plus qu'à une indication erronée sur la contenance du terrain exproprié. Jugé, par conséquent, que l'indemnité allouée ne peut être considérée comme inférieure aux offres,
lorsqu'il résulte du tableau mis sous les yeux du Jury, que le
chiffre des offres indiqué dans l'acte de notification, a dû être
diminué de la différence existant entre elles et cette indemnité,
à raison d'une erreur d'addition et de l'indication également
erronée de parcelles de terrain étrangères à l'expropriation (3).

484. L'indemnité fut déclarée être inférieure à l'offre dans
l'espèce suivante; en voici la notice : — L'offre faite au propriétaire, avec copie signifiée à son fermier que l'exproprié avait
déclaré à l'administration pour qu'elle eût à s'entendre avec

(1) Arrêt. 1ᵉʳ mars 1843. — Dalloz, 1843. 1.161.
(2) Ibid., 1860. 1.409.
(3) Ibid., ibid. 1.410. — Arrêt. 16 mai 1860.

ART. 39. lui, doit, malgré cette signification, être réputée ne comprendre que l'indemnité due au propriétaire, si, devant le Jury, saisi d'une demande distincte de la part du fermier, l'administration a déclaré n'avoir jamais entendu faire entrer dans son offre l'indemnité revenant au fermier : en conséquence, la décision du Jury, qui alloue au propriétaire une indemnité inférieure à cette offre, en envisageant l'allocation comme ne portant que sur l'indemnité due au propriétaire, et l'offre comme comprenant, au contraire, l'indemnité à payer au fermier, est nulle (1).

485. La plus-value du restant de l'immeuble exproprié n'autorise jamais le Jury à allouer une indemnité inférieure à l'offre. On doit supposer que cette considération a servi à l'administration pour évaluer les terrains dont elle s'empare. C'est en ce sens que s'est prononcé la Cour de cassation, dans un arrêt du 26 janvier 1857. Il est dit, expressément, que le Jury ne peut diminuer le chiffre des offres, à raison de la plus-value (2).

486. Les exemples d'indemnités supérieures aux demandes ne sont pas rares. Ils abondent dans les recueils. Il est inutile de les citer quand ils se bornent à proclamer les principes et qu'ils sont dégagés de toutes circonstances accessoires pouvant, non pas changer ces principes, mais en rendre l'application incertaine. C'est ceux-ci que je vais m'appliquer à mettre sous les yeux du lecteur

Il va de soi que, sous aucun prétexte, le Jury ne peut allouer une somme supérieure à celle demandée. Il ne peut ni prescrire des travaux, ni adjuger des matériaux, en sus de cette somme. La question, sur une espèce analogue, s'étant présentée à la Cour suprême, elle la jugea par arrêt du 2 juin 1845. Il y fut dit que, lorsque l'indemnité réclamée par l'exproprié s'élève à une somme déterminée, la décision par laquelle le Jury accorde cette somme et, en outre, des matériaux provenant de démolition, est nulle, soit en ce qu'elle accorde une indemnité supé-

(1) Arrêt. 9 janvier 1860. — Dalloz, 1860. 1.32.
(2) Ibid., 1857. 1.44.

rieure à la demande, soit en ce que l'indemnité consiste à la art. 39. fois en argent et en matériaux (1).

487. Pour que le Jury puisse procéder régulièrement, il est nécessaire que la demande en indemnité soit précisée, c'est-à-dire, qu'elle consiste en une somme d'argent dont le chiffre est indiqué. L'incertitude sur ce point entraînerait nullité de la décision du Jury, s'il s'avisait d'allouer une somme fixe. La raison en est que, dans ce cas, on ne pourrait savoir si l'indemnité n'est pas supérieure à la demande. C'est ainsi que s'exprime un arrêt de la Cour de cassation, du 21 mars 1860 (2). Dans l'espèce, il s'agissait d'une indemnité, à tant par mètre de clôture. Il est évident que, en allouant une somme fixe, le Jury déciderait une question qu'il lui est impossible de trancher, et qu'il s'exposerait à dépasser le chiffre de l'indemnité réclamée.

488. Il a été jugé, par arrêt du 29 avril 1844, que l'allocation par le Jury d'une somme supérieure à celle qui avait été offerte et acceptée par l'exproprié, ne constituait pas une violation de l'art. 39, lorsque le propriétaire s'était réservé de réclamer, en outre, une indemnité pour dépréciation (3). En statuant sur le chef réservé, qui paraissait prêt à recevoir solution, le Jury n'avait pas excédé ses pouvoirs.

489. Il en est de même lorsque le propriétaire a accepté l'offre de l'administration, avec réserve de conserver une partie des biens expropriés (4). On ne peut pas dire qu'une pareille réserve, si elle ne sort pas à effet, a eu pour résultat d'augmenter la demande primitive. Le règlement de l'indemnité se fera alors sur une base différente de la base première.

490. Mais lorsque l'exproprié a conclu à ce qu'il lui fût alloué tant par mètre de terrain, et à ce que, en outre, on lui construisît un mur de clôture, la décision du Jury, qui accorde une indemnité supérieure à la demande, est nulle, encore bien

(1) Dalloz, 1845. 1.295.
(2) Ibid., 1860. 1.251.
(3) Ibid., 1844. 1.186.
(4) Arrêt. 4 mars 1844. — Ibid., 1844. 1.185.

ART. 39. qu'elle garderait le silence sur la construction demandée : en vain l'on dirait que cet excédant doit être réputé l'équivalent de la construction non accordée ; ainsi jugé, par arrêt de la Cour de cassation, du 15 juillet 1844 (1). Cela devait être ; du moment où le Jury ne s'expliquait pas, d'une manière distincte, sur la construction du mur, il était censé l'avoir comprise dans l'évaluation qu'il avait faite en bloc. Mais il faudrait dire le contraire, si la décision du Jury avait porté que l'excédant était alloué pour la construction demandée.

491. L'indemnité n'a pas de minimum déterminé, et peut descendre, notamment, au chiffre d'un franc. Mais il faut que l'offre n'implique pas la dénégation du droit à une indemnité, auquel cas il y aurait litige à renvoyer devant les Tribunaux. Tels sont les termes d'un arrêt de la Cour suprême, en date du 12 mars 1856 (2). Le point de droit jugé par cet arrêt se justifie par son seul exposé.

492. Les éléments qui concourent à former l'indemnité sont fort nombreux, il serait, par conséquent, difficile de les prévoir tous. Voici cependant ceux que le Jury prendra le plus souvent en considération.

Il y a : 1° l'indemnité pour le sol ; 2° pour constructions, plantations et récoltes ; 3° pour suppression de servitudes, de mines et carrières, de droits de pêche ; 4° pour moins value ; 5° pour travaux à faire, ou communications à rétablir ; 6° pour dommages causés ; 7° pour privation de jouissance, en ce qui concerne les locataires et fermiers ; 8° enfin, pour perte de droits d'usage et d'habitation. Voilà le cercle dans lequel le Jury se trouve ordinairement renfermé.

493. Il ne faut jamais oublier que toutes les dispositions de l'art. 39 sont prescrites à peine de nullité.

(1) Dalloz, 1844. 1.308.
(2) Ibid., 1856. 1.169.

Art. 40.

Si l'indemnité réglée par le Jury ne dépasse pas l'offre de l'administration, les parties qui l'auront refusée seront condamnées aux dépens.

Si l'indemnité est égale à la demande des parties, l'administration sera condamnée aux dépens.

Si l'indemnité est à la fois supérieure à l'offre de l'administration et inférieure à la demande des parties, les dépens seront compensés de manière à être supportés par les parties et l'administration, dans les proportions de leur offre ou de leur demande avec la décision du Jury.

Tout indemnitaire qui ne se trouvera pas dans le cas des articles 25 et 26 sera condamné aux dépens, quelle que soit l'estimation ultérieure du Jury, s'il a omis de se conformer aux dispositions de l'article 24.

SOMMAIRE.

COMMENTAIRE.

ART. 40.   494. L'art. 40 ne peut guère donner matière à commentaire, car ses dispositions sont assèz claires pour être comprises à la première lecture. Il prévoit divers cas pour lesquels il trace des règles de conduite.

Ainsi, lorsque l'indemnité allouée par le Jury ne dépasse pas l'offre de l'administration, les parties qui l'auront refusée seront condamnées aux dépens.

Si l'indemnité est égale à la demande des parties, l'administration supportera les dépens.

Enfin, si l'indemnité est à la fois supérieure à l'offre de l'administration, et inférieure à la demande des parties, les dépens seront compensés de manière à être supportés par les parties et par l'administration dans les proportions de leur offre ou de leur demande avec la décision du Jury.

Cette dernière disposition est la seule qui ait besoin d'être éclaircie, non point par des raisonnements, mais par des exemples. En voici un que je trouve dans Delalleau : — Supposons, dit-il, que l'offre de l'administration ait été de 4,000 fr., la demande du propriétaire de 5,000 fr., et que le Jury ait alloué 4,300 fr.; la différence de l'offre à la demande était 1,000 fr. : le propriétaire a obtenu 300 fr. de plus qu'il ne lui était offert, il succombe donc pour 700 fr., et l'administration pour 300 fr.; il paiera, par suite, les 7/10 des frais et l'administration 3/10 (1).

495. Lorsque plusieurs parties sont en cause, par exemple, le propriétaire et le fermier, il peut arriver que l'administration succombe envers l'un et gagne contre l'autre. Dans ce cas, Delalleau dit qu'il faudra faire une première répartition des dépens, relativement à la cause du propriétaire et à celle du fermier, puis répartir chaque portion d'après les règles qu'il a exposées (2).

Ce passage n'est point suffisamment explicite; il aurait fallu le faire suivre d'un exemple. J'imagine que Delalleau veut dire qu'on fera deux parts des dépens; d'un côté on mettra ceux qui ont été faits envers le propriétaire, et de l'autre ceux qui ont été faits contre le fermier, et ensuite, on les divisera entre

(1) N° 607. p. 393.
(2) N° 610. p. 394.

ART. 40. l'administration et les parties intéressées, dans les proportions indiquées par l'art. 40. Cette explication me paraît admissible, cependant je ne suis point entièrement satisfait.

Voici ce que je proposerais. Lorsque plusieurs parties sont en cause, je diviserais d'abord les dépens en frais généraux, c'est-à-dire que je ferais un total des frais exposés dans l'intérêt de toutes les parties, et en frais particuliers, c'est-à-dire ceux qui ont été faits envers chacune des parties individuellement.

Ensuite, je distinguerais le cas où l'une des parties a triomphé en faisant accueillir sa demande, de celui où toutes les parties ont succombé respectivement, aux termes du 3ᵉ § de l'art. 40.

Dans le premier cas, je suppose que la demande du propriétaire a été accueillie et celle du fermier rejetée. Alors je fais supporter à celui-ci sa part dans les frais généraux, et je mets à sa charge tous les frais particuliers le concernant.

Que si le fermier et l'administration ont succombé tous les deux, je réunis les frais généraux, afférents au fermier, avec les frais particuliers que son appel devant le Jury a occasionnés, j'en fais un total que je divise ensuite entre les parties, conformément au 3ᵉ § de l'art. 40.

Si le propriétaire, le fermier et l'administration ont succombé, j'agis de la même manière. Je totalise les frais, tant généraux que particuliers, et je les divise entre les parties dans la proportion de leurs offres ou de leurs demandes, et de la décision du Jury.

Je ferais de même lorsque se présenterait un usufruitier qui réclamerait quelque indemnité accessoire, telle que pour pertes de récoltes, d'engrais, indemnité de déménagement, etc., et je n'éprouverais aucun embarras pour le règlement des dépens, car la partie succombante, en totalité ou en partie, ne supporterait jamais que la portion des frais qu'elle aurait occasionnés. Je ne sais si je m'abuse, mais il me semble que, par ce moyen, on arriverait sûrement au but que l'art. 40 s'est proposé.

496. L'indemnité inférieure à la demande doit toujours être suivie d'une condamnation aux dépens, — bien entendu, dans

les proportions réglées dans le 3ᵉ § de l'art. 40, — quels que soient les motifs qui ont déterminé le Jury, ces motifs fussent-ils explicitement énoncés dans sa décision. Par exemple, la Cour suprême jugea, par arrêt du 9 novembre 1857, que l'allocation d'une indemnité inférieure à celle demandée, autorise la condamnation de l'exproprié aux dépens, alors même que cette allocation aurait eu pour cause la plus-value du restant de l'immeuble (1). Rien de plus juste, car l'exproprié aurait dû prendre cette plus-value en considération dans sa demande.

497. Le créancier hypothécaire qui, en cas de cession par le propriétaire, a demandé à faire fixer l'indemnité par le Jury, supportera les dépens, s'il succombe. Tel fut l'avis de Martin (du Nord), rapporteur de la loi du 7 juillet 1833 : cet avis doit être suivi aujourd'hui. Voici comment s'exprimait le rapporteur : — Comme il est du devoir du législateur d'encourager des cessions amiables qui épargnent tout à la fois des frais et des lenteurs, il vous paraîtra juste de déclarer que si l'estimation n'est pas plus élevée que le prix convenu entre l'administration et le propriétaire, tous les frais qu'aura entraînés l'opération du Jury, resteront à la charge du *créancier* imprudent qui les aura provoqués (2).

498. Lorsqu'il s'élève une discussion sur quelque point étranger à la fixation du montant de l'indemnité, cas prévu par le 4ᵉ § de l'art. 39, le Jury doit se borner à régler l'indemnité, sans connaître du litige soulevé. Dans ce cas, il sera impossible au magistrat directeur de prononcer une condamnation aux dépens, puisqu'il ignorera quelle est la partie qui devra succomber en définitive. Il devra alors les réserver, et il y sera statué par le tribunal devant lequel la contestation sera portée. Tel est l'avis de Delalleau (3), conforme, de tout point, à un arrêt de la Cour de cassation, en date du 1ᵉʳ mars 1843. Il fut jugé que, au cas où l'administration, déniant la qualité du réclamant, n'a

---

(1) Dalloz, 1858. 1. 82.

(2) Delalleau, n. 613. p. 395. — V. ci-dessus, n. 43 et suivants.

(3) Nᵒ 611. p. 395.

ART. 40. fait aucune offre, il y a lieu de réserver les dépens, pour qu'il y soit statué en même temps que sur le fond du droit (1).

Cependant, rien n'empêcherait le magistrat directeur de prononcer sur les dépens, et de dire, tout en les réservant, qu'ils seront, en définitive, supportés dans les proportions établies par l'art. 40. La même Cour jugea en ce sens, par arrêt du 7 avril 1845. Elle décida que, dans le cas où le Jury a alloué une indemnité alternative, le magistrat directeur peut, néanmoins, statuer sur les dépens, et ordonner qu'ils seront compensés d'après les bases déterminées par le 3ᵉ § de l'art. 40 (2).

J'adopte, sans réserves, le point de droit jugé par l'arrêt du 1ᵉʳ mars 1843, car, lorsqu'il n'y a pas d'offres de la part de l'administration, le magistrat directeur manque de l'une des bases essentielles pour prononcer sur une adjudication de dépens. Mais là n'est pas la question. Elle consiste en ce que, dans ce cas, le sort des dépens ne sera plus subordonné aux diverses conditions prévues par l'art. 40, et qu'il en adviendra comme pour toutes les contestations ordinaires, à la suite desquelles les dépens sont habituellement mis à la charge de la partie succombante. Ainsi, si le droit à l'indemnité est reconnu, celui qui le réclame obtiendra les dépens; s'il est dénié, il devra les supporter. Il est donc convenable que le tribunal qui connaît du fond, statue sur ce chef.

Les choses ne sont pas tout à fait les mêmes dans le cas des arrêts du 7 avril 1845. Il y a une différence sensible, sous ce rapport, entre l'indemnité éventuelle, telle que celle allouée par le Jury lorsque le droit à l'indemnité est contesté, et l'indemnité alternative, c'est-à-dire celle qui pourvoit à deux situations dont l'une ou l'autre devra infailliblement se produire; par exemple, le locataire qui est en désaccord avec l'administration sur la durée de son bail. Dans ce dernier cas, le directeur du Jury trouve sous sa main tous les éléments nécessaires afin de statuer sur les dépens. D'un côté, il a les offres de l'ad-

(1) Dalloz, 1843. 1. 161.
(2) Ibid., 1845. 1. 207.

ministration ; de l'autre, la demande, et en troisième lieu, la art. 40. décision rendue par le Jury, qui lui permet de statuer sur les dépens, pour tous les cas prévus, conformément aux prescriptions de l'art. 40. On comprend, dès lors, que la Cour de cassation ait maintenu l'ordonnance du magistrat directeur. Cependant, à vrai dire, j'aimerais autant ne pas anticiper sur la question, en pourvoyant aux dépens, et la renvoyer toute entière au juge compétent.

499. Les arrêts du 7 avril 1845, ont jugé que, si l'exécution de l'ordonnance de règlement des dépens devient l'occasion d'un grief pour les parties, c'est contre le règlement des dépens, et non contre l'ordonnance du magistrat directeur qu'il peut y avoir lieu de réclamer. Déjà la Cour suprême, saisie de la question, avait décidé, par arrêt du 13 janvier 1840, que l'erreur de calcul commise par le magistrat directeur dans la répartition des dépens, ne saurait constituer une ouverture à cassation (1). Enfin, un autre arrêt, à la date du 30 juillet 1856, a indiqué la voie à suivre pour obtenir réparation des erreurs commises en cette matière. Il a jugé que l'erreur commise par le magistrat directeur, dans la partie de son ordonnance relative à la taxe des dépens, ne pouvait donner lieu qu'à opposition à cette taxe, et ne saurait créer une ouverture à cassation (2).

500. Mais l'omission, par le magistrat directeur, de statuer sur les dépens, aurait des conséquences graves. Un arrêt de la Cour suprême, rendu le 23 mai 1842, décide que l'ordonnance qui omet de statuer sur les dépens, encourt la cassation en ce point (3). Par conséquent, la décision du Jury, ainsi que la partie de l'ordonnance du magistrat directeur, se référant à la déclaration d'exécutoire et à l'envoi de l'administration en possession, demeureraient debout.

501. Il y aura encore cassation, mais seulement de la partie

(1) Dalloz, dict. G. n. 469.

(2) Ibid., 1856. 1. 295.

(3) Ibid., 1842. 1. 266.

ART. 40. de l'ordonnance qui statue sur les dépens, si le magistrat directeur, méconnaissant les obligations qui lui sont imposées par
l'art. 40, fait supporter mal à propos les dépens à la partie qui
aurait dû en être exonérée. C'est ce qui fut jugé par arrêt du 20
août 1860, lequel cassa, pour violation des art. 24 et 40, l'ordonnance, au chef qui statuait sur les dépens (1).

502. Dans ce cas, on peut se demander quel sera l'effet de la
cassation sur la partie de l'ordonnance qui en est atteinte. Y
aurait-il renvoi devant un autre magistrat directeur pour dire
droit définitivement sur le chef des dépens remis de nouveau
en question, ainsi qu'on le pratique en matière criminelle ?
C'est probable, car une question litigieuse doit être tranchée
par l'autorité compétente, et on ne peut la laisser perpétuellement en suspens. Mais j'avoue que, sur ce point, j'en suis réduit à des conjectures, parce que les autorités me manquent.
J'ai consulté plusieurs arrêts qui ont jugé la question, mais pas
un ne s'explique sur le point de savoir s'il y a eu renvoi après
cassation de l'ordonnance. Celui du 20 août 1860, qui est l'un
des plus récents, n'est pas plus explicite que les autres ; il casse,
mais sans renvoi. J'ai recouru au bulletin officiel, au recueil des
arrêts de la Cour de cassation lui-même, dans une espèce analogue, et je n'ai pas été plus avancé. Il n'y est nullement question de renvoi après cassation de l'ordonnance du magistrat
directeur (2). Cependant, si on se décide d'après l'analogie existante entre la loi du 3 mai 1841 et le code d'instruction criminelle, il faudra dire que le renvoi devant un autre magistrat
directeur est de droit, en pareil cas, car il faut que quelqu'un
statue, en dernier ressort, sur le litige.

503. Il est un cas dans lequel l'indemnitaire doit être condamné aux dépens, quelle que soit la décision du Jury ; c'est
lorsqu'il a omis de se conformer aux prescriptions de l'art. 24,
c'est-à-dire, quand, dans le délai de quinzaine de la notification
des offres faites par l'administration, il n'a point déclaré les

(1) Dalloz, 1860. 1.415.
(2) V. n. 544.

accepter, ou, en les refusant, il n'a point indiqué le montant de ART. 40. sa prétention. Dans ce cas, comme il a mis l'administration dans l'impossibilité de traiter à l'amiable, ou de rectifier ses offres, puisqu'il n'a pas voulu lui faire connaître qu'elles étaient ses prétentions, il est juste qu'il supporte les dépens, lors même que la somme allouée par le Jury dépasserait de beaucoup celle offerte par l'administration ; quand même il paraîtrait évident que celle-ci a fait une offre illusoire, car il fallait que le propriétaire lui fournît les moyens de la modifier. C'est ce qui fut jugé par la Cour de cassation, le 20 août 1854. On lit dans l'arrêt que, la loi, en obligeant l'expropriant à faire offre d'une somme pour indemnité et à notifier cette offre à l'exproprié, n'a fixé à ces offres aucune limite ; qu'en cette matière, l'insuffisance des offres n'en entraîne pas la nullité : qu'en fait, l'administration avait fait offre à l'exproprié de deux indemnités de un franc chacune ; que celui-ci n'avait point, dans le délai de quinzaine, indiqué le montant de ses prétentions ; et qu'en cet état de la procédure, le magistrat directeur s'était conformé aux dispositions formelles de l'art. 40, en le condamnant aux dépens (1).

504. Le silence gardé par l'exproprié sur les offres de l'administration, ne l'empêche pas de se présenter devant le Jury. La condamnation aux dépens en sera la seule conséquence. Un arrêt du 16 août 1854 l'a ainsi jugé : il porte que, l'exproprié qui n'a point notifié sa demande, indicative du montant de sa prétention, dans le délai de l'art. 24, peut former cette demande devant le Jury ; et que la condamnation aux dépens est la seule peine de son retard. L'arrêt ajoute que la preuve de la demande peut résulter de l'ordonnance du magistrat directeur (2).

505. Il n'y a qu'une exception à cette règle ; elle est relative aux personnes mentionnées dans les art. 25 et 26 de la loi du 3 mai 1841, et elle est expressément prévue par le 4e § de l'art. 40.

---

(1) Dalloz, 1854. 1.319.
(2) Ibid., ibid. 1.343. — V. n. 79.

ART. 40. Elle est motivée sur l'incapacité de ces personnes de traiter de l'aliénation de leurs biens, soit en totalité, soit en partie, directement et sans l'autorisation de ceux à la surveillance desquels la loi les a soumis. Ainsi, la femme dotale ne peut consentir une cession volontaire que sous l'assistance de son mari, et le tuteur, dûment autorisé, aux formes de l'art. 13, peut seul engager son pupille.

Mais quand un incapable, ou celui qui le représente, n'a pas cru devoir user des facilités que la loi lui donne pour arriver à un traité amiable, il se trouve naturellement dispensé de répondre aux offres qu'on lui notifie, et de faire connaître le montant de ses prétentions. La raison en est évidente. La demande que l'indemnitaire doit signifier à l'administration, aux termes de l'art. 24, ayant pour objet unique d'amener les parties à s'entendre sur la valeur de l'immeuble exproprié, devient complètement inutile du moment où il est avéré que toute transaction est impossible. A quoi servirait, en effet, que le représentant de l'incapable fît connaître ses prétentions, lorsque l'administration ne peut plus les accepter ? Car il ne faut pas perdre de vue qu'une cession volontaire n'est valable qu'autant qu'elle a été consentie et acceptée dans les formes prescrites par l'art 13. Toute autre manière de traiter est interdite, et un consentement pur et simple, fourni après la notification des offres, ne saurait obliger l'incapable. Il résulte de là que toute personne, privée de la libre disposition de ses biens, n'est pas tenue de répondre aux offres qui lui sont notifiées par l'administration, et qu'elle ne doit pas encourir l'espèce de pénalité établie par l'art. 40, puisque les offres, elles-mêmes, prouvent que les parties n'ont pu parvenir à s'entendre.

506. Il ne faut pas croire que la disposition finale de l'art. 40 affranchit, en toute circonstance, l'incapable d'une condamnation aux dépens. Il n'en sera pas tenu, dans tous les cas, pour n'avoir pas fait connaître ses prétentions, mais il les supportera, ainsi que les autres indemnitaires, conformément aux dispositions de notre article. En d'autres termes, les trois premiers paragraphes de l'art. 40 lui sont applicables. C'est ce qui fut

jugé par arrêt de la Cour suprême , en date du 24 août 1846 (1),   ART. 40.
Cet arrêt porte que, si les expropriés mineurs ne sont pas pas-
sibles des dépens pour le cas où leur tuteur n'a pas fait de réponse aux offres de l'administration , ils y deviennent sujets
lorsque l'indemnité accordée par le Jury n'excède pas la somme
offerte par l'administration. Je crois qu'il faut dire de même
quand l'indemnité allouée est à la fois supérieure à l'offre et
inférieure à la demande. Dans ce cas , il y aura lieu à compenser les dépens , en suivant les proportions de l'offre et de la
demande.

Au reste , la proposition que j'avance , indépendamment de
l'argument qu'on peut tirer de l'arrêt du 24 août 1846 , se justifie par la lecture attentive du 4ᵐᵉ § de l'art. 40. D'après les
règles du droit commun, toute partie qui succombe doit , sauf
quelques cas exceptionnels , être condamnée aux dépens. En
matière de procédure en expropriation pour cause d'utilité
publique, l'incapable se trouve soumis à cette règle , à laquelle
personne n'échappe ; il n'est favorisé que dans un cas spécialement prévu , c'est-à-dire, qu'il ne supportera pas, quand même,
les dépens, pour ne s'être pas conformé aux dispositions de
l'art. 24 ; mais hors de là , il cesse d'être privilégié , et la condamnation aux dépens doit être la conséquence d'une contestation mal à propos soulevée. S'il en était autrement, on pourrait dire que l'incapable a le droit de plaider aux dépens de sa
partie adverse, ce qui serait une absurdité. D'ailleurs   le 4ᵐᵉ §
de l'art. 40 concerne tous les indemnitaires sans exception.

507. Toutes les dispositions de l'art. 40 sont prescrites à peine
de nullité (2) raison de plus pour y regarder de près quand il
s'agit d'en faire l'application.

(1) Dalloz, 1846. 1.329.
(2) Art. 42.

Art. 41.

La décision du Jury, signée des membres qui y ont concouru, est remise par le président au magistrat directeur, qui la déclare exécutoire, statue sur les dépens, et envoie l'administration en possession de la propriété, à la charge par elle de se conformer aux dispositions des art. 53, 54 et suivants.

Ce magistrat taxe les dépens, dont le tarif est déterminé par un réglement d'administration publique.

La taxe ne comprendra que les actes faits postérieurement à l'offre de l'administration ; les frais des actes antérieurs demeurant, dans tous les cas, à la charge de l'administration.

SOMMAIRE

508. L'art. 41 n'est pas prescrit à peine de nullité, cependant quelques-unes de ses dispositions sont essentielles.

509. La décision du Jury doit être signée des membres qui y ont concouru. Exception faite à cette règle par la Cour de cassation : ses conséquences.

510. La décision du Jury est remise, par le président, au magistrat directeur, qui en donne ou en fait donner lecture publique.

511. Le magistrat directeur déclare cette décision exécutoire, statue sur les dépens et envoie l'administration en possession des biens.

512. Il taxe les dépens conformément au tarif spécial.

513. En cas de litige sur le fond du droit, il taxe les dépens ; mais il les réserve, pour qu'il y soit statué par le tribunal compétent.

514. Actes que la taxe doit comprendre.

515. L'ordonnance du magistrat directeur sera notifiée à partie, pour l'obliger à délaisser l'immeuble. Mais en matière de pourvoi, cette notification n'est pas nécessaire.

516. Limite du pouvoir juridictionnel du magistrat directeur.

517. Il ne peut ordonner de mesure conservatoire.

518. Restriction au pouvoir juridictionnel que le magistrat directeur tient de l'article 41.

COMMENTAIRE.

508. L'art. 41 est des plus importants, non qu'il soit prescrit ART. 41. à peine de nullité, car il n'est point au nombre de ceux pour la violation desquels l'art. 42 ouvre le recours en cassation, mais parce que, malgré le silence de ce dernier article, quelques-unes des formalités dont il prescrit l'accomplissement sont essentielles et doivent être observées. Sans parler du défaut de signature des jurés sur leur décision, je ne doute pas que l'omission de déclarer cette décision exécutoire, ou bien de statuer sur les dépens, ne donnât ouverture à cassation.

509. La décision du Jury, dit notre article, doit être signée des membres qui y ont concouru. Cette disposition porte en elle-même son commentaire. Elle signifie que tous les jurés qui ont pris part à la décision sont tenus de la revêtir de leur si-

ART. 41. gnature, car l'obligation en est imposée d'une manière non équivoque.

Cependant la Cour de cassation a fait, à deux reprises, exception à la première règle contenue dans le 1er § de l'art. 41. Elle a jugé, par arrêt du 4 juin 1856, que l'absence de la signature d'un juré ne constituait pas une nullité substantielle, surtout quand il était constaté que ce juré ne savait pas signer (1). Ce premier arrêt, ainsi qu'on le voit, portait sur deux moyens, l'un de droit, l'autre de fait : celui-ci, surtout, ne souffrait pas de réplique.

L'autre arrêt, qui est à la date du 24 juillet 1860 (2), est basé seulement en droit, et il se fonde, pour rejeter le pourvoi, sur ce que le défaut d'apposition de la signature de l'un des jurés, sur la décision du Jury, à laquelle il a participé, n'est point compris au nombre des irrégularités donnant ouverture à cassation par la loi du 3 mai 1841, dont l'art. 41 n'est point rappelé dans l'énumération de l'art. 42.

Ainsi, voilà qui est bien entendu ; l'art. 41 n'est point prescrit à peine de nullité, et la décision du Jury, à laquelle manque la signature de l'un des jurés, est valable. Maintenant, tirons la conséquence de ces prémisses.

Il s'ensuit, à mon avis, que tout ce que l'on peut exiger c'est que la décision soit signée par la majorité, car c'est cette majorité seule qui a concouru à la former. Il n'y a pas de raison pour en demander davantage, et il est évident que, si un juré peut s'abstenir de signer, la minorité a le même droit. Qu'il manque cinq signatures, ou une seule, on ne s'est pas moins écarté de la forme prescrite par le 1er § de l'art 41.

On est cependant dans l'usage de faire signer la décision à tous les membres du Jury, pratique que je recommande de ne pas négliger, bien que, d'après la Jurisprudence de la Cour suprême, cela soit complétement indifférent. En effet, que constate la décision du Jury ? évidemment, c'est le résultat de sa

(1) Dalloz, 1856. 1.196.
(2) Ibid., 1860. 1.406.

délibération , l'avis de la majorité de ses membres. Or , que ART. 41.
faut-il pour attester que cette majorité a réellement existé ,
qu'elle s'est formée sur la question soumise au Jury ? rien autre que la signature de chacun des membres de la majorité ap-
posée au bas de cette décision. Lorsque ces signatures existent ,
quand la majorité est constatée sans contradiction , il n'y a plus
rien à désirer. Qu'importe alors qu'un ou plusieurs membres
de la minorité , tous même , refusent de signer ? il n'en sera
pas moins certain que la décision aura été prise à la majorité ,
aux termes de l'art. 38 , et que la justice et la loi se trouveront
satisfaites.

Le système contraire , en tant qu'on le rendrait obligatoire ,
produirait des résultats fâcheux. Si l'on exigeait que la décision
fut signée par tous les jurés , il dépendrait de la minorité de la
faire annuler, en refusant de la signer. Ainsi la minorité risquerait de faire la loi et de triompher, en définitive.

Je conclus , en conséquence , tout en exhortant les magistrats
directeurs à se conformer à la lettre de l'article 41 , qu'il suffit
que la décision du Jury soit signée de la majorité, d'autant que
l'énonciation du chiffre de cette majorité n'entraînerait pas
nullité (1). Je conclus, encore, que toute décision non signée
par un nombre de membres formant majorité, porterait en
elle la preuve palpable qu'elle aurait été prise contrairement
au vœu de l'art. 38, c'est-à-dire, qu'elle n'aurait pas réuni la
majorité des suffrages et qu'elle devrait être annulée.

510. La décision du Jury, revêtue des signatures des jurés ,
est remise par le président au magistrat directeur, qui la lit,
ou la fait lire publiquement par le greffier. Cette formalité
n'est pas prescrite par l'article 41 ; j'oserai dire, cependant,
qu'elle est indispensable et que, à son défaut, on pourrait
peut-être quereller de nullité les opérations. Il faut que les parties aient connaissance de la décision du Jury, dès l'instant où
elle est rendue, ce qui ne peut se faire qu'au moyen de la lecture qui en est donnée à l'audience : c'est à la suite de cette

(1) V. n. 424.

ART. 41. lecture, que le magistrat directeur déclare la décision exécutoire, statue sur les dépens et envoie l'administration en possession des biens expropriés. La décision du Jury est la base de l'ordonnance par laquelle ce magistrat prononce sur ces divers chefs ; il est donc indispensable qu'il la fasse lire publiquement.

511. Après cette lecture et, sur le vu de l'art. 41, le magistrat directeur déclare la décision exécutoire, statue sur les dépens et envoie l'administration en possession de la propriété, à charge par elle de se conformer aux dispositions de l'art. 53 et suivants de la loi du 3 mai 1841, ce qui est purement de style, car cette condition est toujours réputée sous-entendue, lors même qu'elle n'est pas exprimée.

512. Le magistrat directeur taxe les dépens, dont le tarif est réglé par l'ordonnance du 18 septembre 1833 qui est encore en vigueur. La taxe sera faite tout de suite ; elle peut aussi être retardée, et rien n'empêche qu'on la fasse plus tard, sur la poursuite de la partie qui a avancé les frais et qui a intérêt à en obtenir le remboursement.

513. Si la condamnation aux dépens ne peut être prononcée parce que, durant les débats, il se sera élevé un litige sur le fond du droit, ou sur la qualité du réclamant, le directeur du Jury ne les taxera pas moins, mais il aura soin de les réserver, afin qu'il y soit statué par le tribunal saisi du jugement de la contestation (1). Il n'y aura plus à revenir devant lui à ce sujet. L'état des dépens est dressé par le greffier ; il lui est alloué un droit de dix centimes pour chaque article (2).

514. La taxe ne doit comprendre que les actes faits postérieurement à l'offre de l'administration ; les frais des actes antérieurs demeurant dans tous les cas, à sa charge.

Il n'y a rien à dire contre cette disposition de l'article 41. Jusqu'au moment des offres, l'administration a agi dans son intérêt ; il serait injuste de faire supporter au propriétaire ex-

(1) V. n. 498.
(2) Art. 13. Ord. 18 septembre 1833.

proprié les frais par elle avancés. Mais, à partir des offres, il ART. 41.
peut arriver que les frais postérieurs soient occasionnés par la
cupidité ou par la morosité du propriétaire. Si la décision du
Jury lui est contraire, il doit supporter cette partie des dépens.

515. J'avais cru d'abord qu'il n'était pas nécessaire que l'ordonnance du magistrat directeur fût notifiée à la partie, parce
que cette ordonnance ayant été rendue publiquement, la partie
a dû en avoir connaissance, et parce que la loi du 3 mai 1841
n'en fait pas une obligation au poursuivant. Mais, après y avoir
réfléchi, je me suis rangé de l'avis de Delalleau, qui prétend
qu'on ne peut obliger le détenteur de l'immeuble à en délaisser
la possession, sans lui faire connaître la décision qui l'y oblige.

Il ajoute qu'aucun article de loi ne dispense de cette notification, tandis que le § 1ᵉʳ de l'article 8 de l'ordonnance du 18
septembre 1833, règle l'émolument accordé aux huissiers pour
la signification de la décision du Jury, revêtue de l'ordonnance d'exécution (1). Cette dernière raison est d'un grand
poids, car, en tarifant la notification de l'ordonnance, le législateur suppose que cette notification devra avoir lieu. Ceci est
relatif à la prise de possession. Quant au pourvoi dirigé contre
l'ordonnance d'exécution, ainsi que contre la décision du Jury,
nulle notification préalable n'est nécessaire. C'est ce qui fut
jugé par arrêt de la Cour de cassation, du 30 juin 1856 (2).

516. Les pouvoirs du magistrat directeur, en ce qui touche
la juridiction, sont définis par l'article 41, sans parler de ceux
qui résultent d'autres dispositions de la loi spéciale. Ainsi,
conformément à cet article, il déclare exécutoire la décision du
Jury, il statue sur les dépens et les taxe, et il ordonne l'envoi en
possession ; mais il ne peut, sous aucun prétexte, connaître de
toute autre question qui viendrait à s'élever accessoirement au
règlement de l'indemnité. Par exemple, si, au lieu d'envoyer
l'administration en possession des terrains, comme le porte
l'art. 41, le magistrat directeur la maintient en possession de

---

(1) N° 614. p. 396.
(2) Dalloz, 1856. 1. 263.

ART. 41. ces terrains, et la condamne aux intérêts à compter de tel jour par lui assigné à l'occupation de ces mêmes terrains par l'administration, il y a excès de pouvoir. Jugé, en ce sens, par arrêt de la Cour de cassation du 2 janvier 1837 (1). Dans le cas de cet arrêt, il y avait violation de l'article 41 de la loi du 7 juillet 1833, en ce que le magistrat directeur avait maintenu l'administration dans une possession qu'elle n'avait pas, et excès de pouvoir, en ce qu'il avait fixé indirectement l'époque de la prise de possession des terrains, droit qui n'appartenait qu'à l'administration et qu'elle exerçait sous la garantie de l'art. 55 de cette loi.

517. Le magistrat directeur ne peut ordonner de mesure conservatoire, sauf dans le cas prévu par l'art. 49. Ce droit appartient exclusivement au tribunal qui, conformément à l'art. 13 de la loi du 3 mai 1841, en prononçant l'expropriation, ordonne les mesures de conservation ou de remploi jugées nécessaires. Cela résulte très explicitement des termes de cet article.

Cependant, même dans ce cas, et en supposant que le magistrat directeur se fût ingéré de prononcer sur un litige échappant à sa compétence, son ordonnance ne serait pas, de ce chef, soumise à cassation ; en voici un exemple. Il a été jugé, par arrêt de la Cour suprême, en date du 4 avril 1838 (2), que le propriétaire et l'usufruitier ne sont pas liés par l'ordonnance du directeur du Jury qui, en rendant la décision du Jury exécutoire, fixe la part de l'usufruitier et celle du propriétaire sur l'indemnité ; qu'en pareil cas, cette ordonnance n'a pu rien juger, ni préjuger, sur les droits respectifs du nu-propriétaire et de l'usufruitier, et, par suite, qu'il n'y a pas lieu par la Cour de cassation à l'annuler sur le pourvoi de l'un ou de l'autre. Je conçois, dans ce cas, l'inutilité de l'ordonnance du magistrat directeur au chef qui assignait à chacun des réclamants sa part dans l'indemnité ; mais je ne comprendrais pas

(1) Delalleau, n. 1068. p. 678.
(2) Dalloz. Dict. G. loc. cit., n. 470

que semblable ordonnance fut maintenue ; et je ne le com- ART. 41.
prendrais guère mieux dans le cas où le magistrat directeur,
sortant de ses attributions et empiétant sur celles du tribunal,
ordonnerait des mesures conservatoires qu'il ne lui appartient
pas de prendre. La cassation menace incessamment tout juge
qui excède sa compétence.

518. On croirait que le magistrat directeur fait acte de juridiction lorsqu'il statue dans les cas prévus par l'article 41. Cependant si l'on s'en tient à un arrêt de la Cour de cassation,
rendu le 2 janvier 1837, son pouvoir juridictionnel serait grandement restreint. Cet arrêt a jugé que, des trois attributions
conférées au directeur du Jury par l'art. 41, celle qui lui donne
mission de statuer sur les dépens, constitue seule un acte de
juridiction proprement dit (1). Ainsi, d'après l'arrêt du 2 janvier 1837, la déclaration d'exécutoire, de même que l'ordonnance d'envoi en possession, ne signifieraient rien et n'auraient
aucune importance, car quelle autorité pourrait s'attacher
à l'acte d'un magistrat n'ayant pas juridiction ? Il me semble,
cependant, que lorsque le directeur du Jury ordonne, dans
les limites de l'art. 41, il agit en qualité de personne publique
et que, par conséquent, il fait acte de juridiction.

Quoiqu'il en soit, je ne partage pas l'opinion de Dalloz, lorsqu'il dit que cette attribution juridictionnelle et d'exception
doit être restreinte à ce seul cas, c'est-à-dire aux règlements
des dépens (2). Il en est d'autres exemples, indépendamment
de celui-là.

(1) Dalloz. Dict. G. loc. cit., n. 457.
(2) Ibid., ibid., n. 458.

Art. 42.

La décision du Jury et l'ordonnance du magistrat directeur ne peuvent être attaquées que par la voie du recours en cassation, et seulement pour violation du premier paragraphe de l'art. 30 et de l'art. 31, des deuxième et quatrième paragraphes de l'art. 34, et des art. 35, 36, 37, 38, 39 et 40.

Le délai sera de quinze jours pour ce recours, qui sera d'ailleurs formé, notifié et jugé comme il est dit en l'art. 20; il courra à partir du jour de la décision.

SOMMAIRE.

521. Le recours en cassation est ouvert pour violation d'une formalité substantielle quoique non prescrite, à peine de nullité.

522. Il y aurait nullité, si le magistrat directeur omettait de statuer sur la réquisition de quelqu'une des parties.

523. Le recours en cassation fondé sur l'incompétence ou l'excès de pouvoir est recevable.

524. Malgré leur comparution devant le Jury, les parties sont recevables à se pourvoir en cassation, à moins qu'elles n'aient renoncé à leurs griefs.

525. L'exécution, avec réserve, de la décision du Jury, n'empêche pas le recours en cassation.

526. La partie défaillante ne peut former opposition à la décision du Jury.

527. La faculté de se pourvoir appartient à toutes les parties. Ce droit est ouvert au préfet.

528. Mais il est dénié au procureur impérial.

529. Les concessionnaires de travaux publics, représentant l'administration, ont qualité pour se pourvoir.

530. Le pourvoi est fait au greffe du tribunal, à peine de nullité.

531. Le pourvoi formé par le propriétaire, au nom de son co-propriétaire, par indivis, est régulièrement formé.

532. Plusieurs pourvois peuvent être formés par le même acte, pourvu que chaque grief soit distinctement et séparément énoncé.

533. La violation des formalités exigées par l'art. 20 de la loi du 3 mai 1841, peut donner ouverture à cassation.

534. Cas où la partie peut se pourvoir contre le jugement d'expropriation, après s'être pourvue contre la décision du Jury.

535. Pourvoi motivé sur la violation de la loi du 16 septembre 1807.

536. Du délai pour se pourvoir. Il est de 15 jours francs.

537. Il est le même pour les parties qui n'ont pas comparu devant le Jury.

538. Manière dont le pourvoi sera formé, notifié et jugé. — Renvoi à l'art. 20. — Différence entre les délais établis par les art. 20 et 42, quant à la franchise de ces délais.

539. Le délai de huitaine, accordé par l'art. 20, pour la notification du pourvoi, est susceptible d'augmentation à raison des distances.

540. La signification de la décision du Jury et de l'ordonnance d'exécution n'est pas nécessaire à la validité du pourvoi, à moins que l'exproprié n'ait reçu aucune notification relative aux offres et à la convocation du Jury. Dans ce cas, le délai court du jour de la notification.

541. Le pourvoi formé par l'administration peut être notifié par ses agents. Le Maire n'a aucun pouvoir pour notifier un pourvoi, quand l'affaire intéresse sa commune.

542. Le pourvoi est suspensif.

COMMENTAIRE

ART. 42.   519. Le recours en cassation est la seule voie ouverte contre la décision du Jury, ainsi que contre l'ordonnance du magistrat directeur, et encore, aux termes de l'article 42, ce recours n'a-t-il lieu qu'au cas de violation des dispositions des art. 30, 1er §, — art. 31, — art. 34, 2e et 4e §, — art. 35, 36, 37, 38, 39 et 40.

Ces articles énumèrent les diverses formalités qui doivent précéder, accompagner et suivre la formation du Jury et au moyen desquelles on arrive à la décision dont parle l'art. 38.

Ainsi, le 1er § de l'art. 30 a trait aux formes prescrites par la loi pour la composition du Jury spécial. Il intéresse particulièrement la Cour ou le tribunal chargé de composer la liste du Jury.

L'art. 31 concerne l'administration poursuivante qu'il charge de la convocation des jurés et des parties, à jour et heure fixes, ainsi que de la notification des noms des jurés.

Les 2me et 4me § de l'art. 34, les articles 35, 36, 37, le 1er § de l'art. 38, et l'art. 40, retracent les devoirs du magistrat directeur.

Enfin , les 2ᵉ, 3ᵉ et 4ᵉ § de l'art. 38 , ainsi que l'art. 39, rap- ART. 42.
pellent les obligations du Jury, et disent comment et à quelle
majorité sa décision doit se former, et sur quels points elle
portera.

520. Par conséquent, les violations pour lesquelles l'art. 42
ouvre le recours en cassation, naissent, ou du fait de la Cour
ou du tribunal chargé de la composition de la liste du Jury ; ou
du fait de la partie poursuivante ; ou de celui du magistrat directeur ; ou de celui du Jury lui-même. Quant aux deux premières causes de nullité, le directeur du Jury ne peut ni les
empêcher ni les rectifier ; mais il doit mettre tous ses soins à
éviter que d'autres irrégularités, provenant de son chef, ou de
celui du Jury se manifestent ; car sa responsabilité , sinon
réelle, au moins morale , se trouve fortement engagée quand
on casse son ordonnance ou la décision du Jury. Il est positif
qu'un magistrat directeur instruit et pénétré de ses devoirs,
peut, avec quelque attention, faire en sorte qu'il ne se glisse
pas de nullité dans les opérations du Jury qu'il est chargé de
guider. J'ai dit en plusieurs endroits qu'elles étaient les pré-
cautions à prendre pour arriver à ce résultat.

521. L'art. 42 porte que la décision du Jury et l'ordonnance
du magistrat directeur ne peuvent être attaquées que par la
voie du recours en cassation, et *seulement* pour violation des
articles qu'il indique. Ce mot *seulement* semblerait dire qu'on
ne peut se pourvoir qu'à raison de la violation de quelques-uns
de ces articles, et que tout autre moyen de réforme est interdit.
Ce serait une erreur. J'ai déjà établi , en maintes circonstances , que, malgré les termes en apparence exclusifs de cet
article, le recours en cassation s'ouvrait toutes les fois qu'une
formalité substantielle, quoique non prescrite à peine de nullité, serait omise, ou bien lorsque l'on aurait violé l'un de ces
principes de droit dont l'application se fait à toutes les causes
et devant toutes les juridictions. Ici ne s'applique pas le principe portant que les nullités non écrites dans la loi ne peuvent
être suppléées. Il souffre exception, en cette circonstance, par
la raison que la nullité pour violation ou omission des forma-

lités substantielles, quoique non écrite, est toujours sous-entendue.

522. Une autre exception existe pour le cas où le magistrat directeur aurait omis de statuer sur la réquisition de quelqu'une des parties. Car, s'il est souverain pour prononcer sur une foule de réquisitions mises en avant pendant les débats, ou lors de la formation du Jury de jugement, et si son ordonnance est presque toujours à l'abri de tout recours, encore faut-il qu'elle ait statué sur la réquisition. Son silence serait un déni de justice que la Cour suprême réprimerait. Je crois que, dans ce cas, le 2ᵐᵉ § de l'art. 408 du Code d'instruction criminelle serait applicable.

523. Enfin, malgré l'art. 42, le recours en cassation fondé sur l'incompétence ou l'excès de pouvoir est recevable. C'est encore là une nécessité que la loi n'avait pas besoin de prévoir et sur laquelle il était inutile qu'elle s'expliquât. Il est clair que tout ce que fait un juge incompétent est nul, d'une nullité radicale, à tel point qu'on peut la proposer en tout état de cause et, même, la relever d'office. Il en est de même pour le juge qui excède ses pouvoirs, car il agit incompétemment. Ce point de droit a été jugé par la Cour de cassation, dans ses arrêts des 16 janvier 1836 et 2 janvier 1837 (1).

Delalleau donne divers exemples d'incompétence et d'excès de pouvoir. Ainsi, lorsque l'administration conteste à l'exproprié le droit à une indemnité, il y a lieu, d'après l'art. 49, à ordonner la consignation de l'indemnité. Si, au lieu de se conformer à cette disposition, le magistrat directeur ordonne le paiement immédiat de l'indemnité, il y aura excès de pouvoir et son ordonnance devra être cassée.

De même, lorsqu'il y a plusieurs prétendants à l'indemnité, si le magistrat directeur s'avisait d'ordonner que le prix serait payé à l'un d'entre eux.

De même, encore, si le Jury connaît d'autres affaires que

(1) Delalleau. n. 1072. p. 679. — Dalloz, rep. loc. cit. n. 658.

celles dont il a été saisi au moment de sa convocation (1). Ou s'il condamnait l'administration à payer la totalité d'un terrain dont la loi ne l'obligeait à acquérir qu'une partie (2). Dans ces divers cas, il y a incompétence et excès de pouvoir et, par conséquent, il doit y avoir ouverture à cassation (3).

524. On ne serait pas admis à repousser le pourvoi en cassation sous le prétexte que la partie qui l'a formé a assisté aux opérations du Jury et que, par sa présence et faute de réclamer, elle a légitimé et couvert toutes les irrégularités. Il a été jugé, au contraire, que la comparution d'une partie devant le Jury ne la rend pas non recevable à invoquer les nullités qui se rattachent à la composition de ce Jury, surtout si le procès-verbal ne mentionne aucune renonciation générale et formelle aux nullités qui auraient pu vicier cette opération, ni aucune renonciation spéciale aux griefs de nullité qui font la base du pourvoi. Ainsi jugé, par arrêt de la Cour de cassation, du 22 novembre 1841 (4).

Un arrêt postérieur, en date du 17 février 1851, persévérant dans cette jurisprudence, décide qu'on ne peut opposer que celui qui se prévaut devant la cour de cassation d'un moyen dont l'observation est prescrite à peine de nullité, n'en a fait l'objet d'aucune protestation ni réserve devant le Jury (5).

Enfin, l'obéissance des parties à une ordonnance du magistrat directeur prescrivant certains actes d'instruction, — une visite des lieux, par le Jury, à laquelle plusieurs jurés n'ont pas assisté, — n'équivaut pas à une adhésion tacite, et ne couvre pas la nullité de la décision. Jugé, en ce sens, par arrêt du 8 juillet 1856 (6). Je pourrais multiplier les exemples, mais ceux-ci suffisent; tout comme il me serait facile de citer des

(1) Art. 44.
(2) Art. 50.
(3) Delalleau. n. 629. p. 403. — Dalloz, Dict. G. loc. cit. n. 468.
(4) Ibid. n. 1074. p. 679.
(5) Dalloz, 1851. 1.25.
(6) Ibid., 1856. 1.294.

ART. 42. cas où la nullité fut couverte par un consentement tacite. Je ne les rappellerai pas ici, parce que, il en a été question.

525. En général, les parties sont non recevables à se pourvoir contre les sentences qu'elles ont exécutées, car l'exécution est la reconnaissance explicite du bien jugé, ainsi que la renonciation la plus expresse à tous les griefs dont on pourrait se prévaloir. Mais il faut que l'exécution soit entière et sans réserve. La Cour suprême a jugé, par arrêt du 22 juin 1840, que le concessionnaire qui s'est pourvu en cassation dans le délai légal, ne devient pas non recevable dans ce pourvoi, par cela seul qu'il a pris possession des terrains expropriés et fait offre de l'indemnité allouée, si, en prenant possession et en faisant ces offres, il les a accompagnées de réserves expresses et les a subordonnées à la dation d'une caution (1).

En force du même principe, par arrêt du 31 décembre 1850, il fut jugé que l'exproprié qui a demandé acte de conclusions par lesquelles l'administration renonçait à certaines prétentions, et consentait notamment à faire des travaux que ses offres antérieures laissaient à la charge de cet exproprié, est non recevable à attaquer la décision du Jury qui a statué conformément à ces conclusions, sous prétexte qu'elle aurait modifié le contrat résultant du jugement d'expropriation, la modification étant, en pareil cas, l'œuvre commune des parties (2). Dans l'espèce de cet arrêt, le consentement de l'exproprié justifiait suffisamment la décision du Jury, de même que, dans celle de l'arrêt du 22 juin 1840, l'exécution du jugement d'expropriation aurait créé une fin de non recevoir inattaquable, si elle n'avait été accompagnée de réserves.

526. Hors les cas où la décision du Jury est irrégulière, incomplète, ou contradictoire, elle ne peut être annullée que par un recours en cassation. Tout autre moyen d'arriver à ce résultat serait illégal. Ainsi, par exemple, la partie qui n'aurait pas comparu devant le Jury ne se serait pas recevable à former

_____
(1) Delalleau. n. 1070. p. 679.
(2) Dalloz, 1851. 1.286.

opposition à sa décision. La voie du recours est la seule qui soit ART. 42.
admise par l'art. 42 (1).

527. La faculté de se pourvoir, tant contre la décision du Jury, que contre l'ordonnance du magistrat directeur, appartient à toutes les parties. Ainsi, le Préfet, en sa qualité de chef de l'administration départementale et en ce qui concerne les travaux que cette administration fait exécuter, a qualité pour déférer à la censure de la Cour de cassation les actes du Jury, de même que ceux du magistrat directeur. Cela résulte de ce que ce fonctionnaire, soit qu'il représente directement l'Etat, soit qu'il agisse au nom de l'administration départementale, est nécessairement partie dans la procédure en expropriation. Ce point de droit est constant, et la Cour suprême en fait journellement l'application.

528. Mais ce fonctionnaire est le seul auquel un pareil droit soit réservé. Il n'appartient à personne autre. Le procureur impérial, lui-même, quoiqu'il représente l'Etat dans toutes les instances où l'intérêt public est mis en question, n'est point recevable à se pourvoir contre une décision du Jury, non plus que contre l'ordonnance du magistrat directeur. Il ne le peut, ni de son chef, ni de celui du préfet. C'est ce qui fut jugé par arrêt du 25 août 1847. Il fut décidé que le ministère public, agissant au nom du préfet, dans l'intérêt de l'Etat, n'était pas recevable dans son pourvoi en cassation (2). En effet, le procureur impérial n'est point partie en cause, puisque le Jury statue en dehors de son action.

529. Il va sans dire que les concessionnaires de travaux publics peuvent se pourvoir en cassation. Ce droit leur est formellement attribué par l'art. 63 de la loi du 3 mai 1841. Cet article, en disant qu'ils exerceront tous les droits conférés à l'administration, leur reconnaît d'une manière certaine quoique implicite la faculté de se pourvoir contre la décision du Jury.

530. Le pourvoi sera fait au greffe du Tribunal, aux termes

(1) Delalleau. n. 620. p. 398.
(2) Dalloz, 1847. 1. 280. — V. arrêt. 20 août 1844. — Dalloz, 1844. 4. 192.

ART. 42. de l'art. 20 , auquel l'art. 42 se réfère. Il serait nul , s'il avait été déclaré en tout autre lieu. Par exemple , un arrêt de la Cour de cassation , à la date du 20 juillet 1847 , a jugé que la déclaration de pourvoi faite par le préfet contre une décision du Jury , non au greffe du Tribunal , mais au greffier mandé à la préfecture pour la recevoir , était nulle (1). Ici , la nullité fut déclarée , bien qu'elle ne résultât pas taxativement de la loi du 3 mai 1841.

531. L'indivsion , en matière d'expropriation , produit les mêmes effets que dans une instance purement civile , c'est-à-dire , que le pourvoi formé par le propriétaire , au nom de son co-propriétaire , sera régulièrement introduit et profitera à celui-ci. En conséquence , la Cour de cassation jugea , par arrêt du 31 décembre 1850 , que le pourvoi , en matière d'expropriation de bien indivis entre co-héritiers , pouvait être formé par l'un de ces co-héritiers , agissant tant en son nom qu'au nom des autres héritiers , alors surtout qu'il avait figuré seul et dans les mêmes qualités devant le Jury (2). La décision rendue sur cette espèce ne peut faire la matière d'un doute raisonnable ; malgré cela , il n'était par hors de propos d'en parler.

532. Ordinairement chaque pourvoi est fait par acte séparé , ce qui n'empêche pas qu'on ne puisse en réunir plusieurs dans le même acte , pourvu que chaque grief soit distinctement et séparément énoncé. C'est en ce sens que la Cour de cassation se prononça par deux arrêts , en date du 20 août 1856 , rendus entre parties différentes. Dans les deux espèces , le pourvoi avait été formé par une compagnie de chemin de fer. Le premier de ces arrêts porte que les pourvois contre plusieurs décisions du Jury , statuant sur des demandes d'indemnité formées par des individus expropriés en vertu du même jugement , peuvent être déclarés par le même acte , pourvu qu'ils se réfèrent distinctement à chaque décision attaquée , et que le délai du pourvoi ait été observé à l'égard de

(1) Dalloz , 1847. 1.262.
(2) Ibid. , 1851. 1.286.

chacune d'elles (1). Dans l'espèce jugée par cet arrêt, la com- ART. 42.
pagnie avait notifié son recours aux défendeurs, déposé une
amende distincte et produit également un mémoire distinct à
l'appui de chacun de ses pourvois.

Le second arrêt est semblable au premier. En voici la rubrique. Elle porte que les pourvois formés contre les décisions
rendues par des jurys diversement composés et statuant relativement à des catégories distinctes d'indemnitaires, doivent
être distincts pour chacune de ces décisions, encore qu'il y ait
eu un seul jugement d'expropriation ; mais que ces pourvois
peuvent être déclarés par le même acte, alors d'ailleurs qu'ils
sont formés dans le délai utile à l'égard de chaque décision (2). Il
faut donc tenir pour constant que plusieurs pourvois déclarés
par le même acte seront utilement introduits lorsque, d'ailleurs,
le demandeur aura satisfait aux autres prescriptions de la loi
spéciale.

533. La violation des formalités dont l'accomplissement est
exigé par l'art. 20 de la loi du 3 mai 1841, peut donner ouverture à cassation. J'en ai cité un exemple ci-dessus (3). En voici
un autre résultant d'un arrêt de la Cour suprême, en date du
6 janvier 1857. Il fut jugé que l'omission dans un jugement d'expropriation, du nom de l'un des propriétaires expropriés, constituait un vice de forme donnant ouverture à cassation, aux
termes de l'art. 20 (4). En effet, le propriétaire dont le nom
avait été omis, avait été mis dans l'impossibilité de se pourvoir
contre le jugement d'expropriation.

534. Dans le cas de cet arrêt, il y avait eu double pourvoi
déclaré par le propriétaire qu'on avait oublié de faire figurer
dans le jugement d'expropriation. Malgré cet oubli il comparut
devant le Jury. La décision lui ayant été défavorable, il se pourvut tant contre le jugement d'expropriation, que contre cette

---

(1) Dalloz, 1856. 1.330.
(2) Ibid., 1856. 1.368.
(3) V. n. 530.
(4) Dalloz, 1857. 1.46.

ART. 42. décision. Son pourvoi fut accueilli, bien qu'on lui opposât que, par l'effet de sa comparution, il avait acquiescé au jugement. L'arrêt porte qu'une partie peut se pourvoir contre le jugement d'expropriation, quoiqu'elle se soit d'abord pourvue contre la décision du Jury qui l'a suivie, si elle n'a jamais figuré dans la procédure d'expropriation et si elle n'a attaqué la décision du Jury que comme manquant de base légale; qu'il n'y avait pas là exécution de ce jugement emportant acquiescement.

La même question a été jugée par un autre arrêt du 25 août 1857. On y lit que le pourvoi formé par l'exproprié contre la décision du Jury, ne met pas obstacle au pourvoi dirigé en même temps contre le jugement d'expropriation non notifié; qu'il n'y a pas là exécution du jugement d'expropriation (1). Mais, s'il y avait eu notification, le pourvoi contre ce jugement ne serait pas recevable, dans le cas où on aurait laissé passer le délai de l'art. 20. Ainsi jugé par un autre arrêt du 11 mai 1858 (2).

535. Les cas de pourvoi ne sont pas limités à ceux prévus par la loi du 3 mai 1841. En voici un exemple tiré d'un arrêt de la Cour suprême, du 21 février 1849. Cet arrêt a décidé que, bien que la violation de la loi du 16 septembre 1807 (3) ne rentre pas dans les ouvertures à cassation prévues par l'article 42 de la loi du 3 mai 1841, un pourvoi peut être motivé sur ce grief, la loi de 1841 ne concernant que les formalités qu'elle a établies (4). à ma connaissance, cet exemple est unique. Je l'ai rapporté parce que, s'agissant de l'expropriation de terrains, c'est au Jury qu'il appartient d'y statuer.

536. Le délai pour se pourvoir est de 15 jours. Il courra, dit l'art. 42, à partir du jour de la décision. Ce jour ne sera pas compté pour le délai: il en est de même du jour de l'échéance. Ceci n'est que l'application du principe contenu dans l'art. 1033

---

(1) Dalloz, 1857. 1. 353.
(2) Ibid., 1858. 1. 324.
(3) Sur la voirie urbaine.
(4) Dalloz, 1849. 1. 138.

du Code de procédure civile , d'après lequel le jour de la signification ni celui de l'échéance ne sont jamais comptés pour le
délai général fixé pour les ajournements. En conséquence , la
Cour de cassation a jugé , par arrêt du 11 janvier 1836 , que la
règle générale , pour la computation du délai , établie par l'art.
1033 , doit être appliquée aux délais fixés par les lois spéciales
qui ne contiennent aucune disposition contraire ; et que , notamment , le recours en cassation contre une décision du Jury
spécial , rendue le 7 juillet , a été légalement formé le 23 du
même mois (1). En réalité , il y a seize jours utiles , non compris celui de la décision.

537. Le délai est le même pour les parties qui n'ont pas comparu devant le Jury. En vain se plaindraient-elles de n'avoir
pas eu connaissance de la décision ; l'art. 42 est trop précis
pour que leurs réclamations fussent écoutées , en supposant
toujours qu'elles auraient été mises en demeure de se présenter (2).

538. Le pourvoi sera formé , notifié et jugé comme il est dit
en l'art. 20 , c'est-à-dire, qu'il sera déclaré au greffe du Tribunal civil de l'arrondissement de la situation des biens ; que ,
sous peine de déchéance , il sera notifié dans la huitaine , soit
à l'indemnitaire , au domicile indiqué par l'art. 15 , soit au
préfet ou au maire , suivant la nature des travaux (3) ; enfin ,
que , par les soins du procureur impérial , les pièces seront
transmises à la Chambre civile de la Cour de cassation qui statuera dans le mois suivant. L'arrêt, s'il est rendu par défaut,
à l'expiration de ce délai , ne sera pas susceptible d'opposition.

Telle est la manière dont le pourvoi doit être formé , instruit
et jugé. Mais l'art 20 de la loi du 3 mai 1841 , auquel renvoie
l'art. 42 de la même loi , établit une différence assez singulière
entre les divers délais fixés par ces articles. A mon avis cette

(1) Dalloz , Dict. G. ,n. 474.
(2) Delalieau. n. 623. p. 399. — Dalloz . loc. cit. n. 473.
(3) Arrêt. C. c. 26 janvier 1841. — Dalloz , Dict. G. loc. cit. n. 475.

ART. 42. différence n'a pas de raison d'être, cependant comme elle existe, il faut en tenir compte.

Nous avons vu que, aux termes de l'article 42, le pourvoi doit être formé dans la quinzaine de la décision du Jury, et que, selon la jurisprudence de la Cour suprême et en vertu de l'art. 1033 du Code de procédure civile, le demandeur en cassation a quinze jours francs pour se pourvoir, en d'autres termes, que, sans contestation aucune, on applique à ce cas le brocard si connu, *dies termini non computatur in termino.*

Par une inconséquence fort extraordinaire, car rien n'obligeait à déroger à la règle établie par l'art. 1033 C. proc. civile, il n'en est plus de même quand il s'agit de la notification du pourvoi, lequel, d'après l'art. 20 de la loi du 3 mai 1841, doit être notifié dans la huitaine du jour où il a été formé. Dans ce cas, le brocard demeure sans application et le jour de l'échéance du terme est compris dans le terme lui-même. Un arrêt de la Cour de cassation va expliquer cette anomalie qui n'est pas apparente, mais très réelle.

Par arrêt du 6 janvier 1857, il fut jugé que le délai de huitaine, pour la notification du pourvoi, n'est pas un délai franc, dans le sens de l'art. 1033 C. procédure civile; et que s'il ne comprend pas le jour de la formation du pourvoi, il comprend celui de la notification (1). La raison qu'en donne la Cour est une raison de texte. Elle s'appuye sur le 3me § de l'art. 20 lequel porte expressément que le pourvoi sera notifié dans la huitaine, et elle en conclut que cette notification doit être faite, au plus tard, le huitième jour, à partir de celui de sa formation exclusivement : il résulte delà que, si le *dies a quo* est exclu du terme, le *dies ad quem* doit y être compris, sous peine de violation du 3me § de l'art. 20 de la loi du 3 mai 1841.

Le raisonnement est irréfutable, mais on est en droit d'en trouver la conséquence un peu extraordinaire. Ainsi, dans deux espèces, pour ainsi dire, identiques, on arrive à des conclusions différentes. S'agit-il de former un pourvoi ? le deman-

(1) Dalloz, 1857. 1.46. — V. arrêt. C. c. 5 juin 1850. Dalloz, 1850. 1.162.

deur aura quinze jours francs. S'agit-il de notifier ce même ART. 42.
pourvoi ? la situation change, les huit jours ne seront plus
francs, et le demandeur n'aura que huit jours utiles au lieu de
neuf qu'il devrait avoir, aux termes de l'art. 1033 C. proc. civ.
Si bien, que dans ce cas, la règle contenue dans cet article sera
applicable par moitié. On écarte le *dies a quo*, mais on retient
et on comprend dans le terme le *dies ad quem*. Ce résultat est
conforme au texte de l'art. 20 de la loi du 3 mai 1841 ; mais
est-il rationnel ? ceci est une toute autre question dont je n'ai
pas à m'occuper.

Au reste, il y aurait bien à dire à ce sujet, ce que je me
garderai de faire. Je prierai seulement le lecteur de mettre en
regard les art. 72, 75 et suivants du Code de procédure civile
avec l'art. 1033 du même Code, et d'examiner si, d'après la
manière dont les premiers articles sont rédigés, et malgré la
disposition formelle de l'art. 1033, il ne serait pas possible de
soulever la question que le 3ᵐᵉ § de l'art. 20 de la loi du 3 mai
1841 a fait naître. En effet, la rédaction est la même partout.
Mais assez sur ce point.

539. L'arrêt du 6 janvier 1857 a décidé, en outre, une question assez importante. Il a jugé que le délai est susceptible d'augmentation à raison des distances. Il y aura donc lieu d'appliquer le 2ᵐᵉ § de l'art. 5 du Code de procédure civile.

540. La partie qui a l'intention de recourir en cassation doit
se pourvoir dans le délai qui lui est assigné par l'art. 42, c'est-à-
dire, pendant la quinzaine. Elle est en demeure par le seul fait
de sa comparution devant le Jury. Ainsi, la Cour suprême a
jugé, par arrêt du 30 juin 1856, que la signification de la décision du Jury et de l'ordonnance d'exécution, n'est pas nécessaire pour la validité du pourvoi (1).

Mais cette signification est indispensable lorsqu'il n'a été fait
à l'exproprié aucune notification relative aux offres et à la convocation du Jury. Dans ce cas, le délai de quinzaine, pour se
pourvoir, commence à courir, non pas du jour de la décision

(1) Dalloz, 1856. 1.263.

ART. 42. du Jury, mais du jour où elle a été notifiée à l'exproprié. Jugé, en ce sens, par arrêt de la Cour de cassation, du 5 janvier 1848 (1). Il est évident que le droit de l'exproprié demeure entier tant qu'on ne l'a pas mis en demeure de s'expliquer sur des actes qu'il est censé ignorer. J'ajoute que, si, aux termes d'un autre arrêt de la même Cour, en date du 2 avril 1849, la décision du Jury à laquelle l'exproprié n'a point été présent, à défaut de notification du jour de la réunion du Jury, ne fait pas courir le délai du pourvoi en cassation fixé par l'art. 42, l'absence de la notification prescrite par l'art. 31 emporte nullité de la décision du Jury (2). Il devait en être ainsi, car cet article doit être observé à peine de nullité. Mais la partie qui a comparu devant le Jury et qui s'est défendue au fond, est non recevable à se prévaloir en cassation, soit du défaut de notification au domicile élu des offres de l'administration, soit du défaut de notification à ce domicile de la liste du Jury, soit contre la décision du Jury et l'ordonnance d'exécution, de l'omission de sa mise en cause devant le Jury. La preuve de sa comparution résulte de ce qu'elle figure, avec un co-intéressé, dans des conclusions déposées au greffe et annexées au procès-verbal. Tel est le résumé d'un arrêt de la Cour suprême du 29 novembre 1853 (3).

541. Le pourvoi formé par l'administration peut être notifié par ses agents, ainsi que le permet l'art. 57 de la loi du 3 mai 1841. Mais il faut que celui qui agit n'ait intérêt direct, ni indirect, à l'exécution des travaux. Je trouve un exemple de l'application de cette restriction audit article, dans un arrêt de la Cour suprême, rendu le 26 août 1857. Il fut jugé que, si le maire d'une commune peut, comme agent de l'administration, faire les notifications auxquelles donne lieu la loi de 1841, il n'a pas ce pouvoir quand la notification intéresse sa commune, et que, dès lors, il ne peut valablement notifier un pourvoi (4).

---

(1) Dalloz, 1848. 1.152.
(2) Ibid., 1849. 1.79.
(3) Ibid., 1854. 1.377.
(4) Ibid., 1857. 1.354.

542. Delalleau, en son traité de l'expropriation pour cause d'utilité publique, demande si le pourvoi est suspensif, et il se prononce pour la négative. Il se fonde sur ce que la décision, quoique émanée d'un Jury, est rendue en matière civile, ce qui est vrai, et qu'en cette matière, le pourvoi n'est pas suspensif, aux termes de l'art. 16 de la loi du 27 novembre, 1er décembre 1790, ainsi conçu : — en matière civile la demande en cassation n'arrêtera pas l'exécution du jugement, et, dans aucun cas et sous aucun prétexte, il ne pourra être accordé de surséance. — Delalleau cite, à ce sujet, Martin (du nord), rapporteur de la loi du 7 juillet 1833, qui émit une opinion semblable (1).

Ces autorités sont imposantes, cependant je ne puis me ranger à leur avis. Il faut remarquer que Delalleau, et Dalloz après lui, n'a examiné la question que sous un point de vue. Il n'a parlé que du cas où l'administration s'est pourvue, et, trouvant ses intérêts sauvegardés par la loi du 16-19 juillet 1793 qui veut que, les sommes qu'elle est condamnée à payer par des jugements contre lesquels elle s'est pourvue en cassation ne soient comptées à ceux auxquels elles sont allouées, qu'autant qu'ils auront donné bonne et suffisante caution, il en a conclu que le pourvoi n'est pas suspensif. Je crois qu'il a mal raisonné, car les considérations qui militent en faveur du système contraire s'appliquent à l'administration, aussi bien qu'à l'exproprié. En effet, admettez, dans les deux cas, que la décision du Jury vienne à être cassée, comment le nouveau Jury, devant lequel l'affaire sera renvoyée, pourra-t-il apprécier l'immeuble et fixer l'indemnité, si cet immeuble a été dénaturé ou détruit ? Supposons, par exemple, qu'il s'agisse d'une maison. Dans ce cas, quelle que soit la partie demanderesse en cassation, il faudra nécessairement laisser la maison debout, jusqu'à ce qu'il ait été statué sur le pourvoi, et, si la cassation est prononcée, jusqu'à ce que le nouveau Jury ait, une seconde fois, fixé l'indemnité. Dire que le pourvoi n'est pas suspensif, c'est reconnaître que

ART. 42. l'on peut autoriser l'administration à s'emparer d'une propriété avant que l'indemnité qu'elle est tenue de payer soit définitivement réglée. Au reste, dans la pratique, on tient le pourvoi pour suspensif et l'on agit en conséquence.

543. L'annulation de la décision du Jury entraîne toujours avec elle l'annulation de l'ordonnance du magistrat directeur qui l'a rendue exécutoire. Ainsi jugé, par arrêt de la Cour suprême du 6 décembre 1837 (1). Cela se comprend. L'ordonnance du magistrat directeur, n'étant que l'accessoire de la décision du Jury, doit tomber lorsque celle-ci cesse d'exister. Il faut, de toute nécessité, que la nouvelle décision soit rendue exécutoire par une autre ordonnance.

544. Cette question en fait naître une autre en sens inverse. Je demande quel sera le sort de la décision du Jury quand elle aura été régulière et que la Cour de cassation sera seulement appelée à prononcer sur le pourvoi dirigé contre l'ordonnance du magistrat directeur.

La question peut être diversement résolue selon le point de vue sous lequel on se place. Si l'on raisonne d'après l'analogie qui existe entre la loi du 3 mai 1841 et le Code d'instruction criminelle, analogie avouée et reconnue, on dira que la décision du Jury doit être maintenue et que tout ce qu'il y aura à faire ce sera de provoquer une nouvelle ordonnance de la part du magistrat directeur. C'est en ce sens que dispose l'art. 434, C. inst. criminelle en disant que, dans le cas de l'annulation de l'arrêt, la Cour d'assises à laquelle le procès sera renvoyé rendra son arrêt sur la déclaration déjà faite par le Jury.

Mais, si l'on examine la question non par les termes de la loi du 3 mai 1841, car elle n'en parle pas, mais par son esprit, on arrivera à une solution différente. En effet, j'admettrai, si l'on veut, que l'annulation de l'ordonnance du magistrat directeur ne rend pas vaine, en fait, la déclaration du Jury, puisque je suppose qu'elle est régulière ; mais cette considération est insignifiante, car ce n'est pas en cela que la difficulté consiste.

(1) Delalleau, n. 1073. p. 679.

Etablissez, en principe, que la déclaration du Jury continue à exister ; il s'agit de lui faire produire son effet. Or, je doute qu'on arrive légalement à ce résultat si l'on considère la nature des pouvoirs accordés au magistrat directeur. Qu'on puisse, quand un arrêt de Cour d'assises est annulé, faire rendre un second arrêt par une seconde Cour d'assises, sur la déclaration déjà faite par le précédent Jury, cela se comprend, car la Cour d'assises existe indépendamment de l'adjonction du Jury. La preuve en est qu'elle juge seule les contumaces, et que c'est elle seule qui est chargée de statuer sur les demandes en dommages-intérêts faites par l'accusé ou par la partie civile. Mais il en est autrement en matière d'expropriation. Le magistrat directeur n'a d'existence légale et n'a, par conséquent, juridiction, qu'autant que le Jury est assemblé. On ne trouve nulle part, dans la loi du 3 mai 1841, qu'il puisse se livrer à un acte quelconque lorsque le Jury n'est pas encore réuni, ou lorsqu'il a été dissous, ou même hors de sa présence. Il en résulte que, en supposant le maintien de la décision du Jury, on ne saurait devant qui renvoyer l'affaire pour faire rendre cette décision exécutoire, et que, par suite, elle demeurerait une lettre morte et sans effet.

Cependant, tel n'est pas l'avis de Delalleau. Il pense que si l'excès de pouvoir ne s'appliquait qu'à l'ordonnance du magistrat directeur, cette ordonnance seule serait cassée et la déclaration du Jury maintenue. — On ne peut admettre, dit-il, que l'erreur commise par le magistrat directeur puisse entraîner l'annulation de la fixation d'indemnité faite régulièrement par le Jury. Il n'y aurait donc lieu, dans ce cas, qu'à renvoyer devant un nouveau magistrat directeur, pour rendre une ordonnance d'*exequatur*, et non à convoquer un nouveau Jury (1). — Plus loin, il rapporte un arrêt de la Cour de cassation, du 21 juin 1842, jugeant que si le pourvoi n'a été formé que contre l'ordonnance du magistrat directeur, on ne peut ensuite conclure à l'annulation de la décision du Jury ; arrêt qui dit, en d'autres

(1) N° 633. p. 406.

ART. 42. termes, que l'annulation de l'ordonnance du magistrat directeur n'entraîne pas celle de la déclaration du Jury (1). Dalloz, de
son côté, enseigne une opinion semblable (2).

Il serait à désirer qu'il en fût ainsi. Malheureusement, la jurisprudence plus récente de la Cour suprême empêche de se ranger à cette opinion, qui, en présence des considérations que je
viens de présenter, ne peut guère se soutenir. Plusieurs arrêts
rendus par cette Cour, à la date du 31 décembre 1844, ont tranché la question d'une manière formelle; et je n'en connais pas
d'autres qui aient jugé en sens contraire. Les arrêts dont je parle
furent rendus dans l'espèce suivante : le magistrat directeur,
pour l'arrondissement de Marseille, avait négligé de revêtir de
sa signature le procès-verbal des opérations du Jury. Il y eut
pourvoi de ce chef, et la Cour de cassation, y faisant droit, annula tant la décision du Jury que l'ordonnance du magistrat
directeur, quoique celle-là fût régulière. Elle pensa, par conséquent, que l'une ne pourrait se soutenir sans l'autre (3). Je suis
assuré de ce que j'avance, car je fus commis pour diriger la
nouvelle session du Jury tenue en vertu du renvoi.

Un arrêt bien postérieur, puisqu'il est du 22 août 1855, aurait pu décider la question, mais il s'en est abstenu. Cet arrêt
cassa une ordonnance du magistrat directeur, lequel, statuant
en vertu d'une décision éventuelle du Jury, envoya l'administration en possession, au lieu de renvoyer les parties devant qui
de droit et d'ordonner le dépôt de la somme allouée, conformément aux dispositions des art. 39 et 49 de la loi du 3 mai
1841 (4). Mais il ne nous apprend rien sur les conséquences de
la cassation. L'arrêtiste qui le rapporte n'en parle pas, et le
recueil officiel n'est pas plus explicite. On y lit la formule usitée, en pareil cas; *Casse*, et voilà tout. Y eut-il renvoi devant
un autre magistrat directeur? Je l'ignore; il est certain, cepen-

(1) N° 1148. p. 728.
(2) Dict. G. loc. cit. n. 480.
(3) Dalloz, 1845. 1.78.
(4) Ibid., 1855. 1.396.

dant, que la décision du Jury fut maintenue, car l'arrêt le dit Art. 42. formellement. En l'état de la question, je ne vois guère que le moyen indiqué par Delalleau qui soit praticable ; mais, je le répète, je manque d'autorités sur ce point. Au reste, pour compléter la difficulté, Delalleau, et Dalloz après lui, enseignent que si les décisions du Jury ou les ordonnances du magistrat directeur sont entachées de quelqu'unes des irrégularités énumérées dans l'art. 42, elles rendent la décision du Jury sujette à cassation (1).

Ces auteurs semblent, par conséquent, reconnaître que l'annulation de l'ordonnance doit, dans tous les cas, amener l'annulation de la décision du Jury. Que de plus habiles se chargent de concilier tout cela ; pour moi, j'y renonce. Au demeurant, la loi du 3 mai 1841 n'a pas prévu le cas ; la preuve en est dans son art. 43, lequel ne s'occupe que du renvoi, après cassation de la décision du Jury.

545. L'influence du jugement d'expropriation s'étend à toutes les opérations du Jury. Par suite, le 6 janvier 1857, la Cour suprême jugea que la cassation de ce jugement emportait nullité de la décision du Jury, et que cette décision était nulle pour le tout, quoique le jugement d'expropriation n'eût été annulé qu'à l'égard de l'un des co-propriétaires de l'immeuble, s'il n'est pas possible de discerner la part d'indemnité afférente au co-propriétaire sur le pourvoi duquel le jugement a été cassé (2). Il devait en être ainsi. Dans le cas de l'arrêt, l'espèce d'indivisibilité qui existait profitait à tous les co-propriétaires.

546. On a agité la question de savoir si l'ordonnance du magistrat directeur, statuant sur des questions étrangères au jugement d'expropriation et à l'appréciation des immeubles, ne restait pas soumise aux voies de réforme ordinaire, c'est-à-dire, si elle n'était pas susceptible d'appel. Un auteur a soutenu l'affirmative ; mais sa doctrine fut repoussée par un arrêt de la

---

(1) Dalloz, Répertoire. loc. cit. n. 657.
(2) Ibid., 1857. 1. 47.

ART. 42. Cour de Paris, en date du 4 octobre 1838 (1). En effet, nulle part la loi du 3 mai 1841 n'ouvre la voie de l'appel contre les ordonnances du magistrat directeur ; ces ordonnances sont souveraines, sauf le recours en cassation dans les cas prévus par la loi.

547. Jusqu'à présent, en commentant les articles qui précèdent, j'ai minutieusement exposé quels étaient les devoirs du magistrat directeur. Je vais, maintenant, les résumer en quelques mots. De cette sorte, ceux qui seront appelés à remplir cette fonction, verront, dans un coup-d'œil, ce qu'ils ont à faire. Voici comment on doit procéder :

1° Appel général des jurés pour la formation du tableau. Jugement des exclusions et incompatibilités ;

2° Deuxième appel pour la formation du Jury de jugement ;

3° Exercice des récusations ;

4° Serment individuel à prêter par les jurés ;

5° Déclaration de constitution du Jury ;

6° Ouverture des débats ;

7° Pièces à communiquer au Jury ;

8° Discussion ; — descente sur les lieux ; — interrogatoire de témoins ;

9° Clôture de l'instruction et envoi du Jury dans la chambre de ses délibérations ;

10° Nomination du président du Jury ;

11° Délibération du Jury ;

12° Elle est prise à la majorité des voix ;

13° Signée par les membres qui y ont concouru ;

14° Lue par le greffier en audience publique ;

15° Ordonnance d'exécutoire rendue par le magistrat directeur ;

16° Il statue sur les dépens ;

17° Il envoie l'administration en possession de la propriété ;

18° En cas de litige, il ordonne le dépôt de la somme allouée ;

19° Rédaction du procès-verbal par le greffier ;

(1) Dalloz, rep. loc. cit. n. 657.

20° Mention de la publicité ;

21° Signature du procès-verbal par le magistrat directeur et le greffier.

Tels sont, si je ne me trompe, les points sur lesquels le magistrat chargé de diriger le Jury doit porter plus spécialement son attention. Tous sont relatifs à la forme. En effet, le magistrat directeur n'est institué que pour la conservation des formes ; le fond ne le touche pas. Tout ce qu'il a à faire, sous ce rapport, c'est de rendre la décision du Jury exécutoire, de statuer sur les dépens, et d'envoyer l'administration en possession. Le reste lui est étranger. Mais n'oublions pas qu'il sort de cette espèce de neutralité, et qu'il prend un rôle actif, lorsqu'il est appelé à diriger le petit Jury, c'est-à-dire le Jury chargé de fixer les indemnités dues pour travaux d'ouverture ou de redressement des chemins vicinaux. Il rentre alors dans la plénitude des attributions magistrales ; il préside et opine en cas de partage.

Art. 43.

Lorsqu'une décision du Jury aura été cassée, l'affaire sera renvoyée devant un nouveau Jury, choisi dans le même arrondissement.

Néanmoins la Cour de cassation pourra, suivant les circonstances, renvoyer l'appréciation de l'indemnité à un Jury choisi dans un des arrondissements voisins, quand même il appartiendrait à un autre département.

Il sera procédé, à cet effet, conformément à l'art. 30.

SOMMAIRE

548. Renvoi de l'affaire après cassation.
549. Il y aurait nullité si un juré, ayant fait partie du Jury dont la décision a été cassée, entrait dans la composition du nouveau Jury.

550. Le magistrat directeur, dont l'ordonnance a été cassée, ne peut présider le nouveau Jury.

551. L'affaire peut être renvoyée au Jury d'un autre arrondissement. Il se réunit alors sous la présidence d'un magistrat de cet arrondissement, lequel est nommé par le tribunal de l'arrondissement de renvoi.

552. Manière de procéder à la formation du nouveau Jury en cas de renvoi.

553. La cassation de la décision du Jury n'annule pas les actes antérieurs à cette décision. Le demandeur, voulant obtenir la cassation de quelqu'un de ces actes, doit s'en faire grief.

554. Le pourvoi en cassation, contre la décision du Jury, peut avoir lieu dans l'intérêt de la loi.

555. Les parties peuvent requérir le renvoi devant le Jury d'un autre arrondissement.

COMMENTAIRE.

548. Après cassation de la décision d'un Jury, l'affaire sera   ART. 43. renvoyée devant un nouveau Jury, choisi dans le même arrondissement.

549. Cette disposition, qui est semblable à celle de l'ancien art. 43 de la loi du 7 juillet 1833, en prescrivant de renvoyer l'affaire devant un Jury pris dans le même arrondissement, expose quelques-uns des anciens jurés, dont la décision a été cassée, à faire partie du nouveau Jury. Delalleau dit que, en supposant que cela arrivât, il n'y aurait pas nullité, parce que le cas n'est prévu par aucune disposition de la loi (1). Cela est vrai ; la loi du 3 mai 1841, pas plus que celle du 7 juillet 1833, ne s'en sont expliquées, cependant je conseille aux magistrats directeurs de bien se garder de maintenir sur le tableau et d'introduire dans le Jury de jugement, le juré qui aurait participé

(1) N° 632. p. 406.

ART. 43, à rendre la décision cassée. La Cour suprême, appelée à se prononcer sur la question, la résolut en ce sens, par arrêt du 5
juillet 1853 (1). Elle cassa, sur le motif que, dans ce cas, le Jury
n'était pas nouveau. Je crois que cet arrêt peut défier la critique la plus subtile.

550. Le magistrat directeur, dont l'ordonnance a été cassée,
ne peut présider le nouveau Jury. C'est ce que la même Cour
décida, par arrêt du 21 mars 1855 (2). Le considérant, relatif à
ce chef, car plusieurs griefs étaient soumis à la Cour, porte les
expressions suivantes : — Attendu que ce serait aussi, en violation de la loi, rendre à un juge, dont l'ordonnance a été annulée
par la Cour de cassation, le pouvoir de connaître une seconde
fois de la même affaire : casse. — Dans l'espèce, l'ordonnance
n'avait était annulée qu'accessoirement à la cassation de la décision du Jury, laquelle fut déclarée irrégulière pour vice de
forme. Mais je soutiens qu'il y aurait eu cassation, à bien plus
forte raison, si l'annulation des opérations du Jury avait été
prononcée par la faute du magistrat directeur. Il serait inconvenant et contraire à la loi de lui permettre de connaître une
seconde fois de la même affaire.

551. Le 2e § de l'art. 43 a été ajouté à l'article correspondant
dela loi du 7 juill. 1833. Dans le système de cette loi, la Cour de
cassation ne pouvait renvoyer l'affaire qu'à un Jury choisi dans
l'arrondissement de la situation des biens. Maintenant, elle a la
faculté d'enlever l'affaire à la connaissance de ses juges naturels
et de saisir le Jury d'un arrondissement voisin, quand même
il appartiendrait à un autre département. Cette disposition se
justifie d'elle-même. Il peut se présenter telle circonstance où
il conviendra, après cassation, de dessaisir le Jury de l'arrondissement des biens expropriés.

Dans ce cas, c'est dans cet arrondissement que le Jury doit
se réunir et sous la présidence de l'un des magistrats faisant
partie du tribunal de l'arrondissement de renvoi : il y aurait

(1) Dalloz, 1853. 1.286.
(2) Ibid., 1855. 1.122.

nullité, s'il se réunissait dans un lieu et sous la direction d'un ART. 43.
magistrat étranger à l'arrondissement. Ainsi jugé, par arrêt de
la Cour suprême, en date du 21 mars 1855 (1). Le magistrat
directeur est alors nommé par le tribunal de l'arrondissement
désigné par la Cour de cassation (2).

552. Quel que soit le lieu où l'affaire est renvoyée, on procédera à la formation du nouveau Jury ainsi qu'il est dit à
l'art. 30, c'est-à-dire, que la Cour impériale ou le tribunal du
chef-lieu du département, choisira le Jury sur la liste dressée
par le Conseil général.

553. La cassation de la décision du Jury n'annule pas tous
les actes de la procédure, mais seulement ceux qui sont intervenus à la suite de cette décision. La Cour de cassation a jugé,
par arrêt du 26 mai 1840, que lorsque, par suite de cassation,
l'affaire a été renvoyée devant un nouveau Jury, tous les actes
antérieurs à la décision du Jury qui a été cassée continuent à
subsister (3). Il résulte de là que, si le demandeur en cassation
voulait faire casser quelque acte antérieur à la décision qu'il
attaque, il devrait en faire article dans son pourvoi.

554. Le pourvoi, dans l'intérêt de la loi, pourrait être formé
par le procureur général près la Cour de cassation, mais, comme
tous les pourvois de cette nature, il n'influerait en rien sur les
droits des parties intéressées. Tel est l'avis de Delalleau (4). Telle
est aussi la disposition formelle de l'art. 88 de la loi du 27 ven-
tôse an VIII.

555. Sous l'empire de la loi du 7 juillet 1833, il fut jugé, par
arrêt du 22 juin 1840, que le demandeur en cassation n'était
pas autorisé à requérir que l'affaire fut renvoyée, pour cause
de suspicion légitime, devant un Jury formé dans un autre
arrondissement (5). Je crois qu'aujourd'hui il devrait en être

(1) Dalloz, 1855. 1.122.
(2) Ibid., rep. loc. cit. n. 679.
(3) Delalleau. n. 1076. p. 680.
(4) Ibid.', n. 354 - 634. p. 223 - 407.
(5) Dalloz. Dict. G. loc. cit. n. 478.

ART. 43. autrement, et que la Cour de cassation ferait droit à la requête du demandeur, si elle lui paraissait fondée. La raison en est que la loi, ayant autorisé le renvoi devant le Jury d'un autre arrondisssement, a implicitement accordé aux parties intéressées le droit de requérir ce renvoi.

Art. 44.

Le Jury ne connaît que des affaires dont il a été saisi au moment de sa convocation, et statue successivement et sans interruption sur chacune de ces affaires. Il ne peut se séparer qu'après avoir réglé toutes les indemnités dont la fixation lui a été ainsi déférée.

SOMMAIRE.

COMMENTAIRE.

556. Les attributions du Jury se bornent à connaître des affaires dont il a été saisi au moment de sa convocation. Ce sont les seules dont il puisse s'occuper, et toute tentative en dehors de ce cercle serait réprimée par la Cour suprême. Ainsi, après la convocation du Jury, on ne pourrait le saisir d'une nouvelle affaire non comprise parmi celles en vue desquelles il aurait été formé ; par exemple, on ne pourrait porter devant le Jury assemblé, un affaire dont l'instruction viendrait à peine d'être terminée (1). En un mot, il ne peut connaître que des affaires dont il a été saisi au moment de sa convocation. Jugé, en ce sens, par arrêt de la Cour de Cassation, du 19 novembre 1856 (2). Il s'en suit qu'il n'est compétent qu'à l'égard des indemnités à fixer pour les immeubles désignés au jugement d'expropriation, ainsi qu'il a été décidé par autres arrêts de la même Cour, en date dès 29 juin 1858 et 26 décembre 1859 (3). De plus, il n'est tenu de statuer que sur les parcelles dont l'expropriation a donné lieu à des offres et à une demande d'indemnité ; c'est ce qui fut jugé par autre arrêt du 11 juin 1860 (4).

Le Jury chargé de régler les indemnités n'a de compétence que relativement à celles de ces indemnités qui étaient litigieuses au moment de sa convocation. Il ne peut statuer sur les indemnités qui ne sont devenues litigieuses que postérieurement, sous prétexte qu'elles se rapporteraient à des expropriations résultant du même jugement. Il en est surtout ainsi quant il s'agit de litiges nés après la clôture de la session de ce Jury et l'expira-

(1) Delalleau. n. 615. p. 396.
(2) Dalloz, 1856. 1.396.
(3) Ibid., 1858. 1.326. — 1860. 1.39.
(4) Ibid., 1860. 1.405.

tion de ses pouvoirs. Telle est la rubrique d'un arrêt de la Cour ART. 44. suprême, du 14 janvier 1851 (1).

Cette notice, un peu obscure, a besoin d'être expliquée. Dans l'espèce, il avait été statué par le Jury sur toutes les affaires qui lui avaient été déférées lors de sa convocation ; plus tard, l'administration fit signifier des offres à un exproprié dont l'affaire n'avait pas figuré sur le rôle de la session qui venait d'être close ; ensuite, le magistrat directeur rendit une ordonnance portant que le Jury serait de nouveau convoqué, ce qui eu lieu, et l'indemnité fut fixé par ce Jury. Pourvoi par la partie, et arrêt cassant la décision du Jury, par les motifs que, aux termes de l'art. 44, le Jury ne connaît que des affaires dont il a été saisi au moment de sa convocation ; qu'à plus forte raison, ne doit-il pas connaître des litiges qui n'ont pris naissance qu'après la clôture de la session ; qu'en cet état, il y avait lieu de recourir à un Jury spécial dans les formes prescrites par les art. 30 et suivants de la loi du 3 mai 1841. En résumé, cet arrêt signifie que la session étant close, après l'épuisement de son rôle, ne peut être rouverte, sous aucun prétexte.

557. Le Jury doit statuer successivement et sans interruption sur chacune des affaires dont il est saisi, ce qui ne veut pas dire qu'il doive expédier chaque affaire dans la même journée et sans désemparer. L'art 44, entendu dans son véritable sens, signifie que les affaires doivent être expédiées les unes après les autres, sans autres interruptions que celles qui sont nécessaires pour le repos des jurés, ou pour l'instruction de l'affaire. C'est la seule manière d'entendre cet article, conforme en cela au dernier paragraphe de l'article 37. En conséquence, la Cour suprême a jugé, par arrêt du 7 avril 1835, qu'il est facultatif pour le Jury de continuer à un autre jour un affaire commencée, dans le cas surtout où cette remise a pour cause l'exécution d'une mesure préparatoire, par exemple, le transport du Jury sur les lieux (2). La même question fut jugée par un arrêt en

(1) Dalloz, 1851. 1.289.
(2) Ibid., 1845. 1.207.

ART. 44. date du 20 août 1852 (1). Enfin, un autre arrêt du 16 février 1846, porte que, dans l'intervalle d'un ajournement, le Jury peut procéder à l'instruction et au jugement d'autres affaires (2).

Un arrêt de la Cour suprême, à la date du 12 janvier 1864, rapporté par le journal le *Sémaphore de Marseille*, dans son numéro du 25 du même mois, porte que l'interdiction faite aux tribunaux de statuer les dimanches et jours fériés n'est pas absolue, et, notamment ne s'applique pas aux décisions du Jury d'expropriation. Les jurés devant, aux termes de l'art. 44, de la loi du 3 mai 1841, statuer, sans interruption, sur toutes les affaires qui leur sont soumises.

558. Au reste l'interruption n'entraînerait pas nullité. Un arrêt de la Cour suprême, rendu le 4 juillet 1854, dit, en termes exprès, que l'art. 44, d'après lequel le Jury doit statuer sans interruption sur chacune des affaires dont il a été saisi, ne donne pas ouverture à cassation (3). Mais l'ajournement ne devrait pas être trop long, autrement il pourrait y avoir nullité. J'en ai donné un exemple ci-dessus (4).

559. Le Jury ne peut se séparer qu'après avoir réglé toutes les indemnités dont la fixation lui a été déférée. Je pense que le cas ne se présentera jamais; mais s'il arrivait, j'estime que le magistrat directeur devrait condamner à l'amende les membres qui se seraient retirés mal à propos, et les remplacer par d'autres jurés pris sur la liste dressée par le Conseil général. Quant à prévoir le cas où le magistrat directeur clôturerait la session avant l'épuisement du rôle, cela est inadmissible. Aussi bien la disposition finale de l'art. 44 ne peut être considérée que comme un simple avertissement. Elle n'est pas même comminatoire, parce que le contraire de ce qu'elle recommande ne peut se réaliser.

(1) Dalloz, 1862. 1.368.
(2) Ibid., 1846. 1.63. — V, n. 347.
(3) Ibid., 1854. 1.310.
(4) V. n. 347.

Art. 45.

Les opérations commencées par le Jury, et qui ne sont pas encore terminées au moment du renouvellement annuel de la liste générale mentionnée en l'art. 29, sont continuées, jusqu'à conclusion définitive, par le même Jury.

SOMMAIRE.

COMMENTAIRE.

560. L'art. 45 ne comporte que fort peu d'observations. Il dit que les opérations commencées par un Jury, et qui ne sont pas encore terminées au moment du renouvellement annuel de la liste, seront continuées, jusqu'à conclusion définitive, par ce même Jury. Je demande quand commencent les opérations du Jury ?

La question peut paraître naïve, cependant elle n'est pas oiseuse, car on va voir que le point de départ que je cherche n'est pas aussi précis qu'on pourrait se l'imaginer.

Il semble que les opérations du Jury doivent commencer du moment où il se trouve assemblé ; mais il n'en est rien. Le fait de sa réunion ne suffirait pas à prolonger ses pouvoirs, si, postérieurement, la liste sur laquelle il aurait été formé venait à prendre fin. Cela est incontestable. Il y a plus, sa constitution, même, serait impuissante à produire ce résultat. Supposons, par exemple, que le renouvellement de la liste concorde avec l'ouverture de la session, et qu'il soit connu après que le magistrat directeur, ayant prononcé sur les excuses, empêchements et incompatibilités, a définitivement constitué le tableau du Jury. Eh bien ! même, dans ce cas, les opérations du Jury ne seraient pas encore commencées. C'est ce qui a été jugé, par deux arrêts de la Cour de cassation, en date du 15 février 1843 et 29 avril 1844 (1). Ces arrêts établissent, en droit, que les affaires ne sont pas réputées commencées, lorsque le Jury, ayant seulement été constitué, n'a encore connu d'aucune affaire.

Il faut donc qu'il ait été saisi de la connaissance d'une affaire. Alors sa compétence devient certaine. La cour de cassation s'en est expliquée d'une manière catégorique. — Les opérations du

(1) Dalloz, 1843. 1.109. — 1844. 1.252

Jury sont réputées commencées du jour où se sont ouverts les débats, dit-elle, dans un arrêt du 13 mars 1861 (1). — Or, les débats s'ouvrent par l'appel d'une cause et la constitution du Jury de jugement. Ici, c'est encore la Cour suprême qui répond par un autre arrêt, rendu le 16 mai 1860. Cet arrêt porte, en termes formels, que les opérations du Jury sont réputées commencées avant le renouvellement de la liste annuelle, et, dès lors, qu'elles peuvent être continuées malgré ce renouvellement, lorsqu'il a eu lieu après la constitution du Jury, la prestation de serment, etc. (2).

561. Toutes opérations commencées contrairement à ces règles n'aboutiraient pas, parce qu'elles seraient frappées de nullité. En conséquence, la même Cour a jugé, par arrêt du 17 novembre 1847, que les pouvoirs du Jury, choisi sur la liste annuelle existante, cessent de plein droit lorsque, dans l'intervalle du jour de la désignation de ce Jury au jour de sa réunion, une nouvelle liste annuelle est formée par le Conseil général (3). Une solution pareille, rendue en des termes différents, résulte d'un autre arrêt bien postérieur, du 3 juillet 1861. Il y est dit que, lorsque le Jury, choisi sur une liste qui était alors en vigueur, se réunit au moment où cette liste a pris fin, ses décisions sont nulles (4). Dès lors, la liste ne sert que jusqu'au renouvellement qui en est fait dans la session suivante du Conseil général.

562. L'époque de la péremption de la liste est donc positive. Malgré cela on pourrait conserver quelque incertitude et se demander si cette péremption ne doit pas partir du jour où le Conseil général se réunit. Je fais cette observation, parce qu'il existe un arrêt de la Cour suprême, rendu le 23 février 1842, dans lequel on lit que, lorsque le Jury n'a pas commencé ses opérations au moment de la session du Conseil général, ses

(1) Dalloz, 1861. 1.181.
(2) Ibid., 1860. 1.216.
(3) Ibid., 1848. 1.77.
(4) Ibid., 1861. 1.283.

ART. 45. pouvoirs étant expirés, il n'a plus d'existence légale , et que les décisions qu'il rend doivent être annulées (1).

D'après cet arrêt, le point de départ de la péremption de la liste devrait être le jour de la réunion du Conseil général. Mais les arrêts que je viens de citer, auxquels on pourrait joindre un autre arrêt du 7 avril 1845 (2), disent expressément qu'elle s'opère par le renouvellement de la liste. D'ailleurs, sans aller chercher des autorités dans la Jurisprudence , il suffit de s'en rapporter au texte de l'art. 45. Il est assez clair pour lever tous les doutes. Tenons donc pour certain que la liste nouvelle seule annule l'ancienne liste.

---

(1) Delalleau. n. 1078. p. 680.
(2) Dalloz , 1845. 1.208. — 1846. 1.207.

Art. 46.

Après la clôture des opérations du Jury, les minutes de ses décisions et les autres pièces qui se rattachent auxdites opérations, sont déposées au greffe du tribunal civil de l'arrondissement.

SOMMAIRE.

563. La décision du Jury, ainsi que les autres pièces qui s'y rattachent, doivent être déposées au greffe.
564. S'il est besoin de quelqu'une de ces pièces, on en délivrera des expéditions.

COMMENTAIRE.

563. Le greffe du tribunal civil est le lieu où, après la clôture des opérations du Jury, doivent être déposées les minutes de ses décisions, ainsi que les pièces se rattachant aux dites opérations.

Il semble, d'après cet article, que toutes ces pièces doivent être déposées, sans distinction. Cependant il arrive que l'administration en détache quelques-unes du dossier afin de s'en servir à d'autres opérations. Par exemple, j'ai vu retirer les plans parcellaires, les tableaux des offres et demandes, ce qui est irrégulier. Il faut que toutes les pièces restent au greffe, sauf à l'administration à s'arranger de manière à ce que ces pièces ne lui soient pas nécessaires à l'avenir.

564. Le procès-verbal des opérations du Jury doit être compris dans le dépôt, et, si l'on a besoin de cette pièce, ou de toute autre, à l'appui d'un pourvoi en cassation, on devra s'en procurer des expéditions. L'art. 46 s'oppose implicitement à ce que les minutes soient déplacées du greffe. Si la Cour de cassation veut les avoir sous les yeux, elle peut en ordonner l'apport à son greffe.

Art. 47.

Les noms des jurés qui auront fait le service d'une session ne pourront être portés sur le tableau dressé par le conseil général pour l'année suivante.

SOMMAIRE.

COMMENTAIRE.

ART. 47. 565. Un auteur que j'ai souvent cité dit que le magistrat directeur doit, à la fin de la session, adresser au préfet un état contenant les noms des jurés qui ont fait le service de la session, afin qu'ils ne soient pas portés sur le tableau dressé par le Conseil général pour l'année suivante. Selon lui, cet état ne doit pas comprendre les noms des personnes désignées pour faire partie du Jury et qui s'en sont fait dispenser (1).

Je ne crois pas que l'envoi de cet état soit obligatoire pour le magistrat directeur, ni qu'il soit fort utile pour le préfet, qui a d'autres moyens de connaître les jurés ayant fait le service de la session. Cependant, comme un excès de précaution ne peut nuire, je ne vois pas pourquoi les directeurs de Jury ne mettraient pas en pratique l'avis de Delalleau. Je dois dire, pourtant, qu'il n'est nullement suivi.

566. Le même auteur, argumentant de ce qui se fait en matière criminelle, voudrait que, à l'exemple des présidents des Cours d'assises, les magistrats directeurs rendissent compte à S. E. le Garde des sceaux des principales circonstances qui ont signalé la session qu'ils viennent de présider. Cet usage n'existe pas, mais, si on l'adoptait, je ne doute pas que le ministre n'accueillît avec bienveillance les rapports qui lui seraient adressés. Ainsi que dit Delalleau, il pourrait y trouver, par la suite, d'utiles renseignements (2).

567. Dans le cas où, malgré la prohibition de l'article 47, quelqu'un des jurés qui, l'année précédente, aurait fait le service de la session, se trouverait porté sur le tableau dressé pour l'année suivante, j'estime qu'il pourrait s'en faire un moyen d'excuse, et que, s'il réclamait, le directeur du Jury devrait le

(1) Delalleau. n. 618. p. 397.
(2) Ibid., n. 619. p. 398.

rayer de la liste. L'art. 47 a voulu qu'il y eût au moins un an ART. 47. d'intervalle entre deux faits de convocation du même juré, porté sur deux listes différentes. Je dis *deux listes différentes*, parce qu'un juré peut, dans le cours de la même année, faire partie de plusieurs sessions, pourvu qu'il s'agisse de Jurys choisis sur la même liste. Mais l'article 47 ne s'oppose pas à ce que des jurés, inscrits sur les listes d'une année, ne puissent, lorsqu'aucune réunion de Jury n'a eu lieu l'année suivante, figurer sur les listes de l'année subséquente. Ainsi jugé, par arrêt de la Cour de cassation, du 8 novembre 1843 (1). Dans ce cas, en effet, le vœu de l'article 47 n'était pas méconnu.

(1) Dalloz, 1844. 1.29.

Art. 48.

Le Jury est juge de la sincérité des titres et de l'effet des actes qui seraient de nature à modifier l'évaluation de l'indemnité.

SOMMAIRE.

COMMENTAIRE.

568. Quoiqu'on en puisse dire, le Jury est juge souverain de ART. 48. la sincérité des titres, ainsi que de l'effet des actes qui seraient de nature à modifier l'évaluation de l'indemnité. Son omnipotence, en cette matière, est clairement établie par l'art. 48. Elle n'est limitée, quant au règlement de l'indemnité, que par le dernier paragraphe de l'article 39, lequel défend au Jury, en aucun cas, d'allouer une indemnité inférieure aux offres de l'administration, ni supérieure à la demande de la partie intéressée. Mais, à cette exception près, le Jury juge comme il l'entend, et nul n'a le droit de lui demander compte des motifs qui l'ont déterminé. La Cour de cassation, elle-même, n'a pas à les rechercher. Sans doute, le Jury n'a et ne doit avoir d'autre latitude que celle qui lui est donnée par la loi, et il doit rester scrupuleusement dans les limites qui lui sont tracées; mais, dans ces limites, il peut décider ainsi qu'il lui plaît, de même qu'il peut tirer toutes les conséquences qui lui paraissent raisonnables des titres et des actes produits par les parties. Tout ce qu'on peut dire, c'est que si, en ce qui concerne le règlement de l'indemnité, aucune autre obligation que celle sanctionnée par le dernier paragraphe de l'art. 39 ne pèse sur les jurés, ils n'en sont pas moins obligés de suivre les lois de la justice, quoique jugeant souverainement, et que, ayant prêté serment d'agir avec impartialité, ils doivent allouer à chaque indemnitaire ce qui lui est légitimement dû, sans y rien ajouter ni retrancher, par aucune considération.

569. Mais le Jury ne peut apprécier les titres en eux-mêmes, c'est-à-dire, prononcer sur leur validité. Il ne doit les apprécier que sous un autre point de vue, celui qui est relatif au règlement de l'indemnité. Je trouve un exemple de ce que j'avance dans un arrêt de la Cour de cassation, rendu le 28 janvier

ART. 48. 1857. Cet arrêt porte que, le Jury n'a droit d'apprécier la sincérité des titres que lorsque cette appréciation intéresse la quotité de l'indemnité, mais non lorsqu'elle nécessite une décision sur l'existence même du droit à cette indemnité, indépendamment de son chiffre : par exemple, que, lorsque la sincérité d'une prolongation de bail est contestée, le Jury est sans compétence pour statuer sur la contestation et fixer une indemnité définitive d'après la solution qu'il aura admise : qu'il y a alors litige sur le fond du droit, et que le Jury doit se borner à fixer une indemnité alternative (1). On trouve une décision identique dans un autre arrêt du 14 avril 1857 (2).

(1) Dalloz, 1857. 1.47.
(2) Ibid., 1857. 1.166.

Art. 49.

Dans le cas où l'administration contesterait au détenteur exproprié le droit à une indemnité, le Jury, sans
s'arrêter à la contestation, dont il renvoie le jugement
devant qui de droit, fixe l'indemnité comme si elle était
due, et le magistrat directeur du Jury en ordonne la
consignation, pour, ladite indemnité, rester déposée
jusqu'à ce que les parties se soient entendues, ou que
le litige soit vidé.

SOMMAIRE

573. L'art. 49 ne s'applique qu'au cas où le Jury fixe une indemnité éventuelle. On ne doit pas ordonner la consignation de l'indemnité alternative.

574. Dans le cas de cet article, le magistrat directeur fait acte de juridiction.

COMMENTAIRE.

ART. 49.   570. Cet article n'est que le complément de l'article 39, 4° §. Il prévoit, en effet, le cas où il y a litige sur le fond du droit, et il oblige le Jury à fixer l'indemnité, comme si elle était due, tout en lui ordonnant de renvoyer le litige devant qui de droit. S'il ne s'agissait que de cela, l'article 49 serait tout-à-fait inutile, et l'on aurait pu s'épargner une répétition. Mais il contient en outre une disposition nouvelle faite pour le cas où l'une des hypothèses prévues par l'art. 39, 4° §, viendra à se présenter. Il veut que, lorsque le droit à l'indemnité est contesté, le magistrat directeur soit tenu d'ordonner la consignation de l'indemnité, en attendant que les parties se soient mises d'accord, ou que les tribunaux compétents aient prononcé. L'art. 49 n'a pas d'autre signification. Ce n'est que sur ce point qu'il contient une disposition parallèle à celle de l'art. 39, 4° §. Sous tous les autres rapports, les dispositions de ces articles doivent être confondues.

571. Ces articles, s'appliquant simultanément, dans le cas prévu, doivent s'expliquer l'un par l'autre. Ainsi, l'article 49 dit que le Jury fixe l'indemnité comme si elle était due et renvoie le jugement de la contestation devant qui de droit. Il y a là une erreur de rédaction, qu'on a évitée dans le 4ᵐᵉ § de l'article 39. Je Jury n'a pas à se préoccuper des conséquences de sa décision; il n'a rien à prescrire, point de renvoi à prononcer. Ce soin regarde le magistrat directeur, lequel renvoie

le litige devant le juge compétent, ordonne le dépôt de la somme allouée pour indemnité et statue sur les dépens. Quant au Jury, son rôle est fini et ses pouvoirs sont épuisés, dès l'instant où il a rendu sa décision. C'est donc mal à propos que l'article 49 lui donne la faculté de se désinvestir et de renvoyer.

572. L'art. 49 n'est point prescrit à peine de nullité; cependant sa violation pourrait donner ouverture à cassation. Ainsi, un arrêt de la Cour de cassation, du 22 août 1855, a décidé que, l'ordonnance du directeur du Jury qui déclare purement et simplement exécutoire une décision du Jury allouant des indemnités, sans prescrire la consignation de ces indemnités, pour qu'elles restent déposées jusqu'à ce que les parties se soient entendues, ou que le litige ait été vidé, est nulle (1). Cet arrêt fournit un nouvel exemple de nullité non taxativement énoncée dans la loi et que, néanmoins, la Cour suprême n'hésite pas à prononcer. La consignation, dans les cas où elle doit être ordonnée, constitue, par conséquent, une formalité substantielle. La loi du 3 mai 1841 contient une foule de nullités semblables.

573. Un arrêt de la Cour de cassation, en date du 26 décembre 1860, porte que, dans le cas de l'art. 49, le Jury doit fixer une indemnité éventuelle (2). Rien n'est plus certain. L'indemnité ne peut avoir d'autre caractère, par la raison que c'est le fond du droit qui est en question, c'est-à-dire, qu'il s'agit uniquement de savoir si une indemnité est due, oui ou non, au réclamant. C'est alors que le magistrat directeur doit en ordonner la consignation. Mais il en est autrement lorsque l'indemnité est alternative, en d'autres termes, quand le droit n'est pas dénié, et qu'on est seulement en désaccord sur l'étendue de l'indemnité. Supposons, par exemple, que les parties contestent l'exactitude de la mensuration du terrain exproprié, et que l'indemnitaire lui attribue une contenance plus grande que celle portée sur le plan parcellaire; supposons encore, que le propriétaire conclue à l'acquisition totale du terrain dont on

(1) Dalloz, 1855. 1. 396.
(2) Ibid., 1861. 1. 134.

ART. 49. n'a exproprié qu'une partie, et que l'administration s'y refuse ; dans ces deux cas, il y a un litige dont le Jury ne peut connaître et que le magistrat directeur doit renvoyer devant qui de droit. Mais il n'y aura pas lieu à ordonner la consignation. Pourquoi ? parce que l'indemnité n'est plus éventuelle ; qu'elle est alternative, c'est-à-dire, qu'elle doit être fixée en vue des deux hypothèses, dont l'une doit nécessairement se réaliser, et que l'art. 49 n'est point fait pour ce cas. Il ne s'applique qu'à l'indemnité éventuelle, il ne prévoit que le cas où il y a litige sur le fond du droit, et non pas celui où la contestation ne porte que sur le chiffre plus ou moins élevé de l'indemnité, eu égard à l'importance des droits dont le réclamant se trouve dépouillé. En un mot, pour que le magistrat directeur ordonne la consignation, il faut que l'administration conteste carrément la prétention de l'exproprié ; il faut qu'elle lui dise : je vous refuse une indemnité, parce que vous n'êtes, ni propriétaire, ni locataire, ni fermier ; vous êtes sans droit aucun. Alors, le Jury fixe l'indemnité comme si elle était due, et le magistrat directeur en ordonne la consignation. Cette indemnité est éventuelle, car rien n'est plus éventuel que le litige sur le fond d'un droit. La position n'est plus la même quand il s'agit d'une indemnité alternative. Il est certain qu'elle est due ; il y a doute seulement sur sa quotité ; inutile dès lors d'ordonner une consignation dont l'art. 39, applicable spécialement à ce cas, ne parle pas. Encore une fois, la consignation ne doit avoir lieu qu'autant que le droit à l'indemnité est contesté (1).

574. L'art. 49 fournit un des rares exemples des cas où le magistrat directeur fait acte de juridiction en ordonnant la consignation de l'indemnité fixée par le Jury. Son ordonnance, en effet, émane du pouvoir juridictionnel et elle a tous les caractères d'un jugement.

(1) V. n. 459.

Art. 50.

Les bâtiments dont il est nécessaire d'acquérir une portion pour cause d'utilité publique seront achetés en entier, si les propriétaires le requièrent par une déclaration formelle adressée au magistrat directeur, dans les délais énoncés aux articles 24 et 27.

Il en sera de même de toute parcelle de terrain qui, par suite du morcellement, se trouvera réduite au quart de la contenance totale, si toutefois le propriétaire ne possède aucun terrain immédiatement contigu, et si la parcelle, ainsi réduite, est inférieure à dix ares.

SOMMAIRE.

600. Ces conditions doivent exister simultanément.

601. L'acquisition totale ne peut être demandée si le propriétaire possède un immeuble immédiatement contigu à la parcelle dont il demande l'acquisition entière. Ce qu'on doit entendre par les mots *immédiatement contigu.*

602. Cas où la propriété contiguë et celle qui lui est réunie, prises ensemble, sont inférieures à dix ares.

603. Pour que la demande puisse être repoussée, il faut que la propriété contiguë appartienne au propriétaire du terrain exproprié.

604. Les règles relatives au consentement de l'usufruitier, et autres intéressés, à l'aliénation totale des bâtiments, s'appliquent à celle des terrains non bâtis.

605. Les difficultés relatives à l'application de l'art. 50 constituent des questions litigieuses nécessitant le renvoi et la fixation d'une indemnité alternative.

606. La réquisition dont parle l'art. 50 doit être notifiée à l'administration et non pas adressée au magistrat directeur.

COMMENTAIRE.

575. La raison dit que, dans les circonstances ordinaires, ART. 50. l'administration est seulement tenue d'acquérir la partie de terrain jugée nécessaire à l'exécution des travaux entrepris; mais il est telle autre circonstance où l'application de cette règle serait d'une injustice évidente, parce qu'il en résulterait un préjudice notable pour le propriétaire exproprié. En effet, que l'administration prenne la moitié d'une maison, ou la plus grande partie d'une parcelle de terrain de peu d'étendue, il est impossible que le propriétaire soit convenablement indemnisé, même en le payant largement, si on le contraint à garder la partie restante de sa maison ou de son terrain. Il ne lui resterait alors, bien souvent, qu'une propriété entièrement improductive.

576. Cet inconvénient était tellement frappant, que la loi du 16 septembre 1807 avait cherché à y obvier, pour les maisons et bâtiments, en forçant l'administration à acquérir en entier la maison dont elle prenait une partie. Cette sage disposition passa dans la loi du 7 juillet 1833 et, de là, dans celle du 3 mai 1841. Elle a, de plus, été étendue, avec juste raison, aux terrains non bâtis. Ainsi, d'après l'art. 50 de cette dernière loi, les bâtiments dont il est nécessaire d'acquérir une portion pour cause d'utilité publique, seront achetés en entier, si les propriétaires le requièrent. Il en est de même pour les terrains non bâtis. Il faut cependant que ces bâtiments soient contigus, autrement leur acquisition totale ne serait point obligatoire pour l'administration. Ainsi jugé par arrêt de la Cour de Toulouse, du 22 novembre 1855 (1).

577. Mais le droit accordé aux propriétaires ne peut être exercé par eux que sous certaines conditions et en certaines circonstances.

Parmi ces conditions, il en est de communes aux terrains bâtis et non bâtis, et d'autres particulières à la dernière espèce de propriété.

578. Les conditions communes sont : 1° que les propriétaires requièrent l'acquisition entière de la propriété ; 2° que réquisition formelle en soit faite au magistrat directeur, dans les délais énoncés aux art. 24 et 27. Ces conditions sont seules exigées pour les bâtiments. Peut-être, ai-je tort de me servir de cette expression, car ce ne sont point là des conditions imposées par la loi au propriétaire, mais bien plutôt le mode par lequel il doit faire connaître ses intentions. Quoi qu'il en soit, toujours est-il que l'emprise forcée n'a lieu qu'autant que le propriétaire a manifesté sa volonté par une réquisition expresse adressée au directeur du Jury (2).

579. La portion de la propriété qui n'est pas réclamée pour

(1) Dalloz, 1855. 2.80.
(2) V. n. 606.

cause d'utilité publique ne peut être acquise que du consente- ment du propriétaire, puisque l'aliénation s'en fait à sa réquisition. Mais il faut que le consentement émane du propriétaire lui-même. Il suit de là que le mari ne pourrait, sans l'approbation de sa femme, exiger que l'administration prît la totalité de l'immeuble dont partie est expropriée sur elle. On comprend qu'il peut importer beaucoup à la femme de ne pas changer la nature de sa dot et de la rendre mobilière, d'immobilière qu'elle était. En outre, si la femme est mariée sous le régime dotal, l'autorisation de la justice sera nécessaire pour confirmer l'aliénation.

580. Il en sera de même pour les biens d'un mineur. Le tuteur n'aurait pas le droit de contraindre, de son chef, l'administration à acquérir la totalité de la propriété de son pupille. Il devra, si l'aliénation lui paraît utile et de bonne administration, faire délibérer le conseil de famille et obtenir, ensuite, l'homologation de la délibération. Je ne crois pas que, dans ce cas, il suffise de se conformer aux prescriptions de l'art. 13. La raison en est que cet article ne s'applique qu'aux biens frappés d'expropriation et compris dans l'arrêté indiquant les propriétés qui doivent être cédées, aux termes de l'art. 11.

581. Ce que je viens de dire s'applique au père, tuteur de son fils et usufruitier légal de ses biens. Malgré la réunion de ces deux qualités, il ne pourrait faire seul l'option autorisée par l'art. 50, relativement à une propriété appartenant au mineur. Il devrait rapporter une délibération du Conseil de famille, homologuée par le Tribunal.

582. Les mêmes raisons s'appliquent aux administrateurs des établissements publics. Ils devront se faire autoriser dans la forme prescrite pour l'aliénation des biens appartenant à ces établissements.

583. Il arrive quelquefois que la propriété expropriée est soumise à un droit d'usufruit. Dans ce cas, il s'agit de savoir à qui, du propriétaire ou de l'usufruitier, appartiendra de faire la réquisition dont parle l'art. 50.

Delalleau pense, et je suis de son avis, que c'est au proprié-

ART. 50. .taire à fournir son consentement, c'est-à-dire, à sommer l'administration d'acquérir la propriété entière. Il se fonde sur ce que, d'après l'art. 578, C. N., l'usufruit est le droit de jouir des choses, dont un autre a la propriété, comme le propriétaire lui-même, mais à la charge d'en conserver la substance. L'usufruitier, dit-il, ne pouvant changer la substance des choses soumises à l'usufruit, ne peut, sans le consentement du propriétaire, substituer une somme d'argent à une propriété immobilière. Il ne peut le forcer à échanger contre une simple indemnité la partie restante de sa propriété. Il est vrai que le morcellement de la maison pourra lui causer un grand préjudice; il pourra même être privé d'une partie de son habitation, sans que l'intérêt de l'indemnité accordée pour la portion expropriée suffise pour le replacer dans la situation où il se trouvait avant l'expropriation ; mais c'est là l'effet du droit, en quelque sorte, précaire de l'usufruitier. C'est ainsi qu'en cas de destruction du bâtiment, il perd ses droits sur le sol et sur les matériaux. — Art. 624, C. N. (1).

584. Mais si l'usufruitier ne peut contraindre le propriétaire à aliéner sa propriété, d'un autre côté, il est interdit à celui-ci de procéder à cette aliénation sans le consentement de l'usufruitier. C'est encore l'avis du même auteur. Il argumente de l'art. 599. C. N., portant que le propriétaire ne peut, par son fait, ni de quelque manière que ce soit, nuire aux droits de l'usufruitier. Or, dit-il, si l'usufruitier préfère conserver le reste des bâtiments, le propriétaire ne peut l'obliger à l'échanger contre une indemnité. Il doit exercer ses droits de manière à ne pas nuire à ceux de l'usufruitier et ne pourrait, sans le consentement de celui-ci, exiger l'acquisition de la totalité des bâtiments (2).

Il résulte de là que le propriétaire éprouvera quelquefois un préjudice grave et irréparable par le mauvais vouloir de l'usufruitier, car il peut se faire que, après la cessation de l'usufruit,

(1) N° 698. p. 440.
(2) N° 698. p. 441.

il n'obtienne pas de sa propriété le prix qu'il en eût touché de l'administration. Mais c'est une chance qu'il doit courir. Quoiqu'il arrive, il ne peut nuire aux droits de l'usufruitier ; or, il leur nuirait s'il le forçait à jouir d'une manière contraire à son titre et à sa volonté.

585. Il faut en dire autant de l'usager et de celui qui a un droit d'habitation, car les mêmes raisons leur sont applicables. Le propriétaire ne peut attenter à leurs droits, ni les renfermer dans un cercle plus étroit que celui de leur titre : il est, par conséquent, non recevable à changer la substance des choses qui y sont soumises.

586. Cependant Dalloz est d'une opinion contraire à celle de Delalleau. Voici comment il raisonne. L'art. 50, dit-il, accorde au propriétaire un droit facultatif absolu, c'est-à-dire, dont l'exercice n'est point subordonné à la condition d'obtenir le consentement d'un tiers : et cette condition que la loi n'exige point, la nature des choses ne l'exige pas davantage, car il est facile de concilier les droits respectifs du propriétaire et de l'usufruitier, nonobstant l'opposition de leur volonté. Rien n'empêche, en effet, que le propriétaire n'oblige l'État à acheter la totalité de son immeuble, conformément à l'art. 50, sans que l'usufruitier cesse, pour cela, de conserver son droit sur la portion de l'immeuble non nécessaire à l'exécution des travaux publics. Il sera usufruitier d'un terrain appartenant à l'Etat, au lieu de l'être d'une propriété privée, voilà tout. Mais, alors même qu'il y aurait impossibilité de concilier le droit du propriétaire, qui veut user du bénéfice de l'art. 50, avec celui de l'usufruitier, qui s'y refuse, nous ne voyons pas pourquoi ce serait le premier qu'il faudrait sacrifier. C'est forcer le sens de l'art. 599 C. Nap., que d'étendre cet article à un cas où le propriétaire ne cherche point à faire sa condition meilleure aux dépens de l'usufruitier, mais seulement à atténuer le préjudice que lui occasionne un événement de force majeure, l'expropriation pour cause d'utilité publique (1).

(1) Dalloz. Dict. G. loc. cit. n. 531.

ART. 50. J'avoue que ces raisons ne me touchent guère. La première déplace évidemment la question. Il est certain que si l'Etat, après avoir acquis la partie restante du terrain exproprié, laisse l'usufruitier en jouissance, celui-ci n'aura rien à dire, car il n'éprouve aucune lésion et continue à jouir conformément à son titre. Dès lors le propriétaire pourra exiger l'acquisition de la propriété entière, en y mettant pour condition de respecter le droit d'usufruit qui la grève. Mais de savoir s'il pourrait contraindre l'administration à accepter cette condition, est une question toute différente, que je n'hésiterai pas à trancher par la négative. Il me semble que, si le propriétaire entend donner à l'administration la libre disposition de la propriété, d'où résultera le droit de déposséder l'usufruitier, il faudra que celui-ci y consente, sinon il perdrait son droit de jouissance par l'effet d'une volonté étrangère et contraire à la sienne.

Quand au second argument par lequel Dalloz donne à entendre que, en cas d'impossibilité de concilier le droit du propriétaire avec celui de l'usufruitier, celui-ci doit être sacrifié, il ne vaut guère mieux. De deux choses l'une : ou le propriétaire a constitué l'usufruit lui-même, ou il l'a trouvé établi. Dans le premier cas, il doit le respecter, parce qu'il est le résultat de sa volonté, et qu'il aurait mauvaise grâce à détruire ce qu'il a lui-même édifié. Dans le second cas, il doit encore le respecter, parce que c'est une charge qui lui est imposée : c'est en quelque sorte, la condition de son droit de propriété.

587. Les mêmes motifs me conduisent à dire que le propriétaire a besoin du consentement du locataire ou du fermier pour transférer à l'administration le domaine plein et entier de la propriété qu'il la contraint d'acquérir. Cela a été jugé par un arrêt de la Cour de Paris, du 12 février 1833. Cet arrêt a décidé que, lorsque le propriétaire voulait user de la faculté que lui accordait l'article 51 de la loi du 16 septembre 1807, il fallait distinguer entre l'acquisition de la portion nécessaire aux travaux, et celle du surplus de l'immeuble; que la première emportait la résiliation des baux que le vendeur avait pu consentir sur ladite portion; mais que l'acquisition du surplus de

l'immeuble, ne constituant qu'un acte volontaire de la part du art. 50.
vendeur devait être régi par les principes ordinaires du droit,
et laisser subsister les droits acquis aux tiers dans les termes
de leurs conventions, si l'état des choses le permet (1). Ces principes sont encore de mise aujourd'hui, car la disposition de
l'art 51 de la loi du 16 septembre 1807 a été de nouveau con-
sacrée par l'art. 50 de la loi du 3 mai 1841.

Tout ce que l'on peut dire, dans le cas de l'hypothèse dont
je traite, c'est que l'administration devra être mise au lieu et
place du propriétaire, et qu'elle sera tenue de remplir les obligations qu'il aura contractées. En effet, l'achat du domaine
entier la substitue aux droits du vendeur, lequel n'a pu lui
transmettre que ceux qu'il possédait lui-même. Or, le domaine
aliéné, étant grevé d'un bail à ferme qui le suit en quelques
mains qu'il passe, doit, par conséquent, arriver avec cette
charge entre les mains de l'administration. C'est ce qui a été
jugé, en termes exprès, par arrêt de la Cour de cassation, en
date du 14 juillet 1847. On y lit que, la portion non affectée
aux travaux publics arrive aux mains de l'administration, non
à titre d'expropriation, mais à titre de vente, et, conséquemment, avec les charges réelles qui la grèvent (2).

588. Je ne crois pas que l'administration pût refuser d'acquérir le restant de la propriété expropriée, sous le prétexte que cette
propriété serait grevée de droits d'usage, d'usufruit ou d'habitation, ou bien qu'elle serait exploitée par un fermier ou habi-
tée par un locataire. L'art. 50 statue d'une manière générale. Il
donne au propriétaire exproprié le droit de requérir l'acquisition du restant de l'immeuble, sans s'occuper si des tiers y ont
des droits. La raison de cette omission est facile à trouver; c'est
que l'art. 50 suppose que la propriété passe à l'administration
avec toutes les charges qui la grèvent.

En résumé, l'acquisition de la partie restante de la propriété
expropriée est forcée de la part de l'administration, elle ne peut

<hr>

(1) Delalleau. n. 703. p. 443.
(2) Dalloz, 1847. 1. 251.

ART. 50. s'y refuser lorsque le propriétaire se trouve dans l'un des cas prévus par l'art. 50 ; mais le consentement des parties intéressées ne la concerne pas, il ne touche que le propriétaire, qui ne peut agir seul. Au reste, ce consentement n'est requis qu'autant que les droits des tiers sont intervertis ou anéantis par l'effet de l'aliénation ; que si ces droits sont respectés, le propriétaire peut disposer de sa chose, ainsi qu'il ferait de toute autre propriété.

589. L'art. 50 de la loi du 3 mai 1841 paraît limitatif, en ce sens qu'il n'accorde qu'au propriétaire la faculté de requérir l'acquisition entière de l'immeuble exproprié. Cependant le contraire a été décidé par un arrêt de la Cour impériale de Paris, rendu le 6 mai 1854. Cet arrêt porte que, en cas d'expropriation d'une partie seulement d'un immeuble loué, le locataire a le droit d'exiger l'expropriation entière — quant au bail — de cet immeuble, tout aussi bien que le propriétaire, et alors spécialement que celui-ci ne la requiert pas lui-même ; que l'effet de cette expropriation est de transporter le bail sur la tête de l'expropriant, en substituant ce dernier aux droits et aux charges du locataire dépossédé ; et ce, contrairement aux protestations du propriétaire (1).

L'arrêt du 6 mai 1854 est blâmé par l'arrêtiste, quand à cette partie de son dispositif. Il prétend que l'art. 50 ne s'applique nullement au locataire ; qu'on ne peut raisonner d'après une analogie qui n'existe pas ; que le propriétaire se trouverait lésé dans ses droits, si le locataire pouvait contraindre l'administration à l'acquisition totale des fonds soumis à une expropriation partielle, soit que l'on décide — ce qui ne se concevrait pas — que le droit du locataire va jusqu'à pouvoir imposer à l'administration l'acquisition entière de la propriété même, soit qu'on en restreigne les effets au bail ; que, dans le premier cas, le propriétaire serait privé d'une portion d'immeuble dont il peut ne pas vouloir se dépouiller, et, dans le second, il verrait l'Etat substitué à son locataire, nonobstant l'interdic-

(1) Dalloz, 1856. 2.65.

tion qu'il aurait pu faire à celui-ci dans le bail de sous-louer, ART. 50. ou alors même que, comme dans l'espèce, il aurait subordonné la faculté pour le locataire de céder son bail à certaines conditions qui n'auraient pas été remplies.

Mettons de côté le premier argument, c'est-à-dire, établissons en principe que, en aucun cas, le propriétaire ne peut être dépouillé de son immeuble à la demande de son locataire, et voyons si celui-ci est fondé à demander qu'on acquière la totalité du bail.

Je crois pouvoir répondre par la négative, en m'en référant aux raisons données par Dalloz. Il est évident que si le locataire peut contraindre l'administration à l'acquisition totale du bail, il en résultera qu'il donnera au propriétaire un locataire différent de celui avec lequel il a traité, et qu'il y aura violation du contrat du bail, dans le cas où ce contrat contiendra l'interdiction de sous-louer. Il est vrai de dire que cette raison n'existerait pas, en supposant que les parties fussent restées dans les termes du droit commun, c'est-à-dire, si la faculté de sous-louer n'avait pas été interdite au locataire. Sous ce rapport, la décision devrait donc dépendre des circonstances accompagnant le fait de la location.

Mais il y a une raison bien autrement puissante : c'est que le locataire est complétement désintéressé dans la question, et que, si le bail lui est à charge, rien de plus aisé que de s'en défaire ; il n'a qu'à invoquer la disposition de l'art. 1722, C. Nap., portant que, si la chose louée est détruite en partie, le preneur peut, suivant les circonstances, demander ou une diminution du prix ou la résiliation même du bail.

On voit, par conséquent, que le locataire se trouvait, en réalité, sans intérêt dans l'espèce jugée par l'arrêt du 6 mai 1854, et qu'il était inutile pour lui d'exiger que l'administration acquît la totalité du bail, alors qu'il pouvait atteindre le même résultat, c'est-à-dire, se débarrasser d'une location qui lui était devenue à charge, en se retournant vers le bailleur, et en lui demandant la résiliation du contrat, conformément

ART. 50.   aux dispositions de l'art. 1722. Ainsi, sous aucun rapport, l'art. 50 de la loi du 3 mai 1841 ne peut s'appliquer au locataire.

590. La réquisition dont parle l'art. 50 doit être faite par une déclaration formelle adressée au magistrat directeur, dans les délais énoncés aux art. 24 et 27. Cependant, cet article n'est pas toujours entendu d'une manière rigoureuse, en ce sens que le requérant peut se dispenser de s'adresser au magistrat directeur. Un arrêt rendu par la Cour suprême, à la date du 25 août 1856, a jugé que la réquisition exigée par l'art. 50 peut être notifiée directement à la partie expropriante, à l'effet d'être mise ensuite, par le magistrat directeur, sous les yeux du Jury ; et qu'il n'est pas nécessaire qu'elle soit adressée au magistrat directeur lui-même (1). Une décision semblable a été portée par un autre arrêt du 10 avril 1861 (2).

La jurisprudence est même allée plus loin. Il a été jugé, par arrêt du 28 novembre 1859, que la réquisition totale d'un immeuble frappé d'expropriation partielle, est suffisamment établie par la mention qui en est faite sur le procès-verbal des opérations du Jury ; et qu'il n'est pas nécessaire que cette réquisition soit constatée par acte extra-judiciaire (3). Dans l'espèce, l'existence de la réquisition n'avait pas été contestée. On comprend que, s'il en avait été autrement, la décision eût été différente, parce qu'alors il eût consté de l'opposition à la réquisition par le procès-verbal, et qu'il aurait été nécessaire de produire l'original de cette réquisition.

591. L'art. 50 renvoie aux art. 24 et 27 pour les délais dans lesquels la réquisition devra être faite.

Le délai de l'art. 24 est de quinzaine, à partir de la notification des offres faites par l'administration aux propriétaires et autres intéressés. Il s'applique aux personnes qui peuvent disposer librement de leurs biens.

_____

(1) Dalloz, 1856. 1.333. — V. n. 606.

(2) Ibid., 1861. 1.282. — V. autre arrêt du 1er juillet 1863. — Dalloz, 1863. 1.320.

(3) Ibid., 1860. 1.39.

Le délai de l'art. 27 est d'un mois, toujours à dater de la Art. 50. notification des offres. Il a été établi dans l'intérêt des femmes, mineurs et autres incapables, ainsi que pour l'aliénation des biens de l'Etat, des communes et des établissements publics.

592. Ces délais sont de rigueur. Il y aurait déchéance si la réquisition avait été faite après leur expiration. Ainsi jugé par l'arrêt du 25 août 1856, déjà cité (1), et par un autre arrêt du 18 janvier 1859 (2).

593. La conséquence de la réquisition faite dans les délais est d'obliger l'administration à faire des offres, conformément au prescrit de l'art 23 ; c'est, en effet, une demande formée par l'exproprié sur laquelle elle doit s'expliquer. Un arrêt récent de la Cour de cassation, à la date du 19 mai 1862, a jugé que la réquisition, faite en temps utile, oblige l'expropriant à faire des offres dans les délais et avec les formalités prescrites (3). Il s'ensuit qu'il y aurait nullité s'il manquait à ce devoir. C'est ce que la même Cour a jugé, par arrêt du 10 avril 1861. Cet arrêt porte que l'expropriant auquel une demande en dépossession totale est signifiée, est tenu, à peine de nullité des opérations du Jury, de la faire mentionner, avec le chiffre de l'indemnité réclamée, sur le tableau des offres et demandes, sauf, s'il la conteste, la fixation par le Jury d'une indemnité alternative. L'arrêt ajoute que la nullité, qui découle de l'inobservation de cette formalité, étant substantielle et d'ordre public, peut être invoquée pour la première fois devant la Cour (4).

594. Quoique la question de savoir si la réquisition a été faite dans les délais, ou hors des délais, ne paraisse pas devoir donner lieu à difficulté, puisqu'il s'agit d'un point de fait qu'on peut résoudre sur le vu des pièces, cependant, lorsqu'elle vient à surgir, c'est le cas de fixer une indemnité alternative, décidant la question au double point de vue sous lequel elle est pré-

(1) V. n. 590.
(2) Dalloz, 1859. 1.24.
(3) Ibid., 1862. 1.377.
(4) Ibid., 1861. 1.282.

ART. 50. sentée au Jury. L'arrêt du 10 avril 1861, que je viens de citer, s'en explique d'une manière fort claire, et un autre arrêt, rendu le 25 août 1856, ne laisse aucun doute à ce sujet, tellement il est précis et formel. Il porte que le débat élevé sur le point de savoir si un délai était expiré constitue un litige sur le fond, et oblige le Jury à fixer deux indemnités, se référant alternativement aux solutions diverses que ce litige pourra recevoir (1). Cet arrêt est bon à consulter en ce qu'il contient l'exemple d'une réquisition réputée faite hors des délais, et qui, néanmoins, fut reconnue avoir été notifiée en temps utile.

595. Mais le Jury n'a pas à s'expliquer sur la demande en indemnité, quand il est avéré que la réquisition a été faite hors des délais. Dans ce cas, la déchéance est encourue, à moins, comme nous le verrons tout à l'heure, qu'elle n'ait été couverte par le fait de l'expropriant. Ainsi, un arrêt émané de la Cour de cassation, le 14 août 1855, porte qu'une réquisition faite après le délai de quinzaine, est tardive, et que le Jury ne peut y statuer (2). Un autre arrêt, du 9 juillet 1856, dit qu'une pareille déclaration est tardive, et, dès-lors, non-recevable (3). Enfin, un dernier arrêt, en date du 13 août 1855, déclare que le silence gardé par le Jury sur la réquisition tardivement faite est surtout inattaquable, quand l'exproprié n'a pas même fixé un chiffre de demande qui pût être la base de l'appréciation du Jury, le Jury n'ayant pas, en ce cas, les éléments nécessaires pour faire cette appréciation (4). Il résulte de là que toute demande tardive doit être repoussée par le Jury, sauf le cas où la tardivité, et par conséquent la déchéance, seront mises en question.

596. La fin de non-recevoir résultant du défaut de déclaration, ou de déclaration tardivement faite, ce qui revient au même, est couverte par le silence de l'administration. C'est ce

(1) Dalloz, 1856. 1.333. — V. n. 605.
(2) Ibid., 1855. 1.416.
(3) Ibid., 1856. 1.293.
(4) Ibid., 1855. 1.333.

qui fut jugé, par arrêt de la Cour suprême, en date du 25 janvier 1853 (1). Il s'ensuit que l'administration, pour les nouvelles offres relatives à la parcelle de terrain qu'on la somme
d'acquérir, sera dispensée d'observer les délais établis par
l'art. 23. Un arrêt, rendu le 7 janvier 1862, porte que la réquisition faite en dehors des délais légaux et acceptée par l'expropriant, ne vaut que comme convention amiable et le dispense d'observer, quant au terrain volontairement cédé, les
délais exigés par les art. 24, 27 et 50, entre la date de l'offre et
celle de la demande (2).

597. Deux questions assez intéressantes se sont présentées
devant la Cour de Bordeaux. Par arrêt, en date du 13 décembre
1848, il a été jugé que le propriétaire qui a usé de la faculté
ouverte par l'art. 50 est fondé à rétracter son offre ou réquisition, tant qu'elle n'est pas acceptée, et même après la décision
du Jury; mais que cette rétractation n'est plus possible dès
qu'il y a eu acceptation (3). Cet arrêt paraît bien rendu ; car,
s'il est vrai que les conventions se forment par le consentement des parties contractantes, il est certain aussi qu'une partie
peut discéder du contrat, tant qu'il n'a pas été accepté par la
partie adverse. Dans l'espèce, le Jury, saisi de la demande en
acquisition totale, demande sur laquelle la commune expropriante ne s'était pas expliquée, fixa une indemnité alternative,
ainsi que c'était son devoir. Mais, plus d'un mois après, la
commune fit signifier aux expropriés, qu'elle désirait acquérir
la totalité de l'immeuble au prix fixé par le Jury, lequel avait
accordé l'indemnité demandée. Les expropriés s'y refusèrent.
Ce fut sur ces errements que la Cour de Bordeaux eut à statuer.
On cite, cependant, un arrêt de la Cour de cassation, rendu le
3 juillet 1843, qui aurait jugé en sens contraire (4). Mais, vérification faite, il n'en est rien. Cet arrêt dit seulement que, en

(1) Dalloz, 1853. 1.27.
(2) Ibid., 1862. 1.377.
(3) Ibid., 1849. 2.216.
(4) Ibid., 1843. 1.369.

ART. 50. l'absence de convention contraire, l'indemnité ne peut consister qu'en une somme d'argent, et que la décision par laquelle le Jury compose l'indemnité d'une somme d'argent et de mobilier est nulle.

598. La seconde question décidée par l'arrêt de la Cour de Bordeaux, du 13 décembre 1848, est encore plus usuelle et plus pratique que la première. Elle intéresse uniquement les communes qui entreprennent des travaux d'utilité publique pour leur propre avantage. L'arrêt dont je parle a décidé que la commune, qui a été autorisée à poursuivre l'expropriation de portion d'un immeuble, n'a pas besoin d'une autorisation nouvelle pour acquérir la totalité, lorsque l'exproprié le requiert. Sous ce rapport, l'arrêt du 13 décembre 1848 est d'une importance majeure, car c'est le seul précédent que je connaisse ayant statué sur une question qui doit se présenter souvent.

599. Le propriétaire peut contraindre l'administration à acquérir une parcelle de terrain entière, aux conditions suivantes qui sont particulières aux propriétés non bâties. Il faut que la parcelle, par suite du morcellement, se trouve réduite au quart de sa contenance totale, si toutefois le propriétaire ne possède aucun terrain immédiatement contigu, et si la parcelle ainsi réduite est inférieure à dix ares.

600. Ces expressions sont assez claires. Ainsi, pour que le propriétaire puisse exercer le droit que lui confère l'art. 50, il faut que les conditions imposées par cet article existent simultanément, c'est-à-dire, qu'il ne suffirait pas que la parcelle se trouvât réduite au quart de la contenance totale par l'effet du morcellement, mais qu'il faudrait encore que cette parcelle, ainsi réduite, fût inférieure à dix ares, et que le propriétaire ne possédât aucun terrain immédiatement contigu.

En conséquence, lors même que la parcelle réduite serait inférieure à dix ares, il suffirait que l'expropriation n'eût pas porté sur les trois quarts, pour que l'administration ne pût être contrainte à l'acquérir. Par exemple, on prend dix ares sur une propriété de quatorze ares, dans ce cas, le propriétaire ne peut demander l'acquisition des quatre ares restantes, parce ART. 50. qu'il ne se trouve pas dans l'hypothèse prévue par l'art. 50. Tel est l'avis de Delalleau (1). Je ne m'y range qu'avec peine, bien qu'il soit fondé sur les termes de cet article. Cela est bien rigoureux; d'un autre côté, si l'on n'a pas de règle fixe, on tombe dans l'arbitraire le plus absolu.

601. L'acquisition de la parcelle réduite au quart de sa contenance totale et inférieure à dix ares, peut être imposée à l'administration; mais il faut que le propriétaire ne possède aucun terrain contigu. Dans le cas contraire, les motifs qui lui ont fait accorder cette faculté n'existent pas : on n'a plus à craindre, en effet, le morcellement du sol, lorsque la parcelle restante peut être jointe à une autre parcelle appartenant au même maître.

L'art. 50 a voulu que la parcelle fût immédiatement contiguë à un autre terrain possédé par le même propriétaire, c'est-à-dire, qu'elle le touchât par quelqu'un de ses points. Il y aurait de la rigueur à exiger que les deux propriétés se trouvassent en contact sur toute la ligne séparative. Il suffit que la contiguité existe en quelque endroit.

Mais un chemin public, un fossé, soit pour l'arrosage du territoire, soit pour son dessèchement, s'opposeraient à l'application du 2ᵉ § de l'art. 50; car, alors, les deux propriétés ne seraient plus immédiatement contiguës. Cependant, je répugnerais à considérer comme un obstacle, un simple sentier d'exploitation, quoique à l'usage de plusieurs, ou un fossé sans eau que l'on peut aisément franchir, tel qu'on en trouve souvent dans les champs. Dans ce cas, on pourrait soutenir que la propriété réduite à moins de dix ares n'est pas isolée. Au reste, la décision, sur ce point, dépendra beaucoup des circonstances.

602. Que dirait-on si la propriété contiguë était de peu d'étendue et que, réunie à la parcelle détachée, elle fût d'une contenance moindre de dix ares ? Je crois qu'il n'y aurait pas lieu à l'application de l'art. 50, 2ᵉ §, par la raison que la pro-

(1) Nᵒ 696. p. 439.

Art. 50, priété non touchée par l'expropriation se trouverait améliorée. La loi ne veut qu'une chose, c'est que le propriétaire qui désire profiter du bénéfice de l'art. 50, ne possède pas une propriété immédiatement contiguë à la parcelle restée en dehors de l'expropriation.

603. Il faut que la propriété contiguë appartienne au propriétaire exproprié, sinon, sa demande en acquisition totale de l'immeuble devrait être accueillie. Par exemple, supposons que le terrain exproprié appartienne à la femme, et que la parcelle restante touche, d'une manière immédiate, la propriété du mari. Dans ce cas, l'acquisition de cette parcelle sera forcée pour l'administration, parce que l'exproprié ne possède pas le terrain contigu. Peu importe que le mari soit propriétaire de ce terrain ; cela ne suffit pas : aux termes de la loi, le terrain contigu doit appartenir au propriétaire exproprié, pour qu'on soit recevable à le repousser au moyen de l'exception portée par l'art. 50.

604. Je n'ai pas besoin de dire que les règles que j'ai tracées ci-dessus relativement au consentement de l'usufruitier et autres intéressés à l'aliénation totale des bâtiments, s'applique à l'aliénation des terrains non bâtis. Les droits de l'usufruitier, de l'usager, du locataire ou du fermier sont les mêmes, quelle que soit la propriété sur laquelle on les exerce.

605. Les difficultés relatives à la qualité de celui qui demande l'acquisition de la propriété entière et à l'observation des délais, ainsi qu'à la question de savoir si le propriétaire se trouve dans les circonstances déterminées par la loi, doivent être renvoyées aux tribunaux civils, car ce sont autant de points litigieux dont le Jury ni le magistrat directeur ne peuvent connaître. Ainsi jugé, par un arrêt de la Cour de cassation du 31 août 1838 (1). Néanmoins, le Jury devra fixer l'indemnité, soit définitivement, soit d'une manière alternative, suivant les prétentions des parties. Cela résulte de deux autres arrêts de la même Cour, en date des 3 avril 1839 et 5 février 1840 (2).

(1) Dalloz, dict. G. loc. cit. n. 438. — V. Rep. loc. cit. n. 740.
(2) Delalleau, n. 1081. p. 683. — V. ci-dessus, n. 594.

Jugé , par arrêt du 1ᵉʳ juillet 1863 , que la question de savoir
si une demande d'acquisition intégrale est fondée , et , notamment , si les conditions relatives à la contenance et à la condition de l'immeuble exproprié sont remplies, soulève un litige ,
qui n'est de la compétence ni du Jury ni du magistrat directeur,
et par suite , donne lieu à l'allocation d'une indemnité hypo-
thétique (1).

606. D'après l'art. 50, le magistrat directeur aurait juridiction en dehors de la tenue de la session , puisqu'il doit recevoir
la déclaration formelle prescrite par cet article. Je ne crois pas
que la loi du 3 mai fournisse un autre exemple d'une situation
pareille , car ordinairement l'attribution de pouvoir faire au
magistrat directeur coïncide avec l'ouverture de la session.
Avant cette époque, la fonction n'existe , pour ainsi dire , qu'en
expectative , mais elle ne peut se manifester par aucun acte
d'autorité.

On est allé jusqu'à soutenir qu'il y a eu erreur dans la loi
lorsque l'art. 50 a dit que la demande d'acquisition totale devait
être adressée au directeur du Jury. Dalloz , qui enseigne cette
opinion, prétend que cette rédaction se rattachait à un système
qui n'a point été admis. Le rejet de ce système, dit-il , nécessi-
tait une rectification dans les art. 21 et 50 ; elle fut faite dans
l'art. 21 ; mais on oublia de la faire également dans l'art. 50.
De même que la réponse aux offres, la demande doit être , non
pas adressée au magistrat directeur, mais signifiée à l'administration par acte extra judiciaire (2). Je crois que l'opinion de cet
auteur doit prévaloir : toujours est-il que , dans la pratique, les
parties ne s'adressent jamais au magistrat directeur hors de la
tenue de la session, si ce n'est pour fixer l'époque de son ouverture (3).

(1) Dalloz , 1863. 1.320.
(2) Rep. loc. cit. n. 739.
(3) V. n. 590.

Art. 51.

Si l'exécution des travaux doit procurer une augmentation de valeur immédiate et spéciale au restant de la propriété, cette augmentation sera prise en considération dans l'évaluation du montant de l'indemnité.

SOMMAIRE

612 Jurisprudence de la Cour de cassation. D'après cette jurisprudence, la plus value doit être immédiate et spéciale, et non point conjecturale et incertaine ; mais l'exproprié devra toujours obtenir une indemnité

613. Cependant, il ne faut pas limiter, d'une manière trop absolue, les effets de la plus value. Restriction apportée, en cette matière, à l'omnipotence du Jury par le 5ᵐᵉ § de l'article 39.

614. Discussion qui eut lieu à la Chambre des Pairs lors de la présentation de la loi du 3 mai 1841.

615. Il en résulte que la plus value doit être imputée, non sur la valeur intrinsèque de l'immeuble, mais sur la valeur de convenance ou d'affection. Cependant, dans la pratique, elle porte sur tous les éléments qui constituent l'indemnité. Raison de cette espèce de contradiction.

616. Pour que la plus value puisse être prise en considération, il faut qu'elle résulte immédiatement et spécialement des travaux entrepris ; on ne devrait y avoir aucun égard si les effets ne devaient s'en faire sentir que plus tard, ou si elle affectait une autre propriété appartenant au même maître.

617. Exemples de plus value immédiate et spéciale.

COMMENTAIRE.

607. L'art. 51 de la loi du 3 mai 1841, en obligeant le Jury ART. 51. à prendre en considération la plus value résultant de l'exécution des travaux, a introduit un changement assez important, en apparence, à l'article correspondant de la loi du 7 juillet 1833. Mais ce changement est, en définitive, sans portée, car l'obligation qui en résulte, n'a pas de sanction. On comprend que le Jury n'étant pas obligé de motiver ses décisions et pouvant fixer, en masse, le montant de l'indemnité, il sera presque toujours impossible de savoir si la plus value de l'immeuble a été, ou non, prise en considération. On comprend encore que le Jury, pouvant apprécier à son gré l'importance de cette plus value, aurait satisfait à la loi en accordant pour cet objet une somme minime, et que sa décision serait, de ce chef, à l'abri de la

ART. 51. cassation. Il en résulte que la disposition de l'art. 51 est plutôt une recommandation qu'un précepte obligatoire.

608. Néanmoins, si, par la manière dont l'art. 51 est rédigé, le Jury n'est point strictement obligé à prendre la plus value en considération, il n'en doit pas moins, en conscience, y avoir égard et obéir à la volonté du législateur, car il est positif, et le mot *sera* employé par cet article le prouve, que la plus value, lorsqu'elle existe, doit avoir de l'influence sur la fixation du montant de l'indemnité. Mais sur quelle partie de l'indemnité doit porter la plus value?

609. Cette question a fait naître deux systèmes. Mais afin de pouvoir les apprécier et pour mettre le lecteur à même de choisir, il faut auparavant préciser les éléments dont l'indemnité se compose.

D'après les commentateurs des lois des 7 juillet 1833 et 3 mai 1841, et, conformément à la jurisprudence de la Cour de cassation, il en est de deux sortes ; l'une comprenant la valeur vénale et intrinsèque de l'immeuble, et l'autre qui se compose du prix de convenance ou d'affection que l'on y attache, ou de la moins value qu'il subit par suite de l'expropriation. — Attendu, dit la Cour de cassation, dans un arrêt du 28 août 1839, que cette indemnité se compose d'éléments divers, dont les uns sont certains et positifs, et les autres tombent par leur nature dans le domaine d'une équitable appréciation : qu'ainsi outre la valeur vénale et intrinsèque de l'immeuble soumis, en tout ou en partie, à l'expropriation, outre les dépenses, soit de démolition, soit de reconstruction, le propriétaire dépossédé a le droit de faire entrer dans sa demande d'indemnité un prix quelconque, soit de convenance, soit d'affection, soit de moins value (1).

Ainsi, nous voilà fixés sur ce point : L'indemnité se compose 1° de la valeur intrinsèque et vénale de l'immeuble exproprié ; et, 2° d'un prix de convenance ou d'affection. Je ne parle

(1) Delalleau, n. 1082, p. 683.

pas de la moins value, laquelle n'a rien à faire ici. Sur lequel ART. 51.
de ces éléments la plus value doit-elle être imputée ?

610. A ce moment les deux systèmes dont j'ai parlé se sont
trouvés en présence. Le premier, celui de l'administration,
soutenu par quelques-uns des membres des deux chambres qui
prirent part à la discussion des lois des 7 juillet 1833 et 3 mai
1841, prétend que la plus value doit porter indifféremment sur
tous les éléments qui composent l'indemnité, c'est-à-dire, sur
la valeur d'affection ou de convenance, tout comme sur la valeur intrinsèque ; de telle sorte que, poussant les conséquences
de ce système jusqu'à leurs dernières limites, il arriverait que
l'exproprié ne devrait pas recevoir d'indemnité toutes les fois
que la plus value du restant de l'immeuble égalerait ou dépasserait la valeur de la parcelle qui en aurait été détachée.

Le second système, auquel se rangent naturellement les propriétaires expropriés, et qui fut soutenu par un plus grand
nombre de membres des deux chambres, consiste à dire que la
plus value doit être déduite uniquement de la valeur d'affection
ou de convenance, mais que la valeur intrinsèque de la propriété doit toujours être accordée au propriétaire.

611. Il faut en convenir, l'art. 51 se prête également à l'application de l'un ou de l'autre de ces systèmes, car il dit seulement que la plus value sera prise en considération dans l'évaluation de l'indemnité. Quant à savoir de quelle partie de
l'indemnité la plus value sera déduite, il n'en est nullement
parlé. L'art. 51 laisse cette question dans le domaine de l'interprétation, et ce n'est qu'en y recourant et en consultant les discussions qui eurent lieu aux chambres, que l'on peut se faire
une opinion sur ce point.

612. Constatons d'abord que, sous l'empire de la loi du 7
juillet 1833, la Cour de cassation s'était prononcée pour le second système. Voici ce que je lis dans l'arrêt du 28 août 1839,
ci-dessus cité : — Attendu, que c'est uniquement pour offrir au
Jury un contre-poids à l'exagération probable de cette partie
de l'indemnité (l'arrêt parle du prix d'affection que le propriétaire est naturellement enclin à porter au delà de ses

ART. 51. justes limites), que l'art. 51 a été introduit dans la loi du 7 juillet 1833 : que si, aux termes de cet article, le Jury est autorisé à prendre en considération, dans l'évaluation de l'indemnité, l'augmentation de valeur immédiate et spéciale que l'exécution des travaux pourra procurer au restant de la propriété, il n'est pas pour cela dispensé d'évaluer une indemnité qui est la conséquence nécessaire de l'expropriation même, ni autorisé à compenser et à absorber cette indemnité par le montant arbitraire et indéfini d'une plus value purement conjecturale, incertaine, et qui pourra être démentie par l'événement (1).

Cet arrêt est d'un grand poids, surtout si l'on considère que l'art. 51 de la loi du 7 juillet 1833 n'a subi d'autre modification par l'article correspondant de la loi du 3 mai 1841, si ce n'est de rendre obligatoire pour le Jury, ce qui n'était auparavant qu'une simple faculté, dont il pouvait faire ou ne pas faire usage, et que l'article de là nouvelle loi ne dit pas même sur quelle partie de l'indemnité portera la plus value. Il est bon de noter que, depuis lors, la Cour de cassation a persévéré dans sa jurisprudence. Par arrêt du 26 janvier 1857, elle jugea que la plus value autorise le Jury à diminuer le chiffre de l'indemnité, mais non à déclarer qu'il ne doit en être accordé aucune ; et que, qu'elle que soit l'importance de cette plus value, l'exproprié doit toujours obtenir une indemnité (2).

En conséquence, il résulte de la jurisprudence de la Cour suprême que le Jury devra prendre la plus value en considération, en tant que l'exécution des travaux procurera, au restant de la propriété, une valeur *immédiate* et *spéciale*; et non point lorsque la plus value sera *purement conjecturale, incertaine*, et de nature à être *démentie par l'événement*; mais que, dans tous les cas, l'exproprié devra *toujours obtenir une indemnité :* En d'autres termes, ainsi qu'on l'a soutenu, d'une manière peut-être trop absolue, que la plus value ne portera que sur la valeur de convenance ou d'affection.

(1) Delalleau. n. 1082. p. 684.
(2) Dalloz, 1857. 1. 44.

613. A mon avis, ceux qui limitent ainsi les effets de la plus ART. 51.
value ont raisonné, comme je viens de le dire, d'une manière
trop absolue. Que cette plus value doive être prise en considération lorsqu'elle est immédiate et certaine, personne n'en
doute, mais qu'elle ne puisse porter que sur la valeur de convenance ou d'affection, c'est ce dont il est permis de douter.
On devra d'abord l'appliquer à cet élément d'indemnité, car la
raison le veut ainsi ; mais rien n'empêchera de l'imputer sur
la valeur vénale de l'immeuble. Ainsi que le dit la Cour de cassation, on pourra diminuer le chiffre de l'indemnité, mais non
refuser d'en accorder une. Au demeurant, la loi, pas plus que
la jurisprudence, n'ont fait la distinction que la doctrine a
tenté d'établir. L'art. 51 porte que la plus value sera prise en
considération, et la Cour suprême dit qu'elle autorise le Jury à
diminuer le chiffre de l'indemnité, sans s'inquiéter de l'élément sur lequel elle portera. Seulement, l'omnipotence du Jury
se trouve circonscrite dans le cercle qui lui est tracé par le 5e §
de l'art. 39. On sait que ce paragraphe veut que, dans aucun
cas, l'indemnité ne puisse être inférieure aux offres de l'administration, ni supérieure à la demande de la partie intéressée.
Or, l'arrêt précité, du 26 janvier 1857, a décidé, formellement,
que, la règle d'après laquelle l'indemnité ne peut, en aucun
cas, être inférieure aux offres de l'administration, met obstacle
à ce que le Jury diminue le chiffre de ces offres, à raison de la
plus value : c'est-à-dire qu'il accorde une somme inférieure à
ces offres. Je crois que cet arrêt tranche la question.

614. Si j'en juge par les fragments que rapporte Delalleau, la
question fut catégoriquement posée devant la Chambre des
Pairs, lors de la discussion de la loi du 3 mai 1841. Il rapporte
l'opinion du comte d'Argout, qui appuyait le projet du gouvernement, lequel disait que la plus value serait compensée,
en tout ou en partie, avec l'indemnité. D'après cet auteur, on
exprimait clairement par ces mots que, quand la plus value
immédiate et certaine serait égale à la valeur de la propriété,
il n'y aurait rien à donner (1).

(1) Delalleau. No 1084. p. 685.

Art. 51.   Par cette opinion, le comte d'Argout se rangeait parmi les adversaires de la Cour de cassation. Il voulait que la plus value étant reconnue égale au montant de l'indemnité, il n'y eût rien à donner ; il voulait, par conséquent, que cette plus value fût compensée tant avec la valeur intrinsèque de l'immeuble exproprié, qu'avec le prix de convenance ou d'affection.

Les adversaires de ce système, indépendamment de l'autorité toujours si imposante de la Cour de cassation, s'appuyaient sur des considérations de justice et d'équité qui saisissent au premier abord. Ils disaient que, en vertu du grand principe de l'inviolabilité de la propriété, nul ne pouvait être dépouillé de sa propriété sans une juste et préalable indemnité ; que cette indemnité se compose de deux éléments ; d'abord le prix de la propriété, et, ensuite, la réparation du préjudice souffert : que, dans la discussion de la loi du 7 juillet 1833, il avait été reconnu que, dans tous les cas, le prix de l'immeuble exproprié devait être accordé au propriétaire ; mais que le montant de la plus value devait être compensé avec le préjudice souffert par le propriétaire dépossédé ; que, dans ce cas là, il pourrait y avoir compensation absolue entre deux quantités incertaines et non liquidées, c'est-à-dire, qu'on pourrait compenser l'indemnité réclamée pour dommage souffert avec le montant de la plus value présumée ; mais que, en aucun cas, on ne pouvait compenser le prix de la propriété avec une plus value plus ou moins probable, mais toujours conjecturale (1).

Le même orateur ajouta que la commission avait pensé que la plus value devait nécessairement être prise en considération par le jury ; mais qu'elle avait entendu maintenir que, dans tous les cas, *nulle compensation ne serait possible avec le prix de la propriété* (2).

D'autres orateurs parlèrent dans le même sens. Ils firent de plus observer que la plus value présumée ne pouvait presque

(1) Delalleau. n. 1085. p. 685. — Opinion du Comte Portalis.
(2) Ibid. , n. 1085. p. 686.

jamais s'acquérir que par des sacrifices de la part du proprié- ART. 51.
taire dépossédé ; que, lorsqu'on prend une partie de maison ,
il faut que le propriétaire , pour profiter de la plus value présumée , dépense, qu'il réédifie une partie de l'édifice , qu'il em-
prunte , peut-être , qu'il se jette dans toutes les chances d'une
spéculation de construction , et tout cela avant de pouvoir profiter de cette plus value qu'on lui donnerait pour de l'argent
comptant. Ils demandaient que le principe de la propriété fût
maintenu , afin qu'on ne pût pas légèrement donner une espérance, ou même une certitude de plus value en échange d'une
partie de propriété. Ils disaient que le droit du propriétaire à
obtenir le prix de la portion de son bien qui est détachée , est
un droit certain qu'il ne faut pas remplacer légèrement par une
éventualité qu'on lui offre , en le faisant entrer, malgré lui ,
dans une spéculation qui peut ne pas lui être profitable (1).

Enfin, le comte Portalis ajoutait : — On a parlé de compensation, mais c'est abuser des mots , et ce serait contraire à tous
les principes du droit. On ne compense que des quantités certaines , liquides , exigibles ; et l'on compenserait le prix d'une
propriété, dont on dépouille actuellement le possesseur, avec
une espérance de plus value , avec une valeur toute éventuelle!
Non , le gouvernement tient au mot de compensation , et c'est
précisément ce mot et la chose qu'il exprime que la commission
a voulu exclure (2).

Telle est, en résumé, la discussion qui eut lieu à la Chambre
des Pairs. A la Chambre des Députés, la question ne fut soulevée que par un membre, M. Dumon, qui proposa divers
amendements ayant pour objet de consacrer ouvertement le système de la Cour de cassation. Mais ces amendements furent rejetés, sans qu'on puisse en savoir les motifs (3).

615. D'après ce qui précède, il est indubitable que la Chambre des Pairs entendit faire compenser la plus value avec la

(1) Delalleau. n. 1087. p. 687.
(2) Ibid. n. 1088. p. 687.
(3) Ibid. n. 1089. p. 688.

ART. 51. valeur de convenance ou d'affection, et qu'elle voulut que le prix du terrain exproprié fût toujours payé intégralement au propriétaire. Cependant l'art. 51 ne dit pas un mot de la distinction introduite par cette assemblée. Les expressions qu'il emploie sont aussi générales que possible et s'appliquent à tous les éléments qui concourent à former l'indemnité. Est-ce par oubli; est-ce intentionnellement? Je l'ignore; mais, si j'avais à me prononcer à ce sujet, je dirais que ce fut de dessein prémédité que le législateur adopta la rédaction de l'art. 51. En effet, l'omnipotence reconnue du Jury, pour la fixation du montant de l'indemnité, fait une question purement spéculative du point de savoir de quels éléments sera déduite la plus value. Théoriquement, en interprétant la loi par les motifs qui la firent édicter, la plus value ne peut se compenser qu'avec la valeur de convenance ou d'affection; mais, en pratique, elle porte sur tous les éléments constituant l'indemnité. Pourquoi cela? Parce que, sauf les restrictions qui lui sont imposées par le 5e § de l'art. 39, le Jury statue souverainement sur la fixation de l'indemnité, et qu'il est inutile de tracer des règles à un pouvoir qui ne connaît presque pas de limites. Cela fut reconnu d'une manière très explicite par le Ministre des travaux publics. Voici comment il s'exprima : — Quel que soit le parti qu'on prenne sur le principe, il faut une règle ; cette règle n'aura pas de sanction, nous le savons : le Jury appréciera en dernier ressort. Mais ce n'est pas, selon nous, une raison pour que la loi ne s'adresse pas à sa conscience, et pour qu'elle ne lui trace pas d'avance les règles d'après lesquelles il aura à se conduire (1).

Par conséquent, la compensation de la plus value est, pour le Jury, une affaire de conscience; mais, en définitive, il demeure libre de l'imputer sur l'indemnité toute entière, ou de la restreindre à l'un de ses éléments. Ainsi, lorsqu'il reconnaîtra l'existence de la plus value, il devra, s'il veut procéder régulièrement, en donner le chiffre et le compenser avec une somme égale déduite du dommage éprouvé par le propriétaire

(1) Delalleau. n. 1089. p. 688.

dépossédé. C'est ce qu'il devrait faire, mais c'est ce qu'il ne fait ART. 51.
jamais, et il est bien à craindre que, usant du pouvoir discrétionnaire qui lui est conféré, les intentions de la Chambre des
pairs ne soient perpétuellement méconnues. Il faut convenir
aussi qu'il est plus simple et plus facile d'apprécier l'indemnité
en bloc, sans se livrer à des distinctions et à des complications
qui peuvent égarer.

616. S'il est un point constant, c'est que, pour que la plus
value puisse être prise en considération, il faut qu'elle résulte
immédiatement et spécialement des travaux entrepris, c'est-à-
dire qu'elle se manifeste à l'instant même et qu'elle s'applique
au restant de la propriété expropriée. Si les effets ne devaient
s'en faire ressentir que plus tard, ou s'ils affectaient une autre
propriété, quoique appartenant au même maître, le Jury ne
devrait y avoir aucun égard. La nécessité de la plus value immédiate ressort des discussions qui eurent lieu lors de la discussion de la loi du 7 juillet 1833 et de celle du 3 mai 1841 (1) :
quant au fait de la spécialisation de la plus value, laquelle doit
porter sur le restant du terrain exproprié, il va de soi, car il
serait injuste d'en grever le propriétaire à raison d'une parcelle
distincte. C'est ce que la Cour de cassation jugea par arrêt du
11 mai 1859. Cet arrêt porte que la plus value ne doit être
prise en considération dans l'évaluation de l'indemnité, qu'autant que les biens forment le restant d'un immeuble partiellement exproprié, et non quand ils constituent des immeubles
distincts (2). Cette décision est, de tout point, conforme au
texte ainsi qu'à l'esprit de l'art. 51.

617. La plus value sera immédiate si, par exemple, on
prend une partie d'un terrain pour percer une rue. Dans ce
cas, le terrain restant reçoit, par suite du percement de la rue,
une plus value immédiate et certaine (3).

La plus value résultant, pour une maison, du prolonge-

---

(1) Delalleau, n. 414. p. 265. — N° 1087. p. 687.

(2) Dalloz, 1859. 1.207.

(3) Ibid., dict. G. loc. cit. n. 536.

ART. 51. ment d'une rue , sera spéciale, par cela seul que cette maison, après l'exécution des travaux, ne formera plus encoignure. Ainsi jugé, par arrêt de la Cour de cassation, du 26 mai 1840 (1). Mais il est bien entendu que, dans ce cas, on doit avoir pris, ou une partie de la maison, ou une portion du terrain sur lequel elle est assise.

(1) Dallez, ibid. n. 537.

Art. 52.

Les constructions, plantations et améliorations ne donneront lieu à aucune indemnité, lorsque, à raison de l'époque où elles auront été faites, ou de toutes autres circonstances dont l'appréciation lui est abandonnée, le Jury acquiert la conviction qu'elles ont été faites dans la vue d'obtenir une indemnité plus élevée.

SOMMAIRE.

COMMENTAIRE.

ART. 52.   618. Nous avons vu que l'indemnité accordée au propriétaire du terrain exproprié consiste non-seulement en la valeur
vénale et intrinsèque de l'immeuble, mais encore en la valeur
de convenance ou d'affection qu'il y attache. Il fallait que l'indemnité s'étendît jusques là pour que le propriétaire fût
équitablement indemnisé. Mais ses prétentions ne peuvent aller
plus loin, et s'il était prouvé qu'il eût voulu induire le Jury en
erreur en augmentant la valeur de sa propriété par des moyens
frauduleux ; si, par exemple, prévoyant l'expropriation, il avait
fait des constructions, plantations et améliorations qu'il n'aurait pas fait faire sans cela, et s'il avait agi dans l'intention
bien évidente de donner à son terrain plus de valeur et d'ag-
graver, par conséquent, les charges de l'administration ou des
concessionnaires, le Jury ne devrait pas prendre en considération, dans la fixation de l'indemnité, les travaux et améliorations subrepticement entrepris. Il ne serait pas juste, en effet,
que le propriétaire s'enrichît au moyen de la fraude.

619. L'appréciation de l'intention du propriétaire qui a fait
construire, planter et améliorer son domaine est faite souverainement par le Jury. Il suffit, pour qu'il ne doive pas y
avoir égard, que les améliorations aient été exécutées dans le
but d'obtenir une indemnité plus élevée, alors que le fait de
l'expropriation était, soit constant, soit probable. Sur ce point,
comme sur celui de la fixation de l'indemnité, le Jury est
maître absolu. A lui seul appartient de savoir de quelles circonstances résultera sa conviction.

620. Cependant, l'art. 52 semble plus particulièrement indiquer un point de départ au moyen duquel le Jury pourra se
guider. Il dit que le Jury ne devra allouer aucune indemnité
pour les constructions, plantations et améliorations lorsque,

à raison de *l'époque* où elles auront été faites, il acquerra la conviction qu'elles ont été faites dans le but d'obtenir une indemnité plus élevée. D'après cet article, il suffira que les constructions, plantations et améliorations aient été commencées après que les travaux à entreprendre ont été reconnus d'utilité publique, pour que l'intention du propriétaire devienne suspecte. Mais le Jury pourrait encore refuser d'avoir égard aux plantations, constructions et améliorations faites avant cette époque ; c'est ce qui résulte des expressions, *ou de toutes autres circonstances*, employées par l'art. 52. Au surplus, l'appréciation du Jury est affaire de conviction ; on ne peut pas plus lui demander compte de ses motifs, pour l'admission ou le rejet d'une demande ainsi formulée, qu'il n'est permis de rechercher ceux sur lesquels il se fonde pour fixer le montant de l'indemnité.

Art. 60.

Si des terrains acquis pour des travaux d'utilité publique ne reçoivent pas cette destination, les anciens propriétaires ou leurs ayant droit peuvent en demander la remise.

Le prix des terrains rétrocédés est fixé à l'amiable, et, s'il n'y a pas accord, par le Jury dans les formes ci-dessus prescrites. La fixation, par le Jury ne peut, en aucun cas, excéder la somme moyennant laquelle les terrains ont été acquis.

SOMMAIRE.

622. Mais le privilége concédé aux anciens propriétaires n'existerait pas si les travaux changeaient d'objet.

623. La preuve de l'abandon des travaux doit résulter d'un acte émané du Gouvernement. Conséquence de la déclaration du propriétaire annonçant qu'il désire acquérir la parcelle délaissée.

624. S'il s'élève des difficultés sur la qualité du propriétaire, le Jury fixe l'indemnité, et le magistrat directeur renvoie le litige devant qui de droit.

625. L'art. 60 comprend les terrains expropriés aussi bien que ceux acquis à l'amiable.

626. Le droit de préemption s'exerce envers les concessionnaires de travaux publics.

627. Le prix des terrains rétrocédés est fixé à l'amiable, et, en cas de désaccord, il est fixé par le Jury.

628. L'indemnité ne peut, en aucun cas, excéder la somme moyennant laquelle les terrains ont été acquis.

629. Mais le Jury peut évaluer les terrains à un prix inférieur à cette somme.

630. Abrogation des lois antérieures, en matière d'expropriation pour cause d'utilité publique, par la loi du 3 mai 1841. Cependant, l'art. 53 de la loi du 16 septembre 1807 a survécu. But de cet article.

631. Dispositions du décret du 6 mars 1852 relatif aux délaissés. En quoi elles diffèrent de celles de l'article 53 de la loi du 16 septembre 1807.

632. Décret du 27 décembre 1858. Il trace les formes à suivre dans l'application des dispositions législatives ci-dessus visées. Notification à faire au propriétaire.

633. Dans ce cas, le jugement d'expropriation ne s'oppose pas à ce que le propriétaire des terrains contigus acquière les délaissés.

COMMENTAIRE

621. Les propriétaires de terrains acquis pour des travaux ART. 60. d'utilité publique, qui ne reçoivent pas cette destination, auront, s'ils l'exigent, une espèce de privilége pour être réintégrés dans la possession de ces terrains, en ce sens qu'ils devront être préférés à tous autres. La cause de cette disposition de l'art. 60 s'aperçoit sans peine : lorsque l'état abandonne un projet pour

ART. 60   lequel des expropriations ont déjà eu lieu, il serait injuste de revendre à un tiers les terrains expropriés, sans avoir, au préable, mis les précédents propriétaires en demeure de les acquérir. S'il en était autrement, on aurait violé, sans objet, le droit sacré de propriété.

Il résulte de là que, dès l'instant où les travaux ont été abandonnés, le droit du propriétaire est ouvert, lors même qu'il aurait été précédemment indemnisé. La Cour suprême a jugé, par arrêt du 27 avril 1863, que le propriétaire d'un immeuble exproprié pour des travaux d'utilité publique, et qui n'a pas reçu cette destination, peut exercer le droit de préemption, quoiqu'il ait touché l'indemnité d'expropriation pour son immeuble entier, et qu'il eut déjà, à ce moment, la prévision du changement de destination de l'immeuble (1).

622. Pour que le propriétaire puisse exercer ce que j'appellerai le droit de *préemption*, il faut que les terrains ne reçoivent pas la destination en vue de laquelle ils avaient été expropriés, en d'autres termes, que l'administration abandonne les travaux projetés ou entrepris. Mais la préemption n'aurait plus lieu si la destination de ces terrains était seulement changée, par exemple, si au lieu d'un canal, on traçait un chemin de fer. Dans ce cas, les terrains reçoivent toujours une destination d'utilité publique. C'est ce que l'art. 60 fait suffisamment entendre (2).

623. Mais il ne suffirait pas que le propriétaire précédent prétendit que le terrain dont il a été dépossédé ne doit pas recevoir la destination à laquelle il avait été consacré; il faut que le gouvernement se soit expliqué sur ce point, et qu'il résulte d'un acte émané de lui que les travaux projetés ont été abandonnés. C'est alors seulement que les terrains sont remis à l'administration des domaines, et que les précédents propriétaires, ou leurs ayant-droit, deviennent recevables à traiter de l'acquisition de ces terrains (3).

(1) Dalloz, 1863. 1.319.
(2) Delalleau. n. 707. p. 449.
(3) Ibid., n. 708. p. 450. — V. art. 1. Ord. 22 mars 1835.

Dans ce cas, c'est-à-dire, quand l'administration a fait con- ART. 60.
naître qu'elle était dans l'intention de revendre une parcelle, et
que l'ancien propriétaire a déclaré, dans le délai légal, vouloir
la réacquérir, l'administration ne peut revenir sur sa détermination, et il n'appartient plus, ni au préfet, ni au ministre des
travaux publics, de reprendre cette parcelle. Ainsi jugé, par
arrêté du Conseil d'état, en date du 4 avril 1856 (1).

624. S'il s'élève des difficultés sur la qualité du propriétaire,
ou de l'ayant droit, le Jury n'en connaîtra pas ; il se bornera
à fixer la valeur du terrain dont on demande la rétrocession,
et le magistrat directeur renverra devant qui de droit afin de
faire prononcer sur le mérite des prétentions des parties, conformément à l'art. 39, § 4. Dans ce cas, la contestation est de
la compétence de l'autorité judiciaire. Jugé, en ce sens, par un
autre arrêté du Conseil d'état, du 1er avril 1840 (2).

625. Dans l'art. 60 sont compris les terrains expropriés aussi
bien que ceux acquis à l'amiable. En employant le mot *acquis*,
cet article embrasse les uns et les autres (3).

626. Le droit de préemption concédé par l'art. 60 s'exerce
envers les concessionnaires de travaux publics, ainsi qu'envers
l'administration. Il y a même raison de décider. D'ailleurs,
l'art. 63 veut que les concessionnaires soient soumis à toutes les
obligations imposées à l'administration, de même qu'ils jouissent de ses droits (4).

627. Le prix des terrains rétrocédés est fixé à l'amiable, mais,
si les parties ne peuvent s'entendre, il sera fixé par le Jury, en
suivant les formes tracées par les articles précédents. On procédera, dans ce cas, comme s'il s'agissait d'estimer les terrains
après un jugement d'expropriation, lorsqu'on dépossède le propriétaire.

628. Cependant la fixation faite par le Jury ne peut, en aucun
cas, excéder la somme moyennant laquelle les terrains ont été

(1) Dalloz., 1856. 3. 61.
(2) Delalleau. n. 1100. p. 696.
(3) Ibid. n. 706. p. 449.
(4) Ibid., n. 705. p. 449.

ART. 60. acquis. Sur ce point, la puissance du Jury est limitée. Il ne serait pas juste, en effet, que l'administration profitât de la plus value que le hasard, ou toute autre circonstance, viendrait à produire.

629. Rien n'empêche le Jury d'évaluer le terrain à un prix inférieur à celui que le propriétaire en a retiré précédemment; car si l'art. 60 s'oppose à ce que l'administration fasse un bénéfice, il ne veut pas que le propriétaire supporte le dommage d'une moins value. Le prix de l'immeuble devra, en conséquence, être fixé à la valeur actuelle du terrain. C'est là tout ce que l'administration peut raisonnablement demander. Il devra en être de même, à plus forte raison, quand les travaux ont été commencés, car il est difficile qu'il n'aient pas amoindri la valeur de l'immeuble.

630. La loi du 3 mai 1841, étant la loi générale en matière d'expropriation pour cause d'utilité publique, a abrogé implicitement, sinon d'une manière formelle, les lois qui avaient été rendues en cette matière, entre autres, celle du 16 septembre 1807, quant à celles de ses dispositions qui se rapportent à certains travaux entrepris dans un but d'intérêt public. Ainsi, les art. 30 et 31 de cette loi, relatifs à la plus value acquise par les propriétés riveraines des rues, places, quais, ou par tous autres travaux publics généraux, départementaux ou communaux, ont cessé d'être en vigueur et demeurent sans application possible. Cependant, l'art. 53 de cette loi continue à subsister. On sait qu'il se rapporte au cas où, par les alignements arrêtés dans les villes, un propriétaire reçoit la faculté de s'avancer sur la voie publique; il faut alors que celui-ci paye la valeur du terrain qui lui est cédé. S'il se refuse à faire cette acquisition, l'administration est autorisée à le déposséder de l'ensemble de sa propriété, en lui en payant la valeur telle qu'elle était avant l'entreprise des travaux. Dans ce cas, il appartient au Jury, assemblé en vertu de la loi du 3 mai 1841, de fixer le montant de l'indemnité. C'est ce qui fut jugé par arrêt de la Cour de cassation en date du 15 mars 1853 (1).

(1) Dalloz, 1853. 1. 86.

631. Une disposition semblable se retrouve dans le décret du ART. 60.
26 mars 1852, relatif seulement à Paris. L'art. 2 du décret
porte, entre autres dispositions, que l'administration pourra
comprendre dans l'expropriation, des immeubles en dehors
de l'alignement, lorsque leur acquisition sera nécessaire pour
la suppression d'anciennes voies publiques jugées inutiles, et il
ajoute que les parcelles de terrains acquises en dehors des
alignements, et non susceptibles de recevoir des constructions
salubres, seront réunies aux propriétés contiguës, soit à l'amiable, soit par l'expropriation de ces propriétés, conformément
à l'art 51 de la loi du 16 septembre 1807. Dans ce cas, la fixation du prix de ces terrains sera faite suivant le mêmes formes
et devant la même juridiction que celles des expropriations
ordinaires. Par conséquent, si les parties ne tombent pas d'accord sur la valeur des parcelles cédées par l'administration,
ce sera au Jury à la fixer (1). On voit que le décret du 26 mars
1852 contient des dispositions exactement semblables à celles
de l'art. 53 de la loi du 16 septembre 1807 ; la seule différence
qui existe entre ces deux textes législatifs, consiste en ce que le
premier est particulier à Paris, et que le second s'applique à
toutes les villes de France. A mon avis, l'utilité du décret porte
principalement sur la faculté donnée à l'administration de comprendre, dans l'expropriation, la totalité des immeubles atteints, lorsqu'elle juge que les parties restantes ne peuvent être
convenablement utilisées. Hors de là, et à l'exception de l'attribution qu'il donne au Jury, il ne contient rien de particulier.

632. Le décret du 26 mars 1852 avait oublié de tracer les
formalités à suivre pour arriver à son application. Cette lacune
a été comblée par un autre décret, en date du 27 décembre
1858, applicable à toute la France, lequel n'est que le complément de l'art. 53 de la loi du 16 septembre 1807 ou, si on
l'aime mieux, du décret du 26 mars 1852. Il indique, avec précision, quelles sont les mesures à prendre par l'administra-

(1) Arrêt. C. c. 11 août 1845. — Dalloz, 1845. 1.331. — Arrêté. Conseil
d'Etat. 27 janvier 1853. — Dalloz, 1853. 3.17.

ART. 60. tion dans les diverses hypothèses prévues par l'art. 2 du décret du 26 mars 1852. Contentons-nous de dire que les projets de l'administration sont rendus publics par un avertissement donné conformément à l'art. 6 de la loi du 3 mai 1841 , et que le propriétaire du fonds auquel doivent être réunies les parcelles acquises en dehors des alignements, est mis en demeure, par acte extrà-judiciaire, de déclarer , dans le délai de huitaine, s'il entend profiter de la faculté de s'avancer sur la voie publique en acquérant les parcelles riveraines; et que , en cas de refus ou de silence , il est procédé à l'expropriation dans les formes légales, c'est-à-dire , d'après les errements de la loi du 3 mai 1841.

Sous l'empire du décret du 26 mars 1852, il n'était pas nénécessaire de faire de notification spéciale au propriétaire, afin de le mettre en demeure d'acquérir les délaissés, s'il ne préférait se laisser exproprier. Il était suffisamment averti par les affiches que l'administration avait l'habitude de faire apposer , et par le dépôt des plans qu'elle effectuait à la mairie. La Cour de cassation avait jugé en ce sens, par arrêt du 14 février 1855 (1). Mais aujourd'hui , en présence de la disposition expresse de l'art. 5 du décret du 27 décembre 1858 , la notification est devenue indispensable. A défaut , les opérations du Jury pourraient encourir nullité.

633. Le même arrêt a tranché une question qui pourrait encore être soulevée. Il a jugé que le jugement d'expropriation ne faisait point obstacle à ce que les propriétaires des terrains contigus acquissent les délaissés, et qu'ils pouvaient , même après ce jugement , faire valoir leurs droits devant l'autorité compétente. En effet , rien ne peut les obliger à manifester leur intention , avant qu'ils aient été mis en demeure par l'acte extrà-judiciaire dont parle l'art. 5 du décret du 27 décembre 1858.

(1) Dalloz , 1855. 1. 178.

Art. 61.

Un avis, publié dela manière indiquée en l'article 6, fait connaître les terrains que l'administration est dans le cas de revendre. Dans les trois mois de cette publication, les anciens propriétaires qui veulent réacquérir la propriété desdits terrains, sont tenus de le déclarer; et, dans le mois de la fixation du prix, soit amiable, soit judiciaire, ils doivent passer le contrat de rachat et payer le prix ; le tout à peine de déchéance du privilége que leur accorde l'article précédent.

SOMMAIRE.

ART. 61. 636. Cette déclaration sera signifiée par huissier, ou par un agent de l'administration. Elle sera notifiée à l'administration des domaines.

637. Délai pour passer contrat et payer le prix.

638. Déchéance du propriétaire faute de s'être conformé au prescrit de l'article 61.

639. En cas de litige, le Jury fixe l'indemnité, et renvoie la question devant qui de droit.

640. Les dispositions des articles 60 et 61 s'appliquent aux concessionnaires de travaux publics.

COMMENTAIRE.

634. Lorsque, après l'abandon des travaux, l'administration veut revendre ses terrains, elle doit en instruire le public au moyen d'un avis publié de la manière indiquée en l'art. 6, c'est-à-dire que cet avis sera publié à son de trompe dans la commune de la situation des biens, affiché à la porte de l'église et de la commune, et inséré dans le journal de l'arrondissement, où, à son défaut, dans celui du département.

635. L'avis dont il s'agit met les anciens propriétaires des terrains à revendre en demeure de les acquérir. Ils doivent, en conséquence, toujours d'après l'art. 61, déclarer expressément à l'administration des domaines, chargée de la vente des biens appartenant à l'Etat, et ce par acte dûment notifié, l'intention où ils sont de réacquérir ces terrains. La déclaration sera faite dans le délai de trois mois à partir de la publication de l'avis dont il vient d'être parlé.

636. La notification prescrite par l'art. 61 peut être faite par huissier (1); ou par tout autre agent de l'administration dont les procès-verbaux font foi en justice (2). Elle serait valable, étant

(1) Art. 2, § 8. Ord. 28 septembre 1833.
(2) Art. 57. Loi 3 mai 1841.

faite de toute autre manière, pourvu qu'elle fût parvenue à
l'administration des domaines, car c'est à elle que les réclamants
doivent s'adresser (1).

637. Dans le mois de la fixation du prix, soit amiable, soit
judiciaire, le propriétaire sera tenu de passer le contrat de
vente et de payer le prix : c'est une condition qu'il doit remplir,
à peine de perdre le privilége qui lui est conféré par l'art. 60.

638. L'observation des délais portés part l'art. 61 est de rigueur ; si le propriétaire les laisse écouler, sans s'être conformé
à ce que prescrit cet article, c'est-à-dire, sans avoir déclaré et
notifié son intention de réacquérir les terrains mis en vente,
il encourt déchéance ; de même qu'il perd son privilége, s'il ne
passe pas le contrat et ne s'acquitte pas du prix, dans le mois
de la fixation de l'indemnité.

639. En supposant que, devant le Jury, l'administration
élevât des difficultés sur l'observation des délais ou sur la qualité des propriétaires réclamants, le Jury devrait procéder à la
fixation de l'indemnité, en laissant à l'autorité compétente le
soin de statuer sur la question litigieuse.

640. De la combinaison des art. 60, 61 et 63, il résulte que
les concessionnaires de travaux publics seront tenus de rétro-
céder aux propriétaires dépossédés, lorsque ceux-ci le réclament. les terrains qui n'ont pas reçu la destination à laquelle ils
étaient affectés, et qu'ils devront, par conséquent, les prévenir
de l'intention où ils sont de revendre ces terrains, dans la
forme prescrite par l'art. 60. De leur côté, les propriétaires leur
feront notifier leur déclaration et payeront le prix fixé, dans les
délais de l'art. 61.

(1) Delalleau. n. 710. p. 451.

Art. 62.

Les dispositions des art. 60 et 61 ne sont pas applicables aux terrains qui auront été acquis sur la réquisition du propriétaire, en vertu de l'article 50, et qui resteraient disponibles après l'exécution des travaux.

SOMMAIRE.

641. L'art. 62 s'applique au cas où des parcelles de terrain restent disponibles après l'exécution des travaux ; mais il n'empêche nullement le propriétaire d'user du droit de préemption à lui donné par l'art. 60.
642. La disposition de cet article est applicable aux propriétés bâties.

COMMENTAIRE.

641. En lisant l'art. 62, il semble, au premier abord, que ART. 62. le propriétaire qui, usant de la faculté à lui donnée par l'article 50, a contraint l'administration a acquérir la totalité de son immeuble, s'est, par ce fait, rendu non recevable à exiger la rétrocession de ce même immeuble, lorsque l'entreprise en vue de laquelle il a été acquis se trouve abandonnée. Mais il n'en est rien, car l'art. 60, duquel dérive le droit de préemption, a statué d'une manière générale, sans distinguer entre le cas où le propriétaire a été exproprié de la totalité de son immeuble et celui où il a forcé l'administration à l'acquérir intégralement. Qu'il ait été privé de sa propriété, soit par l'effet de l'expropriation, soit par le fait de sa volonté, son droit à en obtenir la rétrocession est le même et ne se trouve nullement diminué.

L'art. 62 s'occupe d'une hypothèse bien différente. En effet, dans le cas qu'il prévoit, il s'agit de parcelles de terrains restant disponibles après l'exécution des travaux, et il déclare que le propriétaire qui aura requis l'acquisition intégrale de son immeuble, ne pourra contraindre l'administration à lui faire la rétrocession de ces parcelles. Cela allait sans dire, parce que quand le propriétaire fit sa réquisition, il devait savoir que les terrains dont il exigeait l'acquisition demeureraient inoccupés ; car, ordinairement, l'administration n'acquiert que ce qui lui est nécessaire pour l'exécution de ses travaux. Il aurait, dès lors, mauvaise grace, en revenant sur sa première détermination, à demander que ces terrains lui fussent rétrocédés, par préférence à tout autre. A dire vrai, la loi n'avait pas besoin de s'en expliquer d'une manière positive, le simple bon sens aurait suppléé à son silence.

642. On a prétendu que la disposition de l'art. 62 doit recevoir exception dans le cas où, pour éviter le morcellement

ART. 62. d'une maison, le propriétaire exige qu'on l'acquière en entier. On dit que si le projet est abandonné, le propriétaire pourra demander que la maison lui soit rétrocédée, car il n'a consenti à l'aliéner en totalité, que parce qu'une portion de la maison était nécessaire aux travaux : dès lors, cette nécessité n'existant plus, il est en droit de demander qu'on lui rende sa maison (1).

Je suis complétement de cet avis, par la raison qu'ici il s'agit de la rétrocession de l'immeuble entier, au cas d'inexécution des travaux. Mais on devrait appliquer rigoureusement l'art. 62, si le propriétaire s'avisait de demander la rétrocession, après l'exécution des travaux, de la partie de maison qui n'aurait pas été touchée. On lui fermerait la bouche en disant que, puisqu'il tenait tant à cette partie de maison, il devait la conserver et ne pas forcer l'administration à l'acquérir.

(1) Delalleau. n. 717. p. 455. — Dalloz, dict. G. loc. cit. n. 603.

Art. 63.

Les concessionnaires des travaux publics exerceront tous les droits conférés à l'administration, et seront soumis à toutes les obligations qui lui sont imposées par la présente loi.

SOMMAIRE

647. Agents que les concessionnaires peuvent employer pour les significations et notifications prescrites par la loi du 3 mai 1841.

648. L'effet de la substitution part du moment où la preuve de cette substitution est acquise : jusques alors, l'administration a seule qualité pour agir.

649. Lorsque la substitution est dûment effectuée, l'administration devient complètement étrangère aux opérations subséquentes. Dès lors, les notifications doivent être faites aux concessionnaires.

COMMENTAIRE.

ART. 63.   643. Les concessionnaires de travaux publics sont, par l'effet de l'art. 63, subrogés aux droits de l'état; mais ils deviennent soumis en même temps aux obligations qui lui sont imposées, car il est rare qu'un droit n'engendre pas un devoir. Ainsi, le concessionnaire, se trouvant aux droits de l'administration, est spécialement chargé des moyens d'exécution ; il doit, par exemple, remplir les formalités nécessaires pour être mis en possession des terrains sur lesquels seront exécutés les travaux. C'est un soin qui le concerne tout seul, l'administration n'a pas à s'en occuper.

644. Mais l'art. 63 contient une restriction à ce sujet. Il met le concessionnaire au lieu et place de l'administration pour tous les droits et pour toutes les obligations imposées à celle-ci par la loi du 3 mai 1841. Il suit de là que le concessionnaire ne lui est pas subrogé pour les droits qu'elle tient d'autres lois. Quant à ceux-ci, ils restent propres à l'administration, qui doit les exercer par ses agents, sans que le concessionnaire puisse prétendre en user pour son propre compte. Ainsi, il ne pourrait charger le procureur impérial de la défense de ses intérêts devant les cours et tribunaux.(1)

(1) Delalleau, n. 768. p. 484.

645. L'auteur que je cite en note dit qu'il est un moyen simple et facile de distinguer les droits appartenant aux concessionnaires de ceux propres à l'administration ; chose d'autant plus nécessaire que la plus grande partie de ceux-ci résulte de la loi du 3 mai 1841. Il en donne pour exemple les préfets qui agissent, tantôt comme fonctionnaires, tantôt comme agents et représentants de l'administration qui fait exécuter les travaux. Quand les préfets exercent le pouvoir qui leur est délégué comme fonctionnaires, la circonstance que les travaux sont exécutés par des concessionnaires ne change rien à leurs attributions ; mais le concesssionnaire est substitué au préfet pour tous les actes où ce dernier n'intervient que comme agent d'une administration publique (1). Au moyen de cette distinction, on pourra facilement connaître quels sont les droits qui compètent aux concessionnaires et, par suite, de quelles obligations ils demeurent chargés.

646. Je n'entrerai pas dans le détail de ces divers droits, parce que cette excursion me ferait sortir de mon sujet. Je parlerai seulement de ceux qui ont quelque rapport avec les fonctions du directeur du Jury.

Ainsi, c'est au concessionnaire à requérir l'expropriation des bâtiments et terrains sur lesquels doivent être effectués les travaux, et désignés dans l'arrêté du Préfet, conformément à l'article 2 de la loi du 3 mai 1841 ; c'est à lui à citer les jurés et les parties aux jour, lieu et heure convenus avec le directeur du Jury ; il exerce les récusations qui appartiennent à l'administration ; il a qualité pour débattre le chiffre de l'indemnité prétendue par le propriétaire, et il peut lui contester le droit à une indemnité ; il est condamné aux dépens, s'il y échet ; il peut se pourvoir en cassation contre la décision du Jury et contre l'ordonnance du magistrat directeur, ainsi qu'il appartiendrait à l'administration ; s'opposer à ce que l'exproprié use de la faculté qui lui est conférée par l'art. 50 ; demander que la plus value résultant de l'exécution des travaux soit prise en

(1) Delalleau. n. 769, p. 484.

ART. 63. considération, et à ce que les constructions, plantations et améliorations ne donnent lieu à aucune indemnité. Enfin, il paiera le prix fixé par le Jury, ou le consignera, suivant l'occurrence. Ce sera également à lui que les propriétaires devront s'adresser afin de réacquérir les terrains expropriés pour cause d'utilité publique et qui n'auraient pas reçu cette destination. Dans ce cas, il fera connaître, en la forme usitée, les terrains qu'il est dans l'intention de revendre, et il poursuivra la convocation du Jury, en supposant qu'il ne puisse traiter à l'amiable avec les anciens propriétaires. C'est à lui qu'on devra s'adresser à cet effet, car, aux termes de l'art. 63, il est mis à la place de l'administration.

647. Les concessionnaires peuvent, en vertu de la substitution autorisée par l'art. 63, faire faire les significations et notifications dont ils ont besoin par les agents de l'administration, lorsque ceux-ci en obtiennent l'autorisation de leurs supérieurs (1). Je pense que ces significations seraient valables; cependant il vaudra mieux, pour les concessionnaires, employer le ministère des huissiers; ils agiront avec plus de liberté.

648. La substitution a pour effet immédiat de transporter les droits de l'administration sur la tête du concessionnaire, mais elle n'investit celui-ci qu'à partir du moment où un acte du pouvoir a autorisé cette substitution; jusques alors l'administration a la faculté d'agir; il y a même mieux, elle est la seule qui puisse procéder aux actes préliminaires à l'expropriation. En conséquence, la Cour de cassation a jugé, par arrêt du 24 avril 1855, que le subrogeant peut agir tant que le décret de subrogation n'a pas été rendu obligatoire par la remise régulière d'une ampliation de ce décret (2).

Un autre arrêt de la même Cour, rendu le 20 mars 1855, est allé plus loin : il a décidé que le subrogeant a seul qualité pour

(1) Delalleau. n. 784. p. 489. — Dalloz, Dict. G. loc. cit. n. 616.
(2) Dalloz, 1855. 1. 132.

agir, tant que la société anonyme subrogée n'a pas été autorisée (1).

649. Enfin, lorsque la substitution est dûment effectuée, l'administration devient complètement étrangère aux opérations subséquentes ; elle n'a plus qualité pour y participer. Par exemple, lorsque des concessionnaires de travaux publics ont été subrogés à l'administration, et que la procédure en réglement d'indemnité a été suivie exclusivement par eux, le pourvoi en cassation doit leur être notifié : la notification en serait faite irrégulièrement à l'administration ; dans ce cas, il importe peu que le Jury et les parties aient été convoqués par le préfet. Ainsi jugé par arrêt de la Cour suprême, rendu le 4 juin 1855 (2) et, postérieurement, par un autre arrêt du 12 janvier 1857 (3).

(1) Dalloz, 1855. 1. 169.
(2) Ibid., 1855. 1. 285.
(3) Ibid., 1857. 1. 46.

Art. 73.

Après la prise de possession, il sera, à la poursuite de la partie la plus diligente, procédé à la fixation définitive de l'indemnité, en exécution du titre IV de la présente loi.

SOMMAIRE.

COMMENTAIRE.

650. Lorsqu'il y a urgence de prendre possession des terrains ART. 73. expropriés, et que les circonstances ne permettent pas de retard, l'administration agit conformément aux dispositions du titre 7, chapitre 1ᵉʳ, de la loi du 3 mai 1841. Elle provoque un décret impérial constatant l'urgence; fait offre aux propriétaires des sommes auxquelles elle évalue l'indemnité; et, si cette offre n'est pas acceptée, elle les assigne devant le tribunal civil qui fixe le montant de la somme qu'elle sera tenue de consigner. Ces préalables remplis, elle poursuit la convocation du Jury à l'effet d'être par lui procédé à la fixation définitive de l'indemnité, en exécution du titre 4 de la loi du 3 mai 1841.

651. L'urgence ne concerne que les terrains non bâtis. L'envoi en possession provisoire des terrains bâtis est interdit par l'art. 65.

652. Je ferai remarquer que, dans le cas d'urgence, la partie intéressée a qualité pour poursuivre elle-même la fixation de l'indemnité. C'est ce que l'art. 73 dit assez clairement en laissant cette fixation à la poursuite de la partie la plus diligente.

En outre, l'urgence peut être déclarée en tout état de cause. Ainsi, un arrêt du conseil d'état, du 8 janvier 1863, a décidé que la prise de possession, qui peut être déclarée d'urgence par un décret, avant que l'expropriation ait été prononcée par un jugement, peut également être déclarée d'urgence après le jugement d'expropriation (1).

(1) Dalloz, 1863. 3.78

Art. 76.

L'expropriation ou l'occupation temporaire, en cas d'urgence, des propriétés privées qui seront jugées nécessaires pour des travaux de fortification, continueront d'avoir lieu conformément aux dispositions prescrites par la loi du 30 mars 1831.

Toutefois, lorsque les propriétaires ou autres intéressés n'auront pas accepté les offres de l'administration, le règlement définitif des indemnités aura lieu conformément aux dispositions du titre IV ci-dessus.

Seront également applicables aux expropriations poursuivies en vertu de la loi du 30 mars 1831, les articles 16, 17, 18, 19 et 20, ainsi que le titre VI de la présente loi.

SOMMAIRE.

COMMENTAIRE.

653. Le Jury est encore appelé à fixer le montant de l'indem- **ART. 76.**
nité pour les terrains dont l'administration de la guerre s'est
emparée temporairement, en cas d'urgence, ou qu'elle s'est
appropriée d'une manière définitive, afin d'y établir des travaux
de fortification. Je n'ai pas à m'occuper ici des moyens à employer par l'administration dans le but de parvenir à l'occupation définitive ou temporaire ; ils sont détaillés dans la loi
du 30 mars 1831, qui a établi des formes plus expéditives. Je
ferai observer seulement que l'art. 76 de la loi du 3 mai 1841
déroge à la loi du 30 mars 1831 quant à la manière de faire
fixer définitivement l'indemnité. Il ne confie plus ce soin aux
tribunaux de première instance ; il veut que le Jury en soit
chargé et, dans ce but, il déclare applicable à l'expropriation
des terrains destinés à des travaux de fortification, plusieurs
dispositions du titre 3 de la loi du 3 mai 1841, ainsi que les
titres 4 et 6 de la même loi. Ainsi la fixation de l'indemnité
aura lieu dans les formes ordinaires.

654. Rien n'empêche que des travaux de cette sorte soient

31

ART, 76. donnés à des concessionnaires, lesquels seront substitués à l'administration de la guerre et soumis aux obligations qui sont à sa charge.

655. On remarque une différence de rédaction entre les art. 65 et 76 de la loi du 3 mai 1841, bien que ces articles prévoyent des situations à peu près analogues : il s'agit, en effet, dans l'un et l'autre cas, d'occupation en cas d'urgence.

Cette différence consiste en ce que, lorsque l'urgence est basée sur un fait autre que l'état de guerre, et qu'il ne s'agit pas de faire des travaux de fortification à une place quelconque, la prise de possession est bornée aux terrains non bâtis, les terrains bâtis en étant exceptés par une disposition formelle de la loi ; tandis que l'expropriation ou l'occupation temporaire dont parle l'art. 76 s'étend à tous les terrains, de quelque nature qu'ils soient, quelles que soient les modifications que la main de l'homme y ait apportés. Ainsi, dans le cas de l'art. 76, l'administration de la guerre pourra s'emparer, d'urgence, des propriétés bâties et non bâties. Cet article lui en donne le droit d'une manière, sinon expresse, au moins implicite, car on remarquera qu'il se sert des mots *propriétés privées*, expression générique s'appliquant à toutes les propriétés et les contenant toutes. Cette raison de texte me semble convaincante.

CHEMINS VICINAUX

LOI DU 21 MAI 1836.

Art. 16.

Les travaux d'ouverture et de redressement des chemins vicinaux seront autorisés par arrêté du préfet.

Lorsque, pour l'exécution du présent article, il y aura lieu de recourir à l'expropriation, le Jury spécial chargé de régler les indemnités ne sera composé que de quatre jurés. Le tribunal d'arrondissement, en prononçant l'expropriation, désignera, pour présider et diriger le Jury, l'un de ses membres ou le juge de paix du canton. Ce magistrat aura voix délibérative en cas de partage.

Le tribunal choisira, sur la liste générale prescrite par l'article 29 de la loi du 7 juillet 1833, quatre personnes pour former le Jury spécial, et trois jurés supplémentaires. L'administration et la partie intéressée auront respectivement le droit d'exercer une récusation péremptoire.

Le juge recevra les acquiescements des parties.

Son procès-verbal emportera translation définitive de propriété.

Le recours en cassation, soit contre le jugement qui prononcera l'expropriation, soit contre la déclaration du Jury qui règlera l'indemnité, n'aura lieu que dans les cas prévus et selon les formes déterminées par la loi du 7 juillet 1833.

SOMMAIRE.

COMMENTAIRE.

656. La loi du 21 mai 1836 établit en principe que les chemins vicinaux peuvent donner lieu à deux espèces de travaux ; les uns sont relatifs à l'élargissement de ces chemins, et les autres concernent leur ouverture ou leur redressement. Quant aux premiers, les droits des propriétaires riverains, pour les terrains dont ils sont dépossédés, se résolvent en une indemnité réglée à l'amiable, ou fixée par le juge de paix du canton, sur le rapport d'experts nommés d'office (1). Il ne s'en agit pas ici, puisque l'administration se met en possession des terrains né-

ART. 16.

Loi

du 21 mai 1836.

_____

(1) Art. 15. Loi 21 mai 1836.

cessaires à l'élargissement des chemins vicinaux sans avoir besoin de recourir à la voie de l'expropriation. Aussi bien, je n'en parle que pour mémoire.

657. Quant aux travaux de la seconde espèce, je devais m'en occuper par la raison que, plus d'une fois, les magistrats des tribunaux civils auront à présider le Jury chargé de fixer le montant de l'indemnité pour les terrains nécessaires à ces travaux. Ce cas est prévu par l'art 16 de ladite loi.

J'ai dit que ces travaux avaient uniquement pour objet l'ouverture et le redressement des chemins vicinaux. Cela résulte des termes de l'art. 16. Il y a, en effet, une grande différence entre les travaux que nécessite l'élargissement d'un chemin vicinal, lesquels peuvent, tout au plus, occasionner sur certaine partie de son parcours la prise de possession de certaines parcelles de terrain, et les travaux qui sont la suite de l'arrêté d'ouverture ou de redressement d'une pareille voie, travaux qui peuvent obliger l'administration à s'emparer de terrains plus considérables. Il ne faut donc pas s'étonner si la manière de fixer l'indemnité n'est pas la même dans les deux cas.

658. Quoiqu'il en soit, d'après l'art. 16, les travaux d'ouverture et de redressement d'un chemin vicinal sont autorisés par arrêté du préfet. C'est le premier acte de la procédure, celui qui habilite l'administration à poursuivre l'expropriation des terrains qui doivent être pris pour l'établissement de la nouvelle route, ou pour la rectification de l'ancienne.

659. L'art 16 de la loi du 21 mai 1836 ne dit pas que, au préalable, l'administration mettra les propriétaires des terrains, dont elle a besoin, en mesure de s'expliquer sur leurs prétentions ; mais il le fait supposer, car déjà la loi du 7 juillet 1833 existait. L'administration devra donc prévenir les propriétaires intéressés qu'elle se propose de prendre telle ou telle partie de leurs propriétés, et leur faire des offres sur lesquelles ils seront tenus de s'expliquer. Je raisonne ici par argument des art. 23 et 24, tant de la loi du 7 juillet 1833 que de celle du 3 mai 1841, lesquels doivent s'appliquer aux expropriations

poursuivies en vertu de l'art. 16 de la loi du 21 mai 1836. Cette
opinion est aussi celle de Dalloz. D'après cet auteur, l'art. 16 de
la loi spéciale du 21 mai 1836 sur les chemins vicinaux et les
expropriations qui les concernent, ne déroge à la loi générale
du 3 mai 1841, relative à l'expropriation pour cause d'utilité
publique, que sur les points formellement spécifiés par cet article (1). Il résulte de là que toutes les dispositions de la loi du
3 mai 1841, sur les expropriations, s'appliquent aux expropriations poursuivies en force de la loi du 21 mai 1836, et
que, par conséquent, l'administration sera obligée à faire des
offres.

La Cour de cassation, appelée à statuer sur la question, s'est
prononcée dans le même sens, ce qu'elle a fait de la manière la
plus générale et la plus absolue. Par exemple, un arrêt du 24
juin 1844 a décidé que les expropriations, ayant pour cause
l'ouverture ou le redressement des chemins vicinaux, sont as-
sujéties aux formes ordinaires d'expropriation tracées par la loi
du 3 mai 1841 (2).

Jugé, de nouveau, par autre arrêt rendu le 14 décembre
1847, que les dispositions générales de la loi du 3 mai 1841
sont applicables aux expropriations pour cause de redressement
des chemins vicinaux de grande communication, lorsqu'elles
se concilient avec la loi spéciale du 21 mai 1836 : que, par
conséquent, la plus value a pu être comptée en déduction de
l'indemnité (3).

La question a été décidée, d'une manière précise, en ce qui
touche la nécessité des offres et des demandes, par un arrêt de
la même Cour, en date du 25 août 1858 : il porte, entre autres,
que les opérations du Jury, convoqué en matière d'expropriation pour l'établissement des chemins vicinaux, sont nulles si
le procès-verbal ne constate pas la soumission au Jury du tableau des offres et demandes ; de même, lorsqu'il ne mentionne

(1) Dict. G. V°. Voirie. N° 251-253.
(2) Dalloz, 1844. 1.331.
(3) Ibid., 1848. 1.152.

ART. 16.
Loi
du 21 mai 1836.
pas l'avertissement aux parties du droit de récusation qui leur appartient (1).

Même décision relative au serment. Un arrêt, en date du 6 avril 1858, dit que le défaut de mention, au procès-verbal, de la prestation de serment des jurés, en matière de chemins vicinaux, est une cause de nullité (2).

Enfin, les délais du pourvoi sont les mêmes. Jugé, par arrêt du 5 juin 1850, que la déchéance dont les art. 20 et 42 de la loi du 3 mai 1841 frappent le pourvoi en cassation, signifié plus de huit jours après sa déclaration, s'applique au cas d'expropriation intéressant les chemins vicinaux (3).

660. Il résulte, de la nature même du sujet, ainsi que de la jurisprudence que je viens de rapporter, que, si l'administration et les propriétaires, ne conviennent pas, à l'amiable, du prix des parcelles nécessaires à l'exécution des travaux, il y aura lieu de recourir à l'expropriation que l'on poursuivra selon les formes prescrites par la loi du 3 mai 1841, bien entendu, avec les modifications ressortant de la loi spéciale.

661. En ce qui concerne la nomination du magistrat directeur, la loi sur les chemins vicinaux contient une disposition à peu près semblable à celle du 3ᵐᵉ § de l'art. 14 de la loi du 3 mai 1841. Le 2ᵐᵉ § de l'art. 16 de celle du 21 mai 1836 porte que le Tribunal, en prononçant l'expropriation, désignera, pour présider et diriger le Jury, l'un de ses membres ou le juge de paix du canton.

Mais cet article n'oblige pas à désigner un suppléant au magistrat directeur afin de le remplacer en cas d'absence ou d'empêchement. Néanmoins, je crois qu'on ne pourrait attaquer de ce chef le jugement qui aurait pourvu à cette éventualité. Indépendamment des autorités que j'ai citées ci-dessus, je suis d'autant plus fondé dans mon opinion, que, à mon avis, l'art. 12 de la loi du 3 mai 1841 rend implicitement applicables, aux expro-

(1) Dalloz, 1858. 1.328.
(2) Ibid., 1858. 1.322.
(3) Ibid., 1850. 1.162.

priations nécessitées par les travaux d'ouverture et de redressement des chemins vicinaux, toutes celles de ses dispositions
qui ne sont pas précisément contraires au texte et à l'esprit de la
loi du 21 mai 1836. En effet, l'art. 12 de la loi du 3 mai 1841,
en disant que les art. 8, 9 et 10 de la même loi ne s'appliquent
pas aux travaux d'ouverture et de redressement des chemins
vicinaux, réserve ses autres articles et fait supposer qu'ils peuvent être appliqués à ce genre de travaux.

662. Le magistrat désigné par le Tribunal devra présider et
diriger le Jury et il aura voix délibérative, en cas de partage. Il
suit de là qu'il sera tenu d'assister à la délibération du Jury,
afin de le départager, s'il en est besoin. Il doit le diriger dans
la chambre du Conseil, aussi bien qu'aux débats, contrairement à ce qui se pratique pour le grand Jury, qui est entièrement livré à lui-même du moment où les débats sont clos.
Mais le magistrat directeur doit s'abstenir d'opiner, quand
l'opinion du Jury se forme à la majorité. Ainsi jugé, par arrêt
de la Cour de cassation du 23 juin 1841 (1).

Il y aurait nullité si le magistrat directeur ne présidait pas le
Jury envoyé dans la chambre du Conseil, et s'il n'assistait pas
à sa délibération. La Cour suprême s'est prononcée en ce sens,
par une foule d'arrêts, tous relatifs au Jury convoqué en matière d'expropriation pour l'établissement de chemins vicinaux.
Je me bornerai à indiquer les plus récents (2), et de renvoyer,
quant aux autres, au recueil d'arrêts où je les ai trouvés (3).

663. La loi du 21 mai 1836 omet de dire que le magistrat
directeur sera assisté d'un greffier. J'estime que la présence de
cet officier est indispensable et il serait à craindre qu'on se fit
un grief de son absence à l'appui d'un pourvoi en cassation. A
mon avis, l'art. 16 de cette loi suppose la présence du greffier,
puisqu'il impose au directeur du Jury l'obligation de dresser

(1) Dalloz, Dict. G. loc. cit. sup. n. 412.
(2) Arrêts. 23 juillet 1861. — Dalloz, 1861. 1.344. — 4 mars et 3 juin 1862. — Ibid., 1862. 1.304-381. — 18 mars 1863. — Ibid., 1863. 1.134.
(3) V. Dalloz, années 1855-1856-1858-1859.

procès-verbal des opérations qui se déroulent sous ses yeux. Or, jamais le magistrat ne tient la plume. Je crois d'ailleurs qu'on doit appliquer ici l'art. 34 de la loi du 3 mai 1841, dans toutes celles de ses dispositions qui ne sont pas contraires à celles du 21 mai 1836.

664. Le Jury sera composé de sept jurés. A cet effet, le Tribunal choisira, sur la liste générale prescrite par l'art. 29 de la loi du 7 juillet 1833, aujourd'hui l'art. 29 de la loi du 3 mai 1841, quatre personnes pour former le Jury spécial et trois jurés supplémentaires. Sauf l'intervention de la Cour impériale, ce système est semblable à celui établi par la loi du 3 mai 1841.

665. L'administration et la partie intéressée auront respectivement le droit d'exercer une récusation péremptoire. Quant aux récusations motivées, la faculté de les proposer ne saurait leur être déniée.

666. En supposant que chacune des parties, usant de son droit, ait exercé une récusation, il restera cinq jurés, alors que le Jury spécial ne doit être composé que de quatre membres. Le cinquième Juré devra être éliminé. Le magistrat directeur procédera ainsi qu'il a été dit, à propos du 2me § de l'art. 34 de la loi du 3 mai 1841, c'est-à-dire, qu'il agira par voie de retranchement du nom du cinquième juré, ou que, faisant procéder à l'appel, il déclarera le Jury constitué aussitôt que quatre jurés, non récusés, auront répondu. Au surplus, je le répète, et le dis ici une fois pour toutes, les difficultés qui pourront se présenter recevront des décisions analogues à celles que j'ai proposés lorsque je me suis occupé de la formation du Jury, de ses attributions et de ses devoirs, sous l'empire de la loi du 3 mai 1841. Cette loi doit être considérée comme le commentaire et le supplément de l'art. 16 de la loi du 21 mai 1836.

667. Ainsi le magistrat directeur prononcera sur les empêchements, excuses, incapacités et incompatibilités alléguées par les jurés ou contre eux. Ainsi, encore, les parties seront admises à soutenir leurs prétentions devant le Jury, et il sera permis à l'administration de leur répondre. Le Jury pourra se transporter sur les lieux, ou déléguer un de ses

membres, et remettre la discussion à une autre séance; en un ART. 16. mot, il pourra faire ce qui est permis au Jury convoqué en Loi vertu de la loi du 3 mai 1841. du 21 mai 1836.

Le Jury devra prendre sa décision à la majorité, circonstance dont il sera fait mention. Il délibéra en secret, écrira sa décision qui sera signée par les membres qui l'auront rendue, et mention en sera faite au procès-verbal. Cependant, je ne propose la rédaction et la signature de la décision du Jury que par excès de précaution, car je crois qu'il suffirait que le procès-verbal portât que la délibération a été prise à la majorité, indiquât le chiffre de l'indemnité, sans qu'il fut nécessaire de rédiger à part cette délibération et de la transcrire dans le procès-verbal. Ces formalités ne paraissent pas absolument indispensables en présence du texte de l'art. 16 de la loi du 21 mai 1836.

L'art. 45 de la loi du 3 mai 1841 s'applique au Jury spécial désigné en vertu de la loi du 21 mai 1836. Cela fut jugé, par arrêt de la Cour de cassation, en date du 23 février 1842 (1).

Je ne doute pas que le président du Jury ne puisse et ne doive condamner les parties aux dépens, dans la mesure établie par l'art. 40 de la loi du 3 mai 1841. L'art. 16 de celle du 31 mai 1836 ne traçant aucune règle pour ce cas, on ne saurait mieux faire que de se référer à la loi qui l'a prévu.

668. Je crois que lorsque le président intervient dans la délibération afin de départager le Jury, il convient que le procès-verbal mentionne cette intervention. Il importe que l'on sache de quelle manière la décision du Jury a été prise. Au reste, l'art. 16 de la loi du 21 mai 1836, en disant que le président aura voix délibérative en cas de partage, permet de croire que la circonstance du partage doit être portée à la connaissance des parties intéressées. Or, le seul moyen à employer pour arriver à ce résultat, consiste à mentionner le fait dans le procès-verbal.

669. Le président du Jury recevra les acquiescements des parties, si elles viennent à tomber d'accord soit avant, soit

(1) Delalleau. n. 1078. p. 680.

pendant les débats. Je dis *avant*, parce que la loi s'exprime de manière à faire croire que, dès l'instant où le directeur du Jury est nommé, il a qualité pour recevoir les acquiescements. Dans ce cas, il en dressera procès-verbal, car il fait acte de juridiction. Il en fera également mention lorsque l'acquiescement sera donné pendant les débats.

670. Le magistrat directeur n'a pas besoin de déclarer l'envoi en possession. Son procès-verbal emporté translation de propriété, tant lorsqu'il constate l'acquiescement des parties, comme lorsqu'il intervient à la suite de la décision du Jury. Sur ce point, l'art. 16 de la loi du 21 mai 1836 diffère de la loi du 3 mai 1841, art. 41.

671. Le procès-verbal devra être signé par le président et par le greffier. L'omission de ces signatures entraînerait nullité, car elles seules donnent la force probante à cet acte.

672. Enfin, le recours en cassation est ouvert contre la déclaration du Jury, dans les cas prévus et selon les formes déterminées par la loi du 7 juillet 1833, remplacée par celle du 3 mai 1841. Ainsi, les parties ou l'administration, seront recevables à se pourvoir pour la violation des articles énumérés dans l'art. 42 de ladite loi, et ce, dans les délais portés par cet article. En conséquence, le 5 juin 1850, la Cour de cassation jugea que, la déchéance dont les art. 20 et 42 de la loi du 3 mai 1841 frappent le pourvoi en cassation signifié plus de huit jours après sa déclaration, s'applique au cas d'expropriation intéressant les chemins vicinaux (1). Cet arrêt est une preuve nouvelle de cette vérité, que les dispositions de la loi du 3 mai 1841, sauf quelques rares exceptions, s'appliquent aux expropriations poursuivies en force de l'art. 16 de la loi du 21 mai 1836.

673. Mais ce même article ne porte pas qu'on pourra se pourvoir contre l'ordonnance du président du Jury, parce qu'il ne lui impose pas l'obligation de rendre une ordonnance. Son procès-verbal en tient lieu. S'ensuit-il qu'on ne puisse arguer

(1) Dalloz, 1850. 1.162.

de nullité ce procès-verbal ? Je ne le pense pas. Cette pièce ne serait certainement pas à l'abri d'un pourvoi fondé sur l'omission de quelque formalité essentielle, telle, par exemple, que la signature du président ou celle du greffier.

ART. 16.

Loi

du 24 mai 1636.

FIN

TABLE.

---

524. — De même, l'exécution, avec réserve, de la décision du Jury, n'empêche pas de se pourvoir. 525. — La faculté de se pourvoir appartient à toutes les parties. 527. — Mais elle n'appartient pas au procureur impérial. 528. — Le concessionnaire de travaux publics a qualité pour se pourvoir. 529. — Le pourvoi est fait au greffe du tribunal, à peine de nullité. 530. — Le pourvoi fait par le propriétaire, au nom de son co-propriétaire par indivis, est régulièrement formé. 531. — Plusieurs pourvois peuvent être formés par le même acte, pourvu que chaque grief soit distinctement et séparément énoncé. 532. — La violation des formalités exigées par l'art. 20 de la loi du 3 mai 1841 peut donner ouverture à cassation. 533. — Cas où la partie peut se pourvoir contre le jugement d'expropriation après s'être pourvue contre la décision du Jury. 534. — Pourvoi motivé sur la violation de la loi du 16 septembre 1807. 535. — Le délai pour se pourvoir est de quinze jours francs. 536. — Il est le même pour les parties qui n'ont pas comparu devant le Jury. 537. — Manière dont le pourvoi sera formé, notifié et jugé. 538. — Différence entre les délais établis par les art. 20 et 42, quant à la franchise de ces délais 538. — Le délai de huitaine, accordé par l'art. 20, pour la notification du pourvoi, est susceptible d'augmentation à raison des distances. 539. — Si l'exproprié n'a reçu aucune notification relative aux offres et à la convocation du Jury, le délai du pourvoi court du jour de la notification de la décision du Jury. 540. — Notification du pourvoi. 541. — Le pourvoi est suspensif. 542. — L'annulation de la décision du Jury entraine après elle l'annulation de l'ordonnance du magistrat directeur. 543. — Vice-versà; l'annulation de l'ordonnance du magistrat directeur annule-t-elle la décision du Jury? 544. — Cassation du jugement d'expropriation. Ses effets. 545.— Renvoi de l'affaire après cassation. 548.— Les parties peuvent requérir le renvoi devant le Jury d'un autre arrondissement. 555. — La cassation de la décision du Jury n'annule pas les actes antérieurs à cette décision. Le demandeur voulant obtenir la cassation de quelqu'un de ces actes, doit s'en faire grief. 553. — Le pourvoi contre la décision du Jury peut avoir lieu dans l'intérêt de la loi. 554. — Recours contre la décision du petit Jury, 672. — Délai du pourvoi et de sa notification. 672. — Pourvoi contre le procès-verbal. 673.

Caution. — L'usufruitier est tenu de donner caution. Cas où il en est dispensé. 445. — Dispense de fournir caution par les père et mère usufruitiers légaux des biens de leurs enfants mineurs. 446.

Chemin vicinal. — Le magistrat directeur est obligé d'assister à la visite des lieux faite par le Jury. 334. — Les travaux à faire sur les chemins vicinaux sont de deux sortes; les uns s'appliquent à l'élargissement de ces chemins, les autres à leur ouverture et à leur redressement. 656. — Des travaux d'ouverture ou de redressement. 657. — Ils sont autorisés par arrêté du préfet. 658. — L'administration notifiera ses offres aux parties in-

téressées. Celles-ci lui feront connaître leurs prétentions. Application de la
loi du 3 mai 1841 aux expropriations poursuivies en vertu de la loi du
21 mai 1836. 659-667. — Si l'administration et les propriétaires ne tombent pas d'accord, l'expropriation sera prononcée par le tribunal. 660.
— Désignation du juge chargé de présider le Jury. Suppléant. 661. — Devoir du magistrat directeur. 662. — Assistance du greffier. 663. — Composition du Jury spécial. 664. — Récusations. 665. — Constitution du Jury de
jugement. 666. — Le départagement du Jury par le président sera consigné
au procès-verbal. 668. — Le recours est ouvert contre la déclaration du
Jury. 672. — Ainsi que contre le procès-verbal. 673. — Inutilité de l'envoi
en possession par le magistrat directeur ; son procès-verbal emportant translation de propriété. 670.

Citation. — Les indemnitaires qui ont refusé les offres seront cités devant le Jury. 95. — La citation contiendra l'énonciation des offres ; cependant
dant cette énonciation n'est pas prescrite à peine de nullité. 96. — L'art. 28
n'attache pas la nullité à son inobservation; cependant la citation pourrait
être nulle pour omission d'une formalité substantielle. 97. — Citation donnée dans le délai de quinzaine accordé à l'exproprié. Nullité couverte. 98.
— Par qui est donnée la citation. 99. — Citation des parties et des jurés.
136. — Délai. 131-137-139-140. — La citation ne peut être faite à la requête
du maire. Nullité. Doutes. 141. — La citation peut assigner un jour à chaque affaire, mais on peut assigner toutes les parties pour le jour de la
réunion du Jury. 142. — Agents chargés de faire les citations, forme de ces
actes. 143-647. — Convocation des Jurés, forme. 144. — Citation aux parties. Lieu où elle doit être faite. Nullité pour inobservation de l'art. 15, loi
3 mai 1841. 145. — La faute commise dans un exploit ne profite pas à la
partie qui l'a commise. 146. — Énonciations que doit contenir l'exploit de
citation. 147-154. — Il relatera les noms des Jurés. Nullité dans le cas
contraire. Manière indirecte de se conformer à l'art. 31. 148. — Lorsque
l'expropriant n'est point représenté par l'auteur de la convocation, il doit
recevoir la notification des noms des Jurés. 134. — Nullité pour erreur sur
les noms, prénoms et domiciles des Jurés. 149. — Distinction entre les erreurs commises dans l'exploit de citation et de notification par l'expropriant,
et celles qui sont le fait de l'administration. 150-155-156-144-151. — Omission
du nom d'un Juré. Nullité. 154. — La citation d'un témoin à comparaître
devant le Jury sera faite par acte d'huissier ou par un agent de l'administration. Elle pourra être donnée par simple avertissement du magistrat directeur. 322.

Communication. — La communication des pièces relatives à la procédure en expropriation doit être faite au magistrat directeur. 3. — La
communication du procès-verbal d'évaluation des terrains n'est pas obligatoire pour l'administration. 78. — On doit communiquer aux créanciers

inscrits la convention passée entre l'expropriant et leur débiteur. 91. — Pièces qui doivent être communiquées au Jury. 286. — La communication de ces pièces est exigée à peine de nullité. Il doit en conster par le procès-verbal. Cependant cette communication peut résulter de termes équipollens. 287. — Il n'y a pas nullité quand le défaut de communication des pièces est le fait de la partie qui s'en prévaut. 288. — Le procès-verbal attestant la communication est crû jusqu'à inscription de faux. 289. — Le choix du moment où les pièces doivent être communiquées au Jury est livré au pouvoir discrétionnaire du magistrat directeur. 290. — Pièces qui doivent, avant leur remise au Jury, être communiquées aux parties. 291. — Le Jury peut demander communication des documents qui sont entre les mains de l'administration. 292. — Communication du tableau des offres et demandes. La partie par la faute de laquelle cette communication n'a pas eu lieu ne peut s'en faire un moyen de nullité. 293. — Manière de suppléer l'original de l'exploit d'offres. 294. — Communication des documents résultant de la discussion orale. 299. — Des plans. 303-306-307. — Communication des titres et documents produits par les parties. 308.

Concessionnaires. — Lorsqu'il s'agit de travaux concédés, les offres sont faites par les concessionnaires. 54. — Personnes auxquelles les offres doivent être notifiées. 55-56-57. — Cas où ils ne sont pas tenus de les notifier. 58-59. — Notification aux créanciers qui se sont fait connaître. 60. — Le concessionnaire a qualité pour requérir la formation du Jury spécial. 109. — Les concessionnaires devront se conformer au prescrit de l'art. 31. 132. — Le concessionnaire s'il ne se défend pas lui-même devant le Jury, doit employer le ministère d'un avocat ou d'un avoué. 311. — Il a qualité pour se pourvoir en cassation contre la décision du Jury et contre l'ordonnance du magistrat directeur. 529. — Le droit de préemption des terrains délaissés s'exerce envers le concessionnaire. 626. — Subrogation des concessionnaires aux droits et obligations de l'administration. 643. — L'étendue de cette subrogation est fixée par la loi spéciale. 644. — Moyen de distinguer les droits auxquels les concessionnaires sont subrogés de ceux réservés à l'administration. 645. — Enumération des droits des concessionnaires ayant quelque rapport avec les fonctions du magistrat directeur. 646. — Agent que les concessionnaires peuvent employer pour les significations et notifications prescrites par la loi du 3 mai 1841. 647. — L'effet de la substitution ou subrogation part du moment où la preuve de cette substitution est acquise ; jusqu'alors l'administration a seule qualité pour agir. 648. — Lorsque la substitution est dûment effectuée, l'administration devient complètement étrangère aux opérations subséquentes. Dès lors, les notifications doivent être faites aux concessionnaires. 649. — Les travaux de fortification peuvent être délivrés à des concessionnaires. 654.

Conclusions. — Les vices de forme, pouvant être couverts, doivent être proposés *in limine litis*. Il faut y conclure formellement. 37. — L'ad-

500. — De même pour une condamnation mal fondée. 501. — Cas où l'indemnitaire doit être condamné aux dépens. 503. — Des personnes dont
parlent les art. 25 et 26 de la loi du 3 mai 1841 : elles n'encourent pas la
condamnation aux dépens, faute de faire connaître leurs prétentions. 505.
— Mais, hors de là, elles y sont soumises comme tous les autres intéressés.
506. — Après la décision du Jury, le magistrat directeur statue sur les
dépens. 511. — Il les taxe conformément au tarif spécial. 512. — En cas
de litige sur le fond du droit, il les taxe, mais il les réserve. 513. — Actes
que la taxe doit comprendre. 514.

Dispense. — Dispenses de siéger au Jury pour les septuagénaires.
Autres dispenses résultant des art. 5 et 16 de la loi du 4 juin 1853. 204. —
Le Juré porté sur la liste, malgré la prohibition de l'art. 47, devrait en être
radié. 567.

Dommages. — Le Jury n'est pas tenu d'accorder une indemnité pour
des dommages éventuels, *tous droits* réservés. 385-386. — L'indemnité ne
doit être accordée que pour les dommages qui se manifestent actuellement.
386. — Le dommage doit résulter du fait de l'expropriation. 387. — Distinction entre l'hypothèse du dommage éventuel et celle où il y a litige sur
son existence actuelle. 388. — Dommage causé à un immeuble non touché
par l'expropriation. L'indemnité est due, si le dommage est permanent ; il
en est autrement quand il est temporaire. 391. — Application de la loi du
16 septembre 1807 quant à la dépréciation d'un immeuble soumis au recul.
393.

Droit d'emprise. — Cas où l'administration peut être obligée d'acquérir en entier la propriété dont partie a été expropriée. 575. — Origine
de cette disposition. 576. — Conditions auxquelles le droit d'emprise peut
être exercé. Il en est de communes aux bâtiments et aux terrains non bâtis ; d'autres sont particulières à la dernière espèce de propriété. 577. —
Conditions communes. 578. — La réquisition doit émaner du propriétaire
lui-même. Du mari, en ce qui concerne l'immeuble appartenant à la femme.
579. — Le tuteur devra rapporter l'autorisation du conseil de famille, pour
aliéner les biens de son pupille. 580. — Du père, tuteur de son fils mineur
et usufruitier légal. 581. — Des administrateurs des établissements publics.
582. — Lorsque la propriété est grevée d'usufruit, c'est au propriétaire à
sommer l'administration de l'acquérir en entier. 583. — Mais il a besoin
du consentement de l'usufruitier. 584. — De même pour l'usager et celui
qui a le droit d'habitation. 385-386. — Le propriétaire a aussi besoin du
consentement du locataire ou du fermier. 587. — L'acquisition entière, dans
les cas prévus par la loi, est forcée pour l'administration. 588. — Le droit
d'emprise existe-t-il au profit du locataire ? 589. — La réquisition peut être
notifiée à la partie poursuivante ; il n'est pas indispensable qu'elle soit
adressée au magistrat directeur. 590. — Délais. 591-592. — Conséquences

de la réquisition. Nécessité pour l'administration de faire des offres. 593. — La question de savoir si la réquisition a été faite dans les délais, constitue un litige nécessitant le renvoi ainsi que la fixation d'une indemnité alternative. 594. — Mais le Jury n'est pas tenu de statuer sur une réquisition tardive. 595. — La fin de non recevoir, résultant d'une déclaration tardive, est couverte par le silence de l'administration. Dans ce cas, les offres faites hors des délais sont valables. 596. — La réquisition non acceptée peut être rétractée. 597. — La commune qui entreprend des travaux, dans son intérêt, n'a pas besoin d'une autorisation nouvelle pour acquérir la totalité des terrains, quand l'exproprié le requiert. 598. — Conditions particulières aux propriétés non bâties. 599. — Elles doivent exister simultanément. 600. — L'acquisition totale ne peut être obtenue si le propriétaire possède un immeuble immédiatement contigu à la parcelle dont il demande l'acquisition entière. Ce qu'on doit entendre par les mots *immédiatement contigus*. 601. — Cas où la propriété contiguë et celle qui lui est réunie, prises ensemble, sont inférieures à dix ares. 602. — Pour que la demande soit non recevable, il faut que la propriété contigue appartienne au propriétaire du terrain exproprié. 603. — Les règles relatives au consentement de l'usufruitier et autres intéressés à l'aliénation totale des bâtiments, s'appliquent à l'aliénation des terrains non bâtis. 604. — Les difficultés relatives à l'application de l'art. 50 constituent des questions litigieuses nécessitant le renvoi et la fixation d'une indemnité alternative. 605. — La réquisition dont parle l'art. 50, doit être notifiée à l'administration et non pas adressée au magistrat directeur. 606.

Excuses. — Le magistrat directeur prononce sur les excuses alléguées par les Jurés. 169-170-171-174-175. — Son ordonnance n'a pas besoin d'être motivée. 206. — Les décisions concernant les excuses ne sont soumises à aucune forme déterminée. 168.

Expropriation. — Il n'y a pas lieu à expropriation quand une loi ordonne le prolongement d'une rue. 18. — Le locataire ne peut se pourvoir contre le jugement d'expropriation. 21. — Il n'est pas nécessaire que le jugement d'expropriation mentionne les servitudes. 41. — Le mobilier reste en dehors de l'expropriation. 389. — En cas de cession amiable des terrains par le propriétaire, les formalités d'expropriation doivent être remplies à l'égard de ceux qui ont des droits sur ces terrains et qui n'en consentent pas l'abandon volontaire. 399. — Le jugement d'expropriation a pour effet de mettre l'administration au lieu et place de l'exproprié. Conséquence de ce principe. 479. — Influence du jugement d'expropriation sur les opérations du Jury. 545 (V. Chemin vicinal).

Fermier. — Il sera appelé et désigné à l'administration par le propriétaire. 20-22. — Cas où le propriétaire peut demander des indemnités pour son fermier. 29. — Conséquences du défaut d'appel ou de désignation. 27-

du fonds , demandé par l'exproprié , n'empêche pas l'indemnité d'être définitive et pécuniaire. 412. — Indemnité due au propriétaire d'un chemin
coupé par une voie ferrée. 413. — L'indemnité sera déterminée. Elle est
suffisamment exprimée au moyen d'un chiffre monétaire multiplié par une
mesure de terrain. 414. — L'indemnité doit être définitive. Ce qu'on entend
par ce mot 416.— L'indemnité doit porter sur toute la parcelle expropriée et
non sur une partie de cette parcelle. 419.— L'indemnité doit, sauf convention
contraire, comprendre la valeur du tréfonds ainsi que celle de la superficie.
420. — De l'indemnité distincte. Renvoi. 440. — Personnes qui ont droit à
indemnité. 441. — En cas de litige sur le fond du droit , le Jury fixe l'indemnité. 448. — Il y procède de manière à ne laisser en réserve aucune
question litigieuse et à terminer les débats entre les parties. 449. — Mais
il n'y a lieu à fixer une indemnité éventuelle qu'autant que le litige se produit effectivement devant le Jury. Il ne suffirait pas qu'on en signalât la
possibilité ultérieure. Dans ce dernier cas , il y a lieu de donner à l'exproprié acte de ses réserves. 450. — La fixation d'une indemnité éventuelle
dans les cas prévus par la loi, est obligatoire pour le Jury. 451. — Il y
aurait nullité si l'on substituait une indemnité définitive à une indemnité
qui aurait dû être éventuelle. 452. — L'éventualité peut résulter des circonstances et des termes employés par le Jury. Il n'est pas nécessaire qu'il
s'en explique d'une manière précise. 453. — Désaccord sur la contenance du
terrain. Fixation d'une indemnité alternative. 456. — Distinction entre l'indemnité alternative et l'indemnité éventuelle. Exemple d'indemnité alternative. 458-594. — De l'indemnité éventuelle ; sa nature. Il n'y a lieu à allouer
une indemnité qu'autant qu'il est probable que le fait sur lequel elle repose
s'est produit. *Contra* , s'il demeure dans le futur contingent. 459. — Exemple
d'indemnité éventuelle. 460.— Autre exemple. 461. — Lorsqu'à une demande
principale est jointe une demande accessoire et que celle-ci est contestée, il
y a lieu à fixation d'une indemnité éventuelle sur ce dernier chef. 462. —
Autre exemple de litige sur le fond du droit. 463. — Du cas où une partie de
l'immeuble exproprié est revendiquée par un tiers. Fixation de deux indemnités , dont l'une est éventuelle. De l'indemnité réclamée par un tiers non
partie à l'expropriation. 464. — Dans le cas prévu par l'art. 50 de la loi du
3 mai 1841 , il peut y avoir lieu à indemnité éventuelle. 465. — Il n'y a pas
solution à un litige sur le fond du droit, quand , s'agissant de cession d'un
immeuble , le Jury alloue les intérêts de l'indemnité au cédant , sans que
celui-ci les ait demandés. 466. — Si le caractère définitif et certain de l'indemnité est constant, l'expropriant ne peut se plaindre de ce que le mode
de fixation de l'indemnité peut donner lieu à un litige entre l'exproprié et
un tiers. 467. — Pour qu'il y ait lieu à indemnité éventuelle , il faut que la
question litigieuse ait été expressément soulevée. 468. — Le défaut d'offres
par l'expropriant , constitue un litige sur le fond du droit. 469. — Le Jury
ne peut dire qu'il a reconnu l'impossibilité, pour le locataire , de conserver

103. — Cependant l'inscription sur la liste générale forme une présomption de capacité. Arrêts de la Cour de cassation. 103. — Cas où le juré incapable ne fait pas partie du Jury de jugement ; où il n'empêche pas l'exercice des récusations. Alors il n'y a pas nullité. 104. — Les jurés doivent avoir leur domicile réel dans l'arrondissement des biens expropriés. 105. — Durée de la liste générale. Pouvoirs du Jury constitué avant le renouvellement de cette liste. 106-562. — Le nombre des jurés, formant la liste générale, ne peut être diminué ni augmenté. 107. — Ils doivent être désignés d'une manière précise. Mais il suffit que leur identité soit constante. 108. — Défaut d'âge. Les irrégularités commises sur la liste générale ne donnent pas ouverture à cassation. 108. — Formation du Jury spécial. Personnes qui ont mission de la requérir. 109. — Le choix du Jury appartient à la Cour impériale, ou au tribunal du chef-lieu judiciaire. 110. — Nullité attachée à l'inobservation du 1er § de l'art. 30. 110. — Pendant les vacances, le choix est fait par la chambre de la Cour ou du Tribunal chargée du service des vacations. 111. — Le choix est fait en chambre du Conseil. Il peut avoir lieu publiquement. 112. — Nombre de jurés nécessaire pour former le Jury spécial. 113. — Le Jury doit être pris exclusivement sur la liste dressée par le conseil général. Nullité pour infraction à cette règle. 114. — Les jurés, dont la décision aurait été cassée, ne peuvent être compris dans le nouveau Jury. 115-549. — L'erreur sur les nom et demeure d'un juré qui, par suite n'a pu être convoqué, n'entraine pas nullité. 116. — Le Jury spécial doit être formé à mesure des besoins, et non à l'avance. 117. — Le Jury, formé en exécution de l'art. 30, ne peut servir que pour une session. 118. — Il ne connaît que des affaires en vue desquelles il a été formé ; mais il peut être saisi de deux expropriations distinctes. 119. — Personnes qui ne peuvent faire partie du Jury. 123. — Nature de l'incapacité qui les affecte. 123. — Des propriétaires, fermiers et locataires des terrains expropriés ; ils ne peuvent faire partie du Jury spécial. Nullité dans le cas contraire. Variation de la jurisprudence. 124. — Il en est de même pour les créanciers inscrits, privilégiés ou chirographaires. 125. — De même encore pour tous les *autres intéressés*. Variations de la jurisprudence. Exemples. Conclusion. 126. — Dispense pour les septuagénaires. Elle doit être demandée. Manière de l'obtenir. 127. — Expropriation relative au reboisement des montagnes. Application, dans ce cas, de la loi du 3 mai 1841. 128. — Transmission de la liste des jurés au Préfet. 129. — Concert entre le Préfet et le magistrat directeur pour fixer l'époque de la réunion du Jury. 129-130. — Toute nouvelle fixation de jour et de lieu, doit être notifiée au moins huit jours avant la réunion du Jury. 131. — La convocation du Jury peut, en certains cas, être faite par le propriétaire. 133. — Il n'est pas nécessaire qu'il conste de la remise par le Préfet, au magistrat directeur, de la décision portant choix du Jury. 135. — Convocation du Jury. Forme. 136-137-143-144. — La désignation erronée d'un juré, faite par le conseil

général, n'entraîne pas nullité. 144. — Cas où l'erreur sur les noms, prenoms et domiciles des jurés entraîne nullité. 149. — Distinction entre les erreurs commises par l'expropriant et celles qui sont le fait de l'administration. 150-156. — Mais l'erreur sur le nom du juré entraîne nullité quand elle provient du fait des parties. Il n'y a pas nullité quand, de l'erreur, il ne résulte pas d'incertitude sur le nom de la personne. 151-157. — Un doute sur l'identité d'un juré, qui n'a pas fait partie du Jury de jugement, n'entraîne pas nullité, alors qu'il n'est pas justifié. 153. — L'omission du nom d'un des jurés dans l'exploit de notification entraînera nullité. Cet exploit contiendra les noms des seize jurés et des quatre jurés supplémentaires. Mais il n'est pas nécessaire de notifier les noms des jurés complémentaires. 154. — Le juré dont le nom a été notifié et qui n'est affecté d'aucune incapacité ou incompatibilité est acquis aux parties. Nullité pour infraction à cette règle. 155. — Erreur commise par la Cour impériale dans le choix du Jury. 157. — Appel des jurés. Il peut être fait en chambre du conseil ou en audience publique. 159. — Amende contre le juré défaillant. 160-161-162-163-164-165. — Le juré qui a manqué à l'une des séances consacrées à l'instruction d'une affaire, ne peut participer au jugement de cette affaire. 166. — L'arrivée du juré retardataire ne doit pas faire constituer à nouveau le Jury. 167. — Deux appels à faire des jurés : par le premier, on prononce sur les excuses, incapacités et incompatibilités, et on forme la liste du Jury spécial; par le second, on constitue le Jury de jugement. 169. — Des excuses. 174. — Le juré soumis à la contrainte par corps peut-il s'en faire une excuse ? 175. — Des incompatibilités. Elles diffèrent des empêchements. En quoi. 176. — Rédaction insuffisante de l'art. 32. Causes d'exclusion qu'il a passées sous silence. Division de la matière. 177. — Des incapacités. Différence dans la manière dont elles affectent les jurés. Recherche des diverses incapacités. 178. — Abrogation implicite d'une partie de l'art. 30 de la loi du 3 mai 1841. 101-179. — Lois diverses déterminant les conditions requises pour être juré. Texte de l'art. 1er de la loi du 4 juin 1853. 180. — Le juré doit être âgé de trente ans accomplis. 181. — Cas où le défaut d'âge n'entraîne pas nullité. 182. — Le juré devra posséder les droits politiques civils et de famille. 183. — L'inscription du juré sur la liste forme une présomption que le juré y a été valablement inscrit. Mais cette présomption cède à la preuve contraire. 184. — Les jurés doivent être français. Cas où la présence d'un étranger ne vicia pas la composition du Jury. 185. — Le juré doit avoir son domicile dans l'arrondissement des biens expropriés. 186. — Autres incapacités. Texte de l'art. 2 de la loi du 4 juin 1853. 187. — Autres catégories d'incapables établies par l'art. 4 de la même loi. Mais la présence des personnes comprises dans ces dernières catégories ne vicierait pas le verdict. Doutes. 188. — Incapacités résultant de l'art. 5 de la Constitution du 22 frimaire an VIII. De l'héritier d'un failli. Du failli concordataire ou non concorda-

taire. Effets de ces incapacités. 189. — Incapacité des domestiques à gage.
Distinction entre les divers domestiques. Cette incapacité n'est pas absolue. 190. — Incapacité du juré qui ne comprend pas la langue française
191. — Incapacité du Conseil des parties. 192. — La parenté, ou l'alliance,
aux degrés prohibés, du juré avec les parties, constituent des incapacités.
193. — Le reproche de parenté devra être jugé d'après les dispositions du
Code de procédure civile. Raison de cette proposition. 194. — Exemples
d'exclusion pour cause d'alliance. 195. — Nul ne peut être juré dans l'affaire où il a été témoin ou expert. 196. — Des incompatibilités. 197. —
Incompatibilités résultant de l'art. 3 de la loi du 4 juin 1853. 198. — Elles
s'appliquent : aux greffiers des tribunaux civils; aux juges de paix ainsi
qu'à leurs greffiers; mais elles n'entraînent nullité qu'autant qu'elles sont
proposées; aux juges des tribunaux de commerce et à leurs greffiers. 199-
200-201. — Mais elles ne s'appliquent pas aux membres de la Cour des
Comptes, aux juges suppléants des tribunaux civils, aux maires, en leur
qualité de juges de simple police, aux prud'hommes, aux magistrats en retraite et honoraires. 202. — Incompatibilité des maires et conseillers municipaux de la commune intéressée. Exception pour les maires, adjoints et
conseillers municipaux de Paris. Cette incompatibilité ne s'applique pas
au membre du Conseil général qui a provoqué l'expropriation. Son effet.
203. — Dispenses pour les septuagénaires. Autres dispenses résultant des
art. 5 et 16 de la loi du 4 juin 1853. 204. — Les incapacités et incompatibilités peuvent être admises après la formation du Jury de jugement. 207.
— Manière d'écarter un juré incapable. 208. — Défaut de convocation du
Jury. Renvoi des affaires. 209. — Les jurés titulaires rayés de la liste sont
remplacés par les jurés supplémentaires. 211. — Nullité pour indue présence, au Jury de jugement, d'un juré supplémentaire. 212. — Cas où
l'inscription, sur le tableau du Jury, de jurés supplémentaires ou complémentaires, mal à propos appelés, n'est pas une cause de nullité. 213. — La
cause de l'empêchement du juré titulaire remplacé, doit être mentionnée au
procès-verbal. 214. — Cas où le remplacement du juré radié de la liste
n'est pas indispensable. 215. — La liste du Jury ne doit pas être complétée
au-delà du nombre de seize jurés. 216. — Des jurés complémentaires. Définition de ce mot. 217. — Les jurés supplémentaires doivent être appelés
dans l'ordre de leur inscription au tableau. Au cas contraire, il y aurait
nullité. 218. — Appel des jurés complémentaires. 220. — Leur choix. 221.
— Peuvent être contraints à obéir à la réquisition. 222. — Leur appel n'est
assujetti à aucune forme. 223. — Leur désignation peut être faite hors la
séance publique. 224. — Les jurés titulaires doivent être appelés dans l'ordre de leur inscription. Nullité pour contravention à cette règle. 225. — Le
concours des jurés supplémentaires et complémentaires doit être mentionné
au procès-verbal, avec énonciation de la cause de l'empêchement des jurés
titulaires. 226. — Les noms des jurés complémentaires ne doivent pas être

le Jury ne peut procéder à aucun acte d'instruction. 358. — Mais il peut
en provoquer la réouverture. 359. — Envoi du Jury dans la chambre de
ses délibérations. Nomination de son président. 360-361 et suivants. — Les
jurés délibèrent sans désemparer, à peine de nullité. Par conséquent, il
leur est interdit de communiquer avec le dehors pendant la délibération.
Exception pour les délibérations relatives aux actes d'instruction. 368. —
Le simple soupçon qu'un juré a pu communiquer au dehors entraînerait
nullité. Arrêt de la Cour de cassation. 369. — Manière de constater le désemparé. 370. — Exception à la règle voulant que la délibération soit prise
sans désemparer. 371. — Autres exceptions. Arrêt de la Cour de cassation.
372. — La communication des jurés avec le dehors, antérieure à la délibération, peut ne pas constituer le désemparé. 373. — A plus forte raison
pour la communication postérieure à cette délibération. 374. — Le Jury
peut siéger les dimanches et fêtes. 557. — La délibération sera secrète, à
peine de nullité. 375. — Le magistrat directeur ne peut même s'introduire
dans la salle des délibérations. 376. — Le Jury fixe le montant de l'indemnité. Base de sa décision. 377-395. — La décision portera sur tous les chefs
de la demande. 378 (V. Indemnité). — Exemple d'interprétation de la décision du Jury par la Cour suprême. 384-472. — Cas où une offre, acceptée
sous condition, fut repoussée par le Jury, la condition n'ayant pas été accueillie. 395. — La décision du Jury portant sur des terrains non compris
au jugement d'expropriation, est nulle. Conséquences de cette nullité. Obligation, en ce cas, de faire offre et demande. Distinction. 396. — La nullité
n'est pas couverte par le consentement des parties. 397. — Mais le Jury
devient compétent pour régler l'indemnité due à raison de cession d'immeubles non compris dans le jugement d'expropriation, quand il existe un lien
de connexité entre ces immeubles et celui qui a été exproprié. Manière de
fournir le consentement par l'exproprié. Dispense, en ce cas, de notifier
offres et demandes. 398. — Le consentement de l'exproprié n'est valable
qu'autant qu'il a un droit exclusif de tout autre. 399. — Il doit conster du
consentement par le procès-verbal. 399. — La décision du Jury n'est soumise à aucune forme sacramentelle. 402. — L'autorité judiciaire est seule
compétente pour interpréter la décision du Jury quand elle fait naître des
questions se rattachant à l'exécution de la loi du 3 mai 1841. 403. — Le
Jury ne peut ordonner la confection de travaux. Quand l'exproprié l'a saisi
de conclusions à ces fins, il doit se borner à l'allocation d'une somme d'argent. 407. — L'offre de travaux à faire, acceptée par l'exproprié, constitue
un contrat judiciaire formant un des éléments d'appréciation de l'indemnité.
Il constera du consentement. 408. — En fait de travaux, l'indemnité peut
être alternative, c'est-à-dire varier selon que l'administration fera ou ne fera
pas certains travaux. 409. — Il n'y a pas nullité si le Jury manifeste des
vœux quant au mode d'exécution des travaux. 410. — L'incertitude sur la
contenance des terrains expropriés entraînerait nullité de la décision du

Jury. Examen de deux arrêts de la Cour de cassation. Difficulté de les concilier entre eux. 415. — Le Jury n'est pas tenu de motiver ses décisions. 417. — Il n'est pas obligé de désigner l'immeuble qu'il apprécie, quand la désignation en est faite dans le jugement d'expropriation. 418. — Manière de voter. On peut employer le scrutin secret ou le vote oral. 421. — Les questions doivent être résolues successivement. 422. — La décision du Jury est prise à la majorité des voix. Manière de former la majorité. 423. — Le chiffre de la majorité ne doit pas être indiqué. Mais le contraire n'entraînerait pas nullité. 424. — Le défaut de mention que la décision du Jury a été prise à la majorité ne serait pas une cause de cassation. 425. — La décision fait foi de ce qu'elle contient. 425. — Manière de résoudre les questions posées au Jury en groupant les votes. 426. — Prépondérance de la voix du président du Jury, en cas de partage. Il opinera le dernier. 427. — Cette prépondérance n'existe qu'au cas où il y a partage. 428. — La décision du Jury doit conster par écrit. Elle ne doit rien contenir d'étranger à la question dont il est saisi. Cependant, dans le cas contraire, il n'y aurait pas nullité. Le Jury ne doit pas se préoccuper des conséquences qu'une question réservée pourrait exercer sur sa décision. 429. — La décision du Jury, remise au magistrat directeur par le président du Jury, est lue par le greffier, les jurés étant rentrés en audience publique. 430-510. — La décision doit être rendue à l'audience et sous l'autorité du magistrat directeur, le Jury y assistant. 431. — La décision peut être rectifiée, quand elle est vicieuse. Le magistrat directeur renvoie alors le Jury dans la salle de ses délibérations pour prendre une nouvelle décision. 432. — Trois cas dans lesquels la décision peut être rectifiée : lorsqu'elle est incomplète, irrégulière ou contradictoire. 433. — Dans l'un de ces cas, le renvoi du Jury dans sa chambre a lieu par ordonnance du magistrat directeur. Il est prononcé après la lecture de la déclaration. Les parties doivent être ouies, si elles le requièrent. 434. — L'ordonnance de renvoi sera insérée au procès-verbal. La décision annulée sera jointe aux pièces de la procédure. 435. — Le Jury ne pourrait, par une délibération subséquente, expliquer sa décision, cependant l'infraction à cette règle n'entraînerait pas nullité. 436. — Sursis au cas où il s'élève une question préjudicielle. 439. — En cas de litige sur le fond du droit, le Jury fixe l'indemnité. 448-449-450-451-452-453-454-455. — Le Jury doit désigner nominativement l'indemnitaire dans sa décision. Cependant la qualité pourrait suffire. 473. — Le Jury ne peut fixer l'époque de l'exigibilité de l'indemnité. 476. — Limites posées au Jury pour le règlement de l'indemnité. 480-485. — Le Jury ne peut ni ordonner des travaux, ni adjuger des matériaux en sus de la somme demandée. 486. — La décision du Jury doit être signée des membres qui l'ont rendue. Exception faite à cette règle par la Cour de cassation. Ses conséquences. 509. — La partie défaillante n'est pas admise à former opposition à la décision du Jury. 526. — Effet de l'annulation de la décision du Jury sur l'ordonnance du

— Le locataire, ayant renoncé envers son propriétaire, à réclamer une indemnité, en cas d'expropriation, ne peut en demander une devant le Jury. 479. — V. Droit d'emprise.

Magistrat directeur. — Institution du magistrat directeur. — Ses devoirs. 1. — Il n'a pas voix délibérative. Inconvéniens qui en résultent. 2. — Communication des pièces au directeur du Jury. Omission fréquente de cette mesure. 3. — Intervention du magistrat directeur dans les débats. Conséquences qu'elle peut avoir. 4. — Un suppléant lui est adjoint. Manière de remplacer ces deux magistrats dans le cas ou il sont absens ou empêchés. 5. — Remplacement du directeur du Jury. Difficultés auxquelles ils peut donner lieu. 6. — Du remplacement du directeur au cours des débats. 7. Assimilation du Jury spécial au Jury criminel. 7. — Abstention du directeur du Jury, elle doit être fondée. Cependant il n'est pas exigé, à peine de nullité, que les motifs en soient énoncés au procès-verbal. 8. — Récusation du magistrat directeur. Ses formes. 9. — Importance des fonctions attribuées au directeur du Jury. 10. — Indemnités de transport qui lui sont allouées, en certains cas. 11. — Les juges suppléans ont qualité pour remplir les fonctions de directeur du Jury. 12. — Mode de remplacement du directeur du Jury pendant les vacances. 13. — Dans ce cas, le droit du président du tribunal civil est absolu. 14. — En cas de cassation du jugement d'expropriation, et de renvoi devant un autre tribunal, le directeur du Jury doit être désigné par le tribunal de renvoi. 15-551. — Le magistrat directeur doit repousser les conclusions des indemnitaires non désignés ou appelés. 28. — Le directeur du Jury a qualité pour prononcer sur les nullités de procédure invoquées. 38-63. — Le magistrat directeur ne peut réviser la liste générale du Jury. 101. — Concert entre le préfet et le magistrat directeur pour fixer le jour de la réunion du Jury. 129-130. — Le magistrat directeur peut assigner un jour à chaque affaire portée sur le rôle de la session, mais il peut faire citer toutes les parties pour le jour de la réunion du Jury. 142. — Compétence du magistrat directeur pour prononcer sur les questions naissant à propos de l'identité d'un juré. Son appréciation est souveraine. Restriction. 152. — Le magistrat directeur, en constatant une nullité pour infraction commise aux dispositions de l'art. 31, doit-il s'y arrêter, surseoir et renvoyer? Règle de conduite. 158. — Il inflige l'amende aux jurés défaillans. 160-161-162-163-164-165. — Les décisions rendues sur les excuses des jurés ne sont soumises à aucune forme déterminée. 168. — Pouvoirs du magistrat directeur pour statuer sur les excuses, exclusions et incompatibilités des jurés. 170. — Il prononce souverainement sur les excuses. 171. — Son ordonnance statuant sur les incapacités et les incompatibilités, est soumise au recours en cassation. Distinction 172. — Difficulté à remplir les fonctions de directeur du Jury. 173. — Le magistrat directeur a le pouvoir de prononcer sur les exclusions et incompatibilités survenues et connues avant la confection de la liste spéciale. Différence entre les erreurs

couvrirait pas la nullité. 397. — Nullité lorsque l'indemnité allouée par le Jury n'est pas pécuniaire et qu'il ne conste pas du consentement de la partie d'accepter ce mode de libération. 405. — Nullité pour inobservation de l'art. 38. 438. — Nullité si l'on substitue une indemnité définitive à une indemnité qui aurait dû être éventuelle. 452. — Nullité pour demande indéterminée d'indemnité. 487. — Nullité pour violation de l'art. 39. 493. — Nullité pour omission de statuer sur les dépens. 500. — Pour une condamnation mal fondée. 501. — Nullité pour violation de l'art. 40. 507. — L'art. 41 n'est pas prescrit à peine de nullité, cependant quelques-unes de ces dispositions sont essentielles. 508 (V. Cassation). — Nullité, si le magistrat directeur omet de statuer sur la réquisition de quelqu'une des parties. 522. — Nullité du pourvoi qui n'est pas fait au greffe du Tribunal. 530. — Nullité, si un juré ayant fait partie du Jury dont la décision a été cassée, entre dans la composition du nouveau Jury. 549. — Nullité pour ajournement du Jury après la session. 347-558. — Nullité pour contravention à l'art. 45. 561. — La violation de l'art. 49 pourrait entraîner nullité. 572. — Nullité si le magistrat directeur n'assiste pas aux délibérations du Jury convoqué en vertu de l'art. 16 de la loi du 21 mai 1836. 662. — Si le procès-verbal n'est pas signé du magistrat directeur et du greffier. 671.

Offres. — Faculté accordée aux locataires, fermiers et autres, d'intervenir devant le Jury, bien qu'ils n'aient pas reçu notification des offres. Délai qui leur est assigné. 34. — L'expropriant n'est pas tenu de faire des offres aux *autres intéressés* dont parle l'art. 21, lorsqu'ils ne se sont pas fait connaître. 43. — Dans aucun cas, il n'est tenu d'en faire aux créanciers chirographaires intervenants. 45. — Notification des offres de l'administration. Ces offres n'ont pas de limites. 52. — A la requête de qui est faite cette notification ? Distinction entre les travaux exécutés par l'Etat et ceux faits dans l'intérêt d'une commune. Exemples. 53. — Pour les travaux concédés, les offres sont faites par les concessionnaires. 54. — Personnes auxquelles les offres doivent être notifiées. A défaut, il y aurait nullité de la décision du Jury. 55-659. — Les offres sont valablement notifiées aux propriétaires inscrits sur la matrice cadastrale. 56. — Elles sont notifiées aux propriétaires par indivis. 57. — L'administration n'est pas tenue de faire des offres à ceux qui ne lui ont pas été désignés, ou qui ne sont pas intervenus dans le délai légal. 58. — De même pour les créanciers non désignés, à moins qu'ils se soient fait connaître. 59-60. — Lorsque l'immeuble est grevé d'usufruit, des offres sont faites tant au propriétaire qu'à l'usufruitier. 61. — Elles ne doivent être notifiées qu'à l'indemnitaire avec lequel l'expropriant n'a pu s'entendre. 62. — Délai dans lequel les offres doivent être notifiées. 63. — Nullité pour offres tardives. 64. — Les offres portant sur un objet nouveau sont tardives. 65. — De même pour les offres rectificatives, à moins qu'elles soient faites dans les délais. 66. — Les offres sont inutiles quant aux terrains ajoutés à l'expropriation, du consentement des parties.

dont elle est faite. 361. — Il n'est pas nécessaire qu'elle résulte d'une délibération spéciale. Il suffit qu'elle conste du procès-verbal. 362. — L'obligation, pour les jurés, de nommer un président, ne concerne que la délibération qui suit la clôture des débats ; cette nomination n'est pas nécessaire pour ordonner une mesure préparatoire. 363. — Mais la nomination peut être faite à cette occasion et avant la clôture des débats. 364. — Le président du Jury peut être nommé en audience publique. 365. — Manière de porter la nomination du président à la connaissance du public. 366. — Cette nomination sera consignée au procès-verbal. 362-367. — En cas de partage, la voix du président du Jury est prépondérante. 427. — Mais cette prépondérance n'existe que lorsqu'il y a partage. 428. — Il remet la décision du Jury au magistrat directeur. 430.

Président du Tribunal civil. — En cas d'absence ou d'empêchement du magistrat directeur et de son suppléant, le président du Tribunal pourvoit à leur remplacement. 12. — Ce soin est dévolu au président de la chambre des vacations, pendant les vacances. 13. — Le droit du président du Tribunal est absolu. 14.

Procès-verbal. — Il n'est pas exigé, à peine de nullité, que les motifs de l'abstention du magistrat directeur soient énoncés au procès-verbal, néanmoins il sera prudent de les y mentionner. 8. — Le procès-verbal mentionnera que le jour de la réunion du Jury a été fixé, de concert entre le préfet et le magistrat directeur ; cependant le défaut de cette mention n'entraînerait pas nullité. 130. — Il n'est pas nécessaire qu'il conste au procès-verbal de la remise, par le préfet, au magistrat directeur, de la décision portant choix des jurés. 135. — La cause du remplacement du juré titulaire doit être mentionnée au procès-verbal. 214. — De même pour le concours des jurés complémentaires. 226. — Le greffier tient procès-verbal des opérations. 234. — Caractère du procès-verbal. Foi qui lui est due. Manière de l'attaquer. 235-279-289-367. — Énonciations qu'il doit contenir. 236-237-251. — Il doit porter la signature du magistrat directeur et celle du greffier. 238. — Un procès-verbal doit être dressé pour chaque affaire. On peut cependant comprendre dans le même toutes les affaires d'une même catégorie. 239. — On peut rédiger les procès-verbaux sur le même cahier. La nullité de l'un, dans ce cas, n'entraînant pas nullité des autres. 240. — Le procès-verbal doit être rédigé séance tenante ; mais il n'y aurait pas nullité si on le rédigeait plus tard. 241. — Les procès-verbaux peuvent être imprimés. Doutes à ce sujet. 242. — Le procès-verbal relatera les observations des parties. Il n'est pas besoin qu'il contienne les points de fait et de droit. Il en doit être autrement des conclusions. 243. — Cas où la nullité du procès-verbal peut être couverte. 244. — Il n'y a pas nullité quand l'erreur commise sur le procès-verbal peut être rectifiée à l'aide du procès-verbal lui-

tenu d'appeler et de faire connaître les sous-locataires. 31..— Recours du locataire ou fermier contre le propriétaire, à raison de sa dépossession. 36. — L'ignorance du propriétaire sur l'existence de certaines servitudes l'exonère de tout recours.. 41. — Il n'est pas obligé d'appeler et de désigner les possesseurs de droits d'usage sur les bois et forêts. 42. — Le propriétaire n'est tenu d'appeler ni de désigner *les autres intéressés*, dont parle l'art. 21. 43-60. — Il n'a pas besoin de préciser ses prétentions. 46. — Le propriétaire appellera les ayants-droit par acte d'huissier. Il notifiera leurs noms à l'administration par acte semblable. 47. — Le propriétaire exproprié peut valablement faire connaître ses droits à l'administration avant le jugement d'expropriation. Dans ce cas, il n'est pas tenu de renouveler ses prétentions dans le délai de huitaine. 48. — L'expropriant lui notifie ses offres. 55. — Validité des offres notifiées au propriétaire inscrit sur la matrice cadastrale. 56. — Elles sont notifiées aux propriétaires par indivis. 57. — Le propriétaire reçoit des offres quand l'immeuble est grevé d'usufruit. 61. — Notification des offres à plusieurs propriétaires d'un même immeuble. 85. — Ils peuvent se réunir pour demander une indemnité unique. 86.—Désaccord entre le propriétaire et l'usufruitier sur l'acceptation ou le refus des offres. 93. — Le propriétaire ne peut faire partie du Jury spécial. 124. — Cas dans lequel le propriétaire peut convoquer le Jury. 133. — Le propriétaire occupant sa maison ne peut demander une double indemnité ; l'une en qualité de propriétaire et l'autre comme locataire. Il n'a droit à être indemnisé qu'en qualité de propriétaire. 381. — Les actes faits par le propriétaire n'engagent point le locataire. 474. — Le propriétaire ne doit point être appelé pour assister au règlement de l'indemnité due à son fermier. 475 (V. Droit d'emprise, Rétrocession de terrain, Urgence).

Publicité. — La discussion devant le Jury doit être publique, à peine de nullité. Elle doit conster du procès-verbal. Cas où la mention de la publicité s'applique à toutes les séances. 346.

Reboisement. — Application à l'expropriation pour le reboisement des montagnes des titres 2 et suivants de la loi du 3 mai 1841. 128.

Récusation. — Récusation du magistrat directeur. Ses formes. 9. — Manière de statuer sur la récusation des membres du tribunal chargé de choisir le Jury. 122. — Des récusations péremptoires et motivées. Définition de ces deux espèces de récusations. 247. — Epoque à laquelle s'exerce la récusation péremptoire. Manière d'en user. Cas où il y a plusieurs intéressés. 248. — La nullité n'est pas attachée à la violation du 3e § de l'art. 34. 248. — Les récusations doivent être exercées sur une liste de seize jurés. Il y aurait nullité si la liste était au-dessous de ce nombre. 249. — Mais les parties peuvent consentir à procéder sur une liste réduite à moins de seize jurés. Le consentement peut être tacite. 250. — Effets de la récusation pé-

suffit de dire que le serment voulu par la loi a été prêté. 277. — Le procès-verbal mentionnera la prestation de serment. 278. — Le serment doit être individuel. 280. — Il doit être préalable à l'ouverture des débats. 281. — Cas où la prestation de serment peut être différée après la composition du Jury. 282. — Un seul serment est exigé pour toutes les affaires comprises dans la même catégorie. 264-283. — Les témoins cités devant le Jury prêtent serment. 326.

Servitudes. — Les servitudes militaires ne constituent pas une expropriation dans le sens de la loi. 17. — Les possesseurs de servitudes seront appelés et désignés à l'administration par le propriétaire. Délai: 20-22. — Appel et désignation de ceux qui possèdent des servitudes sur l'immeuble exproprié. 39.—Servitudes auxquelles s'applique cette disposition de l'art. 21. 40. — L'ignorance où se trouve le propriétaire sur l'existence de la servitude, non prévue par l'art. 21, l'exonère de tout recours. Discussion aux chambres. Il n'est pas nécessaire que le jugement d'expropriation mentionne la servitude. L'administration a la faculté de poursuivre le règlement de l'indemnité due pour la servitude, avant de poursuivre celui de l'indemnité due au propriétaire du fonds asservi. 41. — L'expropriant notifie ses offres aux possesseurs de servitudes qui lui sont révélés. 55. — Le possesseur de servitude expropriée ne peut faire partie du Jury spécial. 126.

Sous-locataire. — Le propriétaire n'est pas tenu d'appeler et de faire connaître les sous-locataires. De même, quant au locataire principal. Doutes sur la dernière proposition. 31. — Les sous-locataires, non appelés ou non désignés, qui se sont fait connaître dans le délai de huitaine, peuvent intervenir devant le Jury. 32.

Suppléant. — Adjonction d'un suppléant au magistrat directeur. Manière de le remplacer en cas d'absence ou d'empêchement. 5. — L'art. 16 de la loi du 21 mai 1836, relative aux chemins vicinaux, n'oblige pas le Tribunal à nommer un suppléant au directeur du Jury. Cependant le jugement devra pourvoir à toutes les éventualités. 661.

Témoin. — Le magistrat directeur interroge les témoins. 317. — Le Jury peut entendre toute sorte de personnes. 319. — Mais il ne peut ordonner une expertise. 320. — L'audition des témoins aura lieu en vertu d'une délibération régulière du Jury mentionnée au procès-verbal. Il interviendra une ordonnance du magistrat directeur. 321. — L'assignation des témoins sera faite à la requête de la partie qui invoque leur témoignage. Elle aura lieu par acte d'huissier ou d'un agent de l'administration. Elle pourra même être donnée par simple avertissement du magistrat directeur. 322. — L'audition des témoins se fera de la manière ordinaire. Elle sera publique. 323.— Les témoins seront reprochables, conformément aux dispositions du Code de procédure civile. 324. — Le témoin, régulièrement cité, qui ne comparaît pas, est condamné à l'amende. 325. — Les témoins prêtent serment. 326. — Interrogations à leur faire avant de les admettre à déposer. 327. — Le greffier n'est pas obligé de tenir note des dépositions. Il mentionnera seulement au procès-verbal l'audition des témoins. 328. — Les témoins ne communiqueront pas entre eux. 329. — Ils ont droit à une indemnité. 330.

Tribunal. — Le Tribunal qui prononce l'expropriation a, pour unique mission, à vérifier si les formalités prescrites par l'art. 2 de la loi du 3 mai 1841 ont été remplies. Ses pouvoirs ne vont pas au-delà. 16. — Il peut vérifier si les formalités prescrites par l'art. 6 ont été remplies. 19 *bis.* — Les jugements prononçant l'expropriation sont susceptibles d'appel. 19 *ter.* — Il n'est pas nécessaire que le jugement d'expropriation mentionne les servitudes. 41. — Les Tribunaux sont étrangers à toutes les questions que la composition de la liste générale du Jury peut faire naître. 101. — La Cour ou le Tribunal est chargé de choisir le Jury spécial. 110.—Choix du Jury pendant les vacances. 111. — Le choix a lieu en chambre du conseil. On peut le faire publiquement. 112. — La Cour ou le Tribunal qui procède au choix du Jury, doit être en nombre de juges suffisant. 120. — Ils n'ont pas à examiner la validité des procédures antérieures, par exemple, ordonner un sursis pour remplir certain préliminaire. 121. — Manière de statuer sur l'abstention ou la récusation des membres du Tribunal chargé de choisir le Jury. Pouvoir de la deuxième chambre à défaut de la première. 122. — Nomination du directeur du Jury pour expropriation en matière d'ouverture de chemins vicinaux. 661.

Urgence. — Manière de fixer l'indemnité pour prise de possession de terrains faite d'urgence. 650. — L'urgence ne concerne que les terrains non bâtis. 651. — Le propriétaire exproprié peut poursuivre la fixation définitive de l'indemnité. 652. — Fixation de l'indemnité pour expropriation, ou occupation temporaire, des propriétés nécessaires aux travaux de fortification. 653. — Ces travaux peuvent être délivrés à des concessionnaires. 654. — Dans le cas de l'art. 76, la prise de possession d'urgence s'applique aux terrains bâtis et non bâtis. 655. — L'urgence peut être déclarée en tout état de cause. 652.

Usager et habitant. — Les possesseurs de ces droits seront appelés et désignés à l'administration par le propriétaire. Délai. 20-22.— Distinction entre les droits d'usage établis par le Code civil et ceux qui résultent d'autres lois. Les possesseurs de ces derniers droits sont tenus de se faire connaître eux-mêmes. 23-442. — Appel et désignation des usagers. Distinction entre les droits d'usage réglés par le Code civil, et les droits d'usage sur les bois et forêts. Les possesseurs de ceux-ci doivent intervenir de leur chef, sinon ils perdent leur recours contre le propriétaire. 42. — L'expropriant doit notifier ses offres à l'habitant et à l'usager. 55. — L'habitant et l'usager ne peuvent faire partie du Jury spécial. 126. — L'usager et l'habitant ont droit à des indemnités distinctes. 447 (V. Droit d'emprise).

Usufruitier. — Le propriétaire l'appellera et le fera connaître à l'administration. Délai. 20-22. — Les obligations imposées au propriétaire par l'art. 21 sont communes à l'usufruitier. 49-51. — L'usufruitier doit recevoir notification des offres. 55-61. — Désaccord entre l'usufruitier et le propriétaire sur le refus ou l'acceptation des offres. 93. — Indemnité accordée à l'usufruitier. 444. — Il est tenu de donner caution. Cas où il en est dispensé. 445. — Dispense de fournir caution par les père et mère, usufruitiers légaux des biens de leurs enfants mineurs. 446.

Visite des lieux. — Le Jury peut ordonner son transport sur les lieux, par lui-même ou par délégués. Mention en doit être faite au procès-verbal. Renvoi de la reprise des débats. 331. — Le transport sur les lieux peut conster d'une décision du Jury signée de tous ses membres. Dans ce cas, il est inutile que cette décision porte la signature du magistrat directeur et celle du greffier. 332. — Le transport n'est assujéti à aucune forme particulière de constatation sur le procès-verbal. Il peut aussi avoir lieu sur l'invitation du magistrat directeur. 333. — Le magistrat directeur n'est pas tenu d'assister à la visite des lieux, mais sa présence n'entraînerait pas nullité. Il devra y assister quand il s'agira d'expropriation pour établissement d'un chemin vicinal. 334. — La visite des lieux devra être précédée de la prestation de serment des jurés. 335. — L'ordonnance du magistrat directeur, constatant le transport du Jury et le renvoi de la séance, doit indiquer le jour et l'heure du transport. Cas où on peut suppléer au défaut de cette indication. Cette ordonnance ne doit pas être signifiée à la partie défaillante. 336. — Tous les jurés sont-ils obligés d'assister à la visite des lieux ? Variations de la jurisprudence. Distinction entre la visite faite spontanément, et celle qui a eu lieu en vertu d'une ordonnance du magistrat directeur. Dans ce dernier cas, l'absence d'un juré entraîne nullité, laquelle n'est pas couverte par la comparution, sans réclamation, de la partie. 337. — Visite officieuse. Il ne peut en résulter nullité. 338. — Quand le transport a lieu après la clôture des débats, le magistrat directeur doit les rouvrir; mais la réouverture peut résulter de termes équipollents employés par le procès-verbal. La clôture nouvelle des débats n'est pas assujétie à une mention expresse sur le procès-verbal. 339. — Lorsqu'il existe des Jurys distincts, composés de personnes différentes, ils doivent procéder séparément à la visite des lieux. 340. — Mais des Jurys distincts, composés des mêmes jurés divisés en catégories, peuvent concerter en commun les jours et heures de leurs visites. 341. — Le Jury, en se transportant sur les lieux, peut se faire accompagner par des sapiteurs. 342. — Il est facultatif au Jury de déléguer un ou plusieurs de ses membres, afin de procéder à la visite des lieux. Il peut même modifier sa première décision et ordonner qu'une visite, qui devait être faite en corps. aura lieu par délégués. 343. — La partie expropriée, ainsi que l'administration, doivent être prévenues du jour et de l'heure du transport, sinon, il y aurait nullité. *Contra*, pour les visites officieuses. Les irrégularités commises en cette matière, peuvent être couvertes par la défense, au fond, de la partie, sans réclamation. 344. — Des rapports des jurés avec les parties lors de la descente sur les lieux. Jurés ayant bu et mangé avec l'une des parties. Maintien de leur décision. 345.

FIN DE LA TABLE.

ERRATA.

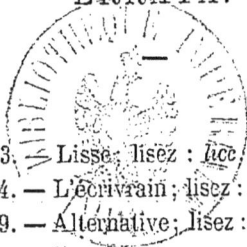

Page 8, ligne 13. — Lisse; lisez : *lice.*
» 8, » 24. — L'écrivain; lisez : *l'écrivain.*
» 303, » 19. — Alternative; lisez : *éventuelle.*
» 388, » 20. — Par; lisez : *pas.*
» 434, » 4. — Jonissance; lisez : *jouissance.*